全国高职高专规划教材

建筑力学基础

主　编　宫素芝　吴　栋
参　编　冯川萍

西南交通大学出版社
·成　都·

图书在版编目（CIP）数据

建筑力学基础：含习题集 / 宫素芝，吴栋主编. —成都：西南交通大学出版社，2011.9（2019.6 重印）
全国高职高专规划教材
ISBN 978-7-5643-1393-7

Ⅰ. ①建… Ⅱ. ①宫…②吴… Ⅲ. ①建筑力学－高等职业教育－教材 Ⅳ. ①TU311

中国版本图书馆 CIP 数据核字（2011）第 185726 号

全国高职高专规划教材

建筑力学基础（含习题集）

主编 宫素芝 吴 栋

责任编辑	高 平
特邀编辑	曾荣兵
封面设计	本格设计
出版发行	西南交通大学出版社 （四川省成都市二环路北一段 111 号 西南交通大学创新大厦 21 楼）
发行部电话	028-87600564 028-87600533
邮政编码	610031
网 址	http: //www.xnjdcbs.com
印 刷	成都勤德印务有限公司
成品尺寸	185 mm×260 mm
总 印 张	17.125
总 字 数	425 千字
版 次	2011 年 9 月第 1 版
印 次	2019 年 6 月第 4 次
书 号	ISBN 978-7-5643-1393-7
套 价	36.00 元

前　言

近年来，我国建设类高等职业教育事业迅猛发展，土建学科高等职业教育的教学改革工作也在不断深化；同时，对教育定位、教育规格的认识逐步提高，对高等职业教育与普通本科教育、传统专科教育和中等专业教育在类型、层次上的区别逐步明晰。

根据高职教育人才培养要求，学校的总体目标是：以培养高等技术应用性专门人才为根本任务，以适应社会需要为目标，以培养技术应用能力为主线，制定学生的知识、能力、素质结构和培养方案，促使毕业生具有基础理论知识适度、技术应用能力强、知识面较宽、素质高等特点；以“应用”为主旨、特征构建课程和教学内容体系，并且注重理论与实践相结合。

根据高职教育及广东茂名职业技术学院“2+1”人才培养模式的要求，土木工程施工与管理专业的总体培养目标应当是：“适应建筑工程施工与管理第一线需要，德、智、体、美等方面全面发展，具有必备的基础理论知识和专业知识，重点掌握从事本专业领域实际工作的基本能力和技能，具有良好的职业道德和敬业精神的高等技术应用型专门人才”。职业目标为：土建施工单位技术负责及项目经理部各类业务管理人员、建设单位土建技术人员。

本课程作为建筑工程技术、建筑工程管理、建筑设计技术等专业的一门重要的专业基础课，其主要作用是为学生毕业后进行设计、施工、管理等工作打下坚实基础。通过本课程的教学，使学生具备系统的建筑力学基础知识，对后续专业课起着必不可少的支撑作用。本书系统地介绍了工程结构中构件设计的基本要求，为学生学习有关专业课程打下良好的基础。

本书在编写时，注意了以下原则：体现高等职业教育教学改革的特点，突出针对性、适用性和实用性；吸取有关教材的长处，并结合了编者多年的教学经验；重视由浅入深和理论联系实际，内容简明扼要，通俗易懂，图文并茂。为方便学生的学习，本书还配有相关的习题集。

本书是由广东茂名职业技术学院宫素芝、吴栋主编，冯川萍参编。鉴于编者水平有限，本书难免有不足之处，敬请读者批评指正。

编　者

2011 年 2 月

目 录

绪 论

0.1 建筑力学的任务

任何建筑物在施工过程中以及建成后的正常使用中，都要受到各种力的作用。例如建筑物各部分的自重、人、物品和设备的重量以及风力、雪压力、地震力等，这些力在工程上称为荷载。

建筑中支承和传递荷载而起骨架作用的部分称为结构。在房屋结构中，结构由屋架、梁、板、柱、墙和基础等组成。这些组成结构的各个部件称为构件。各构件间的联结部位称结点。与地基或其他支承物体的联结部位称为支座，图 0.1 是一个单层工业厂房的结构和构件的示意图。

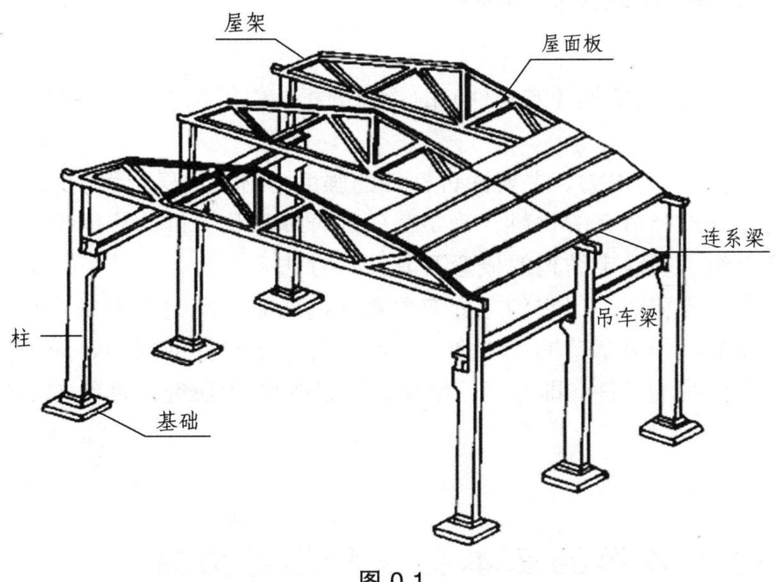

图 0.1

当结构承受和传递荷载时，各构件都必须能够正常工作，这样才能保证整个结构的正常使用。为此，首先要求构件在受荷载作用时不发生破坏。如当吊车起吊重物时超载，会使吊车梁发生弯曲断裂。但只是不发生破坏并不能保证构件的正常工作。例如，吊车梁的变形如果超过一定的限度，滚轮便不能在它上面正常行驶，且其上的抹灰也会脱落。此外，有一些构件在荷载作用下，其原来维持的平衡可能丧失稳定。例如，细长的中心受压时，当压力超过某一定值，会突然地改变原来的直线平衡状态而发生弯曲，以致构件倒塌，这种现象称为“失稳”。由此可见，要保证构件的正常工作必须满足三个要求：

（1）构件在荷载作用下不会发生破坏，即必须具有足够的强度。

（2）在荷载作用下构件所产生的变形在工程允许的范围内，即应具有足够的刚度。

（3）承受荷载作用时，构件具有维持原有平衡状态的能力，即构件要有足够的稳定性。

研究和解决上述问题的理论基础之一就是建筑力学。所以，建筑力学的任务是：研究作用在结构（或构件）上的力的平衡关系，结构（或构件）的内力、应力、变形的计算方法以及构件的强度、刚度和稳定性条件，为保证结构（或构件）安全可靠及经济合理提供理论计算依据。

0.2 建筑力学的研究对象

结构中构件的形状是多种多样的，凡是长度方向的尺寸比截面尺寸大很多的构件称为杆件，如梁、柱等。由杆件组成的结构称为杆件结构，这是建筑工程中应用最广的一种结构。本书所研究的主要对象就是杆件构件和由杆件组成的杆件结构。

0.3 建筑力学研究的内容

本教材第 1～3 章讨论结构（或杆件）的受力分析，作用在构件上各种力的简化、杆件的平衡条件等。

第 4～8 章研究杆件的内力，主要探讨杆件的强度、刚度和稳定性，以便在保证安全、经济的条件下，为杆件选择适宜的材料，确定截面的合理形状提供计算理论。

第 9、10 章介绍了超静定结构的概念及其计算方法。

各章节的内容虽不相同，但它们之间有着密切的联系。静力平衡条件及其应用是本课程的基本内容，也是后续相关章节的基础知识；在研究单个杆件的内力、应力与变形后，建立了杆件正常使用应满足的条件（即强度、刚度、稳定性），为研究杆件结构提供了力学计算理论和方法。

0.4 学习建筑力学的基本要求和学习方法

建筑力学是建筑结构设计中有关力学分析与计算问题的一门课程，是建筑设计和施工所必需的基础知识。因此，在学习本课程时，应掌握各部分内容的基本要求。

（1）掌握物体在平衡状态下作用在物体上各力之间的关系，理解力和力偶的性质。能熟练地对简单物体进行受力分析，准确地选取隔离体并正确画出受力图。

（2）能熟练地计算力的投影和力矩，并运用平衡条件求解单个物体和简单物体体系的平衡问题。

（3）正确理解内力、应力、应变、强度、刚度、稳定性的概念。

（4）能熟练运用简易法计算杆件内力，并画出正确内力图。

(5) 能熟练地进行杆件强度验算和截面设计，并能进行刚度和压杆稳定的校核。

(6) 了解超静定结构的特性，了解力矩分配法的基本原理，能用这些方法计算常用的简单超静定结构。

建筑力学是土建类专业一门重要的技术基础课，学习时要注意分析问题的方法和解题思路。在学习中必须搞清力学的基本概念和基本理论，加强习题训练。为了便于自学，本书配有相应的习题集，在每章后都按百分制编写了一定数量的课后练习题，以便学生消化、巩固所学的知识。学习本课程时要注意联系实践，对力学专题训练部分应予足够重视。对做题中出现的错误应及时分析，找出原因，认真加以纠正。

最后送同学们两句话："书山有路勤为径，学海无涯苦作舟。""机会总是给有准备之人。"

第 1 章　力和力偶

1.1　力

1.1.1　力的概念

人们对力的认识是在长期劳动和生活实践中逐步形成的。比如，用手提起重物时，手臂肌肉会感到紧张，我们就说手臂正在用力。而手臂所起的作用也可以用其他物体来代替，比如，手可以拿住重物，绳子也可以拴住重物，这说明不仅人能对物体有力的作用，物体之间也有力的作用。力作用在物体上会产生怎样的效果？用力推静止的小车，小车就会运动起来；用力拉弹簧，弹簧就会变形。那么，工程中所指的“力”又是什么？

力是物体之间的相互作用，这种作用使物体的运动状态或形状发生改变。力不能离开物体而存在，而且总是成对出现的。

物体之间力的作用形式：通过接触或场（重力场、磁场、电场等）来产生力。两个相互接触的物体不一定产生力，物体之间必须存在相对的运动趋势才会产生力。

力对物体的作用效果有两个方面：一是使受力物体的运动状态发生改变；二是使受力物体发生变形。前者叫做力的外效应或运动效应，后者叫做力的内效应或变形效应。

力对物体的作用效果完全取决于力的三要素，即力的大小、力的方向、力的作用点。如果改变其中任一要素，都会改变力对物体的作用效果。物体之间的相互作用的强弱和方向，由力的大小和方向来表示；力对物体作用的范围相对于物体很小时，便可抽象成为一点，此点即为力的作用点。力作用所顺沿的直线，叫做力的作用线。

为了度量力的大小，必须确定力的单位。我国计量单位规定，统一采用国际单位制，即力的大小用牛顿（N）或千牛顿（kN）作为计量单位，1 kN＝1 000 N。

力是有大小和方向的矢量，通常用一个带箭头的直线来表示。该直线长度依一定的比例尺表示力的大小，箭头的指向表明力的作用方向（图 1.1），箭头离开或指向的点即为力的作用点，如图 1.1 中的 A 点。

对于力的表示，本书中采用黑体字，例如 $\boldsymbol{F}$、$\boldsymbol{P}$、$\boldsymbol{R}$ 等。有时为书写方便，可在普通字母上加一带前头的短划线表示，如 $\vec{F}$、$\vec{P}$、$\vec{R}$ 等。在只表示力的大小时，即此时的力为标量，用普通字母表示即可，如 F、P、R 等。

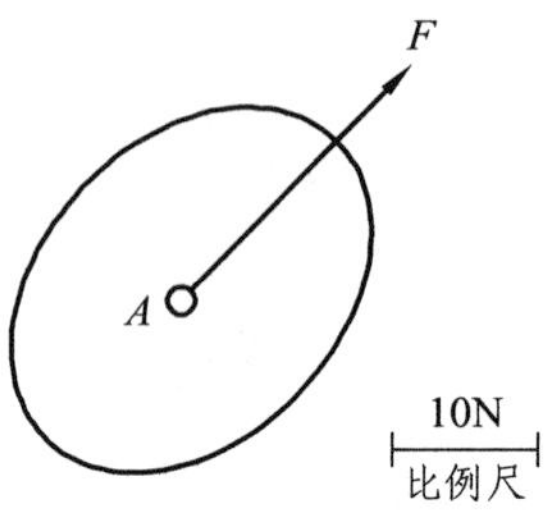

F
A
10N
比例尺

图 1.1

作用于一个物体上的两个或两个以上的力所组成的系统，称为力系。对物体作用效果相同的力系，称为等效力系。如果用一个力和一个力系等效，则称这一个力为此力系的合力，如图 1.2 所示。力系中的各个力都是合力的分力。把各分力代换成合力的过程，称为力的合成；把合力代换成几个力的过程，称为力的分解。

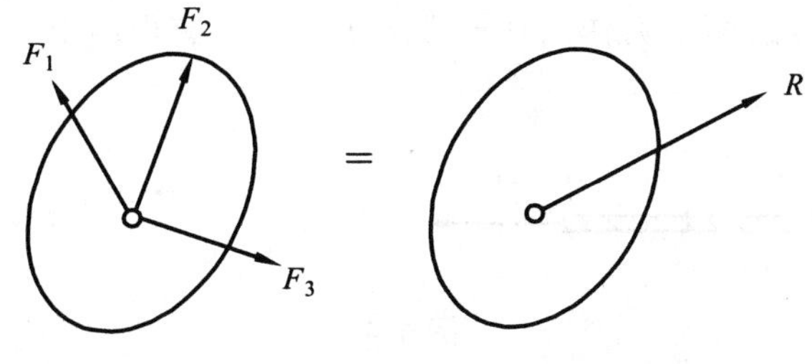

图 1.2

【课堂思考】 生活中 1 斤重的物体，它的重量转化成牛顿是多少?

1.1.2　刚体与平衡的概念

刚体：在外力的作用下，形状和大小始终保持不变的物体。事实上，绝对的刚体是不存在的。因为任何物体在受力以后，都将产生变形，但在很多情况下，这种变形都很微小，可将它的变形略去不计，此时即视其为刚体。建筑当中的绝大多数物体都是刚体，而绳、链索等物体都是非刚体（变形体）。

平衡：物体相对于地球保持静止或做匀速直线运动的状态。值得注意的是，静止是相对的、暂时的，而运动是绝对的。例如，我们所见到的建筑物与构筑物只是相对于地球处于静止状态，而地球本身在宇宙空间中是运动的，故建（构）筑物随地球运动，所以说其静止只不过是相对于地球而言的。

1.1.3　力学四公理

所谓公理，就是符合客观现实的真理。它是人们通过对实际现象的长期观察，累积、分析而得出的结论。它的正确性只能用实验方法证实。

公理一——二力平衡公理

作用在一个刚体上的两个力，使刚体平衡的必要和充分条件是：这两个力大小相等、方向相反，且作用在同一直线上。

我们把仅在两个力的作用下保持平衡的杆件称为二力杆。二力杆中的两个力一定是沿着两个力作用点的连线方向。如图 1.3 所示，已知 AB 为二力杆，一个力作用在 A 点，一个力作用在 B 点，那么 AB 杆的受力可分为如图（1.3b）和（1.3c）所示的两种情况。

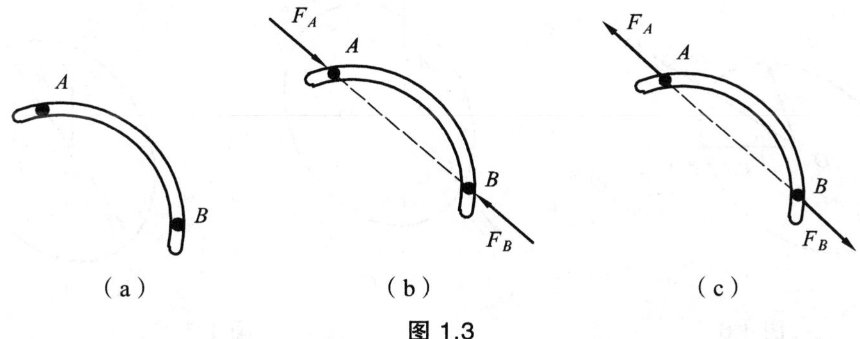

图 1.3

应该注意，只有当力作用于刚体时，公理一才是成立的。对于变形体，上述条件就不适用了。例如满足上述条件的两个力作用在一根绳子上，只有当两个力是拉力时，绳子才能平衡，如图 1.4 所示。

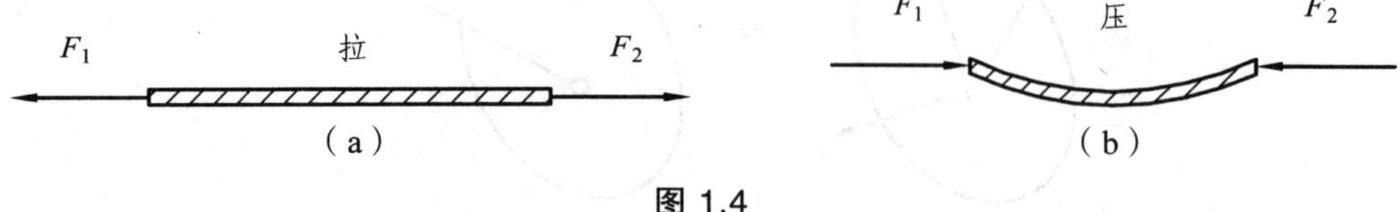

图 1.4

公理二——加减平衡力系公理

作用在一个刚体上的已知力系，若在其力系中加上或减去一个平衡力，对刚体的作用效果不变。

根据这个公理，可以得出一个重要结论：

作用在刚体上的力，可沿其作用线移至刚体内的任意点而不改变其对刚体的作用效应。力的这一性质也称为力的可传性原理。

必须注意：力的可传性原理不适用于变形体。如图 1.5（a）所示的物体，若考虑其变形，在平衡力 $F_1=-F_2$ 的作用下将发生伸长变形。如果将力 F_1 由 A 点移至 B 点，力 F_2 由 B 点移至 A 点，该物体虽然处于平衡状态，但其变形由原来的伸长变为缩短（图 1.5（b））。因此，力的可传性原理只适用于刚体，更不能随便将作用于一个刚体上的力沿其作用线移至另一个刚体上。

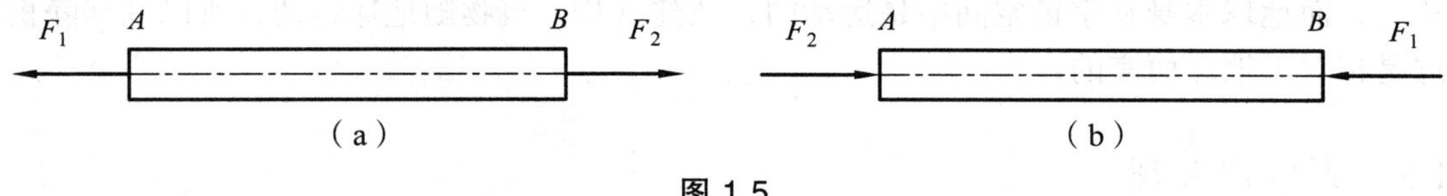

图 1.5

公理三——力的平行四边形公理

1. 公理内容

作用于刚体上一点的两个力的合力，其大小和方向可以由两力为邻边所构成的平行四边形的对角线来表示，其作用线通过此两力的交点。

如图 1.6 所示，F_1 和 F_2 作用于刚体上的 O 点，以这两力为边作平行四边形 $OACB$，则合力 R 的大小和方向即以这平行四边形的对角线 OC 表示。

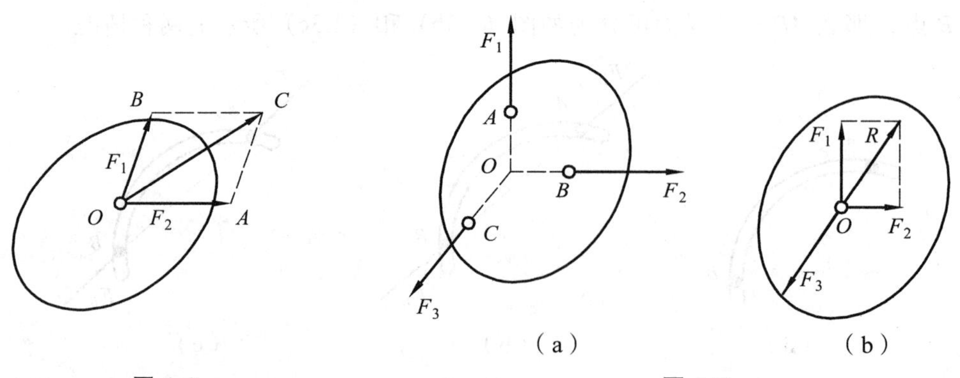

图 1.6　　图 1.7

力的平行四边形公理概括了简单力系的简化规律,又是多个汇交力系合成或简化的基础。

利用力的平行四边形公理，也可将作用于物体上的一个力分解为相交的两个分力，分力与合力作用于同一点。但需注意，一个力分解成分力时必须加以其他条件，否则可以作出无数多个平行四边形。

2. 公理的推论——三力平衡汇交定理

三力平衡汇交定理：刚体受互不平行的三个力作用而平衡时，这三个力的作用线必相交于一点（图 1.7（a）、（b））。

3. 力的三角形

将 F_1 与 F_2 顺次首尾相连，自 F_1 的起点至 F_2 的终点的连线即为合力。

4. 合力 F_R 的大小

$$\left||F_1|-|F_2|\right| \leqslant |F_R| \leqslant |F_1|+|F_2|$$

5. n 个力求合力的方法

将 n 个力顺次首尾相连，自第一个力的起点至最后一个力终点的连线即得合力。

如求图 1.8（a）所示四个力的合力。通过将这四个力顺次首尾相连，可得到它们的合力 F_R，如图 1.8（b）所示。

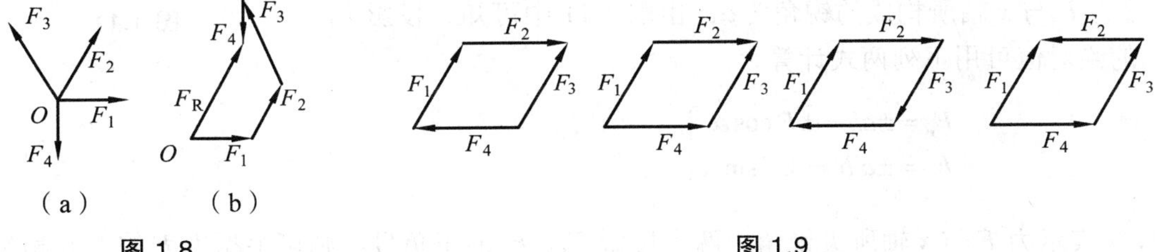

图 1.8　　图 1.9

【课堂练习】 图 1.9 所示的四个图中哪个图的合力为零？哪个图中 F_1 是合力？

公理四——作用力与反作用力公理

物体之间的作用力和反作用力总是同时存在，且大小相等、方向相反，沿同一直线分别作用在两个物体上。

这个公理说明，作用力与反作用力总是同时存在、同时消失，并概括了作用力和反作用力之间的关系，为今后研究物体系统间相互作用的力提供根据。

例如手推小车（图 1.10），手给车一个推力 F，则车给手一个反作用力 F'。这两个力大小相等、方向相反，且分别作用于手与小车上。

图 1.10

必须注意，该公理与前述的二力平衡公理不同。二力平衡公理中的二力是作用在一个物体上的，而作用力与反作用力则是分别作用在两个物体上，它们虽然也是大小相等、方向相反，作用在同一直线上，但并不互相平衡。

1.2 力在直角坐标轴上的投影

为了便于计算，在力学计算中常常通过力在坐标轴上的投影将矢量运算转化为代数运算。

1.2.1 力在直角坐标轴上的投影

设力 F 作用于物体的 A 点（图 1.11）。在力 F 作用线所在平面内取直角坐标系 xOy。从力 F 的两端 A、B 分别向 x 轴作垂线 Aa 和 Bb，在 x 轴上所截得的线段 ab，叫做力 F 在 x 轴上的投影，用 F_x 表示。并且规定，当从力的始端的投影 a 到末端的投影 b 的方向与 x 轴的正向一致时，力的投影取正值，反之取负值。同样，图 1.11 中线段 a_1b_1 是力 F 在 y 轴上的投影，用 F_y 表示。其方向与 y 轴正向一致时取正值，反之取负值。

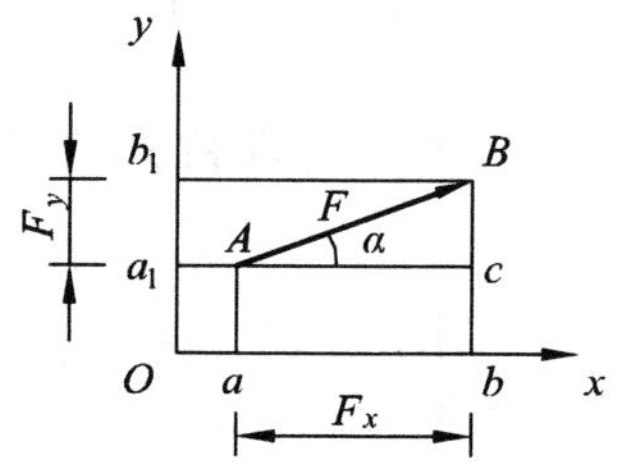

图 1.11

设力 F 与 x 轴所构成的锐角为α。由图 1.11 中可知，投影 F_x 和 F_y 的绝对值可用下列两式计算：

$$\left.\begin{aligned} F_x &= \pm ab = \pm F\cos\alpha \\ F_y &= \pm a'b' = \pm F\sin\alpha \end{aligned}\right\} \tag{1-1}$$

式中，α表示力 F 与 x 轴所夹锐角。两个投影 F_x、F_y 的正负号，则可根据力 F 的方向和坐标轴的正向直接由观察确定。注意：① 当力与坐标轴垂直时，力在该轴上的投影为零。② 当力与坐标轴平行时，力在该轴上的投影的绝对值等于该力的大小。

与上述情况相反，如果力 F 在 x 轴及 y 轴上的投影 F_x、F_y 已知，则由图 1.11 中的几何关系可求得 F 的大小和方向。即

$$F = \sqrt{{F_x}^2 + {F_y}^2}$$

$$\tan\alpha = \left|\frac{F_y}{F_x}\right| \tag{1-2}$$

注意：力的投影和分力是两个不同的概念。力的投影是标量，它只有大小；而分力是矢量，有大小、方向和作用点。图 1.11 所示两个分力的大小与力 F 在坐标轴上投影的绝对值是相等的。在所有正向相同的平行轴上，同一个力在这些轴上的投影均相等，所以不能将分力与投影混为一谈。

【课堂讨论】 关于力在坐标轴上的投影，下列说法错误的是（　　）。

A. 力的投影与坐标轴的选取必有关

B. 力沿其作用线移动后，在坐标轴上的投影恒不变

C. 两个力在同一坐标轴上投影相等，则这两个力大小必相等

D. 两个力在相互垂直的两个坐标轴上的投影分别相等，则这两个力大小必相等

【例 1.1】 试求图 1.12 所示力 F_1、F_2、F_3、F_4 在两坐标轴上的投影。已知 $F_1=100\text{ N}$，$F_2=50\text{ N}$，$F_3=150\text{ N}$，$F_4=100\text{ N}$。

【解】 利用公式（1-1），首先确定各力与 x 轴所夹锐角，确定各力投影的符号，进而计算各力的投影。

$$F_{1x}=F_1\cos45°=100\times0.707=70.7\ (\text{N})$$
$$F_{1y}=F_1\sin45°=100\times0.707=70.7\ (\text{N})$$
$$F_{2x}=-F_2\cos30°=-50\times0.866=-43.3\ (\text{N})$$
$$F_{2y}=F_2\sin30°=50\times0.5=25\ (\text{N})$$
$$F_{3x}=F_3\cos60°=150\times0.5=75\ (\text{N})$$
$$F_{3y}=-F_3\sin60°=-150\times0.866=-129.9\ (\text{N})$$
$$F_{4x}=F_4\cos90°=100\times0=0\ (\text{N})$$
$$F_{4y}=-F_4\sin90°=-100\times1=-100\ (\text{N})$$

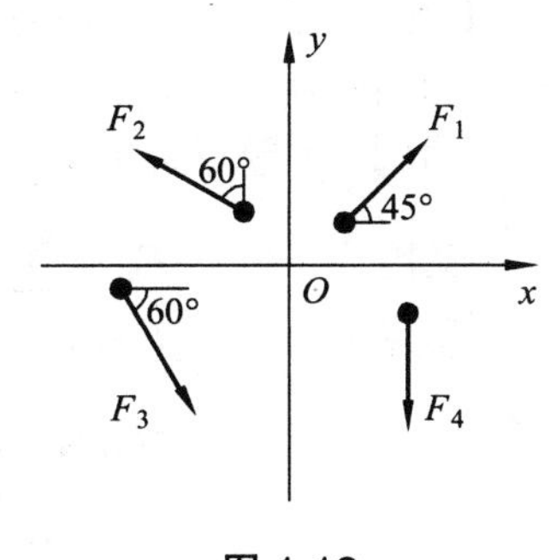

图 1.12

1.2.2　合力投影定理

平面汇交力系合力在任一轴上的投影，等于各分力在同一轴上投影的代数和，这就是合力投影定理。如图 1.13（a）、（b）所示。

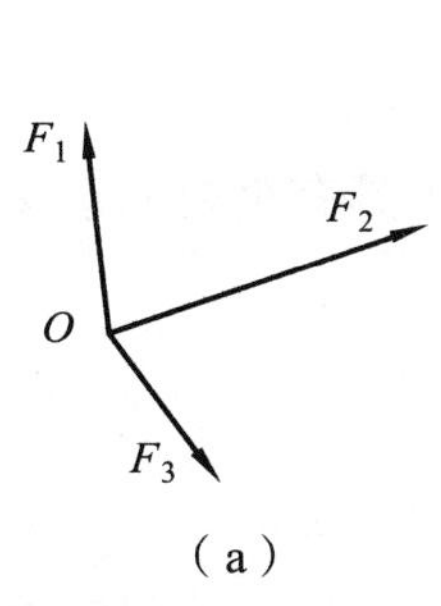

（a）

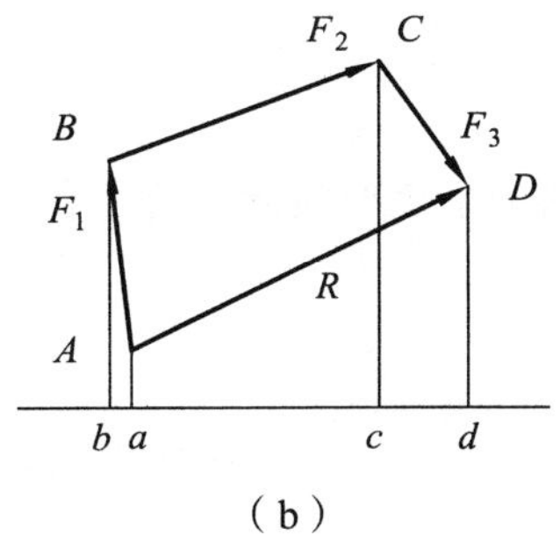

（b）

图 1.13

可用公式表示为

$$\begin{aligned}F_{Rx}&=F_{1x}+F_{2x}+\cdots+F_{nx}=\sum F_x\\F_{Ry}&=F_{1y}+F_{2y}+\cdots+F_{ny}=\sum F_y\end{aligned}\tag{1-3}$$

【例 1.2】 已知 $F_1=20\text{ kN}$，$F_2=40\text{ kN}$，$F_3=50\text{ kN}$，各力方向如图 1.14 所示，试求三力的合力在 x 轴和 y 轴的投影。

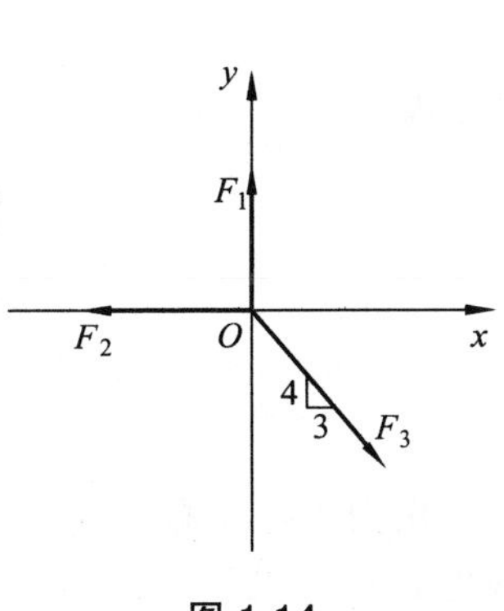

图 1.14

【解】 由式（1-3）可得出三力的合力在 x 轴和 y 轴的投影为

$$F_{Rx}=\sum F_x=F_1\cos90°-F_2\cos0°+F_3\times\frac{3}{\sqrt{3^2+4^2}}$$

$$= 0 - 40 + 50 \times \frac{3}{5} = -10\ (\text{kN})$$

$$F_{Ry} = \sum F_y = F_1 \sin 90° - F_2 \sin 0° - F_3 \times \frac{4}{\sqrt{3^2 + 4^2}}$$

$$= 20 - 0 - 50 \times \frac{4}{5} = -20\ (\text{kN})$$

【例 1.3】 如图 1.15 所示，一平面汇交力系作用于 O 点。已知 $F_1 = 200$ N，$F_2 = 300$ N，F_3 方向如图所示。若此力系的合力 F_R 与 F_2 沿同一直线，求 F_3 与合力 F_R 的大小。

【解】 由题意合力 F_R 与 F_2 沿同一直线上知，$F_{Rx} = F_R$，$F_{Ry} = 0$

又因为 $\quad F_{Ry} = \sum F_y = F_1 \sin 30° - F_3 \sin 45°$

所以 $\quad F_1 \sin 30° - F_3 \sin 45° = 0$

$$200\ \text{N} \times \frac{1}{2} - F_3 \times \frac{\sqrt{2}}{2} = 0$$

$$F_3 = \frac{200}{\sqrt{2}} = 141.4\ (\text{N})$$

所以 $\quad F_R = F_{Rx} = F_1 \cos 30° + F_2 + F_3 \cos 45°$

$$= 200 \times \frac{\sqrt{3}}{2} + 300 + 141.4 \times \frac{\sqrt{2}}{2} = 573.2\ (\text{N})$$

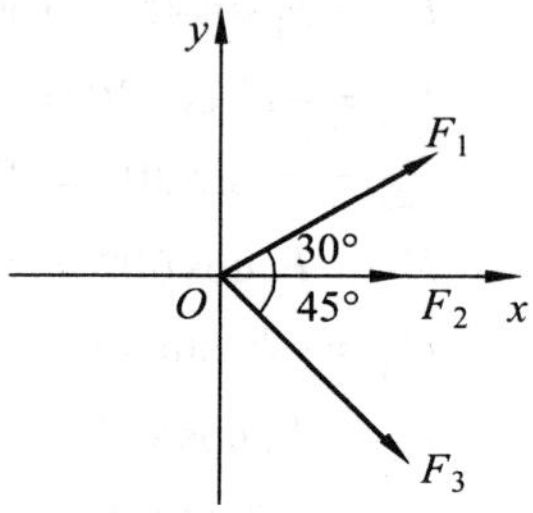

图 1.15

1.3 力 矩

力矩是力学中的一个重要概念，它不仅在实际应用中具有重要的意义，同时也是研究平面一般力系的基础。

1.3.1 定 义

一个力作用在具有固定轴的刚体上，如果力的作用线不通过该固定轴，那么刚体将会产生转动。如用手推门、用扳手转动螺母等都是力使刚体产生旋转的例子。

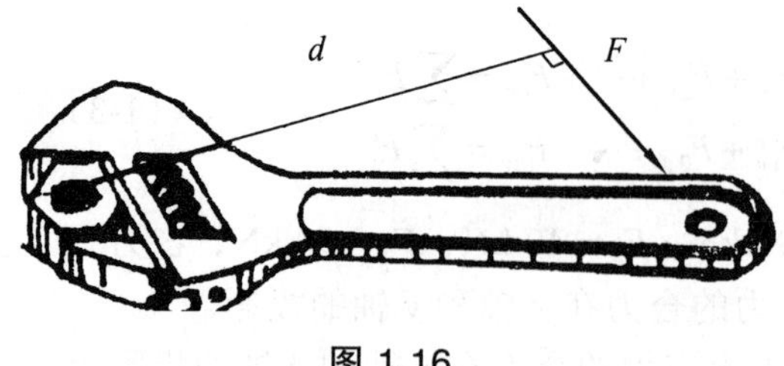

图 1.16

用扳手拧动螺母（图 1.16），经验证明，其转动效果不仅与力 F 的大小成正比，而且与该力到 O 点的垂直距离 d 成正比。即力越大，垂直距离越远，就越容易拧动螺母。为了度量力对刚体的转动效果，我们引进一个物理量——力对点之矩，简称力矩。它的定义：力对点的矩（简称力矩）等于力的大小与该点到力作用线垂直距离的乘积。即

$$M_O(F)=\pm Fd \tag{1-4}$$

式中，O 点称为力矩中心（简称矩心）；d 为 O 点到力作用线的垂直距离，称为力臂。通常规定：力使物体绕矩心逆时针方向转动时，力矩取正；作顺时针方向转动时取负。力矩的单位通常用牛顿 · 米（N · m）或千牛顿 · 米（kN · m）。

由力矩定义可知：

（1）力 F 对 O 点之矩不仅取决于力 F 的大小，同时还与矩心 O 的位置有关。

（2）力 F 对任一点的力矩，不会因该力沿其作用线滑移而改变（因为 d 不变）。

（3）当力 F 的大小等于零或者力的作用线通过矩心（即力臂 $d=0$）时，力矩等于零。

【例 1.4】 分别计算图 1.17 所示 F_1、F_2 的对 O 点的力矩。

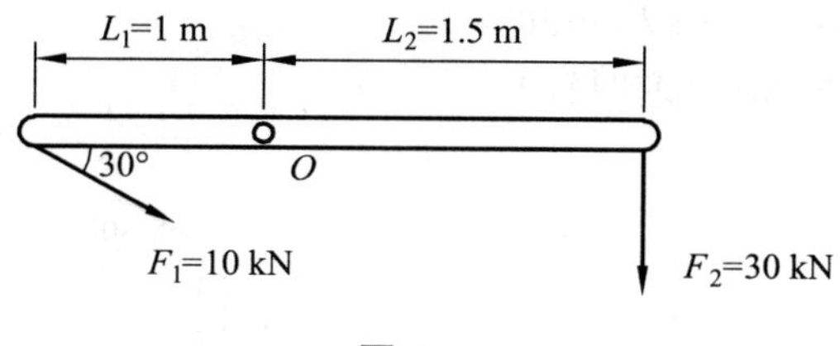

图 1.17

【解】 由式（1-4），有

$$M_O(F_1)=F_1d_1=10\times1\times\sin30°=5\ (\text{kN}\cdot\text{m})\ （逆时针）$$
$$M_O(F_2)=-F_2d_2=-30\times1.5=-45\ (\text{kN}\cdot\text{m})\ （顺时针）$$

1.3.2　合力矩定理

合力矩定理建立了作用在一点上的力系，反映了其合力对某一点的力矩与各分力对同一点的力矩之间的关系，用 $M_O(F_R)$ 表示。其内容表述为：

力系的合力对平面内任一点之矩，等于力系各分力对同一点力矩的代数和，即合理矩定理。

$$M_O(F_R)=M_O(F_1)+M_O(F_2)+\cdots+M_O(F_n)=\sum M_O(F) \tag{1-5}$$

当力臂不易直接求得时，可先将力进行分解，进而用合力矩定理求得原力对某点的力矩。

【例 1.5】 已知 $F_1=4$ kN，$F_2=3$ kN，$F_3=2$ kN，试求图 1.18 中三力的合力对 O 点的力矩。

【解】 根据合力矩定理得到合力对 O 点的矩：

$$M_0(F_1)=F_1d_1=4\times5\times\sin30°=10\ (\text{kN}\cdot\text{m})$$
$$M_0(F_2)=F_2d_2=0$$
$$M_0F_3)=F_3d_3=-2\times5\times\sin60°=-8.66\ (\text{kN}\cdot\text{m})$$
$$M_0(F_R)=\sum M_0(F)=10+0-8.66=1.34\ (\text{kN}\cdot\text{m})$$

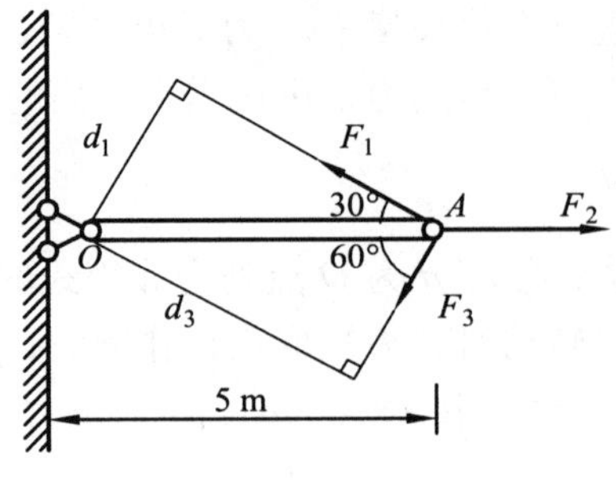

图 1.18

【例 1.6】 已知 $F=150$ N，试计算图 1.19 中力 F 对 O 点的矩。

【解】

$$\begin{aligned} M_O(F) &= M_O(F_x)+M_O(F_y) \\ &= -F_x\times 1+F_y\times 3 \\ &= -F\cos 30^\circ\times 1+F\sin 30^\circ\times 3 \\ &= 95.1\ (\mathrm{N\cdot m})\ （逆时针） \end{aligned}$$

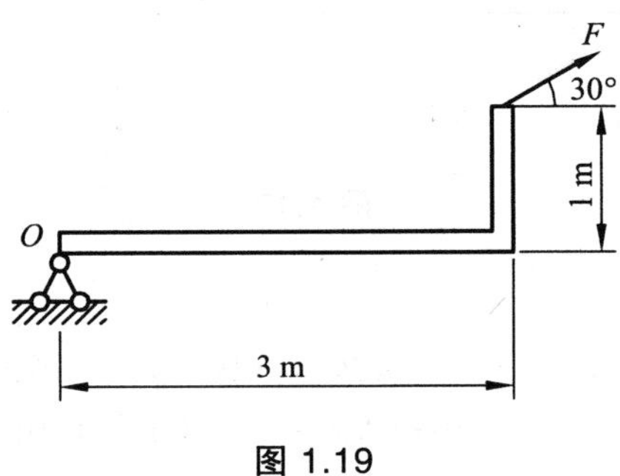

图 1.19

【例 1.7】 已知 $q=2$ kN/m，$l=2$ m，求图 1.20（a）所示匀布荷载对 A 点的矩。

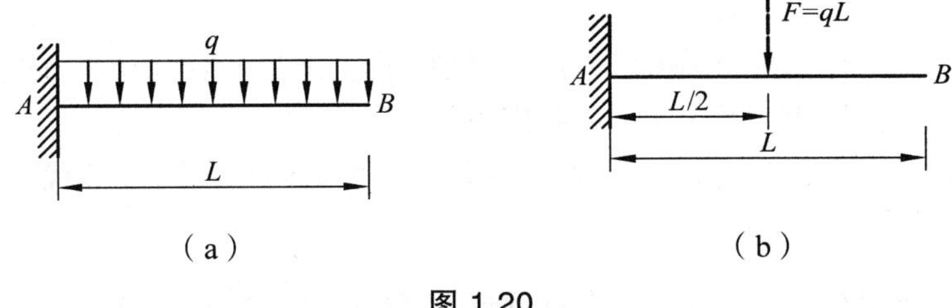

图 1.20

【解】 沿直线平行分布的线荷载可以简化为一个合力。合力的方向与分布荷载的方向相同，合力作用线通过荷载图的重心，其大小等于荷载图的面积。

梁上作用匀布荷载 $q=2$ kN/m（即每米长度上的分布力大小为 2 kN）。则在 2 m 长度上共受力 $F_q=qL=2$ kN/m×2 m=4 kN。合力 F_q 作用在 AB 段的中点以代替梁上匀布荷载的作用，如图 1.20（b）所示。则

$$M_A(q)=-F_q\times\frac{L}{2}=-4\times 1=-4\ (\mathrm{kN\cdot m})\ （顺时针）$$

【课堂练习】 求图 1.21 中 F（或 q）对 A 点的力矩。

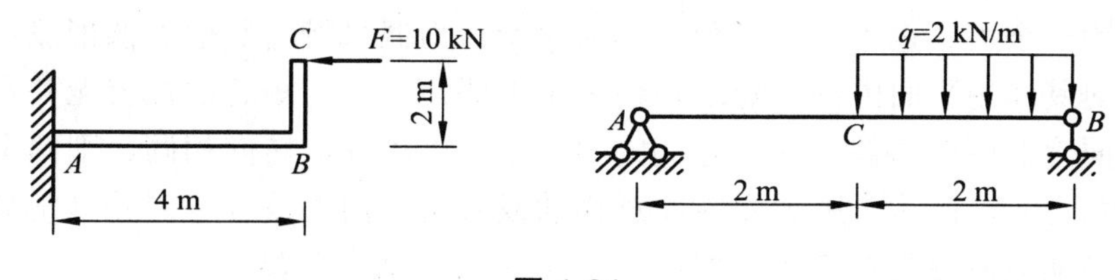

图 1.21

1.4　力　偶

1.4.1　力偶的概念

两个大小相等、方向相反且不共线的平行力，叫做力偶，用符号（F，F'）表示。

力偶在生产和生活中经常会遇到。汽车司机用两手驾驶汽车时作用在方向盘上的力（图 1.22）；钳工用丝锥攻丝时两手加在板手上的力；用两个手指拧动钟表发条、钢笔套所施加的力，这些都是力偶的实例。

图 1.22

1.4.2　力偶矩

力偶的作用效果是使物体产生纯转动，而转动效果的大小不仅与这两力的大小（F、F'）有关，而且与两力之间的垂直距离 d 有关，这个垂直距离 d 称为“力偶臂”。力偶作用效果的大小是用力×力臂来度量的，称为“力偶矩”，即

$$M(F \cdot F') = \pm Fd \tag{1-6}$$

力偶矩的正负号，表示物体受力偶作用时的转向。一般规定：逆时针转向时为正，顺时针转向时为负。

力偶矩的单位是牛顿 · 米（N · m）或千牛顿 · 米（kN · m）。

1.4.3　平面力偶的性质

（1）力偶无合力，即不能用一个力来代替力偶的作用。

因为力偶的两个力在任一轴上的投影总是大小相等、符号相反，所以它们的和等于零。

力偶既不能合为一个力，也不能与其他力形成平衡，力偶只能与其他力偶形成平衡。

（2）力偶对其作用平面内任一点之矩恒等于力偶矩，而与矩心的位置无关。

（3）同平面上的两个力偶，如果它们的力偶矩大小相等、转向相同，则两个力偶等效。

推论 1 力偶可以在其作用平面内任意移动或转动，而不改变它对物体的转动效应。即力偶对物体的转动效应与它在作用平面内的位置无关，见图 1.23。

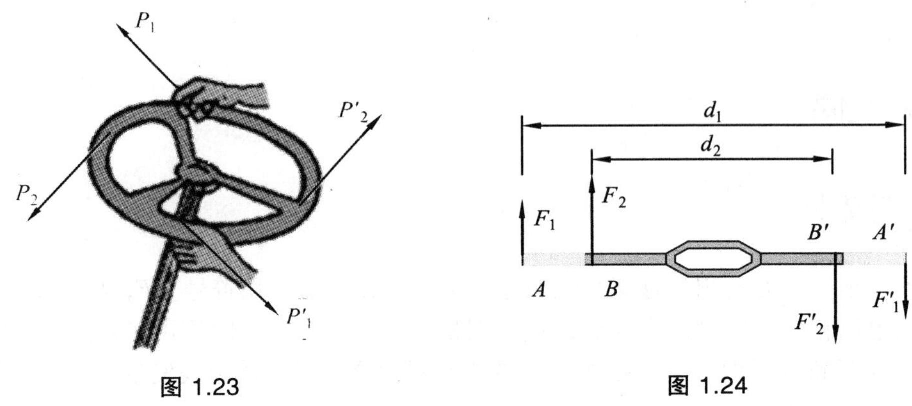

图 1.23　　图 1.24

推论 2 只要保持力偶矩的大小和力偶的转向不变，可同时相应地改变组成力偶的力的大小和力偶臂的长度，而不改变它对物体的转动效应。见图 1.24。

在平面问题中，力偶可以用力和力偶臂表示，也可以用一端带箭头的弧线表示。可以用以下三种方式表示力偶，如图 1.25（a）、（b）、（c）均表示力偶矩为 20 kN · m。

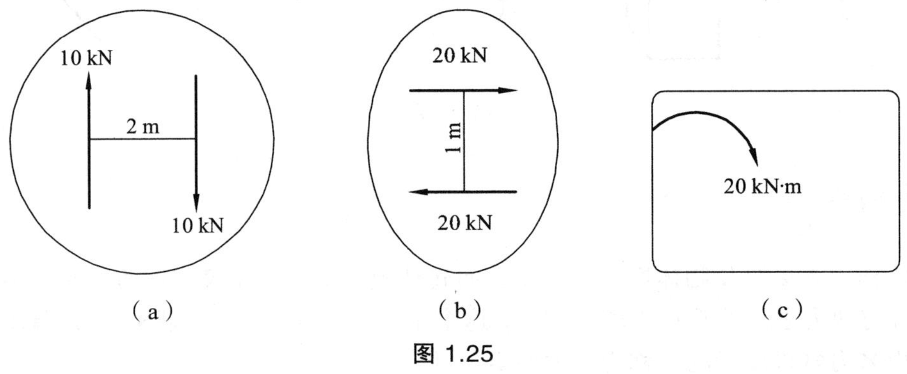

（a）　（b）　（c）

图 1.25

1.4.4 平面力偶系的合成

同时作用在物体上的两个或两个以上的力偶，称为力偶系。

作用在同一平面内的力偶系称为平面力偶系。在同一平面内的力偶可以进行代数运算，合为一个合力偶。合力偶矩等于各分力偶矩的代数和，即

$$M_r = M_1 + M_2 + \cdots + M_n = \sum M \qquad (1\text{-}7)$$

式中，M_r表示合力偶矩；$M_1, M_2, \cdots, M_n$ 表示原力偶系中各力偶的力偶矩。

【课堂思考】 各梁受荷载作用如图 1.26 所示。试求：（1）各力偶分别对 A、B 点的矩。

（2）求各力偶在 x、y 轴上的投影。

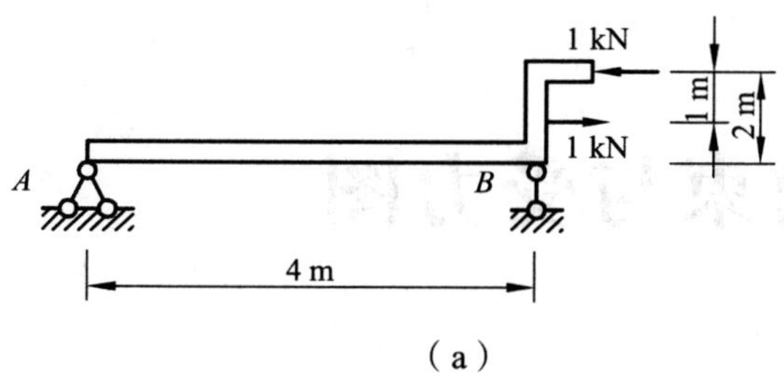

（a）

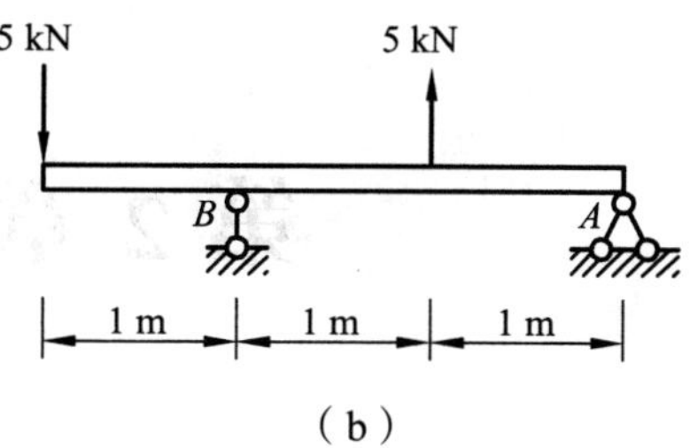

（b）

图 1.26

第 2 章　约束与受力图

实际工程是很复杂的，对结构进行力学分析时，如果不加区分地考虑所有实际因素，将使问题的分析变得十分困难，甚至无法进行。

分析实际结构时，需要利用力学知识、结构知识和工程实践经验，并根据实际受力、变形规律等主要因素，忽略一些次要因素，对结构进行科学、合理的简化。这是一个将结构理想化、抽象化的简化过程，这一过程称为力学建模。

2.1　荷载的分类与计算

物体受到的力可以分为两类：一类是使物体运动或具有运动趋势的力，称为主动力，如重力、水压力、土压力等，工程上把主动力称为荷载；另一类是限制物体运动的力，称为约束反力或约束力，简称反力。对于作为研究对象的受力物体，以上两类力通称为外力。

2.1.1　荷载的分类

在工程实际中，作用在结构上的荷载是多种多样的。为了便于力学分析，需要从不同的角度，将它们进行分类。

1. 按作用在结构上的时间分为恒载和活载

（1）恒载是指作用在结构上的不变荷载，即在结构建成以后，其大小和作用位置都不再发生变化的荷载。例如，构件的自重、土压力等。构件的自重可根据结构尺寸和材料的容重（即每 1 m^3 体积的重量，单位为 N/m^3）进行计算。例如，截面为 20 cm × 50 cm 的钢筋混凝土梁，总长 6 m，已知钢筋混凝土容重为 25 000 N/m^3，则该梁的自重为：$G = 25\ 000 \times 0.2 \times 0.5 \times 6 = 15\ 000$ N。如果将总重除以长度，则得到该梁每米长度的重量，单位为 N/m，用符号 q 表示，即 $q = 15\ 000/6 = 2\ 500$ N/m。建筑工程上，对于楼板的自重，一般是以 1 m^2 面积的重量来表示。例如，10 cm 厚的钢筋混凝土楼板，其重量为 $25\ 000 \times 0.1 = 2\ 500$ N/m^2。就是说，10 cm 厚的钢筋混凝土楼板每 1 m^2 的重量为 2 500 N。重量的单位也可以用“kN”来表示，1 kN＝1 000 N。例如，上面钢筋混凝土的容重可表示为 25 kN/m^3。

（2）活载是指在施工或建成后的使用期间可能作用在结构上的可变荷载。这种荷载有时存在，有时不存在，它们的作用位置和作用范围可能是固定的（如风荷载、雪荷载、会议室的人群荷载等），也可能是移动的（如吊车荷载、桥梁上行驶的汽车荷载等）。不同类型的房屋建筑，因其使用情况的不同，活荷载的大小也就不同。在现行《工业与民用建筑结构荷载规范》中，对各种常用的活荷载都有详细的规定。例如，住宅、办公楼、托儿所、医院病房等一类民用建筑的楼面活荷载，目前规定为 $1.5\ kN/m^2$；而教室、会议室的活荷载，则规定为 $2.0\ kN/m^2$。

2. 按作用在结构上的分布情况分为分布荷载和集中荷载

（1）分布荷载是指满布在结构某一表面上的荷载，根据其具体作用情况还可以分为匀布荷载和非匀布荷载。如果分布荷载在一定的范围内连续作用且其大小在各处都相同，这种荷载称为匀布荷载。例如，上面所述梁的自重按每米长度均匀分布，为线匀布荷载；又如上面所述的楼面荷载，按每单位面积均匀分布，为面匀布荷载。反过来，如果分布荷载不是匀布荷载，则称为非匀布荷载，如水压力，其大小与水的深度有关（成正比），荷载为按照三角形规律变化的分布荷载，即荷载虽然连续作用，但其各处大小不同。

（2）集中荷载是指作用在结构上的荷载总是分布在一定的面积上，且分布的面积远远小于结构的尺寸，则将此荷载看做是作用在结构的某点上，称为集中荷载。如上面所述的吊车轮压，即认为是集中荷载。其单位一般用 N 或 kN 表示。

3. 按作用在结构上的性质分为静力荷载和动力荷载

（1）当荷载从零开始，缓慢地、连续均匀地增加到最后的确定数值后，其大小、作用位置以及方向都不再随时间而变化，这种荷载称为静力荷载。例如，结构的自重、一般的活荷载等。静力荷载的特点是，该荷载作用在结构上时，不会引起结构产生振动的效应。

（2）如果荷载的大小、作用位置、方向都可以随时间的变化而发生改变，这种荷载称为动力荷载。例如，动力机械产生的荷载、地震力等。这种荷载的特点是，该荷载作用在结构上时会产生惯性力，从而引起结构产生振动，对结构的破坏效果比静力荷载明显。

2.1.2　荷载的计算

【例 2.1】 已知钢筋混凝土主梁 AB，截面尺寸 $b\times h=250\ mm\times 500\ mm$，长 $l=6.6\ m$，试计算主梁的线荷载。

【解】 由于钢筋混凝土的容重 γ 为 $25\ kN/m^3$，所以该主梁的自重为

$$G=\gamma V=\gamma Al=25\times 0.25\times 0.5\times 6=18.75\ (kN)$$

线匀布荷载为

$$q=\frac{G}{l}=\frac{18.75}{6}=3.13\ (kN/m)$$

【例 2.2】 某楼层为梁板结构，单向板的跨度为 $L_1=3$ m。在楼板上铺设石材地面，已知石材的重度为 $\gamma=27\ kN/m^3$，装修厚度 0.05 m。求：楼板增加面荷载增加了多少？传到两边支承梁的线荷载增加了多少?

【解】 已知 $\gamma=27\ kN/m^3$，$h=0.05$ m。

增加的面荷载为：$q_1=\dfrac{G}{A}=\dfrac{\gamma Ah}{A}=\gamma h=27\times 0.05=1.35\ (kN/m^2)$

增加的线荷载为：$q_2 = \frac{q_1 L_1 L_2}{2L_2} = \frac{1.35 \times 3}{2} = 2.025\ (\text{kN/m})$

【课堂练习】 在某梁上需加一道砌体隔墙，墙高 2.7 m、厚 120 mm，已知 12 mm 厚双面粉刷墙荷载为 3.0 kN/m^2，试问此梁上增加的荷载。

2.2 约束与约束反力

凡是可以自由地做任何运动的物体，统称自由体。例如飞行中的飞机、发射中的炮弹等。

若一个物体上某处受到其他物体的限制，使该处沿某些方向的运动成为不可能，则该物体称为非自由体。这种阻止物体运动的限制称为约束。用绳子悬挂着的电灯，绳子限制了电灯向下运动，所以，绳子是电灯的约束；支承于墙上的梁，则墙是梁的约束。

约束对物体必然作用一定的力以阻碍物体运动，这种力就是前面提到的约束反力或约束力，简称反力。约束反力总是作用在约束与物体的接触处，其方向总是与约束所能限制的运动方向相反。

在静力学中，主要研究对象是受约束的非自由体，这些物体受主动力的作用，虽有运动趋势，但在约束处受到约束力的作用而保持平衡。主动力一般是已知的，而约束反力则是未知的。但是，某些约束力的作用点、方位和方向，却可根据约束本身的性质来确定。下面介绍几种工程上常见的约束。

2.2.1 柔性约束

由绳子、皮带、链条等非刚性体形成的约束，称为柔性约束。

柔性约束的特点是只能受拉而不能受压。在不计自重的情况下，柔索的拉力必沿着柔索的中心线背离被约束物体。在本书中，柔性约束的拉力用 F_T 表示，如图 2.1 所示。

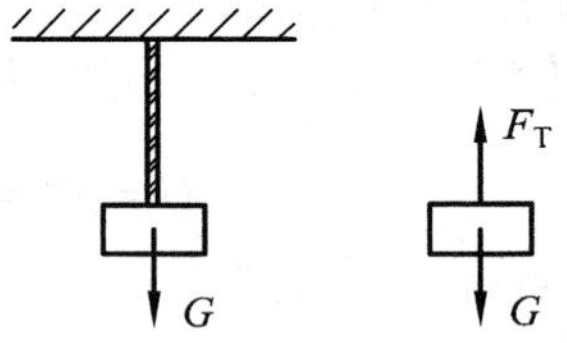

F_T

G G

（a） （b）

图 2.1

2.2.2 光滑面约束

当两物体接触面上摩擦力很小时，可以看做光滑接触，摩擦力可忽略不计。这时，不论接触面形状如何，支承面只能阻止物体垂直于接触面的运动，而不能阻止物体沿其他方向的运动。

所以，光滑接触面约束反力的方向垂直于接触面或接触点的公切线，并通过接触点指向研究对象，即为压力。工程中常见的光滑面接触类型可分成三类：平面与平面、平面与曲面、曲面与曲面。约束反力常用 F_N 表示，如图 2.2 所示。

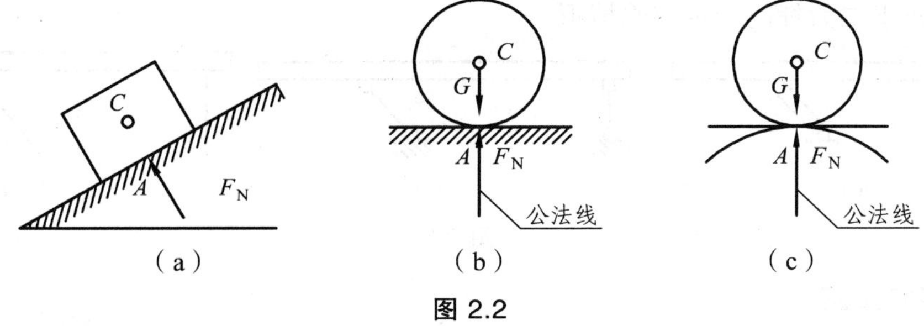

图 2.2

2.2.3　光滑圆柱形铰链

圆柱形铰链简称圆柱铰或铰链。如门窗合页、眼镜支架等。它是由一个圆柱形销钉插入两个杆件的圆孔而组成的（图 2.3（a））。它的计算简图如图 2.3（b）所示。如果假设销钉与圆孔都是光滑的，那么销钉只能限制两零件的相对移动，而不能限制两零件的相对转动，因为不考虑摩擦，销钉与圆孔实际上是两个光滑圆柱面接触。按照光滑接触面反力的特点，销钉给圆孔的反力通过它们的接触点，沿公共法线作用，如图 2.4（a）所示。但有时接触点不能预先确定，以致反力 F 的方向也不能预先确定，这时在受力分析中，可以将圆柱销钉的反力用两个正交反力 F_x、F_y 来表示，如图 2.4（b）所示。

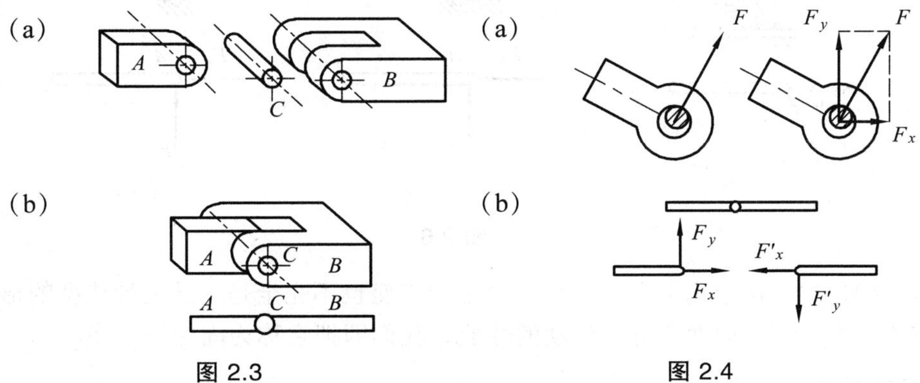

图 2.3　　图 2.4

2.2.4　铰链支座

把结构与基础或其他支承物联系起来的装置称为支座。支座的作用是固定结构的位置和将结构所承受的荷载传给支承物。支座对结构的反作用力称为支座反力。

在建筑结构中，支座的构造形式很多，但从其对结构的约束作用来看，可将支座简化为下列形式：

1. 链杆约束

两端各以铰链与其他物体相连且中间不受力（包括物体本身的自重）的直杆称为链杆，如图 2.5（a）所示，其约束简图如图 2.5（b）所示。这种约束只能限制物体上的铰接点沿链杆轴线方向的运动，而不能限制沿其他方向的运动。因此，链杆的约束反力沿着链杆两端中心线连线，可能为拉力也可能为压力。这种约束常用符号 F 表示，其约束反力如图 2.5（c）

所示。链杆属于二力杆的一种特殊情形。

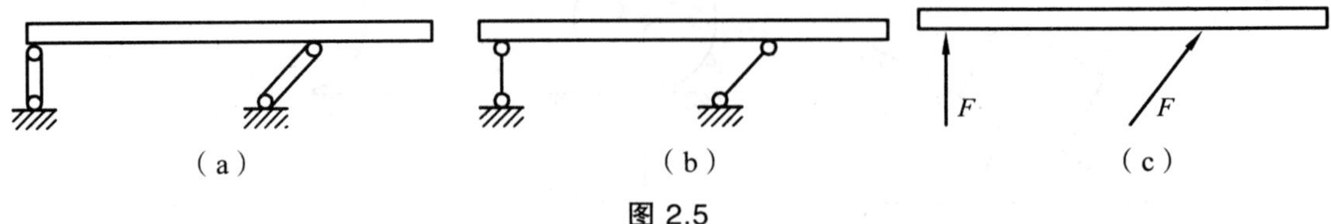

图 2.5

2. 固定铰支座

这种支座是将一固定的圆柱形铰链（或称销钉）套入被约束物体上事先钻好的圆孔内，如图 2.6（a）所示。此时，支座没有水平运动，而只允许结构绕铰轴转动。由于支座不容许结构在该处上下、左右移动，即具有两个约束，其计算简图如图 2.6（b）、（c）所示。其中，图（c）是用两根链杆表示的，这两根链杆画成竖直和水平或任意两个方向均可（但不能相互平行），因为无论如何表示，支座的约束反力 F（通过铰的中心）总是一样，而且总可以分解成竖直与水平两个反力（F_x、F_y）。在工程实际计算中，我们通常计算这两个相互垂直的反力，因为它们能充分反映出支座的约束作用。

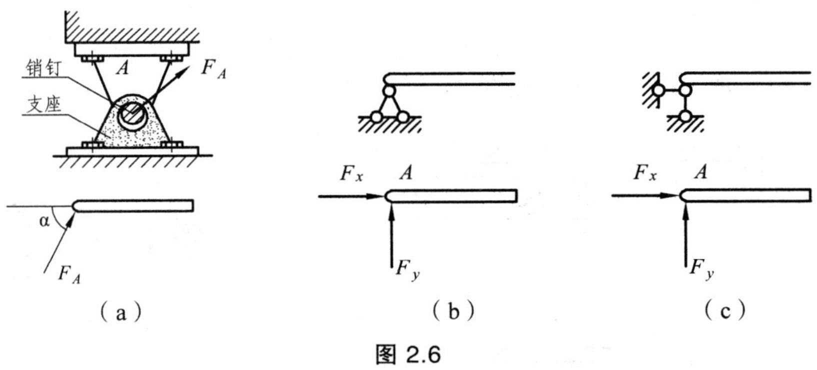

图 2.6

在房屋构造中，由于构造要求不同，固定铰支座也不完全是上述两种典型的形式。但只要它具有约束水平和竖向两个方向移动的性能，我们即把它称为固定铰支座。

3. 可动铰支座

将铰链安装在带有滚轴固定支座上，如图 2.7（a）所示，即在固定铰支座下面放几个滚轴。有了滚轴，被约束物体不但能绕铰轴自由转动，而且可沿平行支座底面的方向任意移动。当结构受荷载作用时，约束反力 F 通过铰链截面的圆心并与支承面相垂直。只是反力的大小与指向未知，如图 2.7（c）所示，它的计算简图如图 2.7（b）所示。

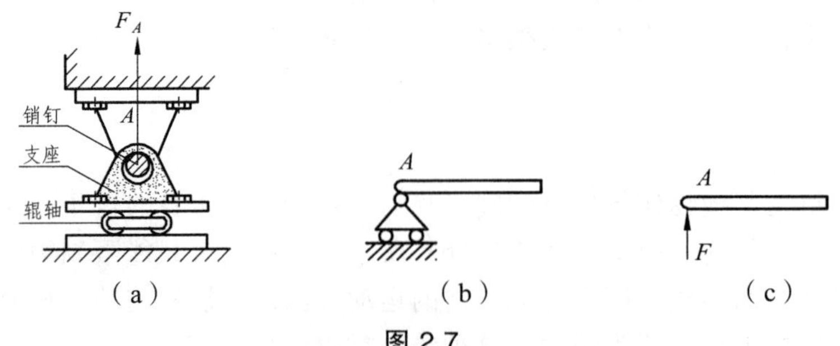

图 2.7

建筑结构中的有些梁、屋架等，一端用固定铰支座约束，另一端用可动铰支座约束，这样的支承方式叫简支。

2.2.5　固定端支座

房屋的雨篷、阳台的挑梁（图 2.8（a））都是一端嵌固在墙内，另一端悬空的。如果构件在墙内嵌固得足够牢固，悬挑出的部分能够承受荷载，则砖墙就是构件的支座，图 2.8（b）所示为其计算简图。这种支座不仅使构件不能上下、左右移动，同时也不能转动（变形除外），所以它具有三个约束作用，这样的支座称为固定端支座（或称为固定支座），如图 2.8（c）所示。

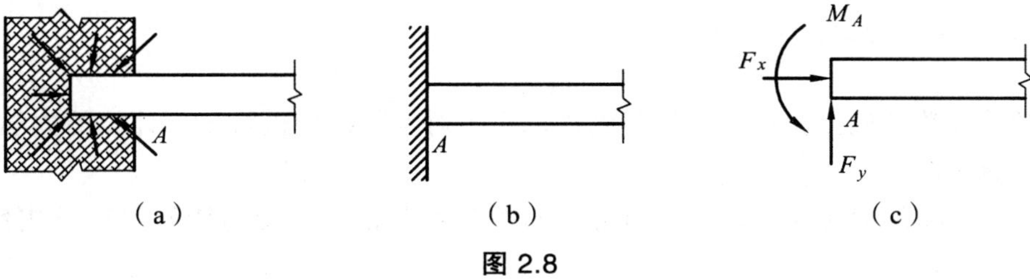

图 2.8

2.2.6　定向支座

如图 2.9（a）所示，定向支座允许结构沿着一个方向（即支撑面方向）平行滑动，但既不允许结构转动，也不允许结构沿垂直支撑面方向移动（又称滑动支座）。因此，它可以产生竖向反力和反力矩。定向支座的计算简图与约束反力如图 2.9（b）所示。

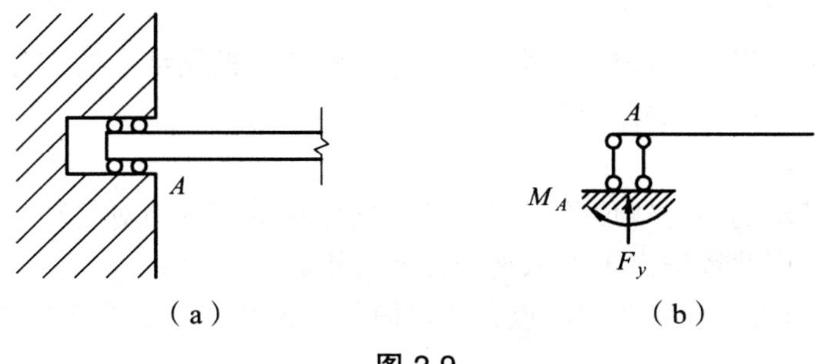

图 2.9

【课堂习题】 画出图 2.10 所示 C 处约束对物体 A 的约束反力。

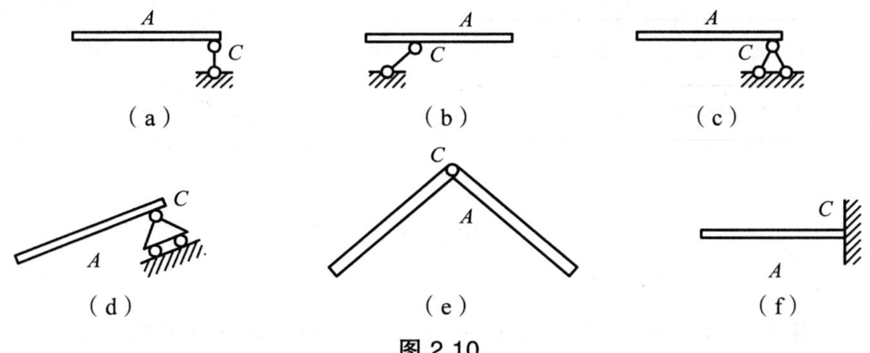

图 2.10

2.3 力学计算简图

2.3.1 结构的分类

工程中结构的类型是多种多样的，可分为杆系结构（这类结构由杆件组成，杆件的特征是其长度远大于其横截面尺寸）、板和壳类（这类结构的特征是长、宽两个方向的尺寸远大于厚度）、实体结构（该类结构三个方向的尺度具有相同的数量级）三类。

杆系结构可分为平面杆系结构和空间杆系结构两类。本书主要研究平面杆系结构。

2.3.2 结构的计算简图

在力学建模的基础上，经简化后得到可以用于对实际结构进行分析计算的力学图形，称为结构的计算简图。

结构计算简图的简化原则：① 尽可能反映实际结构的主要受力特征；② 略去次要因素，便于分析和计算。

结构计算简图的简化内容：

1. 杆件的简化

用杆轴线代替杆件。如梁、柱等构件的纵轴线为直线，就用相应的直线表示；拱、曲杆等构件的纵轴线为曲线，则用相应的曲线来表示。

2. 结点简化

结构中两个或两个以上的杆件共同连接处称为结点。根据结点的实际构造，通常简化为铰结点、刚结点和组合结点三种类型。

（1）铰结点。

铰结点可约束杆端的相对线位移，但铰结点处各杆端可以相对转动，各杆间的夹角受荷载作用后发生改变，因此铰结点不能承受和传递力矩。

图 2.11（a）所示为一木屋架端结点，它可简化为铰结点，如图 2.11（b）所示。

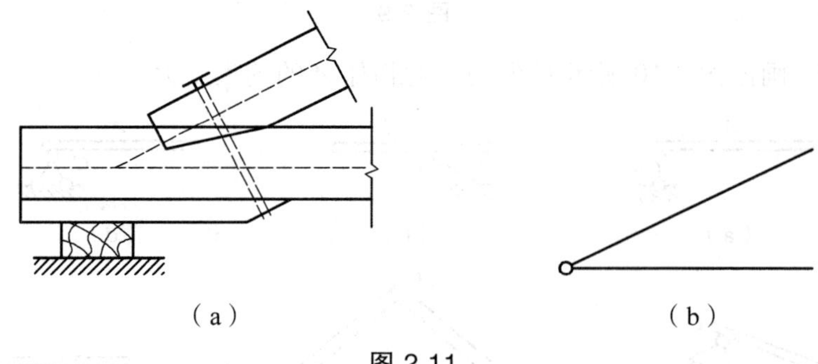

图 2.11

（2）刚结点。

刚结点可约束结点处各杆端的相对线位移和相对转角，各杆间的夹角受荷载作用后保持不变，因此刚结点可以承受和传递力矩。

图 2.12 所示为钢筋混凝土结构的某一结点，其计算简图可简化为刚结点。

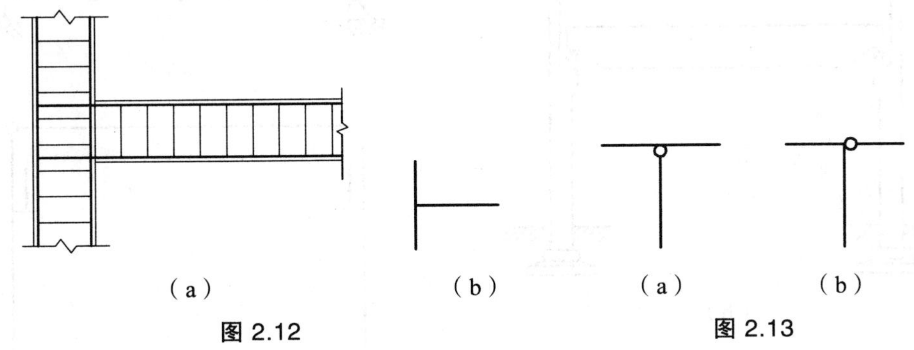

图 2.12　　图 2.13

（3）组合结点。

若在同一结点处，某些杆间相互刚结，而另一些杆间相互铰接，则称为组合结点。如图 2.13 所示。

3. 支座的简化

结构与基础的连接装置称为支座。常见的支座类型有可动铰支座、固定铰支座、固定端支座、定向支座等四种类型。

4. 荷载的简化

荷载是主动作用于结构上的外力。实际中，作用在结构上的荷载比较复杂，根据结构实际受力情况，通常可将荷载分为集中荷载、分布荷载等。

2.3.3　结构计算简图选取示例

【例 2.3】 图 2.14（a）所示为单层厂房结构的计算简图。分析排架柱的内力时，可用实体杆代替桁架得出计算简图，如图 2.14（d）所示。

在计算桁架的内力时，可单独取出一榀并用铰支座代替其相互联结作用，其计算简图如图 2.14（c）所示。

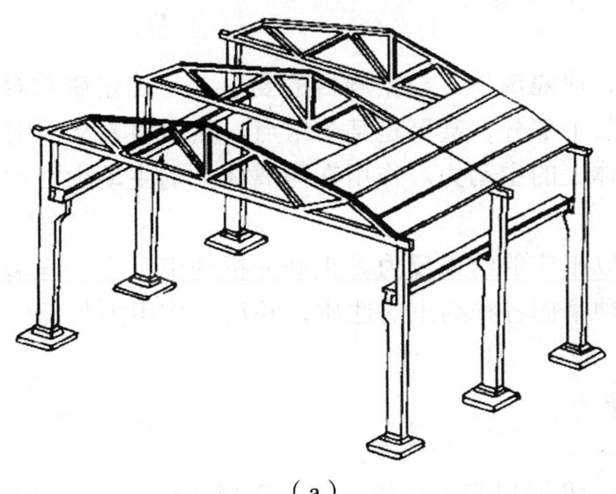

（a）

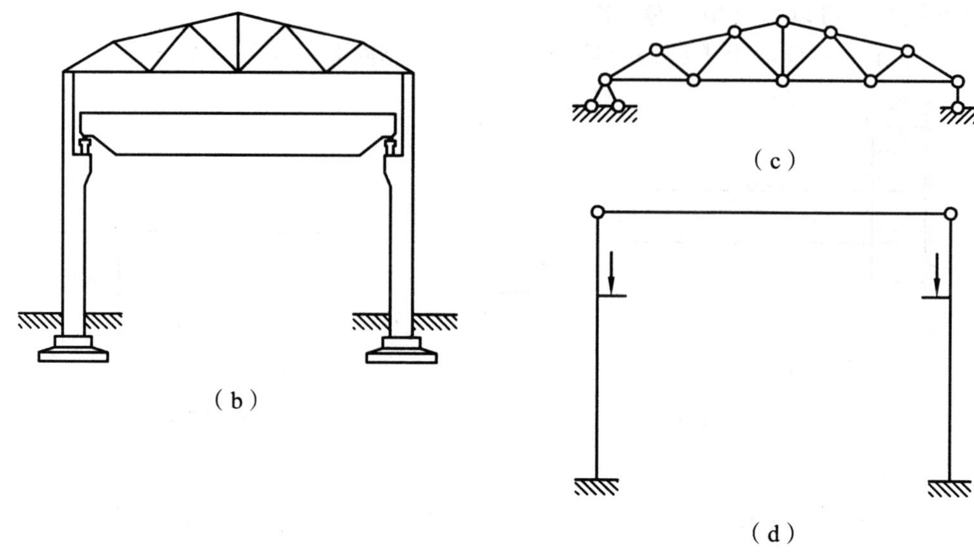

图 2.14

2.4 受力分析与受力图

在研究任何物体的平衡中，首先必须对所研究的物体（即研究对象）受到的力的作用，进行全面分析。而在工程中各部分之间往往都是互相联系的，为清楚表示研究对象的受力情况，就需要将所研究的对象从周围的联系中分离出来，孤立地加以研究。这种被分离出来的研究对象，我们称之为隔离体。

画出隔离体后，将作用在隔离体上的主动力和约束反力全部表示在隔离体上，这样得到的图形称为该隔离体的受力图。以后计算约束反力的大小和方向时，就在这个受力图上进行。显然，画好受力图是进行力学分析和计算的依据，因此，要熟练掌握并学会灵活地应用。

2.4.1 画受力图的一般步骤

（1）确定研究对象，取隔离体。根据题目的要求，先确定研究对象。研究对象可以是整个结构，也可以是其中某个部分，甚至是某个结点。然后将其从周围物体中单独分离出来。

（2）画作用在隔离体上的主动力。作用在隔离体上的主动力往往是已知的，注意不要漏画。

（3）去除约束，代以相应的约束反力。正确分析约束反力，弄清它的作用位置和方向。在分析约束反力时，必须掌握各种约束的性质，并注意作用力与反作用力的关系。

2.4.2 单个物体的受力图

【例 2.4】 一水平梁 AB 受已知力作用，如图 2.15（a）所示，A 端是固定端，梁 AB 的自重不计。试画 AB 的受力图。

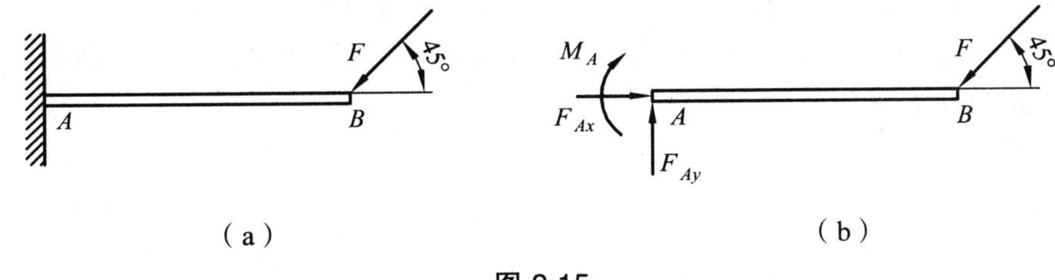

图 2.15

【解】(1) 取 AB 梁为研究对象，解除 A 处的约束，画出其隔离体简图。

(2) 在隔离体中梁的 B 点画主动力 F。

(3) 在受约束的 A 处，根据约束类型画出约束反力。由于 A 处为固定端支座，所以需用三个约束反力来代替。

AB 杆的受力图如图 2.15（b）所示。

【例 2.5】 如图 2.16（a）所示简支梁 AB，跨中受到集中力 F 作用，A 端为固定铰支座约束，B 端为可动铰支座约束。试画出梁的受力图。

【解】(1) 取 AB 梁为研究对象，解除 A、B 两处的约束，画出其隔离体简图。

(2) 在梁的中点 C 画主动力 F。

(3) 在受约束的 A 处和 B 处，根据约束类型画出约束反力。因 B 处为可动铰支座约束，其反力通过铰链中心且垂直于支承面，其指向假定如图 2.16（b）所示；A 处为固定铰支座约束，其反力可用通过铰链中心 A 并以相互垂直的分力 F_{Ax}、F_{Ay} 表示。受力图如图 2.16（b）所示。

此外，注意到梁只在 A、B、C 三点受到互不平行的三个力作用而处于平衡，因此，也可以根据三力平衡汇交定理进行受力分析。已知 F、R_B 相交于 D 点，则 A 处的约束反力 R_A 也应通过 D 点，从而可确定 R_A 必通过沿 A、D 两点的连线。由此可画出图 2.16（c）所示的受力图。

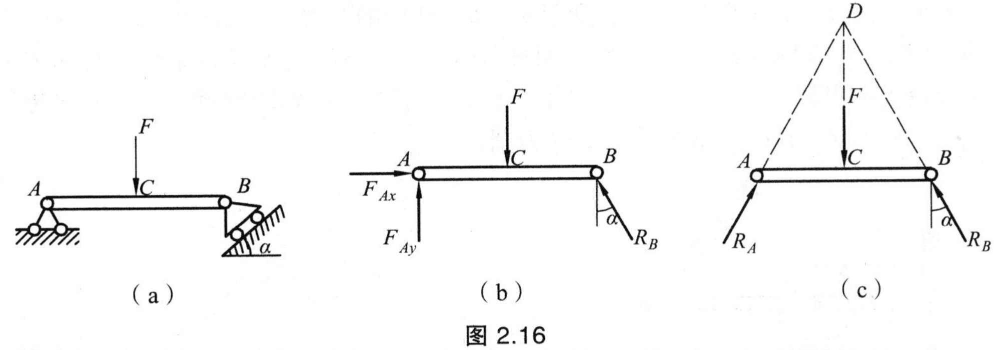

图 2.16

2.4.3　物体系统的受力图

物体系统的受力图与单个物体的受力图画法相同，只是研究对象可能是整个物体系统、系统的某一部分或某一物体。画物体系统整体的受力图时，只需将整体看做单个物体；画系统的某一部分或某一物体的受力图时，只需把研究对象从系统中分离出来，同时注意被拆开的联系处有相应的约束反力，并应符合作用力与反作用力公理。

【例 2.6】 一根两跨连续梁，忽略自重不计，其上主动力如图 2.17（a）所示。试作：

（1）AC 跨的受力图；

（2）CD 跨的受力图；

（3）整体受力图。

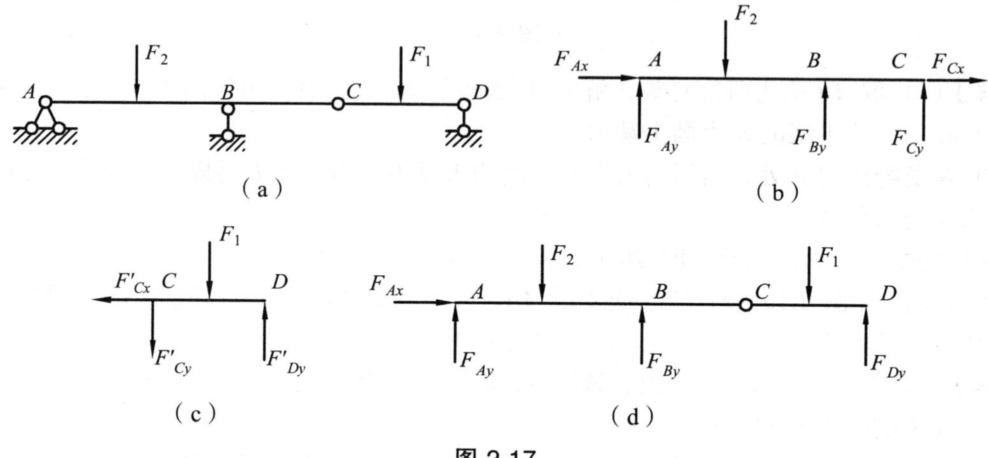

图 2.17

【解】（1）取 AC 为研究对象，画 AC 上的主动力 F_2；去除 A、B、C 三处的约束，用相应的约束反力来代替。其受力图如图 2.17（b）所示。

（2）取 CD 为研究对象，画 CD 上的主动力 F_1；去除 C、D 两处的约束，用相应的约束反力来代替。注意此处 C 的受力与图 2.17（b）中 C 处受力为作用力与反作用力。其受力图如图 2.17（c）所示。

（3）整体受力图。取整体为研究对象，画出作用在整体上的主动力 F_1、F_2；去除 A、B、D 三处的约束，用相应的约束反力来代替。其受力图如图 2.17（d）所示。注意：此时 C 处的铰并没去掉，因此不用画约束反力；而且 A、B、D 处的受力应与前面的受力保持一致。

***【例 2.7】** 图 2.18（a）所示的结构由杆 ABC、CD 与滑轮 B 铰接组成。物体重 W，用绳子挂在滑轮上。设杆、滑轮及绳子的自重不计，并不考虑各处的摩擦，试分别画出滑轮 B（包括绳子）、杆 CD、ABC 及整个系统的受力图。

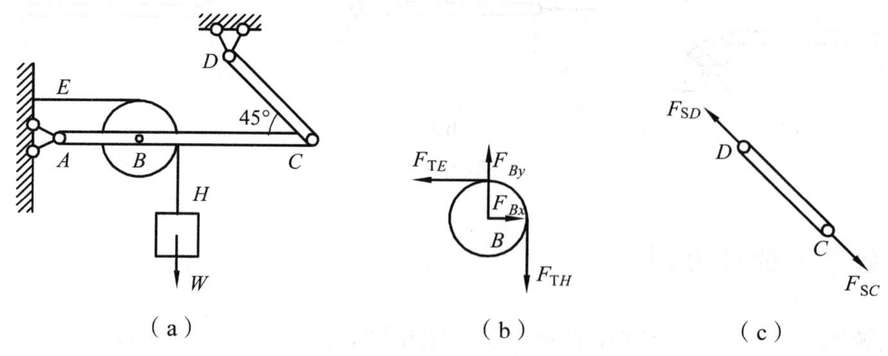

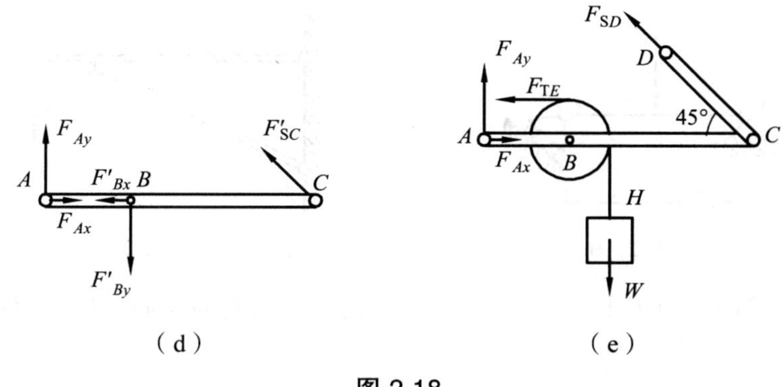

图 2.18

【解】(1) 以滑轮及绳子为研究对象，画出隔离体图。B 处为光滑铰链约束，杆 ABC 上的铰链销钉对轮孔的约束反力为 F_{Bx}、F_{By}；在 E、H 处有绳子的拉力 F_{TE}、F_{TH}，如图 2.18 (b) 所示。在这里，$F_{TE}=F_{TH}=W$。

(2) 杆 CD 为二力杆，所以首先对其进行研究。取杆 CD 为研究对象，画出隔离体如图 2.18 (c) 所示。设 CD 杆受拉，在 C、D 处画上拉力 F_{SC}、F_{SD}，且有 $F_{SC}=-F_{SD}$。其受力图如图 2.18 (c) 所示。

(3) 以杆 ABC (包括销钉) 为研究对象，画出隔离体图。其中 A 处为固定铰支座，其约束反力为 F_{Ax}、F_{Ay}；在 B 处画上 F'_{Bx}、F'_{By}，它们分别与 F_{Bx}、F_{By} 互为作用力与反作用力；在 C 处画上 F'_{SC}，它与 F_{SC} 互为作用力与反作用力。其受力图如图 2.18 (d) 所示。

(4) 以整个系统为研究对象，画出隔离体图。此时杆 ABC 与杆 CD 在 C 处铰接，滑轮 B 与杆 ABC 在 B 处铰接，这两处的约束反力都为作用力与反作用力，成对出现，在研究整个系统时，不必画出。此时，系统所受的力有：主动力 (物体重) W，约束反力 F_{SD}、F_{TE}、F_{Ax} 及 F_{Ay}。如图 2.18 (e) 所示。

2.4.4 画隔离体受力图时的注意事项

(1) 隔离体要彻底分离。

(2) 约束力、外力一个不能少。

(3) 约束力要符合约束的性质。

(4) 未知力先假设方向，计算出结果后定实际方向。

(5) 不画隔离体内力。

(6) 作用力与反作用力方向相反，分别画在不同的隔离体上。

(7) 注意识别二力构件。

【课堂练习】 1. 忽略梁自重不计，试画图 2.19 中梁 AB 的受力图。

2. 忽略各杆自重不计，试画图 2.20 中 AB、CD 及整体的受力图。

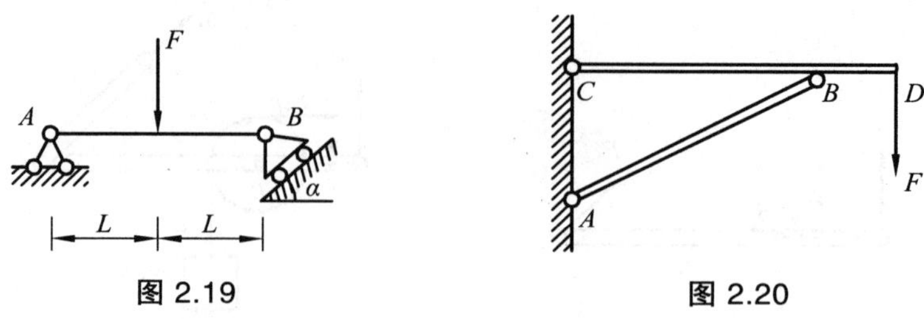

图 2.19　　图 2.20

*3. 指出图 2.21 所示的两种情况下，*D* 处的约束反力有何不同？能否直接判定 *A* 处的约束反力作用线？

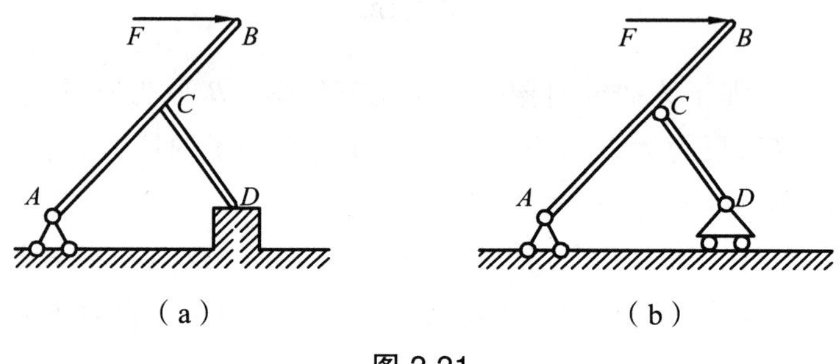

图 2.21

专题训练一　建筑中的计算简图与受力图

【示范一】 图 2.22（a）所示为一门过梁，两端搭在墙上。

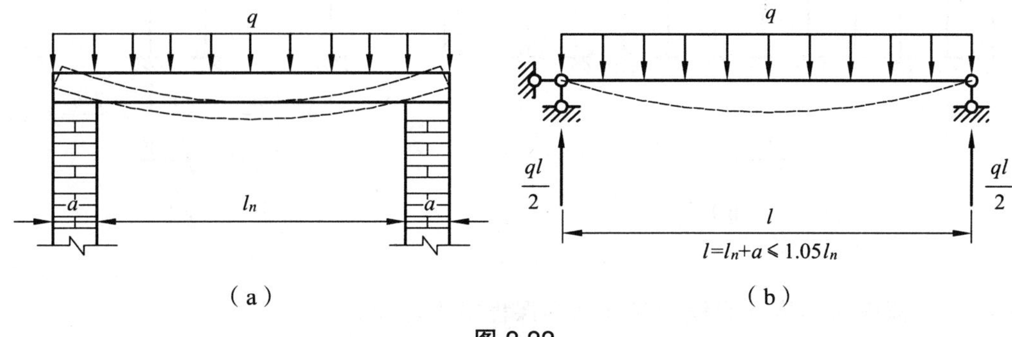

图 2.22

分析模型的特点：① 墙内的梁，两端不可有上、下移动，但梁弯曲时两端可以发生微小转动；② 梁不可能在水平方向发生整体移动；③ 梁热胀冷缩，水平方向可以自由伸缩。

根据它的特点，计算简图可简化为：① 梁以其轴线来代替，把荷载直接加在轴线上；② 在梁的左端，设置一个固定铰支座；③ 在梁的右端，设置一个可动铰支座。如图 2.22（b）所示。

【示范二】 图 2.23（a）所示为某三层框架结构，底层层高为 6 m，二、三层层高为 5 m。其框架的平面图如图 2.23（a）所示，在分析、计算时，它的模型需按两个方向来考虑：纵向和横向。由于梁与柱均是整体现浇，杆与杆之间约束能力强，可视为刚结。其计算简图如图 2.23（b）、（c）所示。

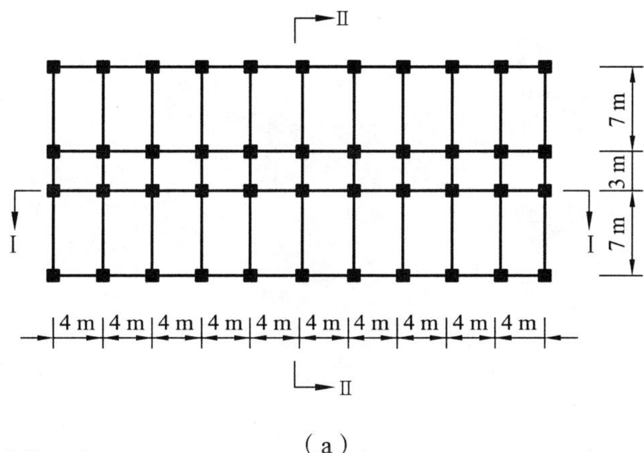

（a）

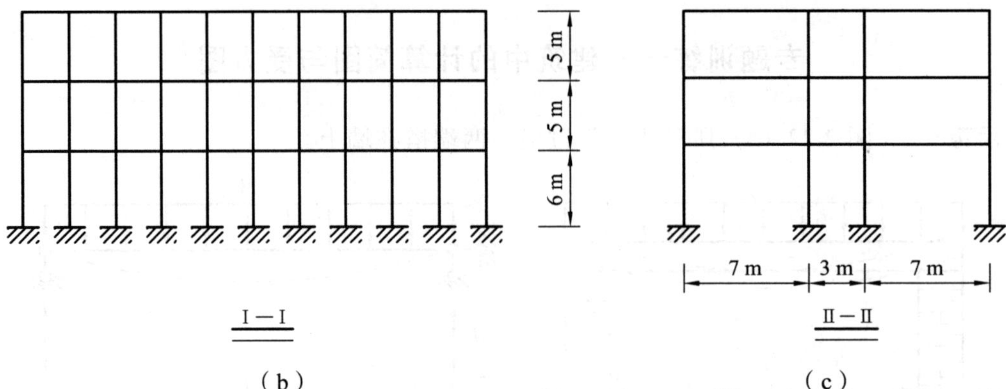

图 2.23

该框架的荷载简化将在后续的建筑结构课程中进行介绍。

【练习】 某一阳台挑梁，其在墙上的搭接情况如图 2.24 所示。请根据它的实际情况，绘制计算简图。

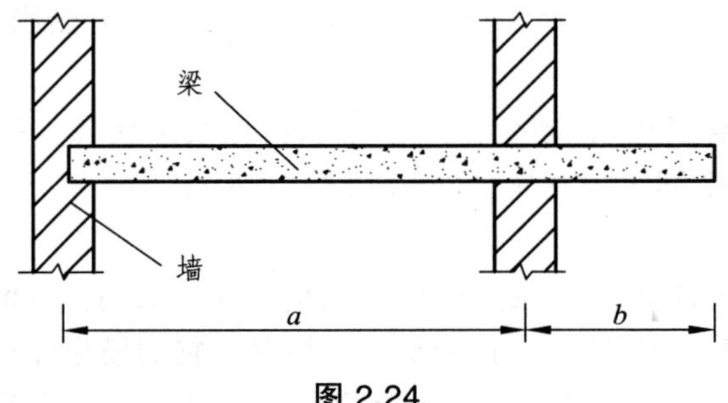

图 2.24

第 3 章　物体的平衡

3.1　平面力系的简化

如果力系中所有力的作用线都在同一平面内，则称该力系为平面力系；力的作用线不在同一平面内的力系称为空间力系。实际上物体所受的力大都是空间力系，但很多空间力系可以等效转换成平面力系处理。例如，由于屋架的厚度相对其他两个方向的尺度小得多，因此屋架可以看成一个平面，屋架受到屋面自重和积雪等重力荷载 F_{P1}、风荷载 F_{P2} 以及支座反力 F_{Ax}、F_{Ay}、F_B 的作用，这些力的作用线也在屋架的平面内，这样就组成了一个平面力系，如图 3.1 所示。有时物体本身及作用于其上的力系中所有力都对称于某一平面，则作用于物体上的力系就可简化为该对称平面内的平面力系。如图 3.2（a）所示沿直线行驶的汽车，车受到的重力 W、空气阻力 F 以及地面对左右轮的约束反力的合力 F_A、F_B，都可简化到汽车的对称面内，组成平面力系。再如图 3.2（b）所示水坝，通常取单位长度的坝段进行受力分析，并将坝段所受的力简化为作用于坝段中央平面内的一个平面力系，如图 3.2（c）所示。

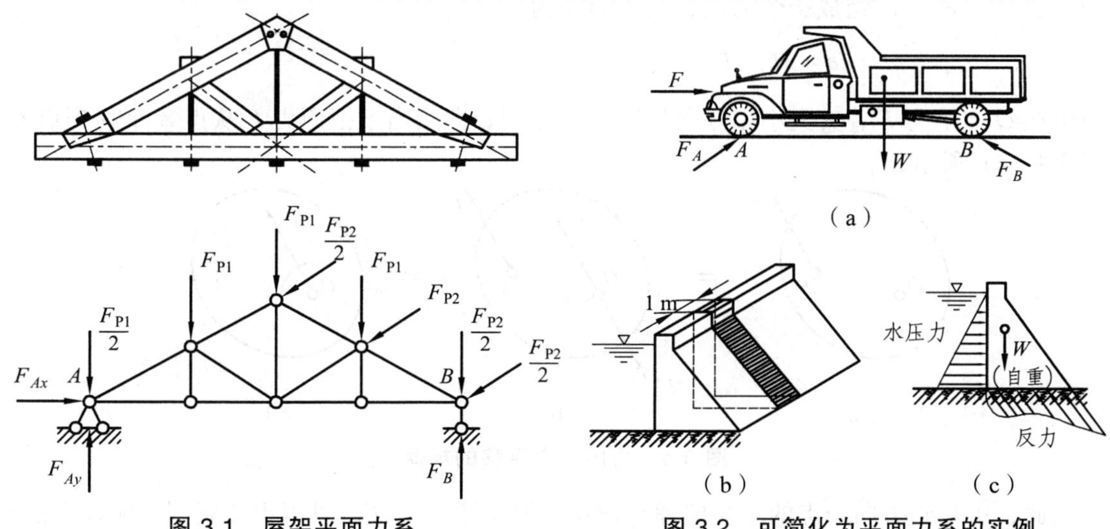

图 3.1　屋架平面力系

图 3.2　可简化为平面力系的实例

3.1.1　力向一点平移

如果一个力的大小、方向均不变，只是将力的作用线平行移动到某一点处，称为力向一点平移。

力的平移对力的效应有什么影响？当球拍作用于乒乓球上的力通过球心时，乒乓球只向前运动而不转动，同样大小、方向相同的力如不通过球心，乒乓球就会不但向前运动，而且还绕其球心转动。可见两者的运动效应是不完全相同的。再让我们观察一个实例，以便从中得出力平行移动的规律。如图 3.3（a）所示，设力 F 作用在轮缘上的 A 点，此力可使轮子转动，如果将它平移到轮心 O 点（图 3.3（b）的力 F'），则它将不能使轮子转动，可见二者运动效应是不同的。如果在将力 F 从 A 点平移到 O 点的同时再附加上一个力偶矩为 $M=M_o(F)$ 的力偶，如图 3.3（c）所示，且使其转动效应和力 F 作用在点 A 时的转动效应相同，则力对物体的运动效应就可以保持不变。力 F 作用在点 A 时，使轮子绕 O 点转动的效应由 F 对 O 点的矩来度量，故附加力偶的力偶矩 M 应等于这个力矩。

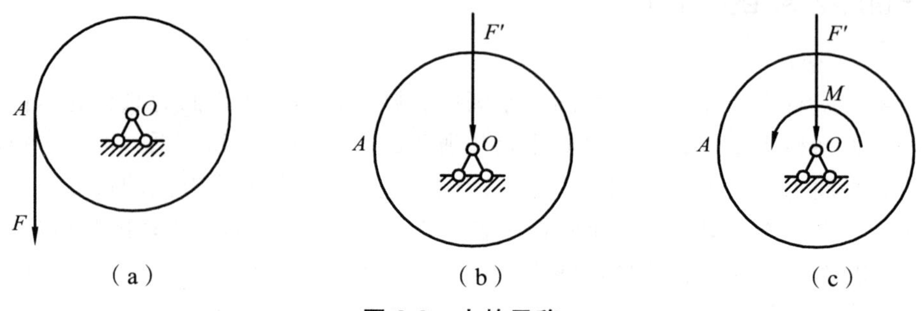

图 3.3 力的平移

一般情况下，设在物体的 A 点作用一个力 F，现要将它平行移动到物体内任一点 O（图 3.4（a））。为此，在点 O 加上一对大小相等、方向相反并在一条直线的力 F'和 F''，其作用线与力 F 平行，大小与力 F 的大小相等，如图 3.4（b）所示。显然，这样和图 3.4（a）的效应是一样的。力 F 与 F''组成一个力偶，其力偶矩为

$$M=Fd=M_O(F) \tag{3-1}$$

而作用在 O 点的力 F'，其大小和方向与原力 F 相同，即相当于把原力 F 从点 A 平移到点 O，如图 3.4（c）所示。

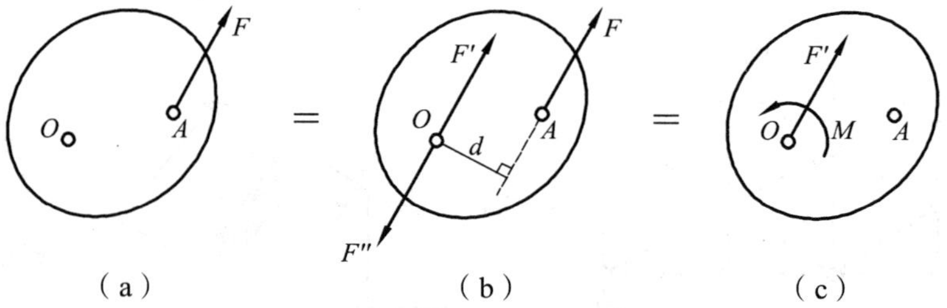

图 3.4 力向一点平移的规律

由此，可得到力向一点的平移定理：作用于刚体上的力 F，可以平移到同一刚体上的任一点 O，但必须附加一个力偶，其力偶矩等于原力 F 对于新作用点 O 的矩。

【例 3.1】 如图 3.5（a）所示，在柱子的 A 点作用有吊车梁传来的荷载 $F_P=100$ kN，A 点至柱轴线的距离 $e=0.4$ m。求将这力 F_P 平移到柱轴上 O 点时所应附加的力偶矩。

【解】 根据力向一点平移定理，力 F_P 由 A 点平移到 O 点，必须附加一力偶，如图 3.5（b）所示，它的力偶矩 M 等于力 F_P 对 O 点的矩，即

$$\begin{aligned}M&=M_O(F_p)=-F_pe=-100\times0.4\\&=-40\ (\text{kN}\cdot\text{m})\end{aligned}$$

式中，负号表示该附加力偶的转向为顺时针方向。

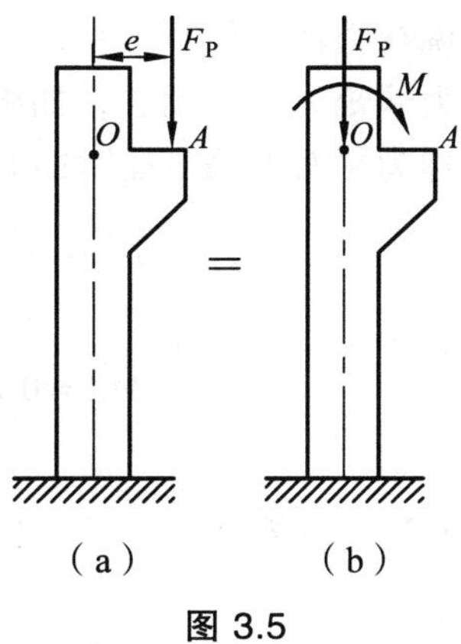

图 3.5

3.1.2　平面力系向一点的简化

设在物体上作用一个平面力系 F_1，F_2，…，F_n，各力的作用点分别为 A_1，A_2，…，A_n，如图 3.6（a）所示。在力系的作用面内任选一点 O 为简化中心，根据力向一点平移定理，将力系中各力全部平移到点 O，得到一个交于 O 点的平面力系 F_1'，F_2'，…，F_n' 和一个由若干个共面的力偶所组成的附加平面力偶系 M_1，M_2，…，M_n（图 3.6（b）），这些附加力偶的矩分别等于相应的力对 O 点的矩。交于 O 点的平面力系可合成为一个合力 F_R，附加平面力偶系可根据平面力偶系的合成组成为一个合力偶 M_O（图 3.6（c））。

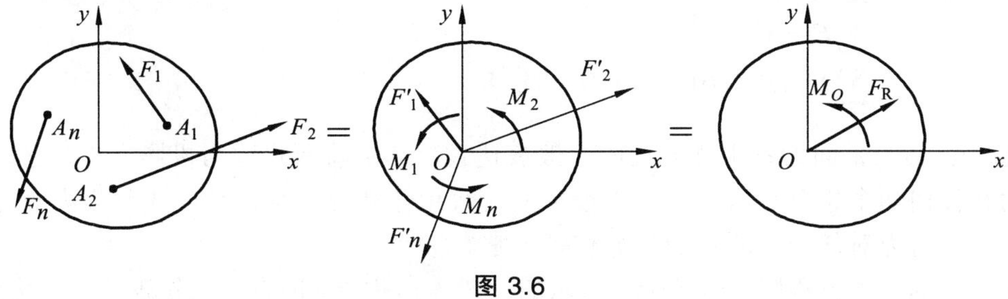

图 3.6

根据合力投影定理，交于 O 点的平面力系的合力 F_R 在 x 轴和 y 轴上的投影分别为 F_{Rx} 和 F_{Ry}：

$$\left.\begin{aligned} F_{Rx} &= F'_{x1} + F'_{x2} + \cdots + F'_{xn} = F_{x1} + F_{x2} + \cdots + F_{xn} = \sum_{i=1}^{n} F_{xi} \\ F_{Ry} &= F'_{y1} + F'_{y2} + \cdots + F'_{yn} = F_{y1} + F_{y2} + \cdots + F_{yn} = \sum_{i=1}^{n} F_{yi} \end{aligned}\right\} \tag{3-2}$$

即合力 F_R' 在坐标轴上的投影等于原力系的各个分力在坐标轴上投影的代数和。根据式（1-6）和式（3-1）得附加平面力偶系的合力偶的力偶矩为

$$M_O = M_1 + M_2 + \cdots + M_n = M_O(F_1) + M_O(F_2) + \cdots + M_O(F_n) = \sum_{i=1}^{n} M_O(F_i) \tag{3-3}$$

即合力偶矩 M_O 等于原力系的各个分力对简化中心力矩的代数和。

注意：合力与简化中心位置无关，而合力偶一般则与简化中心位置有关的。

3.2　平面力系的平衡

3.2.1　平衡条件

在前面已经介绍，若物体相对于地球静止或做匀速直线运动，则称物体是平衡的。也就

是说在力系的作用下平衡的物体，没有运动效应，这表明作用在平衡物体上的力系合力为零，合力偶矩为零。反之，如果力系的合力、合力偶矩同时为零，则物体处于平衡。这两个方面统称为平面力系平衡时的必要和充分条件，写成公式表达式，有

$$\left.\begin{aligned} F_{Rx} &= 0 \\ F_{Ry} &= 0 \\ M_O &= 0 \end{aligned}\right\} \tag{3-4}$$

3.2.2 平衡方程

由式（3-2）、(3-3）和（3-4）可以得出平面力系的平衡方程为

$$\left.\begin{aligned} &\sum F_x = 0 \\ &\sum F_y = 0 \\ &\sum M_O(F) = 0 \end{aligned}\right\} \tag{3-5}$$

式（3-5）称为平面力系平衡方程的一般表达式。其中前两式称为投影方程，它表示力系中所有力在任何两个相互垂直坐标轴上投影的代数和分别等于零；后一式称为力矩方程，它表示力系中所有力对任一点的矩的代数和等于零。

平面力系的平衡方程除了式(3-5)所示的一般表达式外，还有二力矩形式和三力矩形式。

二力矩形式如下:

$$\left.\begin{aligned} &\sum F_x = 0 \\ &\sum M_A(F) = 0 \\ &\sum M_B(F) = 0 \end{aligned}\right\} \tag{3-6}$$

其中，A、B 两点的连线不与 x 轴垂直。

三力矩形式如下:

$$\left.\begin{aligned} &\sum M_A(F) = 0 \\ &\sum M_B(F) = 0 \\ &\sum M_C(F) = 0 \end{aligned}\right\} \tag{3-7}$$

其中，A、B、C 三点不共线。

【例 3.2】 刚架受荷载 $F_P=2qa$、q 作用，其约束情况如图 3.7（a）所示。刚架自重不计，试求固定端约束 A 处的反力。

【解】(1）选取研究对象。取刚架为研究对象。

(2）画受力图。画出刚架的受力情况，如作用于刚架上的荷载 F_P、q；反力 F_{Ax}、F_{Ay}、M_A，假定指向如图 3.7（b）所示，这些力组成平面力系。应用三个平衡方程可求解三个未知反力的大小。

(3）列平衡方程并求解。本题中有一个反力偶，由于力偶在任一轴上的投影都为零，故

力偶在投影方程中不出现；又由于力偶对平面内任一点的力矩都等于该力偶矩，而与矩心的位置无关，故在力矩方程中可直接将力偶矩列入。

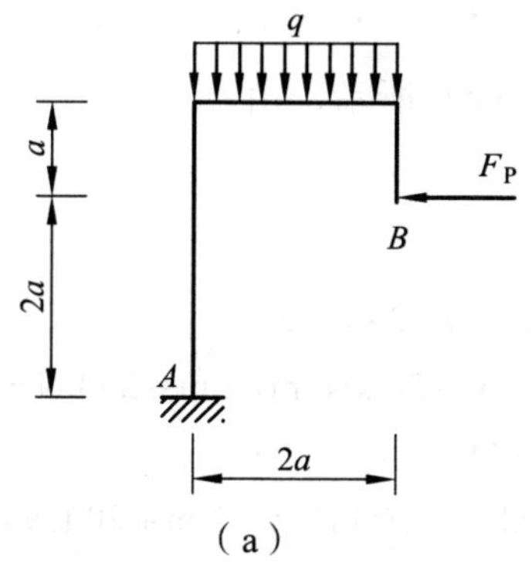

（a）

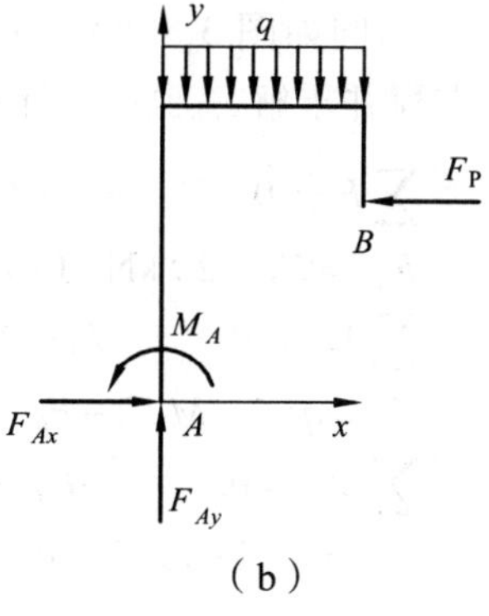

（b）

图 3.7

如图 3.7（b）所示，建立坐标系，由

$$\sum F_x = 0, \qquad F_{Ax} - F_P = 0$$

得 $F_{Ax} = F_P = 2qa$ （→）

由 $\sum F_y = 0,\ F_{Ax} - q \times 2a = 0$

得 $F_{Ay} = 2qa$ （↑）

由 $\sum M_A = 0,\ M_A - q \times 2a \times a + F_P \times 2a = 0$

得 $M_A = 2qa^2 - 2F_P a = 2qa^2 - 4qa^2 = -2qa^2$ （↓）

正值表示所求力的实际方向与受力图中假定的方向一致；负值则表示相反。

校核：

$$\sum M_B(F) = F_{Ax} \times 2a - F_{Ay} \times 2a + M_A + q \times 2a \times a$$
$$= 2qa \times 2a - 2qa \times 2a + 2qa^2 + q \times 2a \times a = 0$$

说明计算结果无误。

【例 3.3】 刚架受荷载作用及约束情况如图 3.8（a）所示。其中，$F_P = 20$ kN，$M =$ 20 kN · m，$q = 15$ kN/m，刚架自重不计，试求 A、B 处的支座反力。

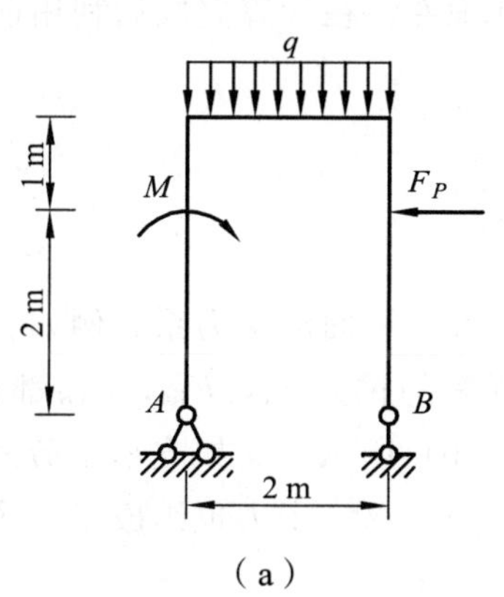

（a）

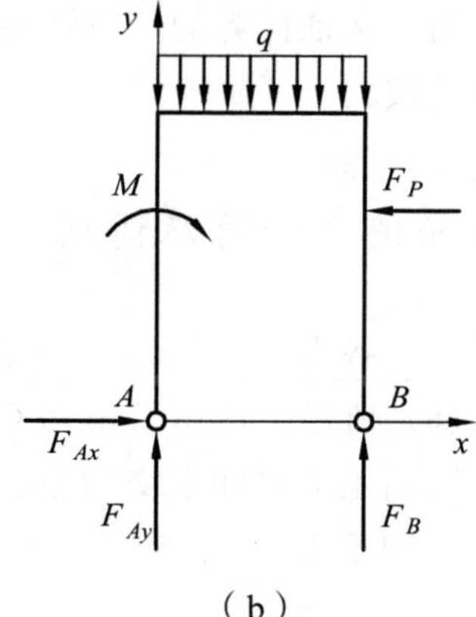

（b）

图 3.8

【解】(1) 选取研究对象。取刚架为研究对象。

(2) 画受力图。画出刚架的受力情况，如作用于刚架上的力有荷载 F_P、q、M；反力 F_{Ax}、F_{Ay}、F_B，假定各力指向如图 3.8 (b) 所示。

(3) 列平衡方程并求解。建立坐标系如图 3.8 (b) 所示，由

$$\sum F_x = 0, \qquad F_{Ax} - F_P = 0$$

得
$$F_{Ax} = F_P = 20\ \text{kN}\ (\rightarrow)$$

由
$$\sum M_A = 0, \qquad F_B \times 2 + F_P \times 2 - M - q \times 2 \times 1 = 0$$

得
$$F_B = q \times 1 + M/2 - F_P = 15\ \text{kN/m} \times 1\ \text{m} + 20\ \text{kN} \cdot \text{m}/2\ \text{m} - 20\ \text{kN} = 5\ \text{kN}\ (\uparrow)$$

由
$$\sum M_B = 0, \qquad -F_{Ay} \times 2 + F_P \times 2 - M + q \times 2 \times 1 = 0$$

得
$$F_{Ay} = q \times 1 - M/2 + F_P = 15\ \text{kN/m} \times 1\ \text{m} - 20\ \text{kN} \cdot \text{m}/2\ \text{m} + 20\ \text{kN} = 25\ \text{kN}\ (\uparrow)$$

校核：$\sum F_y = F_{Ay} + F_B - q \times 2 = 25\ \text{kN} + 5\ \text{kN} - 15\ \text{kN/m} \times 2\ \text{m} = 0$

说明计算结果无误。

本题应用的是平面力系平衡方程的二力矩形式，其中 A、B 两点的连线不与 x 轴垂直。

根据以上分析，应用平面力系平衡方程解题的步骤如下：

(1) 确定研究对象。根据题意分析已知量和未知量，选取合适的研究对象。

(2) 作出受力图。在研究对象上画出它受到的所有荷载和约束反力。约束反力根据约束的类型来画。当约束反力的方向未定时，一般可用两个互相垂直的分力表示；当约束反力的指向未定时，可以先假设其指向。如果计算结果为正，则表示假设的指向与实际方向一致；如果计算结果为负，则表示实际的指向与假设相反。

(3) 列平衡方程并求解。选取合适的平衡方程形式、投影轴方向和矩心位置。选取哪种形式的平衡方程，完全取决于计算的方便与否。通常力求在一个平衡方程中只包含一个未知量，以免求解联立方程。在应用投影方程时，投影轴的方向可以根据解题需要来设定，通常应考虑到力和投影轴的角度，利用研究对象的对称轴，尽可能选取与未知力的作用线垂直的方向，以使运算简化。运用力矩方程时，矩心往往选择多个未知力的交点。另外，在计算力矩时，要善于运用合力矩定理，以便使计算简单。

(4) 校核。为了保证计算的严密性与结果的准确性，在计算完成后利用前面没有用过的条件对结果计算校核。

3.2.3 平面力系的几个特殊情况

在平面力系中，各力作用线交于一点的力系，称为平面汇交力系。例如，起重机起吊重物时，如图 3.9 (a) 所示，作用于吊钩 C 的三根绳索的拉力 F_T、F_{TA}、F_{TB} 都在同一平面内，且汇交于一点，因而组成平面汇交力系，如图 3.9 (b) 所示。又如支承于砖底座上的锅炉，如图 3.10 (a)，受到重力 W 和约束力 F_A、F_B 的作用，这三个力也组成了一个平面汇交力系（图 3.10 (b)）。

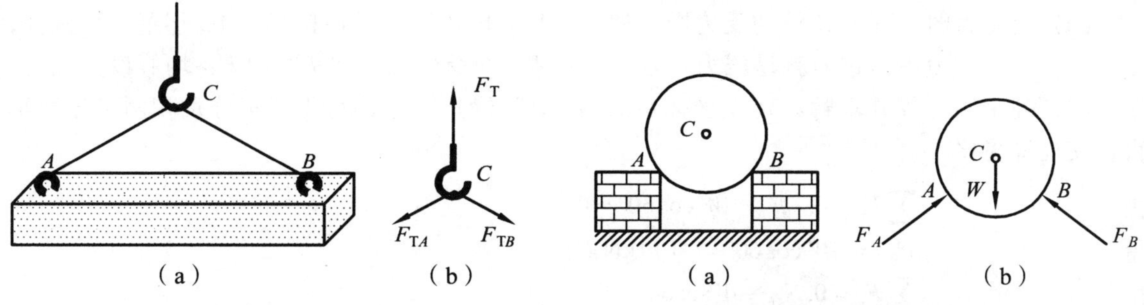

（a）　（b）

图 3.9　起重机吊重物

（a）　（b）

图 3.10　锅炉支承在砖底座上

在平面力系中，各力作用线相互平行的力系，称为平面平行力系。例如，如图 3.11（a）所示，秤在称重物时作用于秤杆的三根绳索的拉力 F_{TA}、F_{TB}、F_{TC} 都在同一平面内，且都相互平行，就组成了一个平面平行力系，如图 3.11（b）所示。

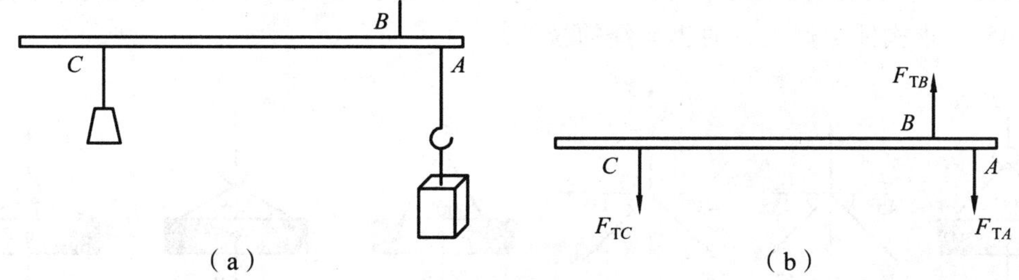

（a）　（b）

图 3.11　秤称重物

1. 平面汇交力系

对于平面汇交力系，式（3-5）中的力矩平衡方程自然满足，因而其平衡方程为

$$\left.\begin{aligned}\sum F_x=0\\ \sum F_y=0\end{aligned}\right\}\tag{3-8}$$

平面汇交力系只有两个独立的平衡方程，只能求解两个未知数。

【例 3.4】 支架由直杆 AB、AC 构成，A、B、C 三处都是铰链，在 A 点悬挂重量为 $W=20$ kN 的重物，如图 3.12（a）所示，求杆 AB、AC 所受的力。杆的自重不计。

【解】（1）选取研究对象。取 A 铰为研究对象。

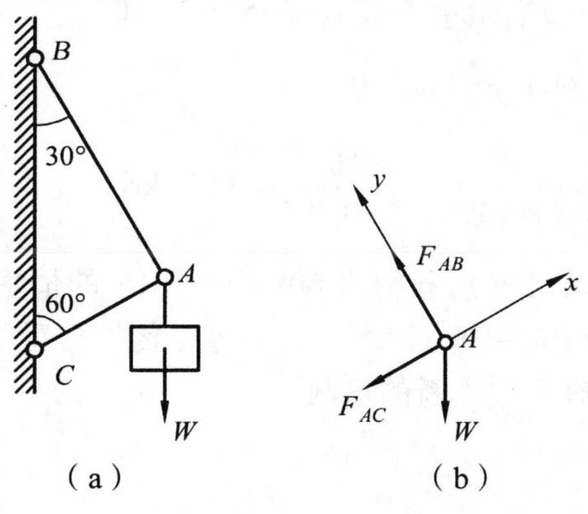

（a）　（b）

图 3.12

（2）画受力图。画出 A 铰的受力图，如图 3.12（b）所示，因杆 AB、AC 都是二力直杆，二力直杆所受的力不是拉力就是压力。为研究方便，在受力图上将 F_{AB} 和 F_{AC} 均假设为拉力。

（3）列平衡方程并求解。建立坐标系如图 3.12（b）所示，将坐标轴分别和两未知力垂直，使运算简化。

由 $$\sum F_x = 0, -F_{AC} - W\cos 60° = 0$$

得 $$F_{AC} = -W\cos 60° = -10\ (\text{kN})(\text{压})$$

由 $$\sum F_y = 0, F_{AB} - W\sin 60° = 0$$

得 $$F_{AB} = W\sin 60° = 17.3\ (\text{kN})(\text{拉})$$

上述结果中正值表示实际的力与受力图中假定的指向一致，表明杆件受拉；负值则相反，说明杆件受压。

【例 3.5】 图 3.13（a）所示为起吊构件的情形。构件重 $W=10$ kN，钢丝绳与水平线的夹角 α 为 45°。求构件匀速上升时钢丝绳的拉力。

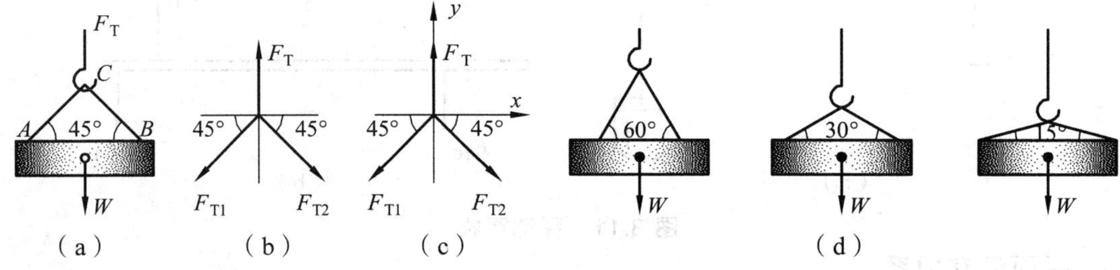

图 3.13

【解】 整个体系在重力 W 和绳的拉力 F_T 作用下平衡，是二力平衡问题，于是得到 $F_T=W=10$ kN。

（1）取吊钩 C 为研究对象。设绳 CA 的拉力为 F_{T1}，绳 CB 的拉力为 F_{T2}，画受力图如图 3.13（b）所示。

（2）选取坐标系，如图 3.13（c）所示。

（3）列平衡方程，求解未知力 F_{T1} 和 F_{T2}：

$$\sum F_x = 0, -F_{T1}\cos 45° + F_{T2}\cos 45° = 0 \quad \text{(a)}$$

$$\sum F_y = 0, -F_{T1}\sin 45° - F_{T2}\sin 45° + F_T = 0 \quad \text{(b)}$$

由式（a）得 $F_{T1}=F_{T2}$，代入式（b）得

$$F_{T1} = F_{T2} = \frac{W}{2\sin 45°} = \frac{10}{2\times 0.707} = 7.07\ (\text{kN})$$

【讨论】 图 3.13（d）绘出当 α 角分别为 60°、30°、15°的情形。α 角越小，拉力 F_{T1}、F_{T2} 越大，如当 $\alpha=15°$时，$F_{T1}=F_{T2}=19.32$ kN，几乎等于构件自重的 2 倍。在现场施工中必须注意防止因吊索 AC、BC 过短而被拉断的事故。

2. 平面平行力系

若取 x 轴和平面平行力系中各力垂直，则力系中各力在 x 轴上的投影都等于零，即满足

投影方程 $\sum F_x = 0$。根据式（3-5）和式（3-6），可得平面平行力系的平衡方程为

$$\left.\begin{aligned}\sum F_y &= 0\\ \sum M_O(F) &= 0\end{aligned}\right\}$$

或二力矩形式

$$\left.\begin{aligned}\sum M_A(F) &= 0\\ \sum M_B(F) &= 0\end{aligned}\right\}$$

其中，A、B 两点的连线不能与各力平行。平面平行力系只有两个独立的平衡方程，只能求解两个未知数。

【例 3.6】 求图 3.14（a）所示简支梁的支座反力。

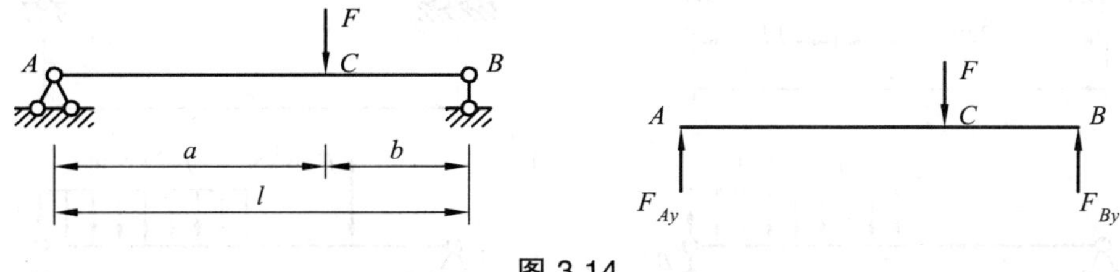

图 3.14

【解】（1）画梁的受力图（因 $F_{Ax}=0$，判断此力系为平行力系）。

（2）列平衡方程：

$$\sum F_y = 0\,,\qquad F_{Ay} + F_{By} - F = 0$$
$$\sum M_B = 0\,,\qquad -F_{Ay}l + Fb = 0$$

解得

$$F_{Ay} = \frac{F}{l}b\,,\qquad F_{By} = \frac{F}{l}a$$

校核过程略。

【例 3.7】 图 3.15（a）所示水平梁受载荷 $F_P=20$ kN、$q=10$ kN/m 作用，梁的自重不计，试求 A、B 处的支座反力。

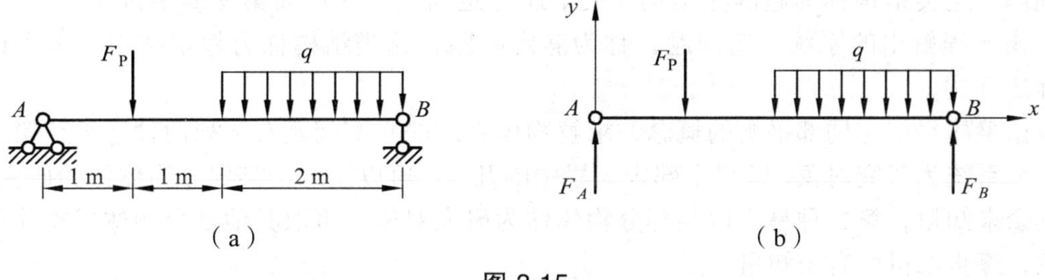

图 3.15

【解】（1）选取研究对象取梁 AB 为研究对象。

（2）画受力图。梁上作用的荷载 F_P、q 和支座反力 F_B 相互平行，故支座 A 的反力必与各

荷载平行，才能保证力系为平衡力系。这样荷载和支座反力组成平面平行力系，如图 3.15（b）所示。

（3）列平衡方程并求解。建立坐标系，如图 3.15（b）所示，由

$$\sum M_A = 0, \qquad F_B \times 4 - F_P \times 1 - q \times 2 \times 3 = 0$$

得

$$F_B = q \times 3/2 + F_P/4 = 10\ \text{kN/m} \times 1.5\ \text{m} + 20\ \text{kN}/4 = 20\ \text{kN}\ (\uparrow)$$

由

$$\sum F_y = 0, \qquad F_A + F_B - F_P - q \times 2 = 0$$

得

$$F_A = q \times 2 + F_P - F_B = 10\ \text{kN/m} \times 2\ \text{m} + 20\ \text{kN} - 20\ \text{kN} = 20\ \text{kN}\ (\uparrow)$$

【课堂练习】 口算图 3.16 所示下各简支梁的支座反力。

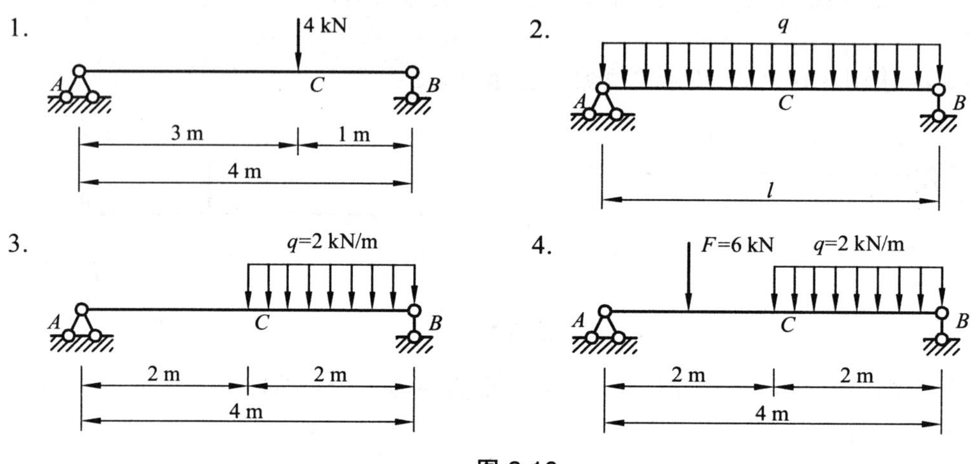

图 3.16

3.3 物体系统的平衡

所谓物体系统是指由两个或两个以上的物体通过一定的约束方式连接而成的系统。当系统平衡时，组成系统的每个物体也必然处于平衡状态。一般而言，系统由 n 个物体组成，如每个物体均受平面一般力系作用，则可列出 $3n$ 个独立的平衡方程。如系统中所研究的平衡问题未知量大于独立的平衡方程数目，仅用平衡方程不可能全部解出，这类问题称为超静定问题，这类结构称为超静定结构（关于超静定问题将在后面第 9 章中讨论）。未知量均可用平衡方程解出的系统平衡问题，称为静定问题，这类结构称为静定结构。本章讨论的均是静定问题。

根据整体平衡与局部平衡的概念，求解物体系统的平衡问题有下列两种途径：第一种是先以整个系统为研究对象，解得全部未知量中的几个，再以系统中某部分物体作为研究对象，求出其余未知量；第二种是先取某部分物体作为研究对象，再取其他部分物体或整体作为研究对象，逐步求得所有未知量。

至于采用何种途径求解，应根据具体情况确定，原则上是以较少的方程，解出所需求的未知量，并且尽量使每一个方程中只包含一个未知量，避免解联立方程。

【例 3.8】 刚架受荷载 $F_P=qa$、q 作用，其约束情况如图 3.17（a）所示。刚架自重不计，试求 A、B 处的支座反力。

【解】(1) 选取研究对象。选取刚架整体以及 AC 和 BC 左、右半刚架为研究对象。

(2) 画受力图。作出图 3.17（b）、(c)、(d)。由图可见，每个受力图都各有 4 个未知数，在 C 铰处的 4 个反力是两对作用力与反作用力，因此总共有 6 个未知数。体系是由两个物体组成，可列出 6 个独立的平衡方程。此题如先以 AC 和 BC 左、右半刚架为研究对象，就必须解联立方程；如先以整体为研究对象，虽有 4 个未知数，但在 A、B 两点处有 3 个未知力的作用线通过。因此，先以整体为研究对象，再以 AC 或 BC 半刚架为研究对象。

(3) 列平衡方程并求解建立坐标系，如图 3.17（c）所示。

① 以整体为研究对象，如图 3.17（b）所示。

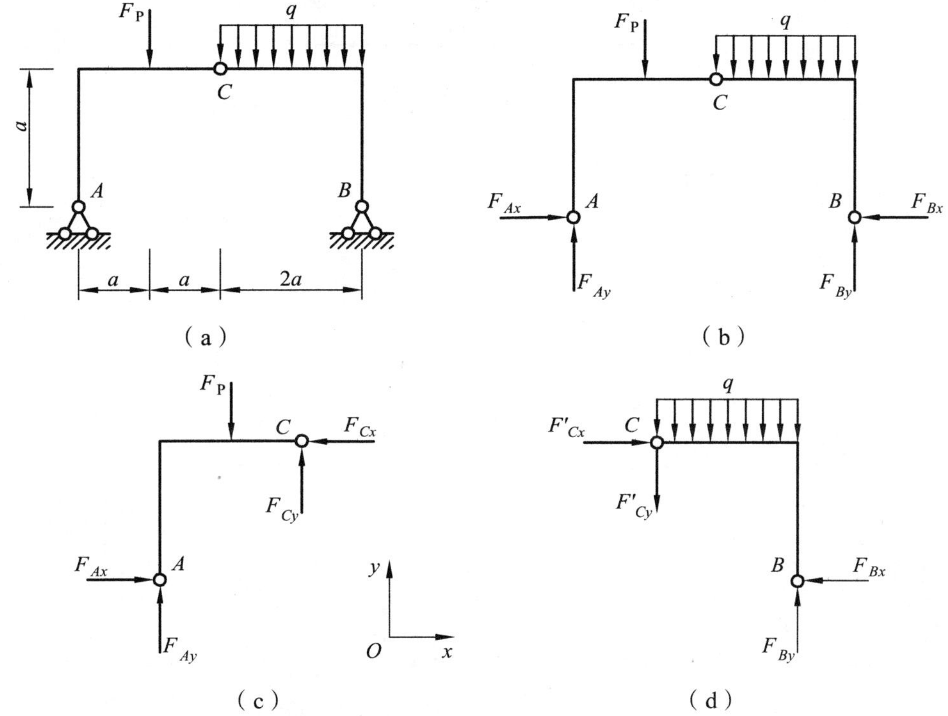

图 3.17

由 $$\sum M_A=0,\quad F_{By}\times 4a-F_P\times a-q\times 2a\times 3a=0$$

得 $$F_{By}=q\times 3a/2+F_P/4=7qa/4\ (\uparrow)$$

由 $$\sum F_y=0,\ F_{Ay}+F_{By}-F_P-q\times 2a=0$$

得 $$F_{Ay}=q\times 2a+F_P-F_{By}=5qa/4\ (\uparrow)$$

由 $$\sum F_x=0,\ F_{Ax}-F_{Bx}=0$$

得 $$F_{Ax}=F_{Bx}$$

② 以 BC 半刚架为研究对象，如图 3.17（d）所示。

由 $$\sum M_C=0,\ F_{By}\times 2a-F_{Bx}\times 2a-q\times 2a\times a=0$$

得 $$F_{Bx} = F_{By} - qa = 3qa/4 \ (\leftarrow)$$

得 $$F_{Ax} = F_{Bx} = 3qa/4 \ (\rightarrow)$$

校核：以 AC 半刚架为研究对象，如图 3.17（c）所示。

由 $$\begin{aligned}\sum M_C &= F_{Ax} \times 2a - F_{Ay} \times 2a + F_{\mathrm{P}} \times a \\ &= 3qa^2/2 - 5qa^2/2 + qa^2 = 0\end{aligned}$$

可见求解正确。

【课堂练习】 计算图 3.18 所示物体系统的支座反力。

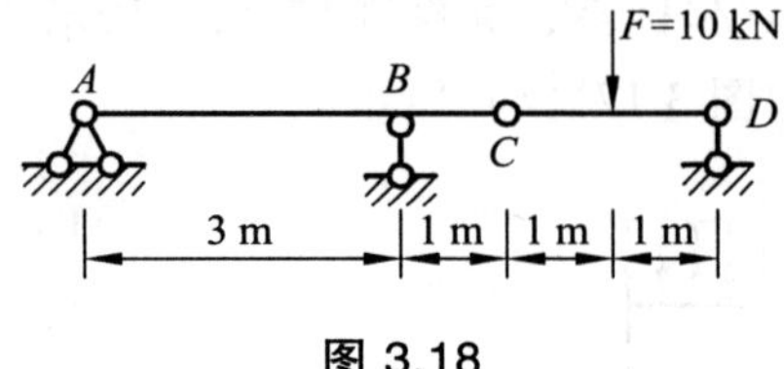

图 3.18

专题训练二　建筑中的平衡问题

塔式起重机 tower crane，也称塔吊，其动臂装在高耸塔身上部的旋转起重机。它的作业空间大，主要用于房屋建筑施工中物料的垂直和水平输送及建筑构件的安装。塔式起重机由金属结构、工作机构和电气系统三部分组成。其中，金属结构包括塔身、动臂和底座等；工作机构有起升、变幅、回转和行走四部分；电气系统包括电动机、控制器、配电柜、连接线路、信号及照明装置等。

塔机分为上回转塔机和下回转塔机两大类。其中，前者的承载力要高于后者，在许多的施工现场我们所见到的就是上回转式上顶升加节接高的塔机。按能否移动又分为走行式和固定式。固定式塔机塔身固定不转，安装在整块混凝土基础上或装设在条式 X 形混凝土基础上。在房屋的施工中一般采用的是固定式的。塔式起重机的动臂形式分水平式和压杆式两种。动臂为水平式时，载重小车沿水平动臂运行，其动臂较长，但动臂自重较大。动臂为压杆式时，变幅机构曳引动臂仰俯变幅，变幅运动不如水平式平稳，但其自重较小。

塔式起重机的起重量随幅度而变化。起重量与幅度的乘积称为载荷力矩，是这种起重机的主要技术参数。为了确保安全，塔式起重机配备有良好的安全装置，如起重量、幅度、高度和载荷力矩等限制装置，以及行程限位开关、塔顶信号灯、测风仪、防风夹轨器、爬梯护身圈、走道护栏等。

凡是上回转塔机均需设平衡重，其功能是支承平衡重，用以构成设计上所要求的作用面以及起重力矩方向相反的平衡力矩。平衡重的用量与平衡臂的长度成反比关系，而平衡臂长度与起重臂长度之间又存在一定比例关系。平衡重的用量相当可观，轻型塔机一般要 3～4 t，重型的要近 30 t。平衡重可用铸铁或钢筋混凝土制成：前者加工费用高但迎风面积小；后者体积大而迎风面大，对稳定性不利，但简单经济，故一般均采用这种。通常的做法是将平衡重预制区分成 2～3 种规格，宽度、厚度一致，但高度加以调整，以便与不同长度臂架匹配使用。

如何确保塔式起重机在安装后无论空载还是满载都能保持平衡呢？下面我们来看它的计算实例。

【示范】 塔式起重机如图 3.19 所示，机架重 G＝700 kN，其作用线通过塔架的中心，最大起重量 F_{P}＝200 kN，其作用线到右轨的距离 $l=10$ m 最大悬臂长 12 m，轨道 AB 的间距为 b＝4 m。平衡荷载重 F_{Q} 作用线到左轨间距为 a＝4 m。问：保证起重机在满载和空载时都不致翻倒，求平衡荷载重 F_{Q} 应为多少？

【解】 取起重机为研究对象。要使起重机不翻倒，应使作用在起重机上的所有力满足平衡条件。起重机所受的力有荷载的重力 F_{P}、机架的重力 G、平衡荷重 F_{Q} 及轨道的约束反力 F_A、F_B。其受力图如图 3.19 所示。

当满载时，为使起重机不绕 B 点翻倒，这些力必须满足平衡方程 $\sum m_B = 0$，在临界情况下，$F_A = 0$，这时求出的 F_{Q} 值是所允许的最小值。即：

$$\sum m_B = 0\,,\qquad F_{\mathrm{Q\,min}}(4+4) + 2\times F_G - F_{\mathrm{P}}\times 10 = 0$$

$$F_{\mathrm{Q\,min}} = 75\ \mathrm{kN}$$

当空载时，$F_P=0$ 为使起重机不绕 A 点翻倒，其上所受的力也必须满足平衡方程 $\sum m_A=0$ 在临界情况下，$F_B=0$，这时，求出的 F_Q 值是所允许的最大值。即：

$$\sum m_A=0，\quad F_{Q\max}\times 4-2\times F_G=0$$

$$F_{Q\max}=350\ \text{kN}$$

起重机实际工作时不允许处于极限状态，要使起重机不翻倒，平衡荷载须在 $F_{Q\min}$ 和 $F_{Q\max}$ 之间，即

$$75\ \text{kN}<F_Q<350\ \text{kN}$$

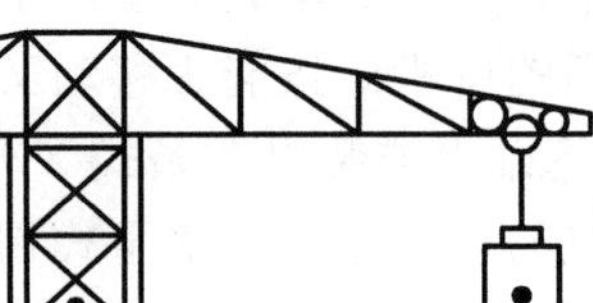
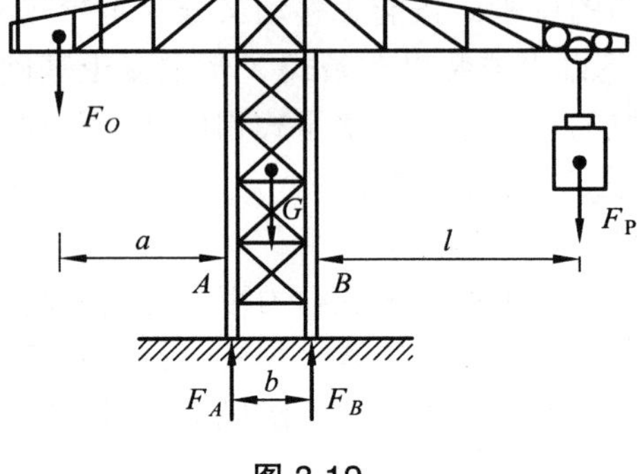

图 3.19

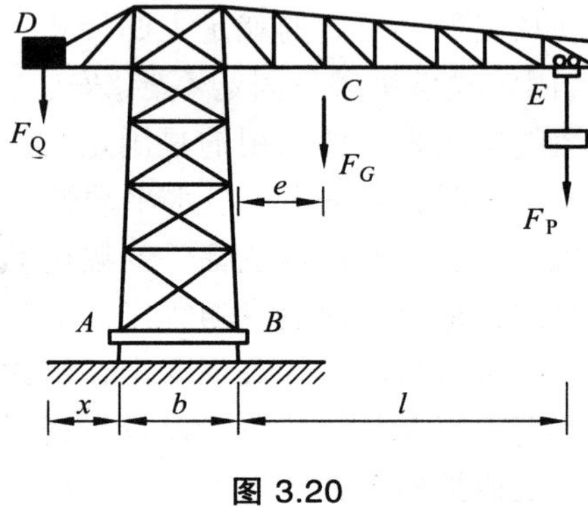

图 3.20

【练习】 塔式起重机，重 $G=500$ kN（不包括平衡锤重量 F_Q），如图 3.20 所示。跑车 E 的最大起重量 $F_P=250$ kN，离 B 轨的最远距离 $l=10$ m，为了防止起重机左右翻倒，需在 D 点加一平衡锤。要使跑车在空载和满载时，起重机在任何位置不致翻倒，求平衡锤的最小重量和平衡锤到左轨 A 的最大距离。跑车自重包含在 F_P 中，且 $e=1.5$ m，$b=3$ m。

第 4 章　物体平衡时的内力

4.1　内力计算的基础

4.1.1　变形固体

工程上所用的构件都是由固体材料制成的，如钢、铸铁、木材、混凝土等，它们在外力作用下会或多或少地产生变形，有些变形可直接观察到，有些变形则需要通过仪器才能测出。在外力作用下，会产生变形的固体称为变形固体。

在静力学中，由于研究的是物体在力作用下平衡的问题，物体的微小变形对研究这种问题的影响是很小的，可以作为次要因素忽略不计。因此，认为物体在外力作用下，大小形状都不发生变化，而把物体视为一个刚体来进行理论分析。在材料力学中，由于主要研究的是构件在外力作用下的强度、刚度和稳定性的问题。对于这类问题，即使是微小的变形也往往是主要影响的因素之一，必须予以考虑而不能忽略。因此，在材料力学中，必须将组成构件的各种固体视为变形固体。

变形固体在外力作用下会产生两种不同性质的变形：一种是外力消除时，变形随着消失，这种变形称为弹性变形；另一种是外力消除后不能消失的变形，称为塑性变形。一般情况下，物体受力后，既有弹性变形，又有塑性变形。但工程中常用的材料，当外力不超过一定范围时，塑性变形很小，可忽略不计，认为只有弹性变形。这种只有弹性变形的变形固体称为完全弹性体，只引起弹性变形的外力范围称为弹性范围。本书主要讨论材料在弹性范围内的变形及受力。

4.1.2　变形固体的基本假设

变形固体有多种多样，其组成和性质是非常复杂的。对于用变形固体材料做成的构件进行强度、刚度和稳定性计算时，为了使问题得到简化，常略去一些次要的性质，而保留其主要的性质。因此，可对变形固体材料做出以下几种基本假设：

1. 均匀连续假设

假设变形固体在其整个体积内毫无空隙地充满了物体，并且各处的材料力学性能完全相同。

2. 各向同性假设

假设变形固体沿各个方向的力学性能均相同。

3. 小变形假设

在实际工程中，构件在荷载作用下，其变形与构件的原尺寸相比通常很小，可以忽略不计，所以在研究构件的平衡和运动时，可按变形前的原始尺寸和形状进行计算。

总的来说，在材料力学中把实际材料看做是连续、均匀、各向同性的弹性变形固体，且限于小变形范围。

4.1.3 杆件变形的基本形式

作用在杆上的外力是多种多样的，因此，杆件的变形也是多种多样的。但总不外乎是由下列四种基本变形之一，或者是几种基本变形形式的组合。

1. 轴向拉伸和轴向压缩

在一对大小相等、方向相反、作用线与杆轴线重合的外力作用下，杆件的主要变形是长度改变。这种变形称为轴向拉伸（图 4.1（a））或轴向压缩（图 4.1（b））。

2. 剪切

在一对相距很近、大小相等、方向相反的横向外力作用下，杆件的主要变形是横截面沿外力作用方向发生错动。这种变形形式称为剪切（图 4.1（c））。

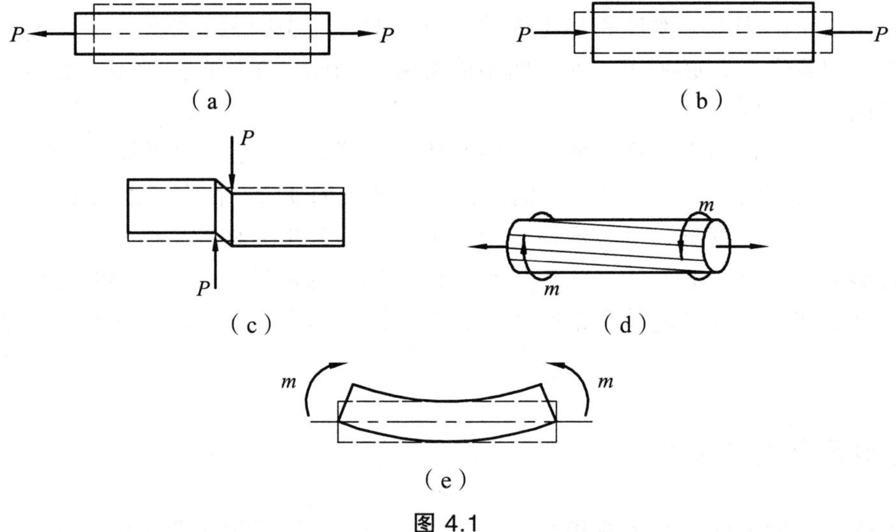

图 4.1

3. 扭转

在一对大小相等、方向相反、位于垂直于杆轴线的两平面内的外力偶作用下，杆的任意横截面将绕轴线发生相对转动，而轴线仍维持直线，这种变形形式称为扭转（图 4.1（d））。

4. 弯曲

在一对大小相等、方向相反、位于杆的纵向平面内的外力偶作用下，杆件的轴线由直线弯曲成曲线，这种变形形式称为弯曲（图 4.1（e））。

在工程实际中，杆件可能同时承受不同形式的荷载而发生复杂的变形，但却可看做是上述基本变形的组合。由两种或两种以上基本变形组成的复杂变形称为组合变形。

4.1.4　内　力

构件在外力的作用下，会产生变形和内力。这种由于外力（或外部因素）作用而引起的受力构件内部相互作用的力的改变量称为附加内力，简称内力。内力计算是建筑力学中最基础的内容之一。

求解内力的基本方法是截面法。截面法是指用一个假想截面，在该截面处将杆件切断成两个部分，任取其中一部分进行研究。要使这部分与原来一样处于平衡状态，就必须在被切断的截面上用内力代替另一部分对它的作用；然后根据平衡条件计算出该截面上的内力。这种计算内力的方法称为“截面法”。

截面法的基本步骤:

（1）截开：在所求内力的截面处，假想地用截面将杆件一分为二。

（2）代替：任取一部分，其弃去部分对留下部分的作用，用作用在截开面上相应的内力（力或力偶）代替。

（3）平衡：对留下的部分建立平衡方程，根据其上的已知外力来计算杆件截面上的未知内力。

4.2　轴向拉（压）杆的内力

4.2.1　轴向拉伸和压缩的概念

在工程中，经常会遇到轴向拉伸或压缩的杆件，如图 4.2 所示的桁架的竖杆、斜杆和上下弦杆，图 4.3 所示起重架的 1、2 杆和做材料试验用的万能试验机的立柱。作用在这些杆上外力的合力作用线与杆轴线重合。在这种受力情况下，杆所产生的变形主要是纵向伸长或缩短。产生轴向拉伸或压缩的杆件称为拉杆或压杆。

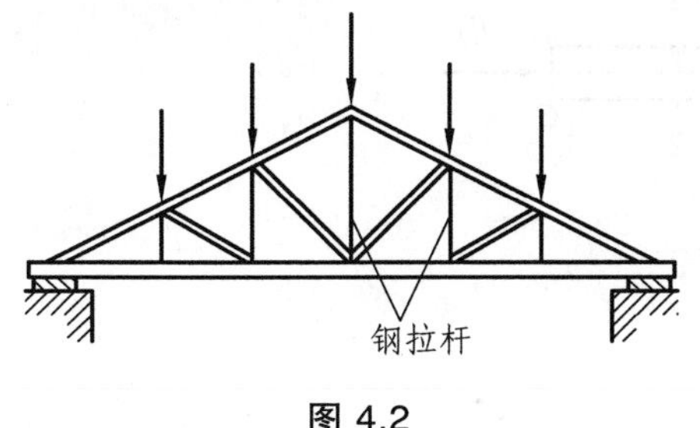

图 4.2

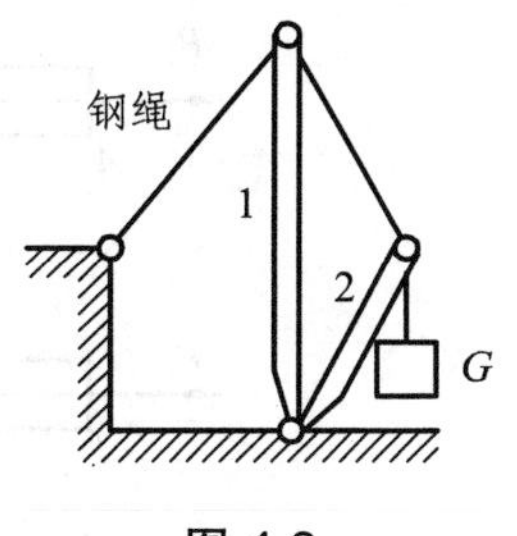

图 4.3

4.2.2　轴　力

轴向拉压杆的内力只有一种 ——**轴力**。轴力作用于横截面上，它的作用线与杆轴线相重合（即垂直于横截面），用符号 F_N 表示。背离截面的轴力称为拉力，指向截面的轴力称为压力。通常规定：拉力为正，压力为负，如图 4.4 所示。为了计算结果的统一，画受力图时我们只画拉力方向。

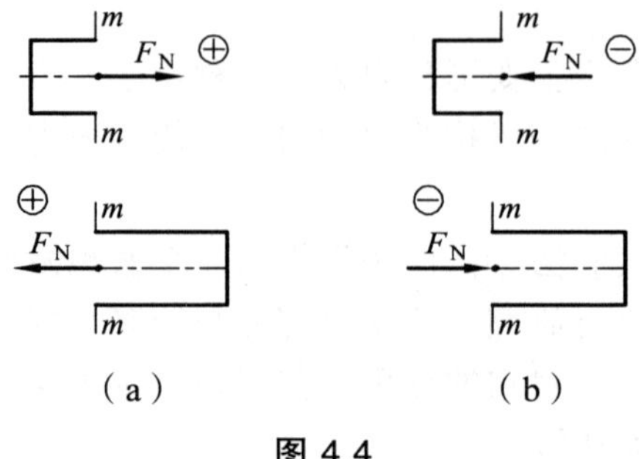

图 4.4

轴力的单位为牛顿（N）或千牛顿（kN）。

4.2.3 轴力的计算

1. 截面法

运用截面法计算轴力，需要进行三步：

（1）假想在截面处将杆截断，任取一部分研究，画出它的受力图（注意在截面处要画出拉力）。

（2）对所取部分列平衡方程（$\sum F_x = 0$）。

（3）求出截面处的轴力。计算结果为正，说明轴力为拉力；计算结果为负，说明轴力为压力。

注意：在计算杆件内力时，将杆截开之前，不能用合力来代替力系的作用，也不能使用力的可传性原理。因为使用这些方法会改变杆件各部分的内力及变形。

【例 4.1】 杆件受力如图 4.5 (a) 所示，在力 P_1、P_2、P_3 作用下处于平衡。已知 $P_1 = 25$ kN，$P_2 = 35$ kN，$P_3 = 10$ kN，求杆件 AB 和 BC 段的轴力。

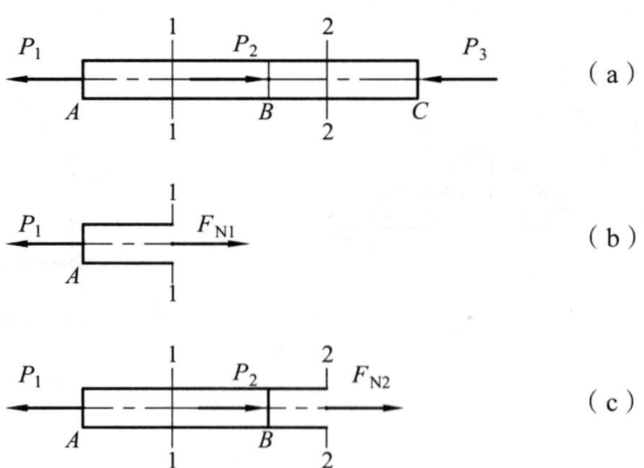

（d）

图 4.5

【解】 杆件承受多个轴向外力作用时，外力将杆分为若干段，各段杆的轴力将不相同，因此要分段求出杆的轴力。

（1）求 AB 段的轴力。

用 1—1 截面在 AB 段内将杆截开，取左段为研究对象（图 4.5（b）），截面上的轴力用 F_{N1} 表示，并假设为拉力，由平衡方程得

$$\sum F_x = 0\,,\qquad F_{N1} - P_1 = 0$$
$$F_{N1} = P_1 = 25\ \text{kN}\ （拉力）$$

（2）求 BC 段的轴力。

用 2—2 截面在 BC 段内将杆截开，取左段为研究对象（图 4.5（c）），截面上的轴力用 F_{N2} 表示，由平衡方程得

$$\sum F_x = 0\,,\qquad F_{N2} + P_2 - P_1 = 0$$
$$F_{N2} = P_1 - P_2 = 25 - 35 = -10\ \text{kN}\ （压力）$$

若取右段为研究对象（图 4.5（d）），由平衡方程得

$$\sum F_x = 0\,,\qquad -F_{N2} - P_3 = 0$$
$$F_{N2} = -P_3 = -10\ \text{kN}\ （压力）$$

结果与取左段的结果相同。

2. 简易法

通过对上面例题结果的观察，发现轴力的大小只与轴向外力的大小有关，即

$$F_N = \sum F_{x左}\left(\sum F_{x右}\right) \tag{4-1}$$

轴力等于截面以左（或以右）轴线方向外力代数和，其中背离截面方向的外力取正值，指向截面方向的外力取负值。

【例 4.2】 用简易法求图 4.6（a）所示杆件中各段的轴力。

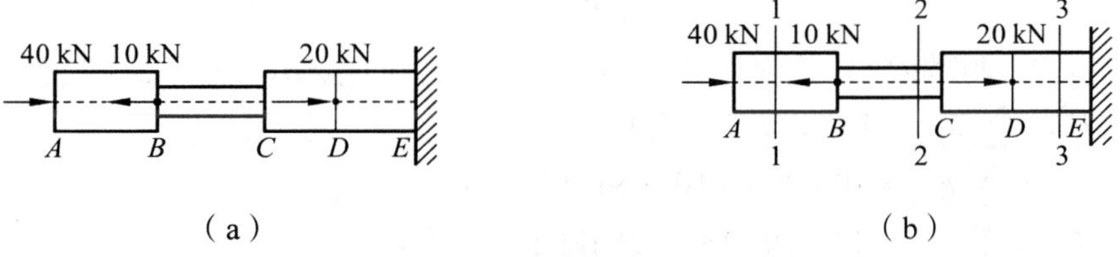

图 4.6

【解】 这是一根轴向拉压杆，杆件上的外力将杆分成 AB、BD、DE 三段。因此，需要分

三段计算轴力（图 4.6（b））。

AB 段： $F_{NAB}=F_{N1}=\sum F_{x左}=-40\ \text{kN}$ （压力）

BD 段： $F_{NBD}=F_{N2}=\sum F_{x左}=-40\ \text{kN}+10\ \text{kN}=-30\ \text{kN}$ （压力）

DE 段： $F_{NDE}=F_{N3}=\sum F_{x左}=-40\ \text{kN}+10\ \text{kN}-20\ \text{kN}=-50\ \text{kN}$ （压力）

【本题思考】（1）杆件为什么不分成 *AB*、*BC*、*CD*、*DE* 四段计算轴力？

（2）在计算某截面轴力时，为什么只取左研究，而不取右研究？

4.2.4 轴力图

为了形象地表明杆的轴力随横截面位置变化的规律，通常以平行于杆轴线的坐标（即 x 坐标）表示横截面的位置，以垂直于杆轴线的坐标（即 F_N 坐标）表示横截面上轴力的数值，按适当比例将轴力随横截面位置变化的情况画成图形，这种表明轴力随横截面位置变化规律的图称为轴力图。习惯上，我们将正轴力画在 x 轴的上方，负轴力画在 x 轴的下方，并且标注正负号。

轴力图的作用：（1）反映出轴力与截面位置变化关系，且较直观；

（2）确定出最大轴力的数值及其所在横截面的位置，即确定危险截面位置，为强度计算提供依据。

【例 4.3】 图 4.7（a）所示为阶梯状直杆的轴向受力情况，试计算各段轴力并绘制轴力图。

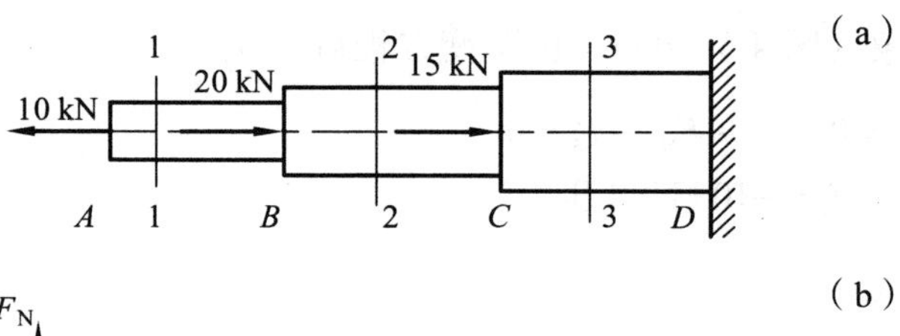

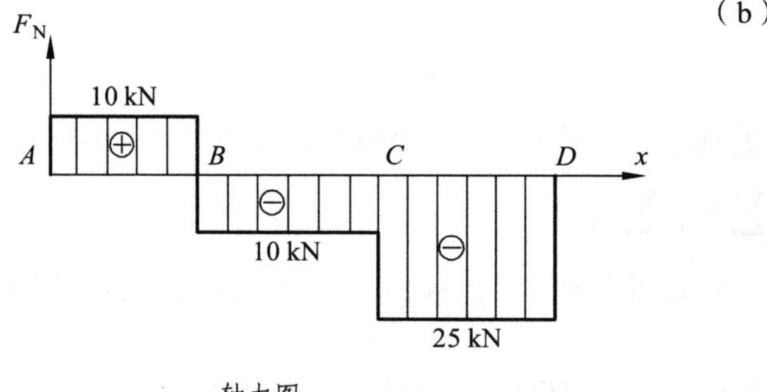

轴力图

图 4.7

【解】 该杆为轴向拉压杆，根据杆上的外力，将杆分成 *AB*、*BC*、*CD* 三段计算轴力。

AB 段： $F_{N1}=\sum F_{x左}=10\ (\text{kN})$ （拉力）

BC 段： $F_{N2}=\sum F_{x左}=10-20=-10\ (\text{kN})$ （压力）

CD 段： $F_{N3}=\sum F_{x左}=10-20-15=-25\ (\text{kN})$ （压力）

绘制轴力图如图 4.7（b）所示。

【课堂练习】 如图 4.8 所示，判断以下四个轴力图哪个为杆的轴力图？

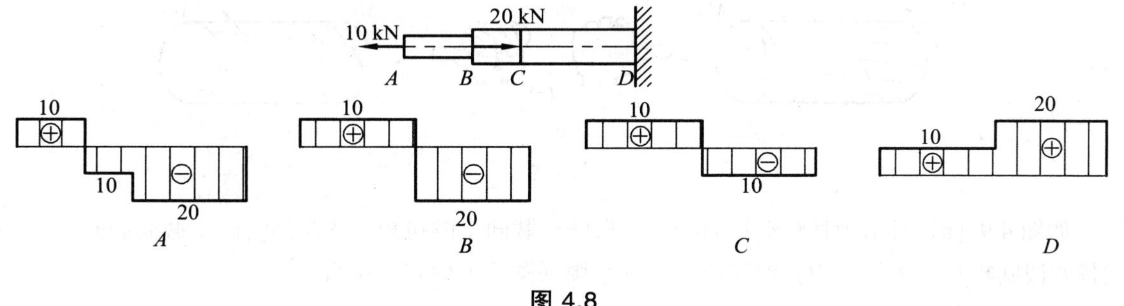

图 4.8

注：静定结构内力的大小与杆截面的大小无关，与材料无关。

4.3　扭转杆的内力

扭转变形是杆件的另一种基本变形。

在垂直杆件轴线的两个平面内，作用一对大小相等、转向相反的力偶时，杆件的各截面将产生相对转动，这种变形形式称为扭转变形。杆件任意两截面的相对转角称为扭转角。

在工程中，受扭杆件是很多的，例如汽车方向盘的操纵杆、机器中的传动轴、建筑当中与雨篷相连的梁等。但单纯发生扭转的杆件不多，如果杆件的变形以扭转为主，其他次要变形可忽略不计的，可以按照扭转变形对其进行计算；如果杆件除了扭转外还有其他主要变形（如雨篷梁还受弯），则要通过组合变形计算。

纯受扭杆的横截面上只有一个内力分量——扭矩 M_n，它是作用在横截面上的内力偶矩。用截面法可求出受扭杆任一横截面上的扭矩。

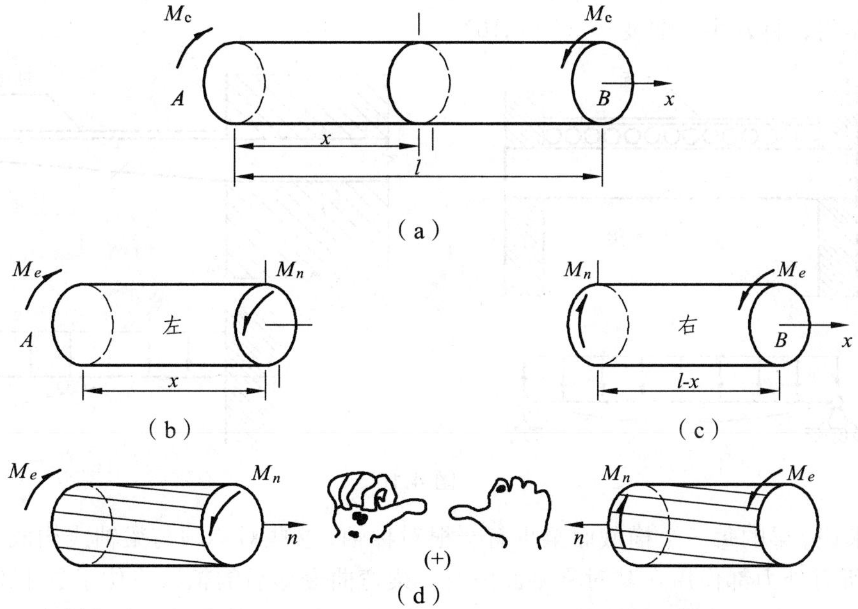

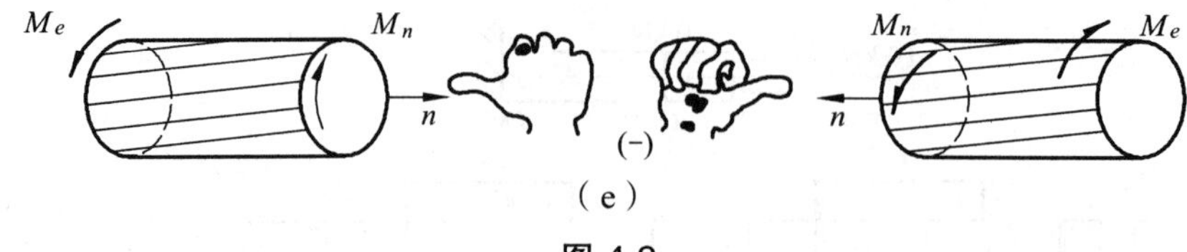

(e)

图 4.9

如图 4.9（a）所示为某转动轴简图，为求任一截面上的扭矩，假想地沿图示截面截开，用 M_n 代替两段间相互作用的扭矩，取左段研究其平衡（图 4.9（b）），可得

$$\sum M = 0\ ,\qquad M_n - M_e = 0\ ,\qquad M_n = M_e$$

扭矩的方向规定：用右手法则确定扭矩的正负符号。即以右手四指表示扭矩的转向，拇指指向与截面外法线一致时为正扭矩，反之为负扭矩（图 4.9（d）、图 4.9（e））。计算时，通常都假定扭矩为正，若求得的结果为负值，则表示扭矩的实际转向与假设相反。

对于受多个外力偶作用的圆轴，为了分析各截面上扭矩的大小，常用图示的方法来表示：以横坐标表示各截面的位置，以纵坐标表示各截面扭矩的大小，并标上正负号。这种表达受扭杆各不同位置截面扭矩分布情况的图形，称为扭矩图。

4.4 单跨静定梁的内力

4.4.1 平面弯曲的定义

杆件受到垂直于杆轴的外力或在纵向平面内受到力偶作用，杆轴由直线变成曲线，这种变形称为弯曲。通常将承受弯曲变形的杆件称为梁。

弯曲变形是工程中最常见的一种基本变形。例如房屋建筑中的楼面梁，受到楼面荷载和梁自重的作用，将发生弯曲变形（图 4.10）。

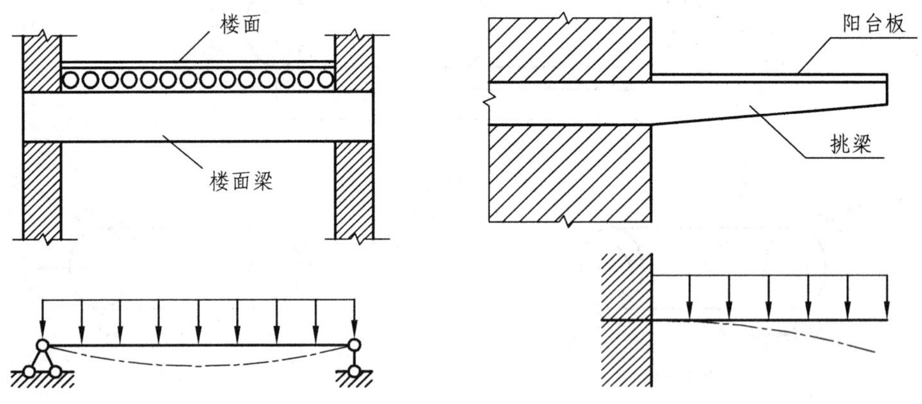

图 4.10

一般来说，梁的每一个横截面至少有一根对称轴，这些对称轴与梁轴线构成对称平面（图 4.11）。当所有外力都作用在其对称平面内时，梁弯曲变形后的轴线将位于这个对称面内，这种弯曲形式称为平面弯曲，如图 4.12 所示。平面弯曲是一种最简单，也是最常见的弯曲变形，

本章将主要讨论等截面直梁的平面弯曲问题。

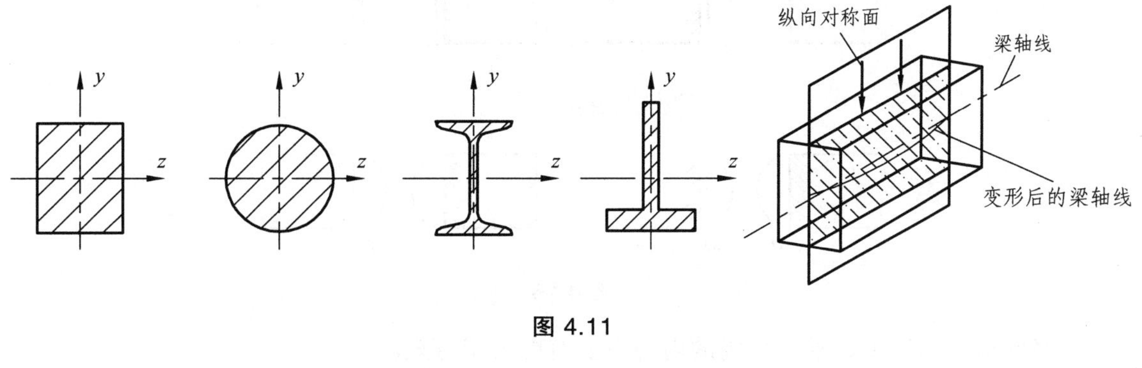

图 4.11

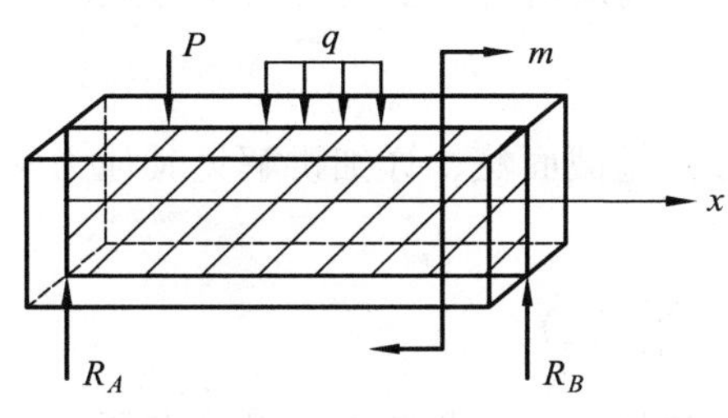

图 4.12

4.4.2　单跨静定梁的几种形式

工程中对于单跨静定梁按其支座情况分为下列三种形式：

(1) 悬臂梁：梁的一端为固定端，另一端为自由端（图 4.13（a））。

(2) 简支梁：梁的一端为固定铰支座，另一端为可动铰支座（图 4.13（b））。

(3) 外伸梁：梁的一端或两端伸出支座的简支梁（图 4.13（c））。

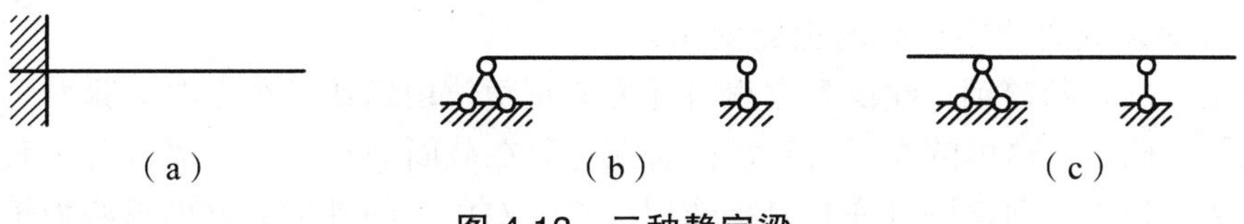

图 4.13　三种静定梁

4.4.3　梁的内力计算

1. 梁的内力

承受外力后，梁内各部分之间产生相互作用力，即内力。梁内力一般有轴力、剪力与弯矩。其中，横截面内力沿杆轴线方向的分力为轴力，用 F_N 表示，轴力以拉为正，压为负。横截面内力垂直杆轴方向的内力为剪力，用 F_Q 表示，剪力以使截取的隔离体顺时针转动为正，反之为负，如图 4.14 所示。截面内力对截面形心的力矩为弯矩，用符号 M 表示，弯矩使杆件下部受拉时为正，反之为负，如图 4.15 所示。

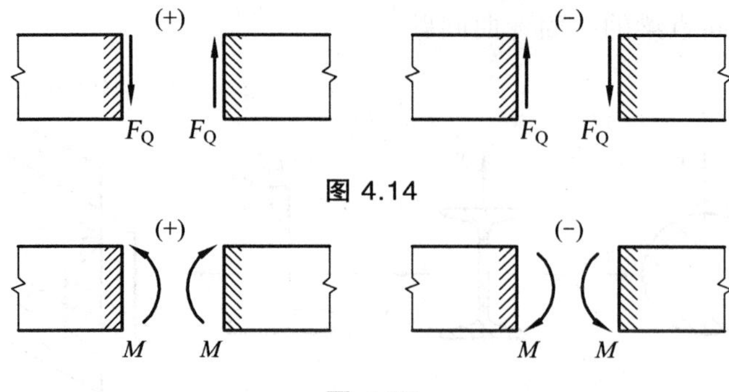

图 4.14

图 4.15

在竖向荷载作用下，水平梁内的内力主要有剪力和弯矩。

2. 梁内力的计算方法

计算梁截面内力的基本方法是截面法，详细讲解见其他力学教材；也可用简易法计算剪力和弯矩，其公式表达为

$$F_Q=\sum F_{y左}(\sum F_{y右}) \tag{4-2}$$

梁任一横截面上的剪力在数值上等于此截面一侧（左侧或右侧）梁上所有垂直杆轴方向外力的代数和。与剪力正方向反向的外力前面的符号为正号，与剪力正方向同向的外力前面的符号为负号。记为“顶头为正，同向为负”。计算结果为正，说明该截面剪力使隔离体产生顺时针转动趋势；计算结果为负，说明该截面剪力使隔离体产生逆时针转动趋势。

$$M=\sum M_C(F)_{左}或\sum M_C(F)_{右} \tag{4-3}$$

梁任一横截面上的弯矩在数值上等于此截面一侧（左侧或右侧）梁上所有外力对该截面形心之矩的代数和。若外力矩的方向与弯矩的正方向同反，则外力矩前面的符号为正，反之为负。记为“顶头为正，同向为负”。计算结果为正，说明该截面弯矩使梁的下侧受拉；计算结果为负，说明该截面弯矩使梁的上侧受拉。

上面规定方向判断繁琐，建议列方程时外力的正负值由口诀“左上右下剪力为正，左顺右逆弯矩为正”来确定。这里的左（右）是指研究对象在截面的左（右）边；上（下）是指作用在研究对象上的外力方向；顺（逆）是指作用在研究对象上的外力对截面形心力矩的转向。

为了简化梁的内力计算，在求出支座反力后，可将需求内力的截面另半边梁挡住，再根据式（4-2）、（4-3）两式直接求出剪力和弯矩。

【例 4.4】 简支梁如图 4.16（a）所示。已知 $P=30$ kN，$m=30$ kN · m，试求截面 1—1 上的剪力和弯矩。

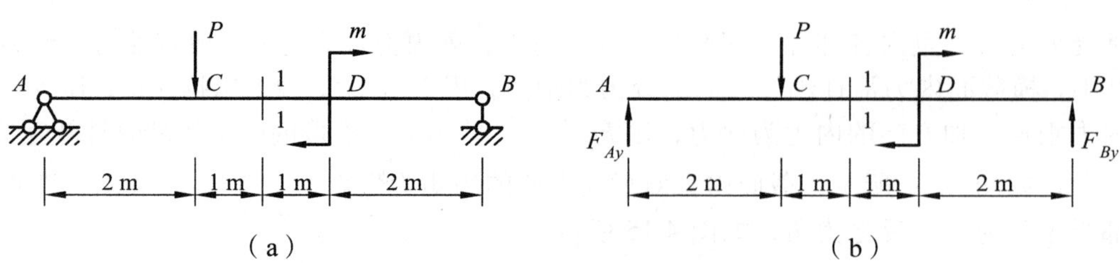

（a） （b）

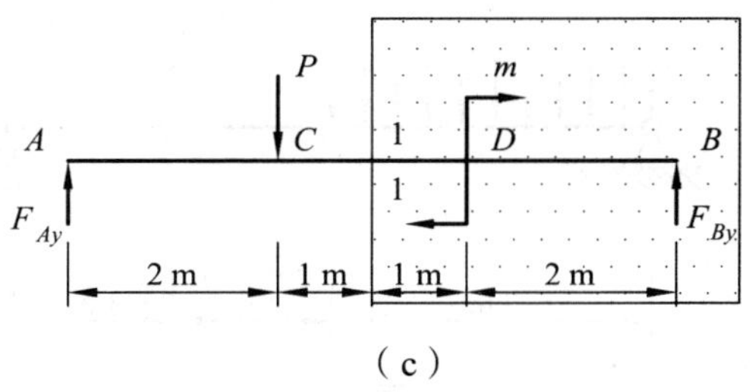

（c）

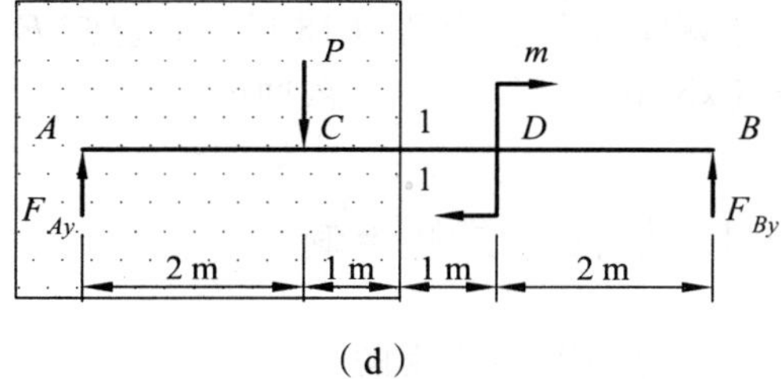

（d）

图 4.16

【解】(1) 求支座反力。

以整体为研究对象，画受力图（图 4.16（b）），列平衡方程：

$$\sum M_B(F)=0\,,\qquad -F_{Ay}\times 6+P\times 4-m=0$$
$$\sum M_A(F)=0\,,\qquad -P\times 2-m+F_{By}\times 6=0$$

解得：$F_{Ay}=15\text{ kN}$ （↑），　　$F_{By}=15\text{ kN}$ （↑）

校核：$\sum F_y=F_{Ay}+F_{By}-P=15+15-30=0$，结果无误。

(2) 求 1—1 截面的内力。

取左研究时，如图 4.16（c）所示，其计算如下：

$$F_{Q1}=\sum F_{y左}=F_{Ay}-P=15-30=-15\text{ (kN)}$$
$$M_1=\sum M_1(F)_{左}=F_{Ay}\times 3-P\times 1=15\times 3-30\times 1=15\text{ (kN}\cdot\text{m)}\text{（下拉）}$$

取右研究时，如图 4.16（d）所示，其计算如下：

$$F_{Q1}=\sum F_{y右}=-F_{By}=-15\text{ kN}$$
$$M_1=\sum M_1(F)_{右}=F_{By}\times 3-m=15\times 3-30=15\text{ (kN}\cdot\text{m)}\text{（下拉）}$$

【例 4.5】 试求图 4.17（a）所示悬臂梁固定端截面上的剪力和弯矩。

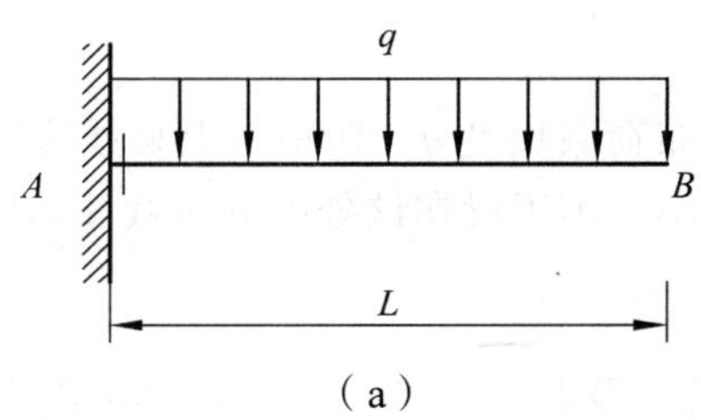

（a）

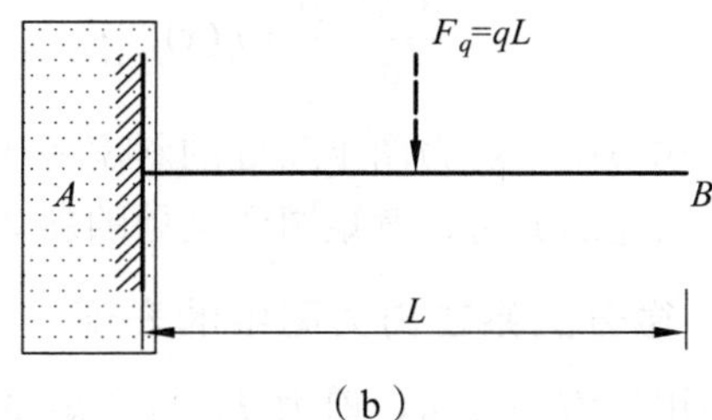

（b）

图 4.17

【解】 图 4.17（a）所示悬臂梁右端为自由端，求 A 截面内力时，若取截面右段梁为研究对象，则不必求支座反力（图 4.17（b））。

$$F_{QA}=\sum F_{y右}=ql$$
$$M_A=\sum M_A(F)_{右}=-ql\times\frac{l}{2}=-\frac{1}{2}ql^2\text{（上拉）}$$

【课堂思考】 可否取 1—1 截面左段梁研究？它的计算过程与例题相比，哪个计算过程更简单？由此你可以得到什么结论？

【课堂练习】 如图 4.18 所示，已知 $F = 8\ \text{kN}$，$q = 4\ \text{kN/m}$，计算梁中 C 截面的内力。

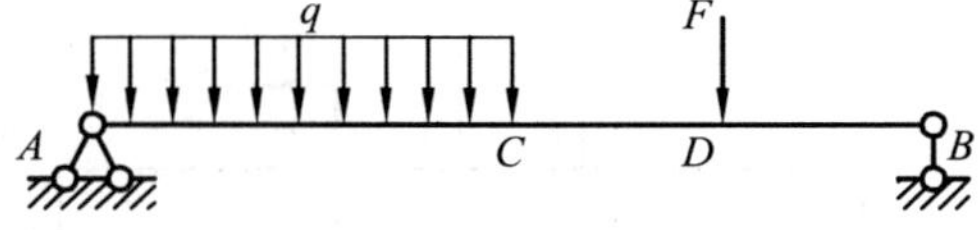

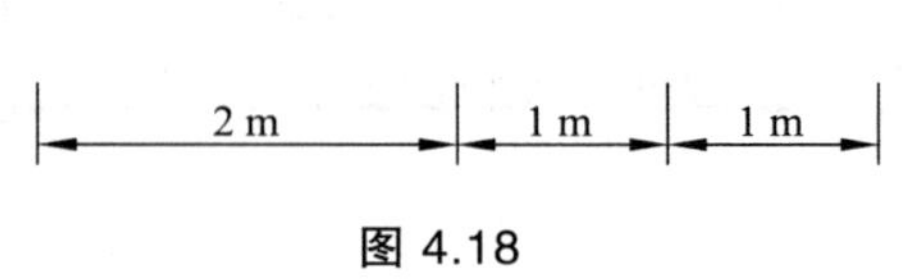

图 4.18

4.4.4　梁内力图的绘制

1. 剪力图和弯矩图

由于梁横截面上的剪力和弯矩会随着截面位置不同而变化，将剪力和弯矩沿梁轴线的变化情况用图形表示出来，这种图形分别称为剪力图和弯矩图。这样我们就可以很方便地找到弯矩最大值及其位置、剪力最大值及其位置。

以沿梁轴线的横坐标 x 表示梁横截面的位置，以纵坐标表示相应横截面上的剪力或弯矩的大小，按内力图的规律绘制内力图。在土建工程中，习惯上把正剪力画在 x 轴上方，负剪力画在 x 轴下方；弯矩图画在梁的受拉一侧，即正弯矩画在 x 轴下方，负弯矩画在 x 轴上方。

画剪力图和弯矩图的基本方法有两种：一是用内力方程法绘制内力图，二是用 q、F_Q、M 之间的微分关系画内力图。本书只介绍后一种内力图的画法，有兴趣的同学可参考其他建筑力学书籍来学习第一种方法。

2. 梁上荷载、剪力图与弯矩图（即 q、F_Q、M）之间的微分关系

迅速、准确地画出梁的剪力图和弯矩图，是学好建筑力学的重要环节。为此必须了解荷载图、剪力图与弯矩图之间的关系，摸索出作图的规律。

根据数学推导（推导过程详见其他力学教材），q、F_Q、M 之间存在这样的微分关系：

$$\frac{\mathrm{d}F_Q(x)}{\mathrm{d}x} = q(x) \tag{4-4}$$

$$\frac{\mathrm{d}M(x)}{\mathrm{d}x} = F_Q(x) \tag{4-5}$$

$$\frac{\mathrm{d}^2 M(x)}{\mathrm{d}x^2} = q(x) \tag{4-6}$$

上式表明：剪力图上某处的斜率等于梁在该处的分布荷载集度 q；弯矩图上某处的斜率等于梁在该处的剪力；弯矩图上某处的斜率变化率（即曲率）等于梁在该处的分布载荷集度 q。

3. 微分关系在内力图中的表现

利用荷载集度 q、剪力 F_Q 与弯矩 M 之间的微分关系及其几何意义，可以总结出下列一些规律，以此用来校核或绘制梁的内力图。

（1）若某段梁上无分布载荷，即 $q(x) = 0$，则该段梁的剪力 F_Q 为常量，剪力图为平行于 x 轴的直线；而弯矩 M 为 x 的一次函数，弯矩图为斜直线。

（2）若某段梁上的分布载荷 $q(x) = q$（常量），则该段梁的剪力 F_Q 为 x 的一次函数，剪力图为斜直线；而 M 为 x 的二次函数，弯矩图为抛物线。在本书规定的 M-x 坐标中，当 $q > 0$（q 向上）时，弯矩图为向上凸的曲线；当 $(q < 0)$（q 向下）时，弯矩图为向下凸的曲线。

（3）若某截面的剪力 $F_Q = 0$，根据 $\dfrac{\mathrm{d}M(x)}{\mathrm{d}x} = 0$，该截面的弯矩为极值。

现将荷载集度、剪力图、弯矩图之间的关系列于表 4.1 中，以便应用。

表 4.1　梁的荷载、剪力图、弯矩图之间的关系

序号	梁上载荷情况	剪力图	弯矩图
1	无分布载荷 ($q=0$)	F_Q图为水平直线 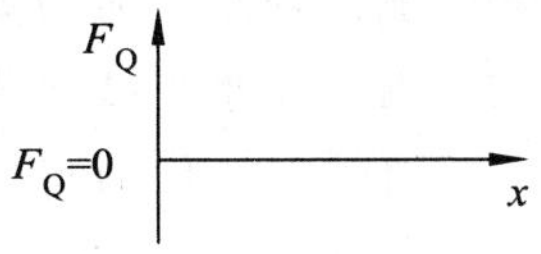 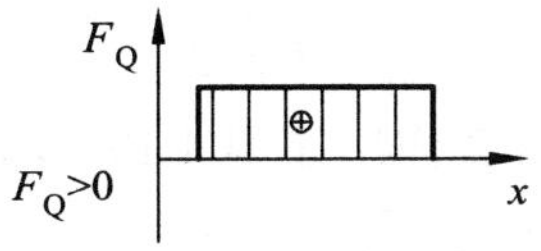 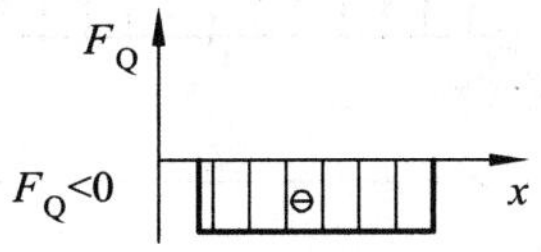 $F_Q=0$ $F_Q>0$ $F_Q<0$	M图为斜直线 $M<0$ $M=0$ $M>0$ 下斜直线 上斜直线 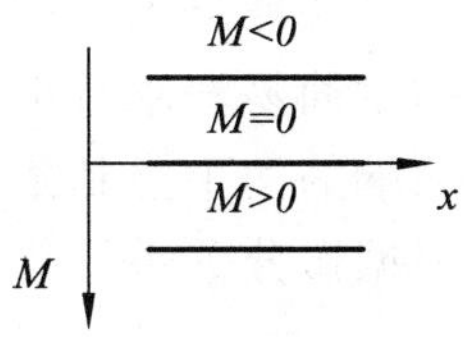 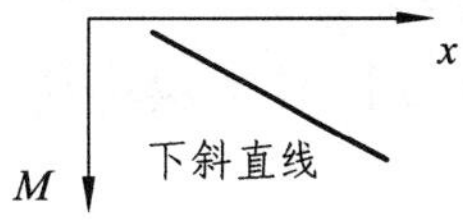 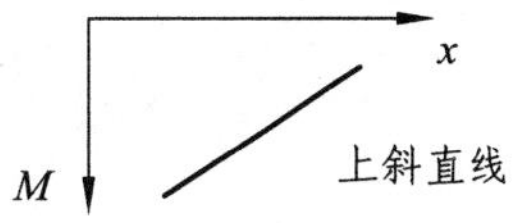
2	匀布载荷向下作用 ($q<0$)	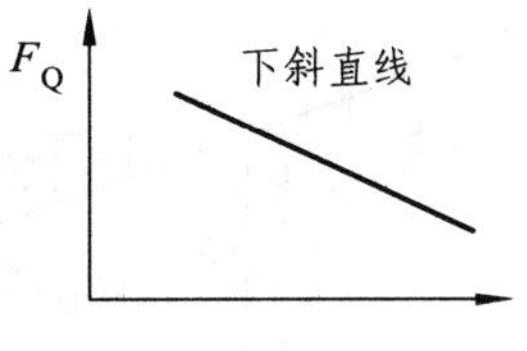 下斜直线	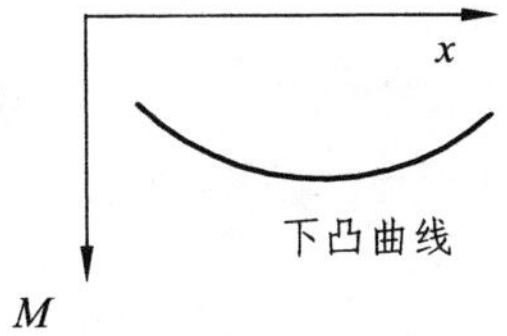 下凸曲线
3	匀布载荷向下作用 ($q>0$) 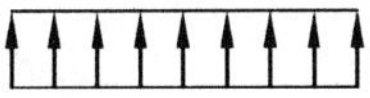	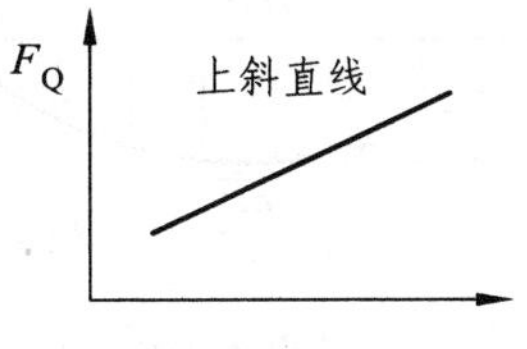 上斜直线	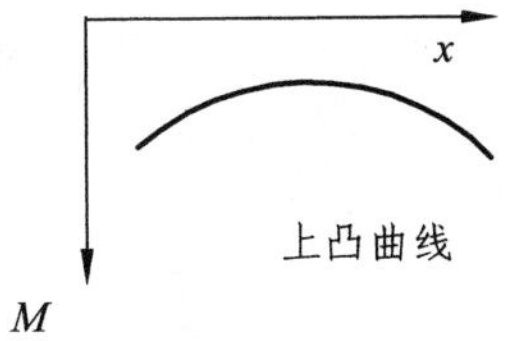 上凸曲线
4	集中力作用 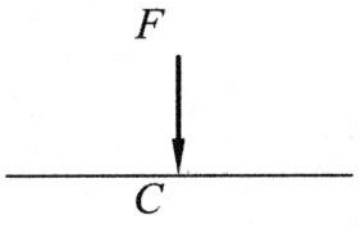 F C	C截面有突变 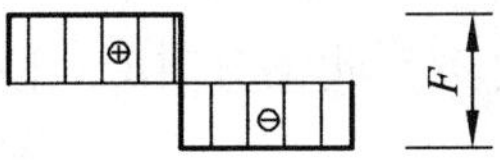 F	C截面有转折 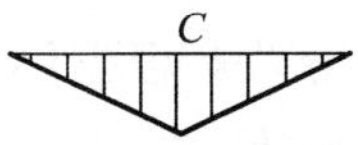 C
5	集中力偶作用 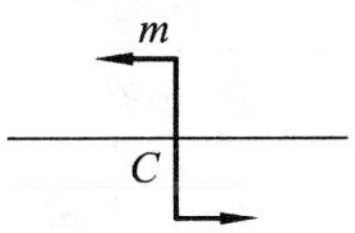 m C	C截面无变化	C截面有转折 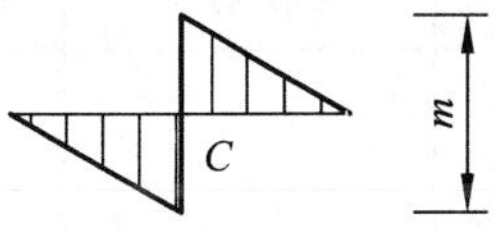 C m
6		$F_Q=0$截面	M有极值

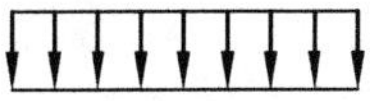

4. 绘制内力图的步骤

（1）求支座反力。

（2）分段。根据梁上的荷载情况，将梁分割成若干段无荷载段和匀布荷载段，各段的两端称为控制截面，控制截面上的内力值称为控制值。

（3）根据各段梁上的荷载集度情况，判断其剪力图和弯矩图的大致形状。

（4）利用简易法求若干控制截面内力。水平线只需求一个值；斜直线需求两个值；抛物线除需求两端的两个控制截面外，如有极值，还需将极值求出，然后画出内力图。

（5）根据微分关系绘剪力图和弯矩图。

5. 应用

【例 4.6】 简支梁上受匀布荷载作用如图 4.19（a）所示，试画出梁的剪力图与弯矩图。

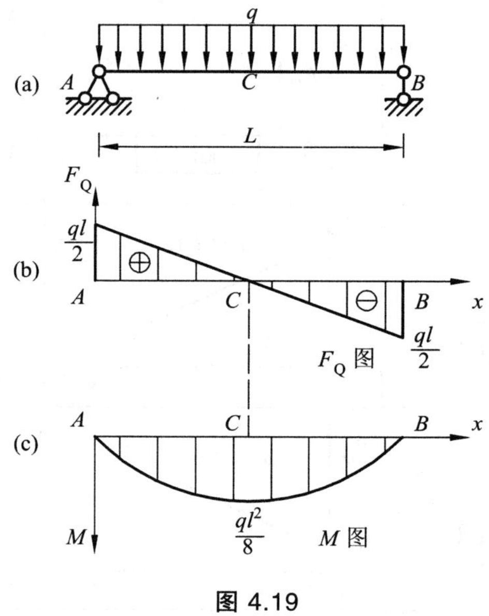

图 4.19

【解】（1）求支座反力。根据对称知 $F_{Ay}=F_{By}=\dfrac{ql}{2}$。

（2）分段。根据梁上荷载关系，此梁分 AB 一段作内力图。

（3）画 F_Q 图。

先由各段荷载情况判断 F_Q 图形状，再用简易法计算各控制截面的 F_Q 值。

段	荷载	剪力图形状	控制值
AB	$q<0$	下斜直线	$F_{QA}=\sum F_{y左}=F_{Ay}=\dfrac{ql}{2}$ $F_{QB}=\sum F_{y右}=-F_{By}=-\dfrac{ql}{2}$

画出剪力图，如图 4.19（b）所示。从剪力图可看出，$F_{QC}=0$。

（4）画弯矩图。

先由各段的荷载和剪力图判断 M 图形状，然后用简易法计算各控制截面的 M 值。

段	荷载	M图形状	控制值
AB	$q<0$	下凸曲线	$M_A=\sum M_A(F)_{左}=0$ $M_B=\sum M_A(F)_{右}=0$ $\sum M_C(F)_{左}=F_{Ay}\times\frac{l}{2}-q\times\frac{l}{2}\times\frac{l}{4}=\frac{ql^2}{8}$

画出弯矩图，如图 4.19（c）所示。

【例 4.7】 简支梁上受集中力 F 的作用，如图 4.20（a）所示，试画出梁的剪力图与弯矩图。

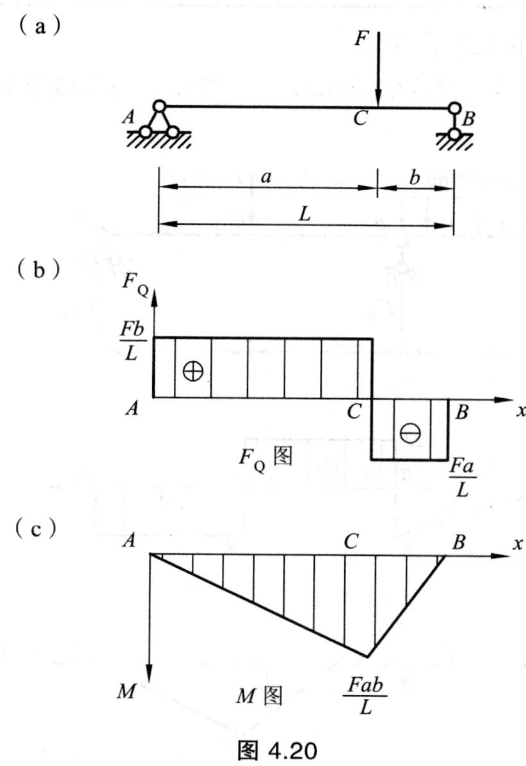

图 4.20

【解】（1）求支座反力。根据例题 3.6 的结论可知 $F_{Ay}=\frac{Fb}{l}$（↑），$F_{By}=\frac{Fa}{l}$（↑）。

（2）分段。根据梁上荷载关系，此梁分 AC、CB 两段作内力图。

（3）画 F_Q 图。

先由各段荷载情况判断 F_Q 图形状，再用简易法计算各控制截面的 F_Q 值。

段	荷载	剪力图形状	控制值
AC	$q=0$	平行线	$F_{QA}=\sum F_{y左}=F_{Ay}=\frac{Fb}{l}$
CB	$q=0$	平行线	$F_{QB}=\sum F_{y右}=-F_{By}=-\frac{Fa}{l}$

画出剪力图，如图 4.20（b）所示。

（4）画弯矩图。

先由各段的荷载和剪力图判断 M 图形状，然后用简易法计算各控制截面的 M 值。

段	荷载	M 图形状	控制值
AC	$q=0$	斜直线	$M_A=\sum M_A(F)_{左}=0$ $M_{C左}=\sum M_C(F)_{左}=F_{Ay}\times a=\dfrac{Fab}{l}$
CB	$q=0$	斜直线	$M_B=\sum M_B(F)_{右}=0$ $M_{C右}=M_{C左}=\dfrac{Fab}{l}$

画出弯矩图，如图 4.20（c）所示。

【例 4.8】 一外伸梁，梁上荷载如图 4.21（a）所示，利用微分关系绘出外伸梁的剪力图和弯矩图。

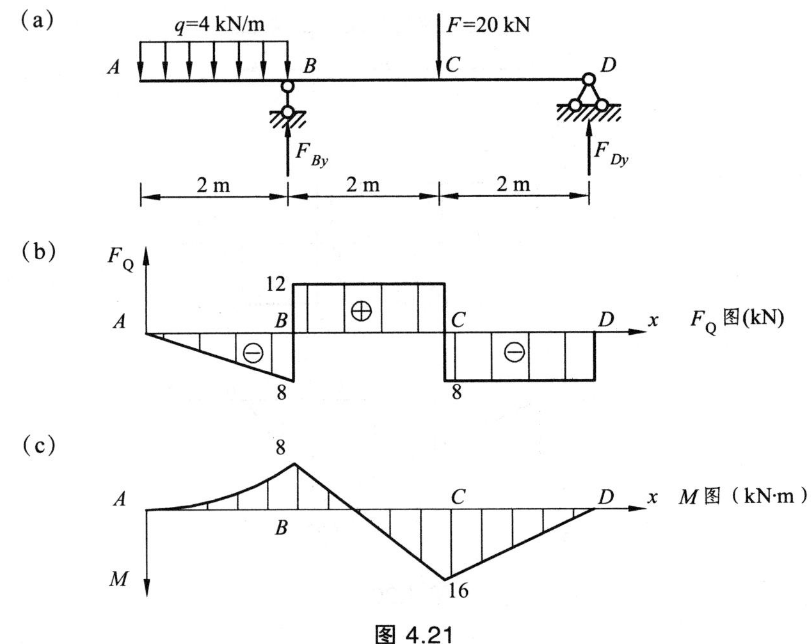

图 4.21

【解】（1）求支座反力。

$$\sum M_D(F)=0\text{，}\quad q\times2\times5-F_{By}\times4+F\times2=0$$
$$\sum M_B(F)=0\text{，}\quad q\times2\times1-F\times2+F_{Dy}\times4=0$$

解得

$$F_{By}=20\text{ kN}\ (\uparrow)\text{，}\quad F_{Dy}=8\text{ kN}\ (\uparrow)$$

（2）分段。

根据梁上的荷载情况，分 AB、BC、CD 三段作内力图。

（3）画 F_Q 图。

先由各段荷载情况判断 F_Q 图形状，再用截面法计算各控制截面的 F_Q 值。

段	荷载	F_Q 图形状	控制值
AB	$q<0$	下斜直线	$F_{QA}=0$ $F_{QB左}=-q\times 2=-4\times 2=-8$ (kN)
BC	$q=0$	平行线	$F_{QB右}=-q\times 2+F_{By}=-8+20=12$ (kN)
CD	$q=0$	平行线	$F_{QD}=-F_{Dy}=-8$ (kN)

画出剪力图如图 4.21（b）所示。

（4）画弯矩图

先由各段的荷载和剪力图判断 M 图形状，然后用截面法计算各控制截面的 M 值。

段	荷载	M 图形状	控制值
AB	$q<0$	下凸曲线	$M_A=0$ $M_{B左}=-\frac{1}{2}q\times 2^2=-8$ (kN·m)
BC	$q=0$	斜直线	$M_{B右}=-\frac{1}{2}q\times 2^2=-8$ (kN·m) $M_{C左}=F_{Dy}\times 2=16$ (kN·m)
CD	$q=0$	斜直线	$M_{C右}=F_{Dy}\times 2=16$ (kN·m) $M_D=0$

画出弯矩图，如图 4.21（c）所示。

从本例的剪力图和弯矩图可得结论：在集中力作用处（B、C、D 三点），左右截面上的剪力图发生突变，其突变值等于该集中力的大小，突变的方向与该集中力的方向一致；而弯矩图出现转折，即出现尖点，尖点的方向与该集中力的方向一致。

【例 4.9】 一简支梁，尺寸及梁上荷载如图 4.22（a）所示，利用微分关系绘制此梁的内力图。

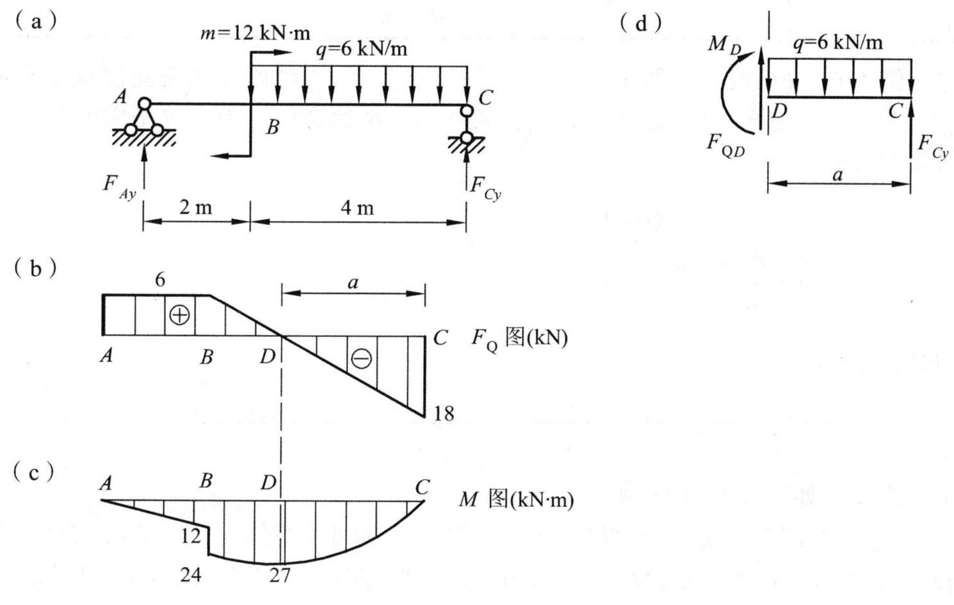

图 4.22

【解】(1) 求支座反力

$$\sum M_C(F)=0\,,\qquad -F_{Ay}\times 6-m+\frac{1}{2}q\times 4^2=0$$

$$\sum M_A(F)=0\,,\qquad -m-q\times 4\times\left(2+\frac{4}{2}\right)+F_{Cy}\times 6=0$$

解得 $F_{Ay}=6\ \text{kN}$ (↑) $F_{Cy}=18\ \text{kN}$ (↑)

(2) 分段。

根据梁上的荷载情况，分 AB、BC 两段作内力图。

(3) 画 Q 图。

先由各段荷载情况判断 F_Q 图形状，再用简易法计算各控制截面的 F_Q 值。

段	荷载	Q 图形状	控制值
AB	$q=0$	平行线	$F_{QA}=\sum F_{y左}=F_{Ay}=6\ \text{kN}$
BC	$q<0$	下斜直线	$F_{QB}=\sum F_{y左}=F_{Ay}=6\ \text{kN}$ $F_{QC}=\sum F_{y右}=-F_{Cy}=-18\ \text{kN}$

画出剪力图，如图 4.22 (b) 所示。

(4) 画弯矩图。

先由各段的荷载和剪力图判断 M 图形状，然后用简易法计算各控制截面的 M 值。

段	荷载	M 图形状	控制值
AB	$q=0$	斜直线	$M_A=0$ $M_{B左}=\sum M_B(F)_{左}=R_{Ay}\times 2=12\ (\text{kN}\cdot\text{m})$
BC	$q<0$	下凸曲线	$M_{B右}=\sum M_B(F)_{右}=R_{Ay}\times 2+m=24\ (\text{kN}\cdot\text{m})$ $M_C=0$

从剪力图可知，BC 段弯矩图中存在着极值，应该求出极值所在的截面位置（图 4.22 (b) 中的 D 点）及其大小。设 D 点距离右端的距离为 a，由该截面上剪力等于零的条件可求得 a 的值（图 4.22 (d)）。即

$$F_{QD}=-F_{Cy}+qa=0$$

$$a=\frac{F_{Cy}}{q}=\frac{18}{6}=3\ (\text{m})$$

弯矩的极值为

$$M_D=M_{\max}=F_{Cy}a-\frac{1}{2}qa^2=18\times 3-\frac{6\times 3^2}{2}=27\ (\text{kN}\cdot\text{m})$$

画出弯矩图，如图 4.22 (c) 所示。

从本例的剪力图和弯矩图可得结论：在集中力偶作用处（B 点），剪力图无变化 ($Q_{B左}=Q_{B右}$)，弯矩图发生突变 ($M_{B左}\neq M_{B右}$)，突变的大小等于该力偶矩 ($\left|M_{B左}\right|-\left|M_{B右}\right|=|m|$)。

【课堂练习】 画出图 4.23 所示简支梁的内力图。

6. 用叠加法画弯矩图

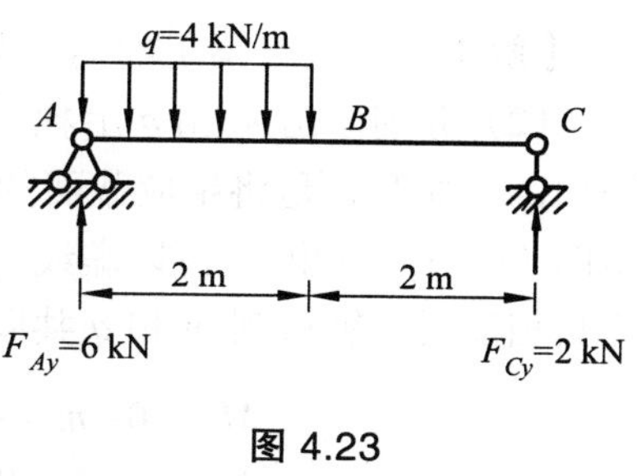

图 4.23

（1）叠加原理。

由于在小变形条件下，梁的内力、支座反力、应力和变形等参数均与荷载呈线性关系，每一荷载单独作用时引起的某一参数不受其他荷载的影响。所以，梁上 n 个荷载共同作用时所引起的某一参数（内力、支座反力、应力和变形等），等于梁在各个荷载单独作用时所引起同一参数的代数和，这种关系称为叠加原理。

根据叠加原理来绘制内力图的方法称叠加法。在常见荷载作用下，梁的剪力图比较简单，一般不用叠加法绘制。下面只讨论用叠加法画弯矩力图。其方法为：先分别作出梁在每一个荷载单独作用下的弯矩图，然后将各弯矩图中同一截面上的弯矩代数相加，即可得到梁在所有荷载共同作用下的弯矩图。

值得注意的是：所谓叠加，是将同一截面上的弯矩代数相加。反映在弯矩图上，是各简单荷载下的弯矩图在对应点处垂直杆轴的纵坐标相叠加，而不是弯矩图的简单拼合。

（2）简支梁段内作用单一荷载时的叠加。

为了便于应用叠加法绘内力图，图 4.24 给出了简支梁在简单荷载作用下的弯矩图，以供今后作图时使用。

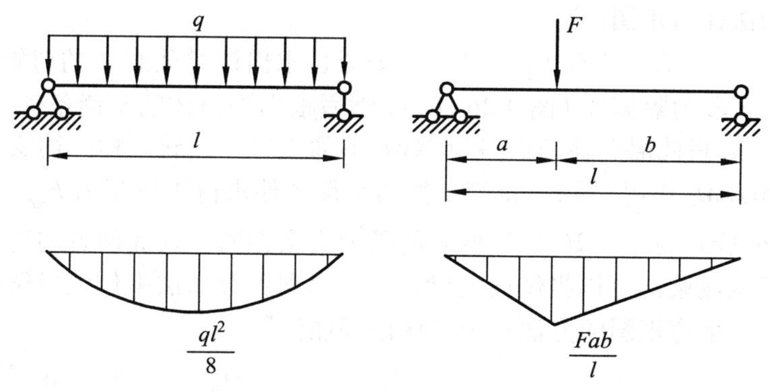

图 4.24

【例 4.10】 已知简支梁的梁长为 l，试用叠加法画出图 4.25 所示的简支梁的弯矩。

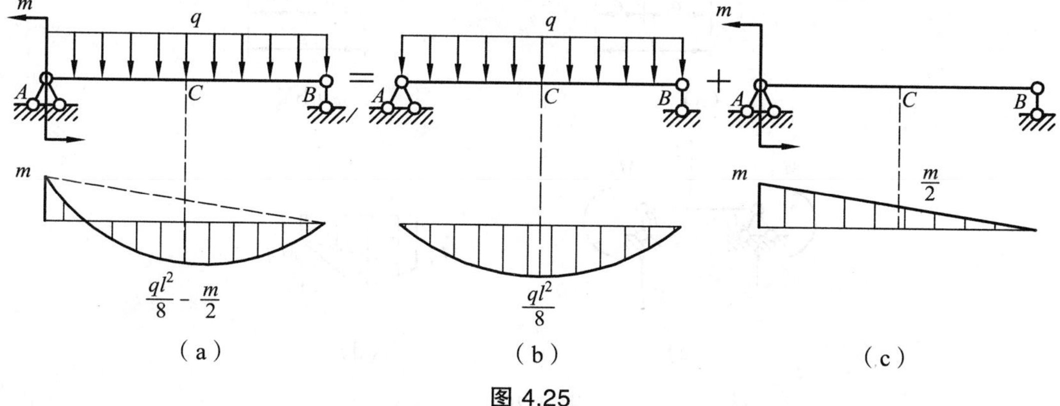

图 4.25

【解】(1) 先将梁上的荷载分为集中力偶 m 和匀布荷载 q 两组。

(2) 分别画出 m 和 q 单独作用时的弯矩图（图 4.25（b)、(c)），然后将这两个弯矩图相叠加。叠加时，是将相应截面的纵坐标的代数相加。叠加方法如图所示。先作出直线形的弯矩图（以虚线画出），再以虚线为基准线作出曲线形的弯矩图。这样将两个弯矩图相应纵坐标代数相加后，就得到 m 和 q 共同作用下的最后弯矩图（图 4.25（a))。其中

$$M_A = 0 - m = -m$$
$$M_B = 0 + 0 = 0$$

跨中 C 截面的弯矩为

$$M_C = \frac{ql^2}{8} - \frac{m}{2}$$

叠加时宜先画直线形的弯矩图，再叠加上曲线或折线形的弯矩图。

从上面作图可知，用叠加法作图时一般不能直接找出最大弯矩的精确值，因为梁中间的弯矩，并不一定是最大弯矩（本题即如此）。若需要确定最大弯矩的精确值时，应找出 $F_Q=0$ 的截面位置，求出该截面的极值弯矩。

观察本例弯矩图，我们可得到一个有益的结论：受两端力偶(m_A、m_B)及荷载作用的简支梁弯矩图，是以两端弯矩为纵坐标所连虚线为基线，叠加上简支梁上受荷载作用时的弯矩图。

(3) 区段叠加法作弯矩图。

图 4.26（a）为一梁承受荷载 F、q 作用，如果已求出该梁截面 A 的弯矩 M_A 和截面 B 的弯矩 M_B，则可取 AB 段为隔离体（图 4.26（b)），然后根据隔离体的平衡条件分别求出截面 A、B 的剪力 F_{QA}、F_{QB}。将此隔离体与图 4.26（c）的简支梁相比较，由于简支梁受相同的集中力 F 及杆端力偶 M_A、M_B 作用，因此，由简支梁的平衡条件求得支座反力 $F_{Ay}=F_{QA}$，$F_{By}=F_{QB}$。

可见，图 4.26（b）与图 4.26（c）两者的受力完全相同，因此两者的弯矩图必然相同。由此得出结论：任意段梁都可以当做简支梁，并可以利用叠加法来作该段梁的弯矩图。这种利用叠加法作某一段梁弯矩图的方法称为“区段叠加法”。

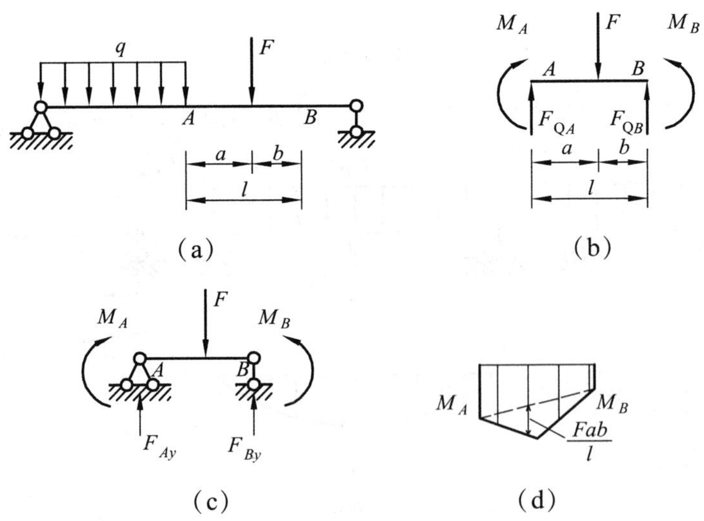

图 4.26

区段叠加法的步骤：

（1）计算支座反力；

（2）分段，使所分的段内只作用有一类荷载（或只有一个集中力，或全段作用有匀布荷载）；

（3）计算控制截面的弯矩值，一般来说，控制截面取在每段的左右端点；

（4）根据每段内所作用的荷载，分段叠加弯矩图，同时标出特征点的弯矩值（所谓特征点，即集中力作用点、分布荷载作用中心点）。

下面举例说明。

【例 4.11】 试用叠加法作出图 4.27（a）所示外伸梁的弯矩图。

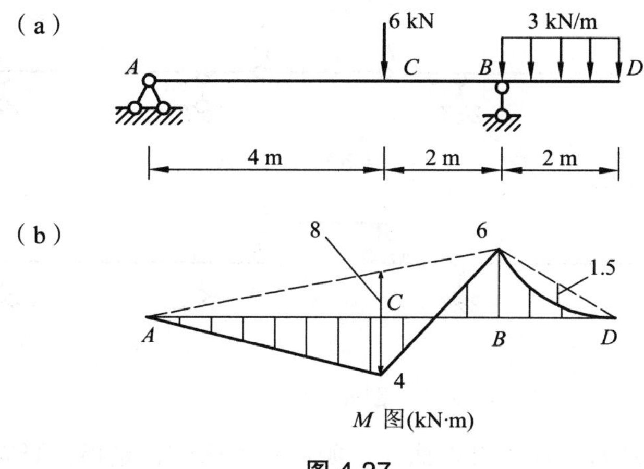

图 4.27

【解】（1）分段。将梁分为 AB、BD 两段。

（2）计算控制截面弯矩。

$$M_A = 0$$

$$M_B = \sum M_B(F)_{右} = -\frac{1}{2}\times 3\times 2^2 = -6\ (\mathrm{kN\cdot m})\ （上拉）$$

$$M_D = 0$$

（3）画弯矩图，见图 4.27（b）。

$$M_C = \frac{Fab}{l} - \frac{2}{3}M_B = \frac{6\times 4\times 2}{6} - \frac{2}{3}\times 6 = 4\ (\mathrm{kN\cdot m})\ （下拉）$$

【课堂思考】 为什么本例不用计算支座反力？

【课堂练习】 用叠加法画图 4.28 所示梁的弯矩图。

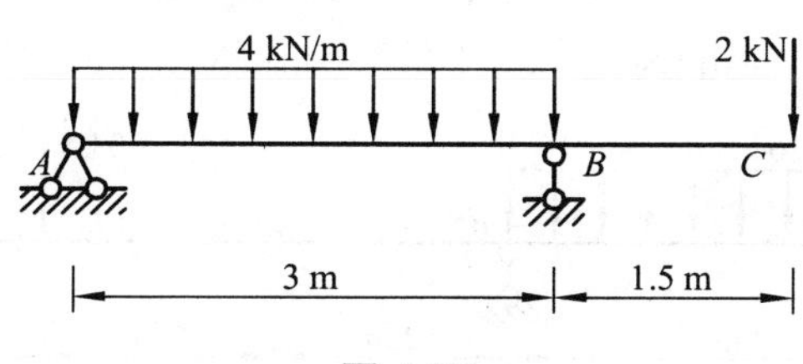

图 4.28

4.5　多跨静定梁的内力分析

多根梁段相互间用铰联结，跨越几个跨度的静定梁，称多跨静定梁。图 4.29（b）是公路桥（图 4.29（a））多跨静定梁的计算简图。

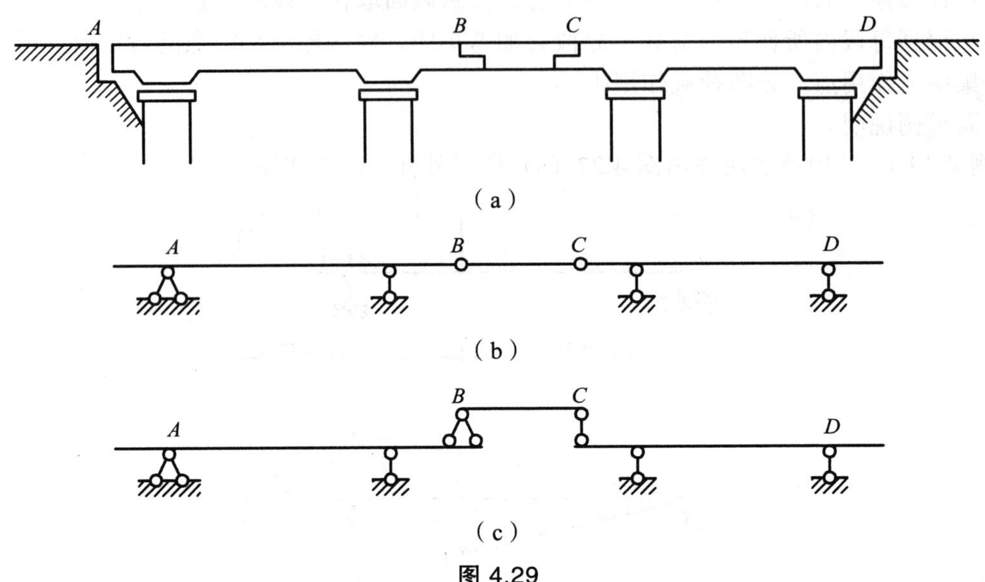

图 4.29

多跨静定梁可分为基本部分和附属部分。所谓基本部分，是指在竖向荷载的作用下，不依赖其他部分本身能独立维持平衡如图 4.30（b）中 AB 和 CD 部分。所谓附属部分，是指在去掉该部分与其他部分的联系之后本身不能独立维持平衡的部分，如图 4.29（b）中的 BC，它需要依赖其他部分才能维持平衡。

为了更清楚地了解各部分之间的依存关系，通常要画出多跨静定梁的层次图。把基本部分画在最下层，附属部分画在它所依赖部分的上层。如图 4.29（c）所示。

从层次图中可以看出，基本部分的荷载作用不影响附属部分，而附属部分的荷载作用必然传至基本部分。所以，在计算多跨静定梁所有的约束反力时，应先计算附属部分，再计算基本部分。而每一部分的剪力图和弯矩图与相应的单跨静定梁的剪力图和弯矩图的绘制方法相同。

【例 4.12】 作图 4.30 所示多跨静定梁的剪力图和弯矩图。

【解】 先作出多跨静定梁的层次图和层次受力图如图 4.30（b）、（c）所示。

（1）计算反力。如图 4.30（c）所示，由附属部分开始计算，由对称性可得

$$F_{Dy} = F_{Cy} = 30\ \text{kN}$$

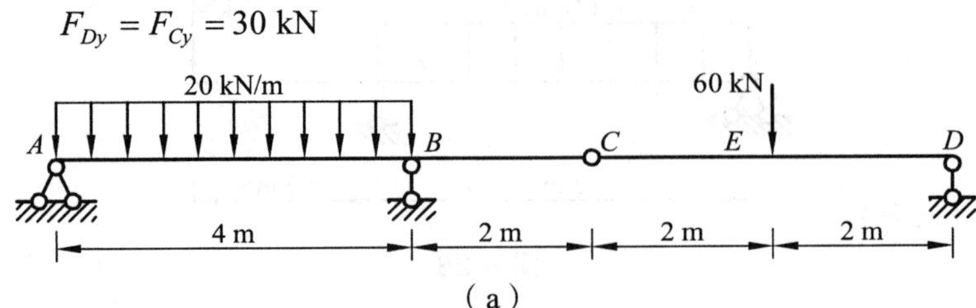

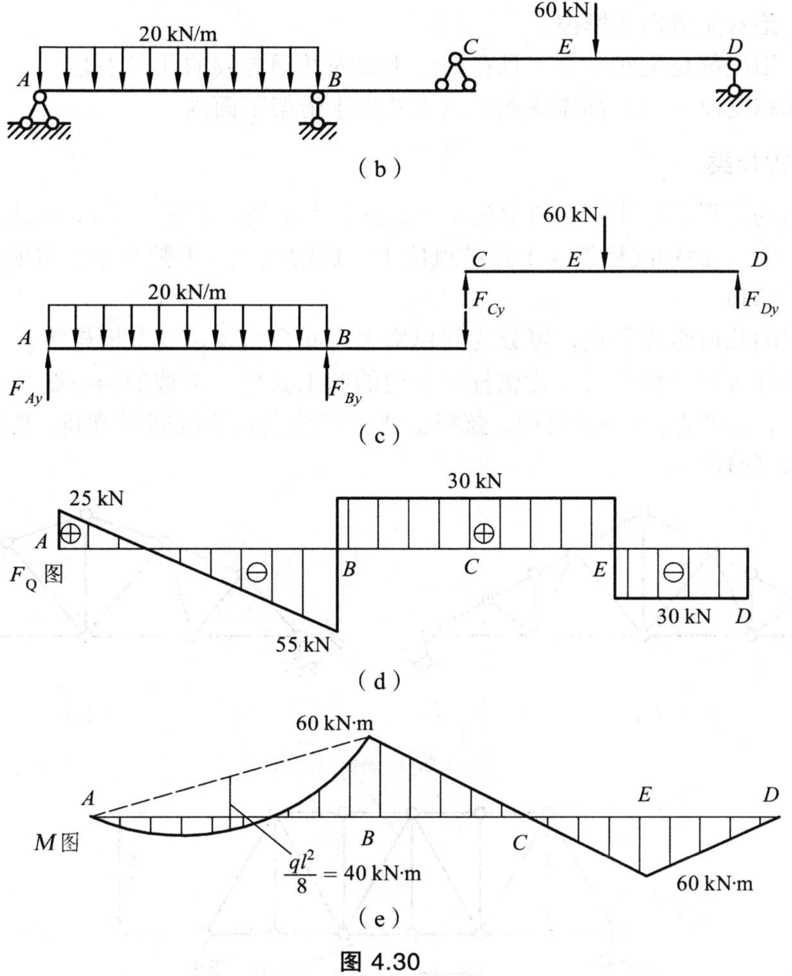

图 4.30

再计算基本部分 AC 梁的反力。由 $\sum M_B=0$、$\sum M_A=0$ 可以得到:

$$F_{Ay}=25\ \text{kN}$$
$$F_{By}=85\ \text{kN}$$

(2) 作剪力图和弯矩图。各支座反力求出后，分别绘制 AC 段和 CD 段的剪力图和弯矩图，即组成了整个多跨静定梁的剪力图和弯矩图，分别如图 4.30 (d)、(e) 所示。

4.6　静定平面桁架的内力分析

4.6.1　桁架的特征及分类

1. 桁架的计算简图

桁架是指由若干直杆在其两端用铰联结而成的结构。在平面桁架中，通常引用如下假定:

（1）铰：绝对光滑而无摩擦。

（2）杆：轴线都是绝对平直，且在同一平面内并通过铰的几何中心。

（3）荷载和支座反力：都作用在结点上并位于桁架平面内。

2. 桁架的分类

根据桁架的外形，可分为三角形桁架（上弦呈人字坡，下弦水平）、折线形桁架（上弦呈折线，下弦水平）、抛物线桁架（上弦结点位于一抛物线上，下弦水平）和平行弦桁架（上下弦平行）（图 4.31）。

根据桁架的几何组成方式，可分为简单桁架、联合桁架、复杂桁架等。

桁架中各杆可按所处位置分为弦杆（上边的叫上弦杆，下边的叫下弦杆）和腹杆（上下弦杆之间的杆，又可为斜杆和竖杆）。弦杆上两相邻结点间的区间叫节间，其长度称为节间长度，见图 4.31（c）。

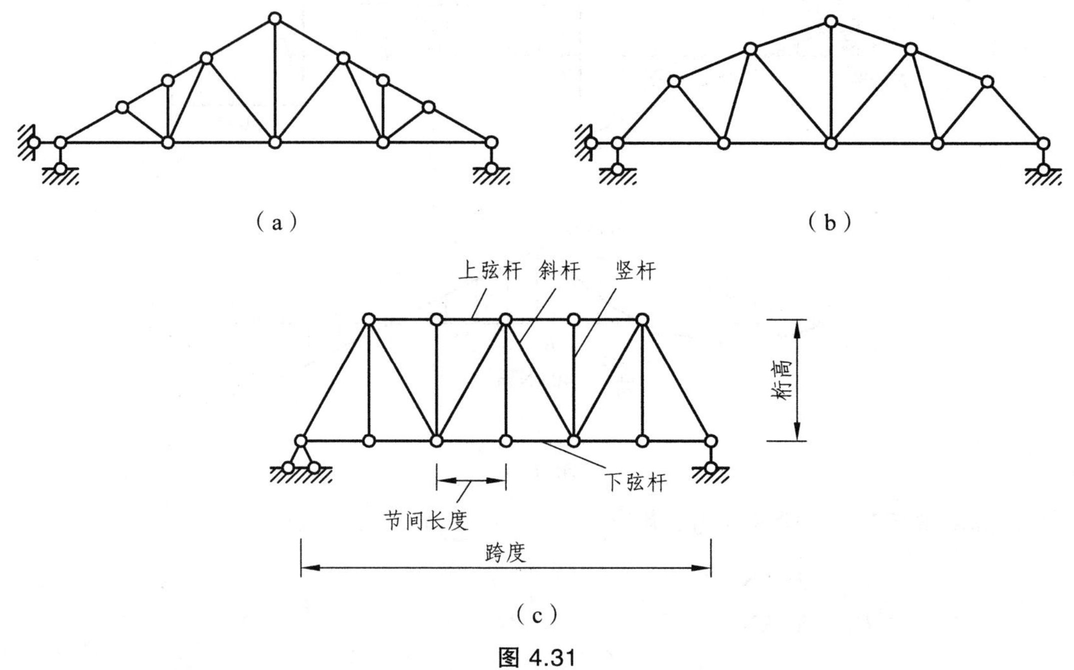

图 4.31

4.6.2 静定平面桁架的内力计算

桁架内力就是指桁架各杆的内力。由于桁架各杆都是链杆（也是二力杆），其内力只有轴力，故桁架内力也就是各杆的轴力。

桁架内力计算的方法主要有结点法和截面法。

1. 结点法

所谓结点法就是取桁架的结点为隔离体，利用结点的静力平衡条件来计算杆件内力的方法。结点法的要点：一般先以整个桁架为研究对象，列出桁架整体的平衡方程，解出支座的约束反力；然后按照一定的顺序取各结点为研究对象，并据此建立平衡方程求解桁架杆件的轴力。由于桁架的外力（荷载和支座反力）都作用于铰接点上，而各杆件轴线又都汇交于铰接点，故铰接点所受的各力构成平面汇交力系。因此，以铰接点为分析对象时，只能列出两个平衡方程，故最多只能求出两个未知轴力。所以用结点法计算桁架内力时，选取的分析结点上未知轴力一般不能超过两个。另外，画受力图时，未知轴力一般设为正向（拉力）。

【例 4.13】 试计算图 4.32（a）所示对称静定平面桁架各杆的轴力。

【解】（1）求支座反力。取整体桁架为分析对象，画出受力图，如图 4.32（a）所示。列平衡方程

$$\sum F_x = 0, \qquad F_{Ax} = 0$$
$$\sum M_A = 0, \qquad F_{By} \times 16 - 10 \times 4 - 10 \times 12 = 0$$
$$\sum F_y = 0, \qquad F_{Ay} + F_{By} - 20 = 0$$

解得　$F_{Ax} = 0$，$F_{Ay} = 10\ \text{kN}$，$F_{By} = 10\ \text{kN}$

（2）求桁架内力。由于该桁架结构及其荷载都对称，故只需计算一半桁架杆件；另一半桁架的杆件轴力由对称性即可得到。

① 取结点 A 分析，画出受力图，如图 4.32（b），则

$$\sum F_x = 0, \qquad F_{\text{N}AC} + F_{\text{N}AD}\cos\theta = 0$$
$$\sum F_y = 0, \qquad F_{\text{N}AD}\sin\theta + F_{Ay} = 0$$

因 $\sin\theta = \dfrac{3}{5}$，$\cos\theta = \dfrac{4}{5}$

故解得

$$F_{\text{N}AC} = \frac{40}{3}\ \text{kN（拉）},\quad F_{\text{N}AD} = -\frac{50}{3}\ \text{kN（压）}$$

② 取结点 D 分析，画出受力图，如图 4.32（c），则

$$\sum F_x = 0, \qquad F_{\text{N}DE} + F_{\text{N}DC}\cos\theta - F_{\text{N}AD}\cos\theta = 0$$
$$\sum F_y = 0, \qquad -F_{\text{N}DC}\sin\theta - F_{\text{N}AD}\sin\theta - 10 = 0$$

将 $\sin\theta = \dfrac{3}{5}$，$\cos\theta = \dfrac{4}{5}$ 代入解得

$$F_{\text{N}DE} = -\frac{40}{3}\ \text{kN（压）},\quad F_{\text{N}DC} = 0$$

③ 取结点 E 分析，画出受力（图 4.32（d）），有对称性知 $F_{\text{N}EF} = F_{\text{N}DE} = -\dfrac{40}{3}\ \text{kN}$。由

$$\sum F_y = 0, \qquad -F_{\text{N}EC} = 0$$

解得　$F_{\text{N}EC} = 0$

由对称性可得

$$F_{\text{N}BF} = F_{\text{N}AD} = -\frac{50}{3}\ \text{kN（压）}$$

$$F_{NBC}=F_{NAC}=\frac{40}{3}\text{ kN（拉）}$$
$$F_{NFC}=F_{NDC}=0$$

根据工程习惯，计算出的桁架各杆轴力通常标注在桁架简图上的相应杆件旁，如图 4.32（e）所示。

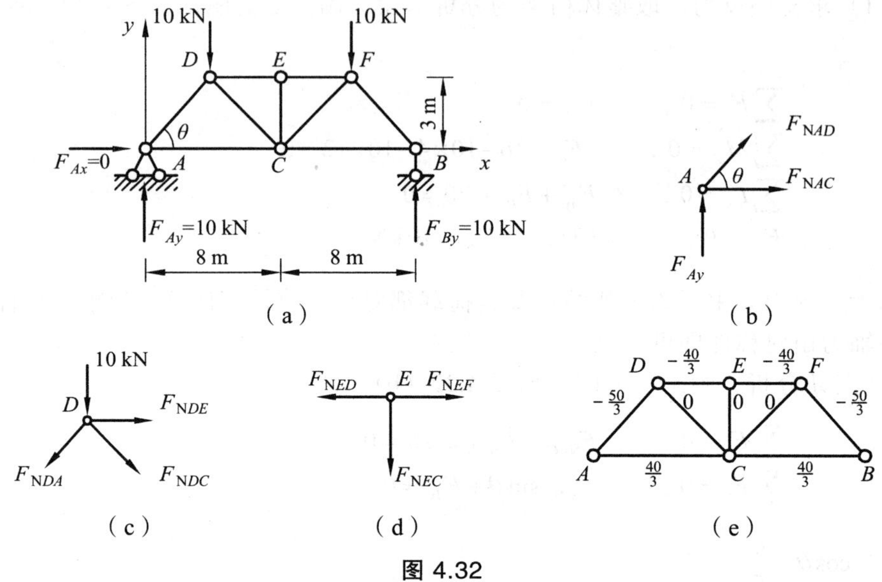

图 4.32

2. 零杆与等力杆

（1）零杆。桁架中轴力为零的杆称为零杆。如图 4.32 中 DC、EC、FC 三杆均为零杆。在桁架内力计算时，如果能事先判断出零杆，则可以简化计算步骤，提高计算效率。下面介绍几种特殊结点上的零杆判断规律。

① 两杆结点上没有外力作用且两杆互成夹角，则两杆均为零杆（图 4.33（a））。

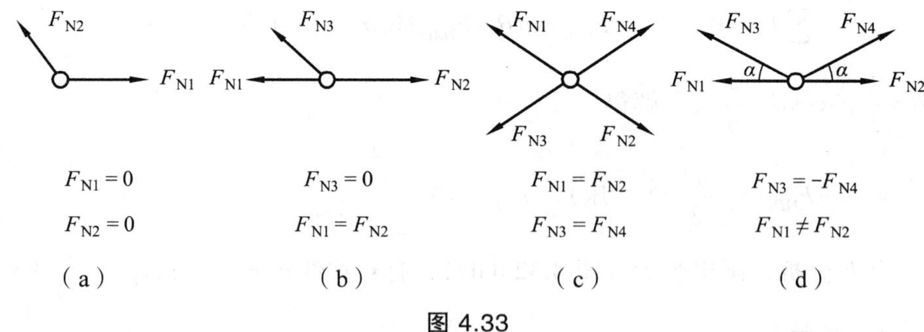

图 4.33

② 三杆汇交的结点上无外力，若其中两杆共线，则第三杆必为零杆（图 4.33（b））。

（2）等力杆。

桁架中，轴力绝对值相等的杆称为等力杆。下面介绍几种特殊结点上等力杆的判断规律。

① 四杆汇交结点，若杆轴两两共线，形成“X”形结点，且不受外力，则每对共线杆都为等力杆，且每对等力杆轴力符号也相同（图 4.33（c））。

② 四杆汇交结点，若其中两杆共线，另两杆位于同侧且与两共线杆夹角相等，形成“K”形结点，且不受外力，则同侧两杆为等力杆，且轴力符号相反（图 4.33（d））。

③ 三杆汇交结点，若其中两杆共线，与第三杆互成夹角，结点上且不受外力，则该两杆为等力杆，且轴力符号相同（图 4.34（b））。

利用上述结论可判断图 4.34（a）、（b）中用虚线绘出的杆件为零杆。

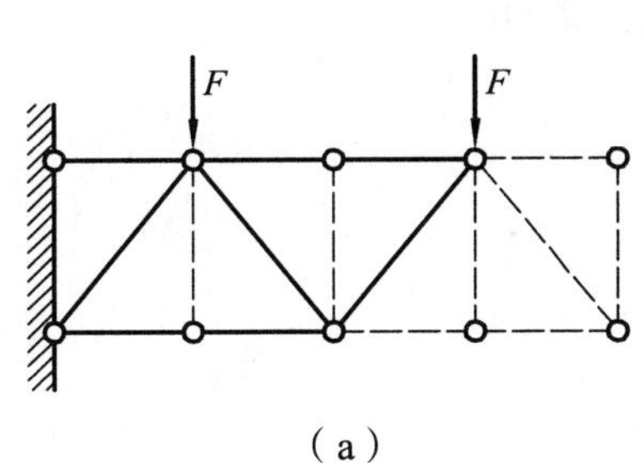

（a）

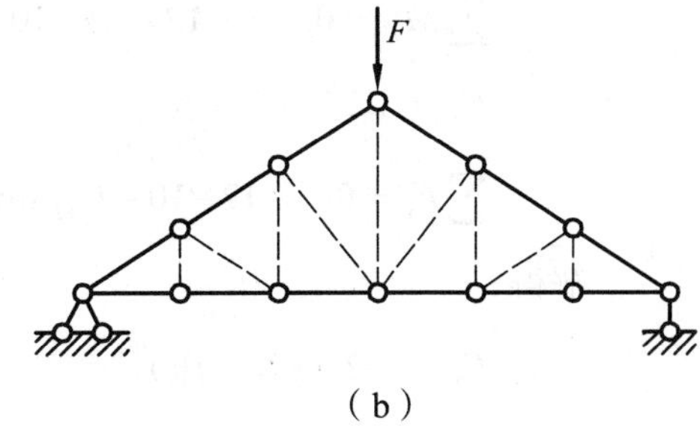

（b）

图 4.34

【课堂练习】 判断图 4.35 中零杆的数量。

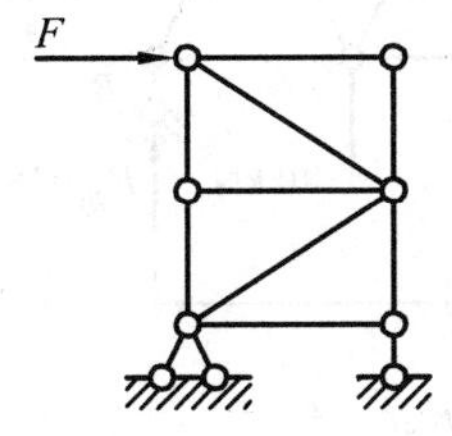

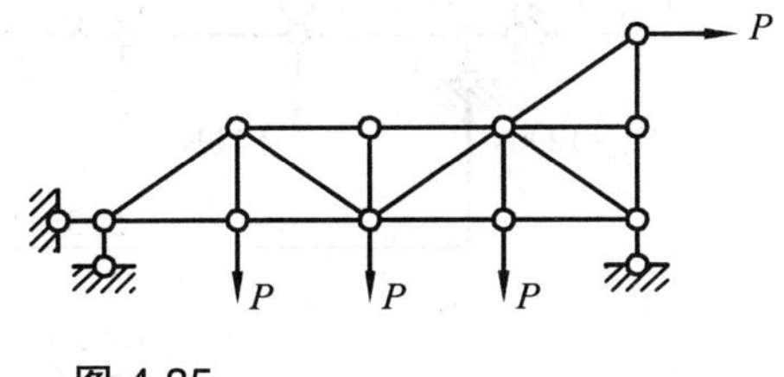

图 4.35

3. 截面法

截面法是通过在需求内力的杆件处作一适当的截面，将桁架截为两部分，然后任取一部分为隔离体（隔离体至少包含两个结点），根据平衡条件来计算所截杆件的内力的方法。

截面法截取的分析对象通常不是单个铰，而是含铰和杆件的更大的部分，这样才能发挥截面法的优势。此时，分析对象所受的力系通常是平面一般力系，故能且只能列出三个独立的平衡方程，最多可求解三个未知轴力。同时，通过选取适当的投影轴与矩心，可使一个平衡方程只含一个未知量，从而简化计算过程。

截面法适用于联合桁架的计算以及简单桁架中求少数指定杆件内力的情况。

【例 4.14】 已知桁架荷载及尺寸如图 4.36 所示。试计算杆件 1、2、3 的轴力。

【解】（1）求支座反力。取整体桁架分析，画出受力图如图 4.36（a）所示。由平衡方程得

$$\sum F_x = 0, \qquad F_{Ax} = 0$$

$$\sum M_A = 0, \qquad F_{By} \times 15 - 10 \times 3 - 20 \times 12 = 0$$

解得

$$F_{By} = 18 \text{ kN}$$

$$\sum F_y = 0, \qquad F_{Ay} + F_{By} - 10 - 20 = 0$$

解得

$$F_{Ay} = 12 \text{ kN}$$

（2）求杆件轴力。用 m—m 截面将 1、2、3 杆截断，桁架被截为两部分，取左半部分为分析对象，画出受力图，如图 4.36（b）所示，建立平衡方程得

$$\sum M_E = 0, \quad -12\times 6 + 10\times 3 - F_{N1}\times 2 = 0$$

解得 $F_{N1} = -21\ \text{kN}$（压）

$$\sum M_F = 0, \quad -12\times 7.5 + 10\times 4.5 + F_{N3}\times 2 = 0$$

解得 $F_{N3} = 22.5\ \text{kN}$（拉）

$$\sum F_y = 0, \quad 12 - 10 + F_{N2}\sin\alpha = 0$$

因 $\sin\alpha = \dfrac{4}{5}$，解得

$$F_{N2} = -2.5\ \text{kN}（压）$$

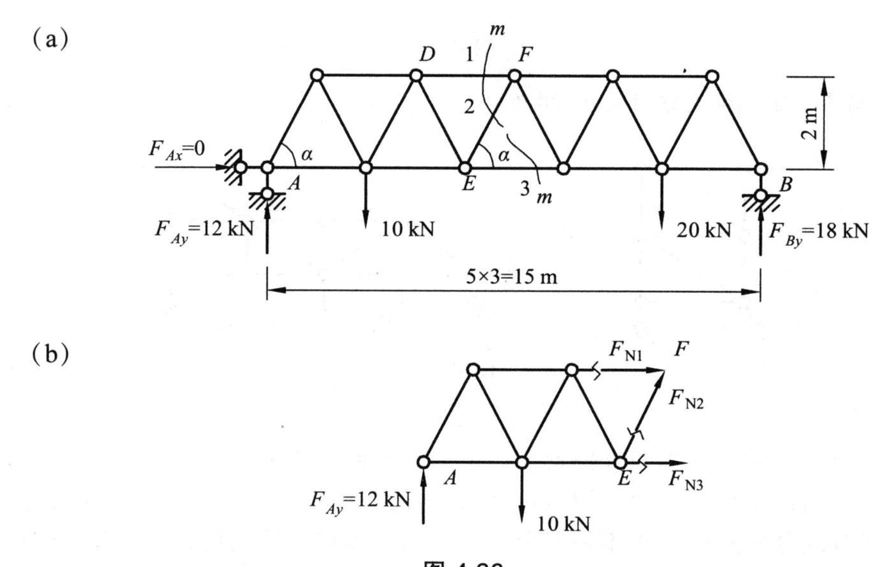

图 4.36

【**课堂练习**】 试用截面法计算图 4.37 所示桁架中 a、b、c 三杆内力。

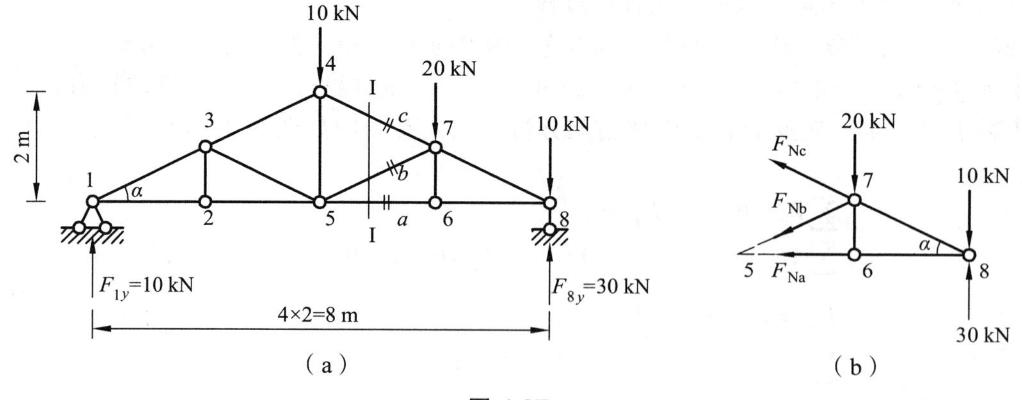

图 4.37

4. 几种常用平面桁架受力性能的比较

不同形式的桁架，其内力分布情况及适用场合也各不相同，设计时应根据具体要求选用。为此，下面就常用的三种桁架加以比较：

（1）平行弦桁架。

内力分布不均匀，弦杆内力向跨中递增。构造上各类杆长度相同，结点处各杆交角相同，便于标准化。因制作、施工较为方便，铁路桥上常采用。

（2）抛物线形桁架。

内力分布均匀，在材料使用上经济，但构造复杂。大跨度桥梁（100～150 m）及大跨度屋架（18～30 m）中常采用。

（3）三角形桁架。

内力分布不均匀，弦杆内力两端大，两端结点夹角很小，构造复杂。因两斜面符合屋顶要求，在屋架中常采用。

4.7　静定平面刚架的内力分析

静定平面刚架是若干杆件主要以刚结点相连接且轴线共面的静定结构。其基本特点：在结构变形过程中，各杆件以弯曲变形为主；刚性联结的杆件之间在刚结点处的夹角保持不变；全部支座反力和内力都能由静力平衡条件求得。

4.7.1　静定平面刚架的常见类型

静定平面刚架的常见类型悬臂刚架（图 4.38（a）、（b）），简支刚架（图 4.38（c）），三铰刚架（图 4.38（d））等。

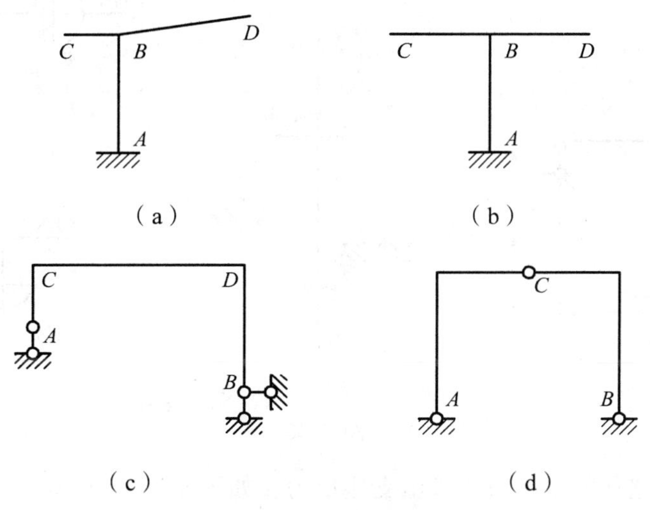

图 4.38

刚架中的横杆一般称为横梁，竖杆称为立柱。当杆件变形时，刚结点处各杆轴线的夹角（一般为直角）保持不变。

4.7.2 静定平面刚架的内力计算

在荷载作用下，平面刚架杆件的横截面上一般存在轴力、剪力和弯矩三个内力分量。刚架的变形以弯曲变形为主，因而弯矩是刚架杆件最主要的一个内力分量。

我们在此讨论的是静定结构，其支座反力和内力都可由静力平衡条件全部求解出来。同前面一样，结构内力分析的结果是绘制结构的内力图。对刚架而言，一般需要绘出其弯矩图、剪力图和轴力图。

由于刚架中既有横杆又有竖杆，弯矩的正负号无法作出统一规定。但我们知道，弯矩的作用将使杆件轴线一侧的材料沿轴线方向受拉、另一侧的材料受压，而且这种性质不会因观察者的位置不同而改变。根据这一特点，绘制刚架弯矩图时，可以不考虑弯矩的正负号，只需确定杆横截面上弯矩的实际方向，再根据弯矩的实际方向，判断出杆的哪一侧受拉，然后将控制截面上的弯矩值标在受拉的一侧。控制截面之间弯矩曲线的大致形状，依然由平衡微分关系确定。

剪力和轴力的正负号与观察者的位置无关。剪力图和轴力图画在哪一侧都可以，但需标出它们的正负。

需要注意的是：在建筑力学中，杆段端部横截面上的内力（简称杆端内力）常用杆段两端的两个字母一起作下标，截面所在端（称为近端）的字母放在前面，另一端（称为远端）的字母放在后面。例如，AB 杆段 A 端横截面上的弯矩记为 M_{AB}，CD 杆段 C 端横截面上的剪力记为 F_{QCD}，EF 杆段 E 端横截面的轴力记为 F_{NEF}，等等。

【例 4.15】 计算图 4.39 所示刚架内力图。

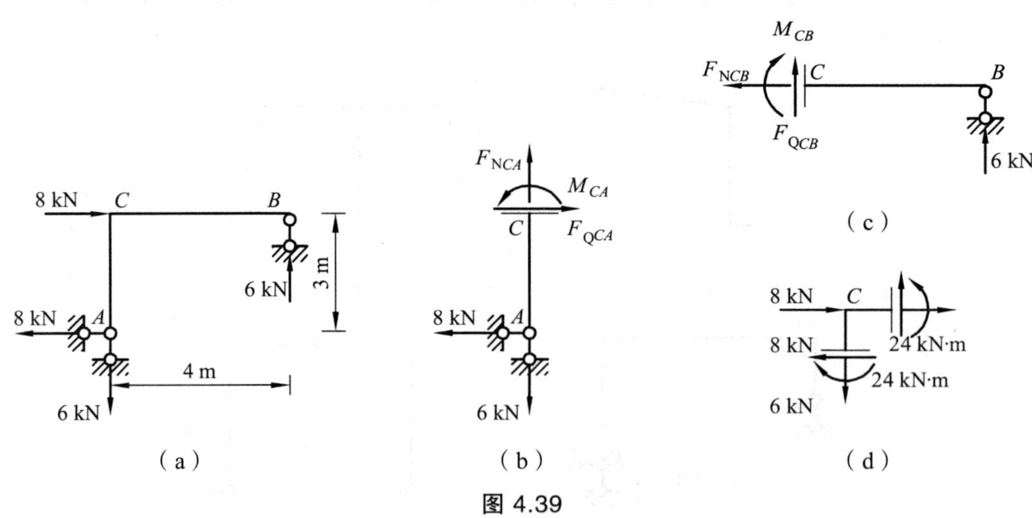

图 4.39

【解】（1）利用整体的平衡条件求出支座反力，如图 4.39（a）所示。

（2）根据杆件的荷载判断各杆内力图的形状，并计算控制截面的内力。

杆段	内力图名	内力图形状	控制截面内力	备注
AC 段	F_N 图	平行线	$F_{NCA}=6\text{ kN}$（拉力）	计算图见图 4.39（b）
	F_Q 图	平行线	$F_{QCA}=8\text{ kN}$	
	M 图	斜直线	$M_{CA}=8\times 3=24\ (\text{kN}\cdot\text{m})$(右拉) $M_{AC}=0$	
BC 段	F_N 图	平行线	$F_{NCB}=0$	计算图见图 4.39（c）
	F_Q 图	平行线	$F_{QCB}=-6\text{ kN}$	
	M 图	斜直线	$M_{CB}=8\times 3=24\ (\text{kN}\cdot\text{m})$(下拉) $M_{BC}=0$	

（3）取结点 C 为隔离体校核（图 4.39（d））。

校核时所画隔离体的受力图应注意:① 必须包括作用在此隔离体上的所有外力以及计算所得的内力。② 图中的内力都应按求得的实际方向画出，不再加注正负号。

$$\sum F_x=8-8=0$$
$$\sum F_y=6-6=0$$
$$\sum M_C=24-24=0$$

由此，说明计算无误。

（4）根据计算结果画内力图（图 4.40）。

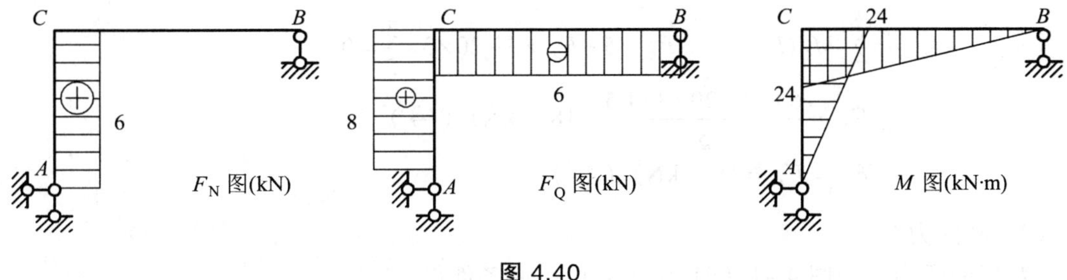

图 4.40

【**例 4.16**】 计算图 4.41 所示三铰刚架的内力图。

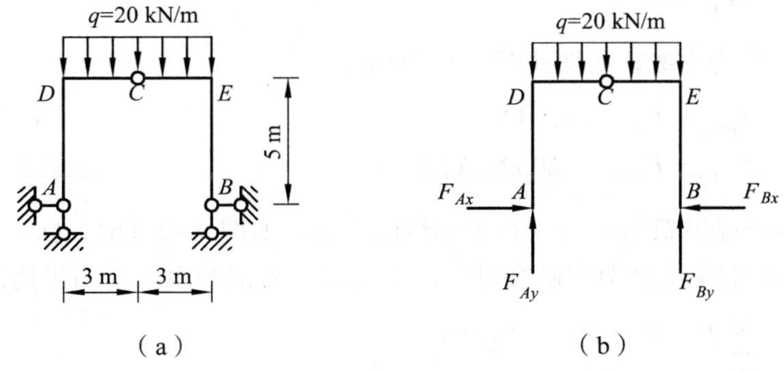

（a）　　　　（b）

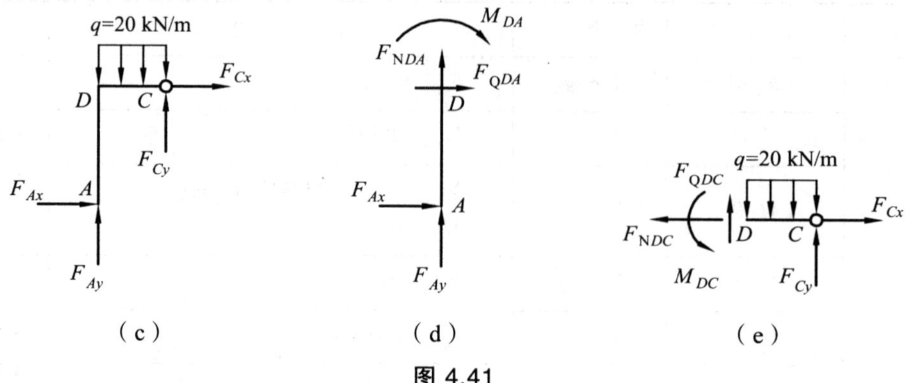

图 4.41

【解】(1) 求支座反力。

以刚架整体为研究对象，其受力图如图 4.41（b）所示。由平衡条件得

$$\sum M_B(F)=0\text{，}\ 20\times6\times3-F_{Ay}\times6=0$$

$$F_{Ay}=\frac{20\times6\times3}{6}=60\ \text{（kN）（↑）}$$

$$\sum F_y=0\text{，}\ F_{Ay}+F_{By}-20\times6=0$$

$$F_{By}=20\times6-60=60\ \text{（kN）（↑）}$$

$$\sum F_x=0\text{，}\ F_{Ax}-F_{Bx}=0$$

$$F_{Ax}=F_{Bx}$$

将刚架从铰 C 处拆开，取左半个刚架为研究对象（图 4.41（c）），由平衡条件得

$$\sum M_C(F)=0\text{，}\ F_{Ax}\times5-F_{Ay}\times3+20\times3\times\frac{3}{2}=0$$

$$F_{Ax}=\frac{60\times3-20\times3\times1.5}{5}=18\ \text{（kN）（→）}$$

$$F_{Bx}=F_{Ax}=18\ \text{（kN）（←）}$$

（2）画内力图。

AD 段的受力图如图 4.41（d）所示，由平衡条件得

$$M_{DA}=F_{Ax}\times5=18\times5=90\ \text{（kN · m）（左侧受拉）}$$

$$M_{AD}=0$$

弯矩图在 *AD* 段为直线，如图 4.42（a）所示。

$$F_{QAD}=F_{QDA}=-18\ \text{kN}$$

$$F_{NAD}=F_{NDA}=-60\ \text{kN}\ \text{（压力）}$$

剪力图和轴力图在 *AD* 段均为平行于轴线的直线，如图 4.42（b）、（c）所示。

以图 4.41（c）的半个刚架为研究对象，求出铰 C 处的约束力。由平衡条件得

$$\sum F_x=0\text{，}\ F_{Ax}+F_{Cx}=0$$

$$F_{Cx}=-18\ \text{kN}$$

$$\sum F_y = 0\ ,\quad F_{Ay} - 20\times 3 + F_{Cy} = 0$$
$$F_{Cy} = 0$$

取 DC 为研究对象，由图 4.41（e）可算出

$$M_{CD} = 0\ ,\quad M_{DC} = \frac{20}{2}\times 3^2 = 90\ (\mathrm{kN\cdot m})\qquad (\text{上部受拉})$$
$$F_{QCD} = 0\ ,\quad F_{QDC} = 20\times 3 = 60\ (\mathrm{kN})$$
$$F_{NCD} = F_{NDC} = -18\ (\mathrm{kN})\ (\text{压力})$$

同理，可计算出右半部各杆段的内力值。根据计算结果绘制的内力图分别如图 4.42（a）、（b）、（c）所示。（校核过程略）

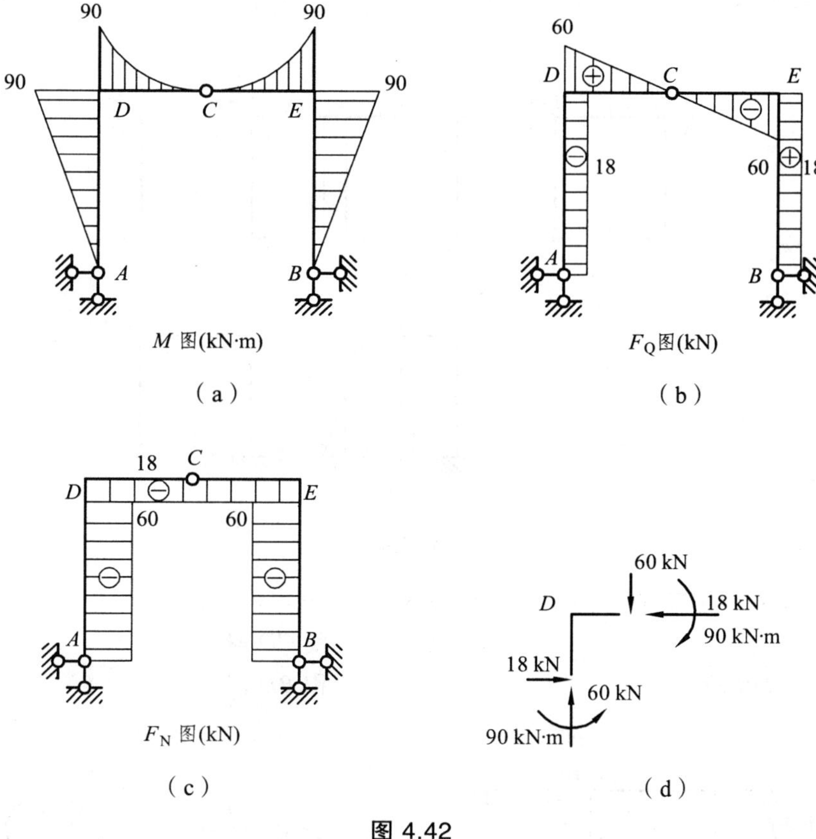

图 4.42

通过对图 4.42 的观察可知，对称结构在对称荷载作用下，其弯矩图、轴力图表现为正对称，剪力图表现为反对称。

注意：求支反力时，应先以整体结构为隔离体求出两个竖向的支反力，再以部分结构为隔离体求出其余的支反力。

由以上例题计算可知：

铰结点处弯矩为零；在刚结点处无外力偶作用时，两杆端弯矩相等且同侧受拉（即同为外侧受拉或同为内侧受拉）。

一般经过刚结点平衡的校核，只能证明在刚结点处的内力计算无误。为进一步检查刚架

内力图是否正确，还可以从刚架中截取任一杆件 ，检查是否满足平衡条件，已达到校核内力图的目的。

4.7.3 静定刚架内力图的绘制步骤

（1）求支反力。

（2）求各杆端的内力值，将刚架在刚结点处用垂直于杆轴线的截面截成若干杆件——梁或柱，根据其平衡条件，分别画出单个杆件的内力图。

（3）逐杆作内力图。

（4）内力图的校核。可截取某刚结点或某杆端为分离体，并验算它是否满足平衡条件。

【课堂练习】 *1. 在图 4.43 所示对称刚架在结点力偶矩作用下，弯矩图的正确形状是（　　）。

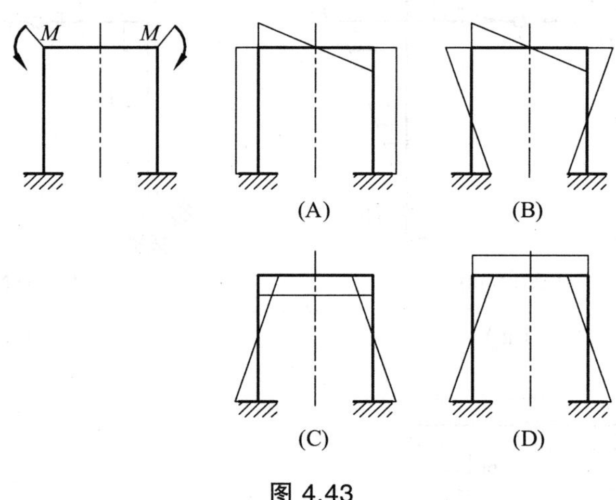

图 4.43

*2. 图 4.44 所示刚架 M 图有错误的杆段为（　　）。

A. AC 段　　　　B. AC 段和 CD 段

C. CD 段和 DB 段　　　　D. AC 段和 BD 段

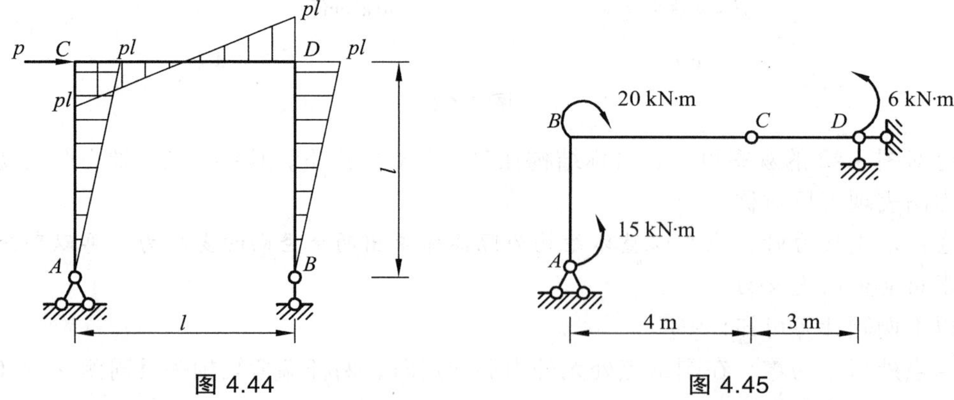

图 4.44　　　　图 4.45

3. 利用刚架内力图的规律，绘制图 4.45 所示刚架的弯矩图。

专题训练三　桁架结构的内力计算

桁架结构（Truss structure）中的桁架指的是桁架梁，是格构化的一种梁式结构。桁架结构常用于大跨度的厂房、展览馆、体育馆和桥梁等公共建筑中，也可用于广告牌、大型雨篷等地方。由于桁架大多用于建筑的屋盖结构，故通常也被称作屋架。(注：鸟巢也是桁架结构)

桁架结构中各杆件受力均以单向拉、压为主，通过对上、下弦杆和腹杆的合理布置，可适应结构内部的弯矩和剪力分布。由于水平方向的拉、压内力实现了自身平衡，整个结构不对支座产生水平推力，结构布置灵活，应用范围非常广。桁架梁和实腹梁（即我们一般所见的梁）相比，在抗弯方面，由于将受拉与受压的截面集中布置在上下两端，增大了内力臂，使得以同样的材料用量可实现更大的抗弯强度。在抗剪方面，通过合理布置腹杆，能够将剪力逐步传递给支座。这样无论是抗弯还是抗剪，桁架结构都能够使材料强度得到充分发挥，从而适用于各种跨度的建筑屋盖结构。其更重要的意义还在于，它将横弯作用下的实腹梁内部复杂的应力状态转化为桁架杆件内简单的拉压应力状态，使我们能够直观地了解力的分布和传递，便于结构的变化和组合。如图 4.46 所示。

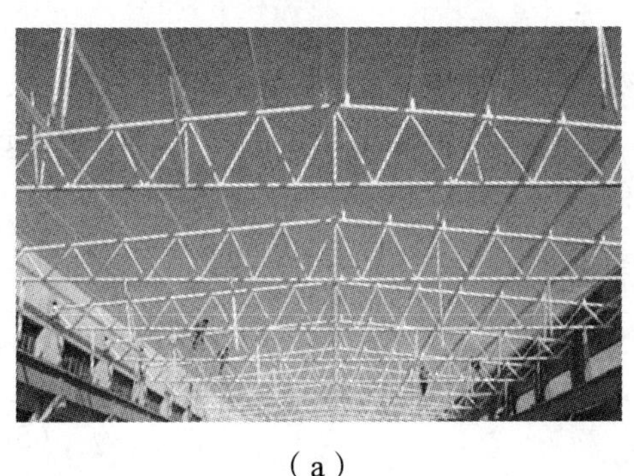

（a）

（b）

图 4.46

在本章的第 6 节，我们学习了静定平面桁架的内力计算，其主要方法有结点法和截面法。下面我们通过练习来加强对这种两方法的掌握，并观察、分析下面两类桁架的内力特点。

【练习】 计算图 4.47 所示桁架的内力，并分析该桁架的内力特点。

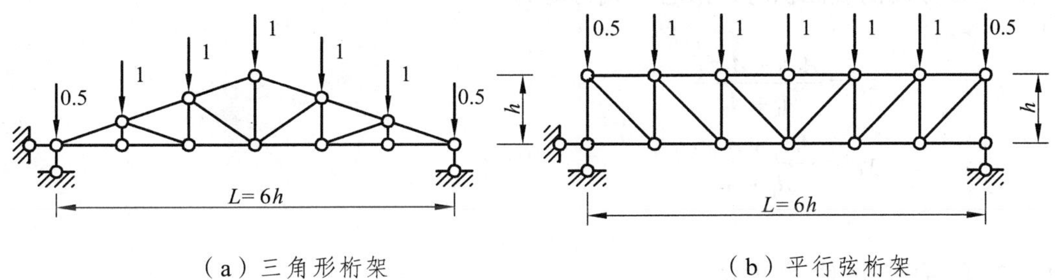

（a）三角形桁架　　（b）平行弦桁架

图 4.47

第 5 章 平面图形的几何性质

5.1 重心与形心

5.1.1 重心与形心的概念

地球上一切物体都受地心的引力作用，所谓重力就是地球对物体的引力。如果我们将物体分成许多微小部分，每一微小部分重力的合力也就是整个物体的重力。这合力的作用点就是该物体的重心。

对于匀质物体而言，它的重心位置完全决定于物体的几何形状，而与物体的重量无关。由物体的几何形状和尺寸所决定的物体的几何中心，称为几何形体的形心。所以对于匀质物体来说，形心和重心是重合的。

平面图形的形心坐标公式为

$$
\begin{aligned}
z_C &= \frac{\sum \Delta A_i \cdot z_i}{\sum \Delta A_i} \\
y_C &= \frac{\sum \Delta A_i \cdot y_i}{\sum \Delta A_i}
\end{aligned}
\tag{5-1}
$$

式中 ΔA ——各分割部分面积；

z_i、y_i ——各分割部分面积的形心坐标。

当图形被分成两块面积时，形心公式可写为

$$
\begin{aligned}
z_C &= \frac{A_1 z_1 + A_2 z_2}{A_1 + A_2} \\
y_C &= \frac{A_1 y_1 + A_2 y_2}{A_1 + A_2}
\end{aligned}
\tag{5-2}
$$

5.1.2 简单形状物体的形心

简单形体的形心可以从有关的工程手册中查到。表 5.1 列出了几种常见的简单形体的形心位置，以供参考。

表 5.1　常用截面的几何性质

编号	截面图形	截面面积	形心位置	惯性矩
1	y_C, z_C, C, h, b, y	bh	$z_C=\dfrac{b}{2}$ $y_C=\dfrac{h}{2}$	$I_{zC}=\dfrac{1}{12}bh^3$ $I_{yC}=\dfrac{1}{12}hb^3$
2	y_C, z_C, C, h, b, y	$\dfrac{1}{2}bh$	$z_C=\dfrac{b}{3}$ $y_C=\dfrac{h}{3}$	$I_{zC}=\dfrac{1}{36}bh^3$ $I_{yC}=\dfrac{1}{36}hb^3$
3	y_C, z_C, C, h, b, y	$\dfrac{\pi}{4}D^2$	$z_C=y_C=\dfrac{D}{2}$	$I_{zC}=I_{yC}=\dfrac{\pi D^4}{64}$
4	y_C, z_C, C, D, d, y	$\dfrac{\pi}{4}(D^2-d^2)$	$z_C=y_C=\dfrac{D}{2}$	$I_{zC}=I_{yC}=\dfrac{\pi}{64}(D^4-d^4)$
5	y_C, z_C, C, y, D=2r	$\dfrac{\pi}{2}r^2$	$z_C=r$ $y_C=\dfrac{4r}{3\pi}$	$I_{zC}=\left(\dfrac{1}{8}-\dfrac{1}{9\pi^2}\right)\pi\cdot r^4$ $I_{yC}=\dfrac{\pi\cdot r^4}{8}$
6	y_C, z_C, C, a, a, y	a^2	$z_C=y_C=\dfrac{a}{\sqrt{2}}$	$I_{zC}=I_{yC}=\dfrac{a^4}{12}$

通过对上表的观察，可知：

（1）矩形或其他具有对称轴的匀质等厚度物体，其形心在中间面两对称轴的交点上。图 5.1 所示的是其中的几个例子，图中各物体内的 C 点表示形心位置，z、y 轴为对称轴。

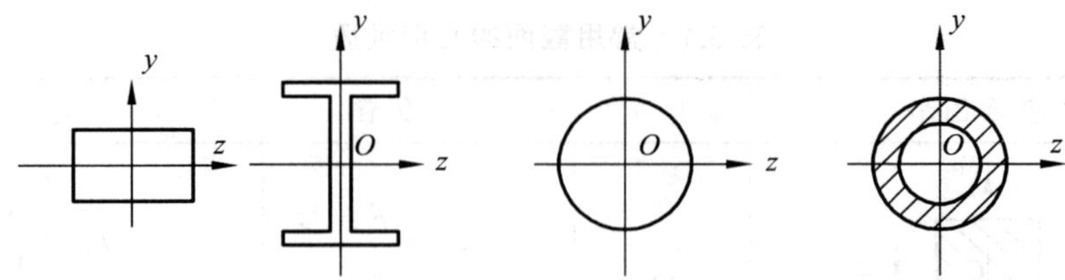

图 5.1

（2）具有一根对称轴的匀质等厚度物体，其形心必在该对称轴上，但具体位置还需计算才能确定。图 5.2 所示物体的形心就是属于这一类，图中 y 轴是对称轴。

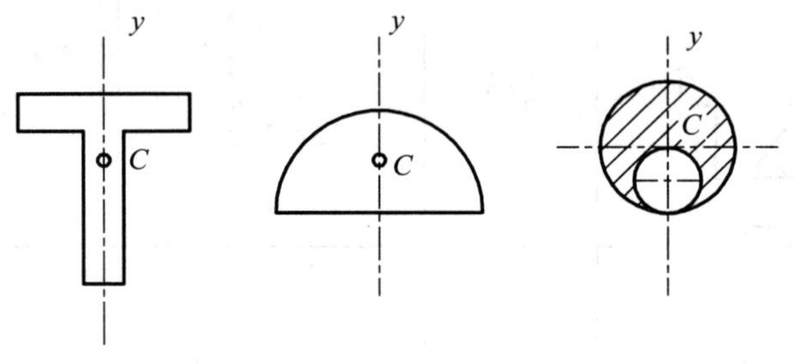

图 5.2

5.1.3 组合形状物体的形心

工程中常遇到一些形状较复杂的物体，但它们大多可看成是由几个简单形状的物体组合而成的，这样的物体，我们可以用公式（5-1）求出其形心的位置。

当物体是由几个简单几何图形组成时，可将物体分割成形状规则的简单图形，其形心位置很容易求得；然后再利用公式求出整个图形的形心。

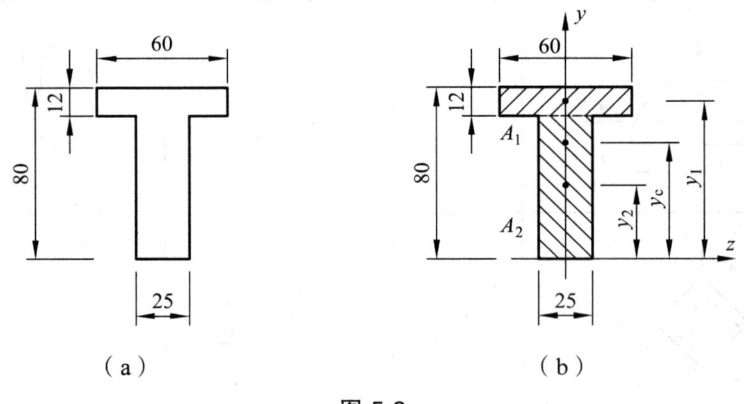

图 5.3

【例 5.1】 试求图 5.3（a）所示匀质等厚 T 形截面的形心位置。

【解】 此物体具有一根对称轴，为计算方便，选择坐标系如图 5.3（b）所示，使 y 轴在对称轴上，物体重心就在该轴上，即 $z_C = 0$，所以只需求 y_C。

将物体按图中虚线划分为Ⅰ、Ⅱ两个矩形部分，即知

$A_1=60\times12=720\ (\text{cm}^2)$

$y_1=68+12/2=74\ (\text{cm})$

$A_2=25\times68=1\,700\ (\text{cm}^2)$

$y_2=68/2=34\ (\text{cm})$

代入公式（5-2）得

$$y_C=\frac{A_1y_1+A_2y_2}{A_1+A_2}=\frac{720\times74+1\,700\times34}{720+1\,700}=45.9\ (\text{cm})$$

即形心距底边 45.9 cm。

【课堂练习】 计算图 5.4 所示 T 形梁截面形心。

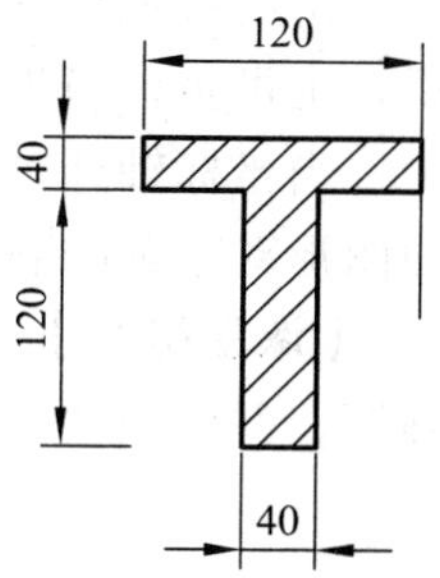

图 5.4

5.2　静　矩

由公式（5-1）

$$z_C=\frac{\sum\Delta A_i\cdot z_i}{\sum\Delta A_i}$$

$$y_C=\frac{\sum\Delta A_i\cdot y_i}{\sum\Delta A_i}$$

中，分子分别称为面积对 y 轴、z 轴的静矩，以 S_y、S_z 表示。即

$$\begin{aligned}S_z&=\sum\Delta A_i\cdot y_i\\S_y&=\sum\Delta A_i\cdot z_i\end{aligned}\tag{5-3}$$

平面中各小面积与其形心到该平面内某轴坐标的乘积之和，称为该轴的静矩。静矩的单位是长度单位的三次方。

【例 5.2】 矩形截面尺寸如图 5.5 所示。求

（1）图形对 z 轴、y 轴的静矩 S_z、S_y；

（2）求图形对过形心的 z_C 轴、y_C 轴的静矩 S_{zC}、S_{yC}。

【解】（1）求 S_x、S_y。

由式（5-3）可得

$$S_z=A\times y_C=b\times h\times\left(-\frac{h}{2}\right)=-\frac{bh^2}{2}$$

$$S_y=A\times z_C=b\times h\times\frac{b}{2}=\frac{hb^2}{2}$$

（2）求 S_{zC}、S_{yC}。

图形的面积仍为 $A=bh$，但由于 z_C、y_C 坐标轴通过形心，故 $z_C=0$、$y_C=0$，从而有

$$S_{zC}=A\times y_C=0\,,\qquad S_{yC}=A\times z_C=0$$

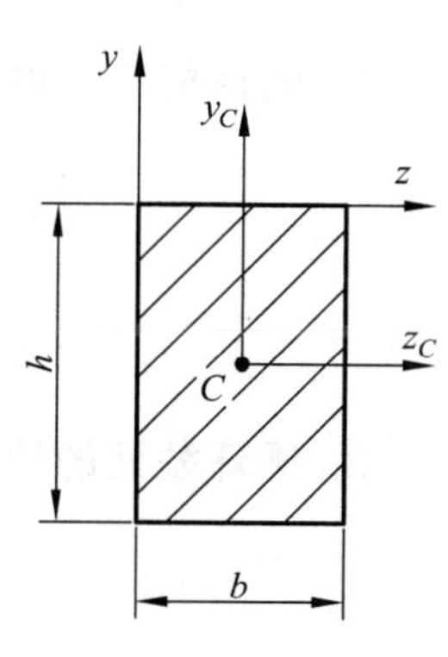

图 5.5

由此可见：图形对于不同的轴静矩是不同的；静矩的数值可正、也可负；当坐标轴通过形心时，静矩为零。

当坐标轴通过平面图形的形心时，其静矩为零；反之，若平面图形对某轴的静矩为零，则该轴必定通过平面图形的形心。

【课堂练习】 试求图 5.6 中阴影部分与非阴影部分对 z 轴的静矩，并说明两者之间的关系。

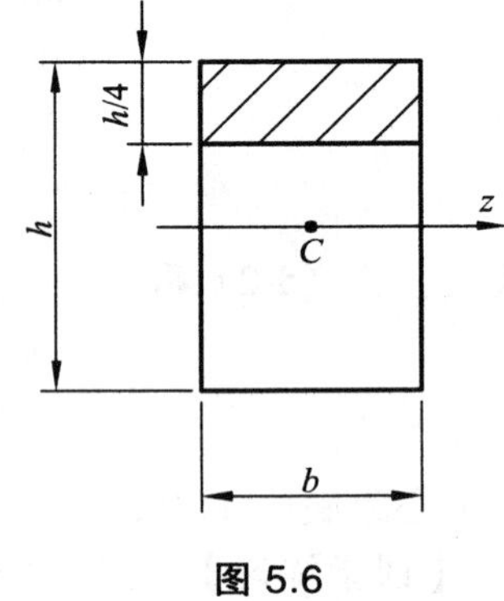

图 5.6

5.3 惯性矩

5.3.1 惯性矩的定义

平面图形内每一微小面积 ΔA 与它到某一轴的距离 z 或 y 的平方的乘积的总和，称为这个平面图形对于该轴的惯性矩，见图 5.7。它是表示截面几何性质的一个量，其数值依截面的形状和尺寸而定。

$$I_z = \sum \Delta A \cdot y_i^2$$
$$I_y = \sum \Delta A \cdot z_i^2 \qquad (5\text{-}4)$$

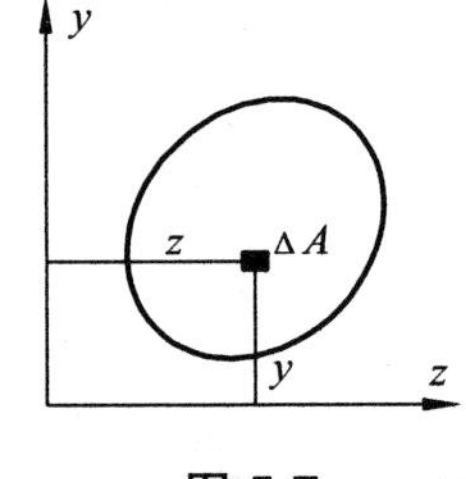

图 5.7

式中，I 表示惯性矩，下标 z、y 表示对哪一轴而言，单位为 m^4 或 mm^4。根据公式知，惯性矩恒为正值。

5.3.2 简单图形对其形心轴的惯性矩

对于工程中经常使用的简单图形的惯性矩应当记熟，以便在以后的有关章节中应用。如遇复杂图形的惯性矩可从工程手册中查到，附录 I 中给出了各类型钢的规格表。

1. 矩形截面的惯性矩（图 5.8（a））

$$I_{zC} = \frac{1}{12}bh^3 \qquad I_{yC} = \frac{1}{12}hb^3$$

式中，z_C 和 y_C 表示通过形心的一对坐标轴。

2. 圆形截面的惯性矩（图 5.8（b））

$$I_{zC} = I_{yC} = \frac{\pi D^4}{64}$$

由于对称，圆形截面对任一根形心轴的惯性矩都等于 $\dfrac{\pi d^4}{64}$。

3. 圆环截面的惯性矩（图 5.8（c））

$$I_{zC} = I_{yC} = \frac{\pi(D^4 - d^4)}{64}$$

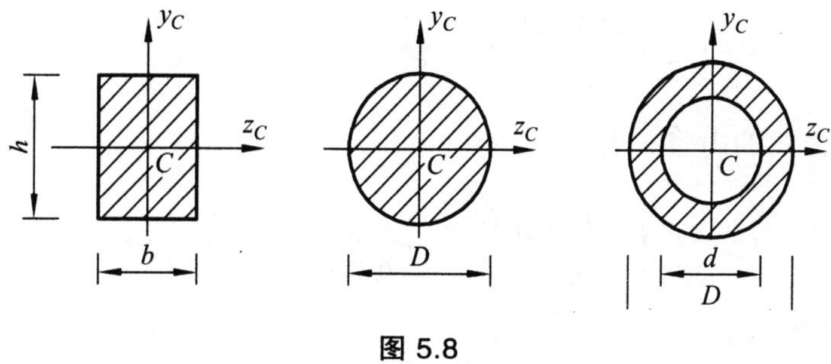

图 5.8

5.3.3　组合图形惯性矩的计算

1. 平行移轴公式

同一平面图形对不同坐标轴的惯性矩是不同的，但它们之间存在着一定关系。设面积为 A 的任意形状的截面，如图 5.9 所示，C 为其形心，z_C-C-y_C 为形心坐标系，与该形心坐标轴分别平等的任意坐标系为 zOy，形心 C 在 zOy 坐标系下的坐标为（b，a），则平面图形对 z 轴和 y 轴的惯性矩为:

$$
\begin{aligned}
I_z &= I_{zC} + a^2 A \\
I_y &= I_{yC} + b^2 A
\end{aligned}
\qquad (5\text{-}5)
$$

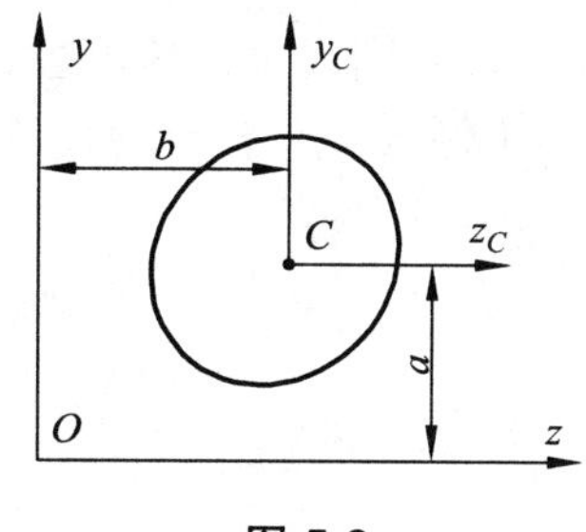

图 5.9

式（5-5）就是惯性矩的平行移轴公式，它表明：平面图形对任意轴的惯性矩，等于图形对于形心的惯性矩加上图形的面积与两轴距离平方的乘积。

在（5-5）式中，因为面积和 a^2、b^2 都恒为正数，所以，在所有相互平行的轴中，平面图形对形心轴的惯性矩为最小。

有了平行移轴公式，在已知截面对形心惯性矩的情况下，就可以很方便地求得与形心轴平行的任何轴的惯性矩。

【例 5.3】 求图 5.10（a）所示阴影部分对 z 轴的惯性矩。

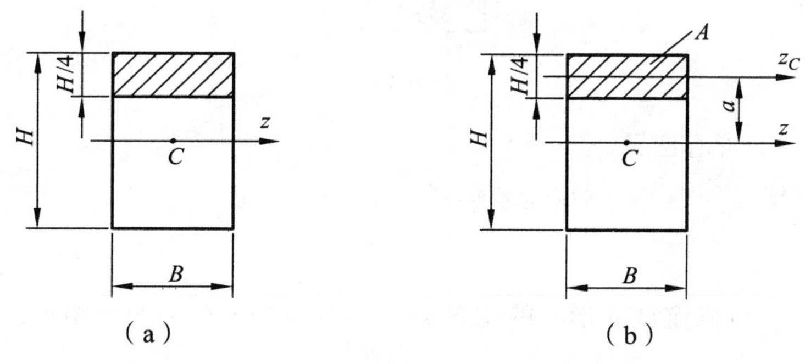

图 5.10

【解】 z 轴并非阴影图形的形心轴，因此需用到平行移轴公式。即

面积　　$A = B \times \dfrac{H}{4} = \dfrac{BH}{4}$

距离 $$a=\left(\frac{H}{2}-\frac{H}{4}\right)+\frac{H/4}{2}=\frac{3H}{8}$$

根据平行移轴公式的内容，有

$$I_z=I_{z_C}+a^2A=\frac{1}{12}B\times\left(\frac{H}{4}\right)^3+\left(\frac{3}{8}H\right)^2\times\frac{BH}{4}=\frac{7}{192}BH^3$$

2. 组合图形的惯性矩

由惯性矩的定义可知，组合图形对某轴的惯性矩就等于组成它的各简单图形对同一轴的惯性矩之和。即

$$\left.\begin{aligned}I_z&=I_{1z}+I_{2z}+\cdots+I_{nz}=\sum I_{iz}\\I_y&=I_{1y}+I_{2y}+\cdots+I_{ny}=\sum I_{iy}\end{aligned}\right\}\tag{5-6}$$

计算组合图形的惯性矩步骤如下：

（1）确定组合图形的形心位置；

（2）查表求得各简单图形对自身形心轴的惯性矩；

（3）利用平行移轴公式，就可计算出组合图形对其形心轴的惯性矩。

【例 5.4】 试计算图 5.11 中 T 形截面对形心轴 z、y 的惯性矩。

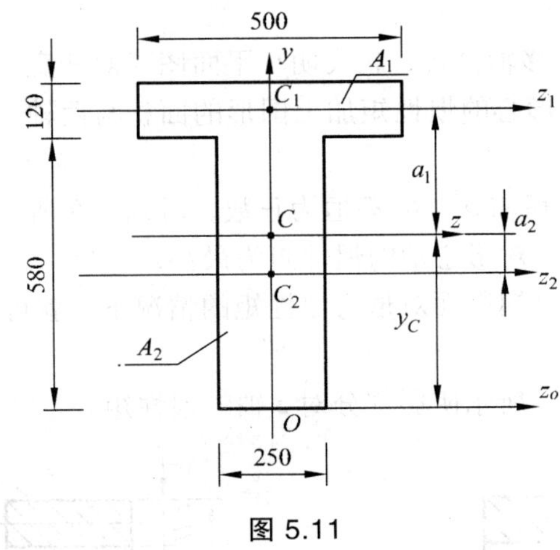

图 5.11

【解】（1）求截面形心位置。

由于截面有一根对称轴 y，故形心必在此轴上，即

$$z_C=0$$

选坐标系 yOz_o，以确定截面形心的位置 y_C。将截面图形分为两个矩形。

矩形Ⅰ：

$$A_1=500\times120=60\times10^3(\text{mm}^2)$$
$$y_1=580+60=640(\text{mm})$$

矩形Ⅱ：

$$A_1 = 250 \times 580 = 145 \times 10^3 (\text{mm}^2)$$

$$y_2 = \frac{580}{2} = 290 (\text{mm})$$

$$y_C = \frac{\sum A_i y_i}{A} = \frac{60 \times 10^3 \times 640 + 145 \times 10^3 \times 290}{60 \times 10^3 + 145 \times 10^3} = 392\ (\text{mm})$$

（2）计算 I_z 及 I_y。

整个截面图形对 z 轴、y 轴的惯性矩应分别等于两个矩形对 z 轴、y 轴的惯性矩之和。即

$$I_z = I_{\text{I}_z} + I_{\text{II}_z}$$

两个矩形对自身形心轴的惯性矩分别为

$$I_{\text{I}_{z1}} = \frac{500 \times 120^3}{12} \text{mm}^3 \qquad I_{\text{II}_{z2}} = \frac{250 \times 580^3}{12} \text{mm}^3$$

$$a_1 = y_1 - y_C = 640 - 392 - 248\ (\text{mm})$$

$$a_2 = y_C - y_2 = 392 - 290 = 102 (\text{mm})$$

应用平行移轴公式得

$$I_{\text{I}_z} = I_{\text{I}_{z1}} + a_1^2 A_1 = \frac{500 \times 120^3}{12} + 248^2 \times 500 \times 120 = 37.6 \times 10^8 (\text{mm}^4)$$

$$I_{\text{II}_z} = I_{\text{II}_{z2}} + a_2^2 A_2 = \frac{250 \times 580^3}{12} + 102^2 \times 250 \times 580 = 55.6 \times 10^8 (\text{mm}^4)$$

$$I_z = I_{\text{I}_z} + I_{\text{II}_z} = 37.6 \times 10^8 + 55.6 \times 10^8 = 93.2 \times 10^8 (\text{mm}^4)$$

y 轴正好经过矩形截面 A_1 和 A_2 的形心，所以

$$I_y = I_{\text{I}_y} + I_{\text{II}_y} = \frac{120 \times 500^3}{12} + \frac{580 \times 250^3}{12} = 20.1 \times 10^8 (\text{mm}^4)$$

【例 5.5】 试计算图 5.12 所示由两根№20 槽钢组成的截面对其形心轴 z_C、y_C 的惯性矩。

【解】 由于此槽钢截面有两根对称轴，故形心 C 就在这两个对称轴的交点上。由附录 I 中的型钢表查得每根槽钢的形心 C_1（或 C_2）到腹板边缘距离为 19.5 mm，每根槽钢的截面积为

$$A_1 = A_2 = 3.283 \times 10^3 \text{ mm}^2$$

每根槽钢对本身形心轴的惯性矩为

$$I_{z_{C1}} = I_{z_{C2}} = 19.37 \times 10^6 \text{ mm}^4$$

$$I_{y_{C1}} = I_{y_{C2}} = 1.463 \times 10^6 \text{ mm}^4$$

由于整个截面图形对形心轴的惯性矩应等于两根槽钢对形心轴的惯性矩之和，故得

$$I_{z_C} = I_{z_{C1}} + I_{z_{C2}} = 19.37 \times 10^6 \times 2 = 38.74 \times 10^6 (\text{mm}^4)$$

$$I_{y_C} = I_{y_{C1}} + I_{y_{C2}} = 2I_{y_{C1}} = 2(I_{y_{C1}} + a^2 A_1)$$

$$= 2\left[1.436\times10^6 + \left(19.5+\frac{50}{2}\right)^2 \times 3.283\times10^3\right]$$

$$= 15.87 \times 10^6\,(\text{mm}^4)$$

【课堂练习】 图 5.13 所示为两肢不等边角钢∠80×50×6组成的组合图形。试计算该 T 形对其的形心轴惯性矩。

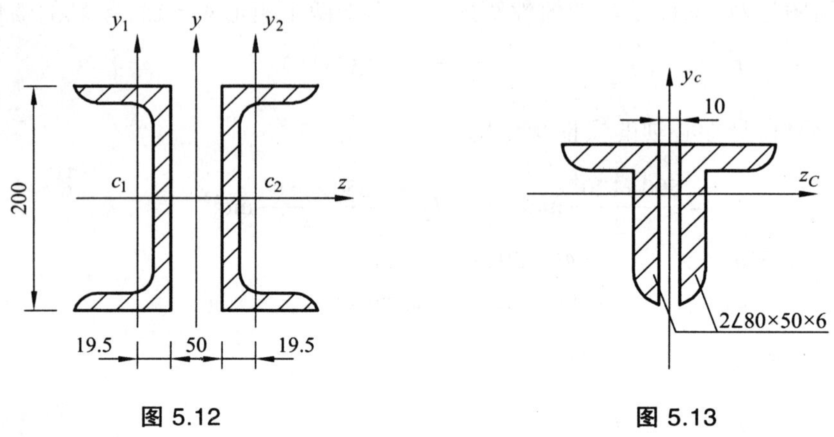

图 5.12　　　　图 5.13

5.4 惯性积、惯性半径

5.4.1 惯性积

整个图形上所有微面积对 z、y 两轴惯性积的总和称为该图形对 z、y 两轴的惯性积，用 I_{zy} 表示。即

$$I_{zy} = \int_A zy\mathrm{d}A$$

惯性积可能为正或负，也可能为零。它的单位为 m^4 或 mm^4。

两个坐标轴中只要有一根轴为平面图形的对称轴，则该图形对这一对坐标轴的惯性积一定等于零。

5.4.2 惯性半径

在工程中，为了计算方便，将图形的惯性矩表示为图形面积与某一长度平方的乘积，即

$$I_z = i_z^2 A, \qquad I_y = i_y^2 A$$

或

$$i_z = \sqrt{\frac{I_z}{A}}, \qquad i_y = \sqrt{\frac{I_y}{A}}$$

公式中的长度 i_z、i_y 就是平面图形对 z 轴、y 轴的惯性半径，也叫回转半径。它的单位为 m 或 mm。

其中，圆的惯性半径为

$$i_z = i_y = \sqrt{\frac{I}{A}} = \sqrt{\frac{\frac{1}{64}\pi d^4}{\frac{1}{4}\pi d^2}} = \sqrt{\frac{d^2}{16}} = \frac{d}{4}$$

矩形的惯性半径为

$$i_z = \sqrt{\frac{I_z}{A}} = \sqrt{\frac{\frac{1}{12}bh^3}{bh}} = \sqrt{\frac{h^2}{12}} = \frac{h}{\sqrt{12}}$$

$$i_y = \sqrt{\frac{I_y}{A}} = \sqrt{\frac{\frac{1}{12}hb^3}{bh}} = \sqrt{\frac{b^2}{12}} = \frac{b}{\sqrt{12}}$$

【课堂思考】 已知环形的惯性矩为 $I_z = I_y = \frac{\pi}{64}(D^4 - d^4)$，环形的面积为 $A = \frac{\pi}{4}(D^2 - d^2)$，请问环形的惯性半径是否为 $i_z = i_y = \frac{D}{4} - \frac{d}{4}$？

第 6 章　杆件的应力与强度计算

6.1　应力与强度的概念

6.1.1　应力的概念

物体受力后，其内部将产生内力。受力杆件截面上某一点处的内力集度称为该点的应力。

$$p=\lim_{\Delta A\to 0}\frac{\Delta F}{\Delta A}=\frac{\mathrm{d}F}{\mathrm{d}A}$$

应力 p 是一个矢量，它的方向为 ΔF 的合力方向，通常情况下既不与截面垂直，也不与截面相切。为了研究方便，习惯上将应力 p 沿截面的法向和切向分解为两个分量。沿截面法向的应力分量称为正应力，并用 σ 表示；沿截面切向的应力分量称为切应力，用 τ 表示。

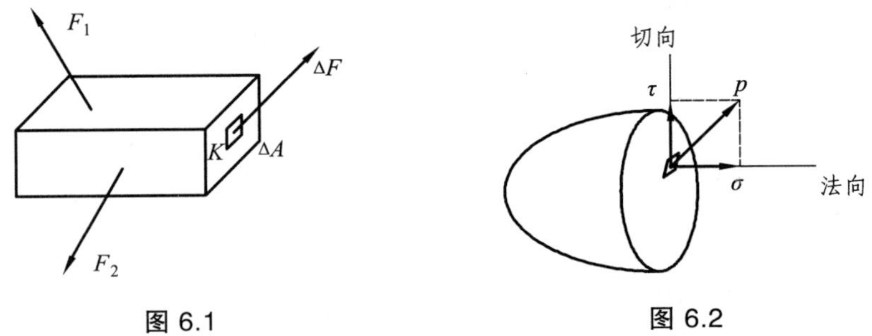

图 6.1　　图 6.2

工程中应力的单位常用 Pa（帕）或 MPa（兆帕）来表示。

$$1\ \mathrm{Pa}=1\ \frac{\mathrm{N}}{\mathrm{m}^2}，\ 1\ \mathrm{MPa}=1\ \frac{\mathrm{N}}{\mathrm{mm}^2}$$

另外，应力的单位有时也用 kPa（千帕）和 GPa（吉帕），各单位的换算如下：

$$1\ \mathrm{kPa}=10^3\ \mathrm{Pa}，\ 1\ \mathrm{MPa}=10^6\ \mathrm{Pa}，\ 1\ \mathrm{GPa}=10^9\ \mathrm{Pa}$$

关于应力应注意以下几点：

（1）应力是指受力杆件某一截面上一点处的内力，在研究应力时必须明确其是在哪个截面上哪一点处。

（2）应力是矢量，不仅有大小，还有方向。一般规定正应力 σ 的指向离开所作用的截面时为正号，反之为负号；切应力 τ 是对所研究的隔离体内一点产生顺时针时为正号，反之为负号。

（3）内力与应力的关系。内力在某一点处的集度为该点的应力；整个截面上各点处的应力的总和（各点应力与微面积乘积的总和）等于该截面上的内力。

6.1.2　强度的概念

任何一种材料都存在一个能承受应力的上限，这个上限称为极限应力，常用符号σ^0表示。如塑性材料，当构件的工作应力达到屈服极限时，会产生很大的塑性变形而影响构件的正常工作；脆性材料，当构件的工作应力达到强度极限时，构件就会断裂而丧失工作能力。显然，构件工作时产生很大的塑性变形或断裂这两种情况在工程中都是绝对不允许的。所以，对于塑性材料取屈服极限为极限应力，即$\sigma^0=\sigma_s$；对于脆性材料取强度极限为极限应力，即$\sigma^0=\sigma_b$。

为了保证构件能安全、正常地工作，必须保证构件在荷载作用下产生的工作应力低于极限应力。但是在实际工程中还有许多无法预计的因素，如材料的不均匀性、工程设计时荷载值的偏差等都会对构件实际能够承受的应力产生影响。所以，为了保证构件能安全工作，并有一定的安全储备，必须将材料的极限应力σ^0打个折扣，将σ^0除以一个大于 1 的系数后作为构件最大工作应力的极限值，这个应力称为许用应力。$[\sigma]$称为许用正应力，$[\tau]$称为许用切应力。本书中我们主要讨论许用正应力。

许用应力与极限应力的关系可写为

塑性材料：$[\sigma]=\dfrac{\sigma_s}{n_s}$，$n_s=1.4\sim1.7$

脆性材料：$[\sigma]=\dfrac{\sigma_b}{n_b}$，$n_b=2.5\sim3.0$

n_s、n_b都称为安全系数。工程中常用材料的安全系数和许用应力可从有关规范中查到。

强度是指材料或构件抵抗破坏的能力，其值为在一定的受力状态和工作条件下，材料所能承受的最大应力。

强度条件即指构件中最大的工作应力应小于等于材料的容许应力，即$\sigma_{max}\leqslant[\sigma]$，$\tau_{max}\leqslant[\tau]$。

如果杆的最大工作应力超过了容许应力，工程上规定，只要超过的部分在容许应力的 5%以内，仍可以认为杆是安全的。

【课堂练习】 下列结论中（　　）是正确的?

A. 内力是应力的代数和　　B. 应力是内力的平均值

C. 应力是内力的集度　　D. 内力必大于应力

6.2　轴向拉压杆横截面上的应力及其强度条件

6.2.1　轴向拉压杆横截面上的应力

前已述及，轴向拉压杆横截面上只有一个内力分量——轴力。轴力是连续分布的内力的合力。轴向拉压杆横截面上的分布内力是均匀分布的，其方向都沿杆轴方向。

由于轴向拉（压）杆横截面上只有均匀分布的拉（压）力，故横截面上各点只有正应力，且处处相等（图 6.3）。设轴向拉（压）杆横截面上轴力为 F_N，面积为 A，则横截面上任一点的正应力为

$$\sigma = \frac{F_N}{A} \tag{6-1}$$

轴力 F_N 为拉力时，正应力 σ 取正号；F_N 为压力时，σ 取负号。

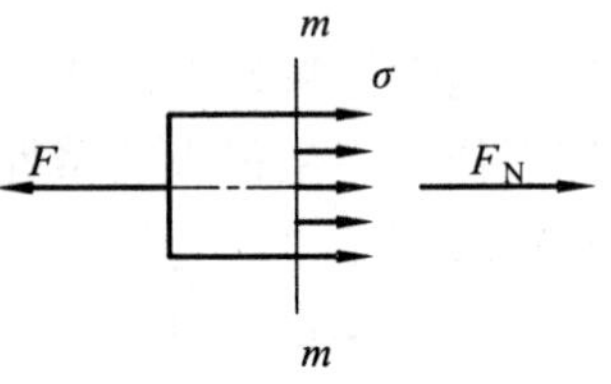

图 6.3

注意，由于 1 MPa＝10^6 Pa＝10^6 N/m^2＝1 N/mm^2，因此，在计算应力值时，只要力的单位换算为 N，长度单位换算为 mm，应力单位就是 MPa。

【例 6.1】计算图 6.4 所示轴向受力杆横截面上的应力，已知 AD 段为圆形杆，横截面直径 d＝30 mm，DE 段为方形杆，横截面边长 a＝30 mm。

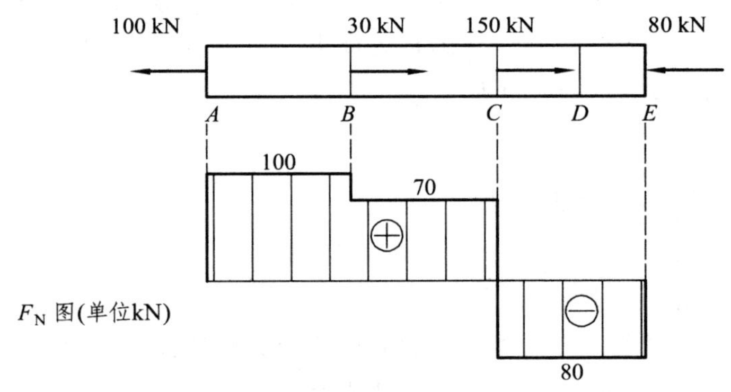

图 6.4

【解】作出杆的轴力图如图 6.4（b）所示。由图知，AB、BC 段均受拉，CE 段受压。需要注意的是，CE 段轴力虽是常数，但其中 CD 段与 DE 段横截面形状和面积不同，故应将 CE 段分成 CD 与 DE 分别计算。

（1）AB 段：轴力为常数 F_N＝100 kN，横截面积为

$$A_1 = \frac{\pi}{4}d^2 = \frac{\pi}{4}\times 30^2 = 706.86\ (\text{mm}^2)$$

由式（6-1）知，各横截面上的正应力相等，都为

$$\sigma_{AB} = \frac{F_{N1}}{A_1} = \frac{100\times 10^3}{706.86} = 141.47\ (\text{MPa})\ （拉）$$

（2）同理，BC 段轴力为 $F_{N2} = 70\,\text{kN}$，横截面面积 A_1，故

$$\sigma_{BC} = \frac{F_{N2}}{A_1} = \frac{70\times 10^3}{706.86} = 99.03\ (\text{MPa})\ （拉）$$

（3）CD 段：轴力为 $F_{N3} = -80\ \text{kN}$

$$\sigma_{CD}=\frac{F_{N3}}{A_1}=\frac{-80\times10^3}{706.86}=-113.18\ (\text{MPa})\ （压）$$

（4）DE 段：轴力为 $F_{N4}=-80\ \text{kN}$

横截面面积 $A_2=a^2=900\ \text{mm}^2$，故

$$\sigma_{DE}=\frac{F_{N4}}{A_1}=\frac{-80\times10^3}{900}=-88.89\ (\text{MPa})\ （压）$$

6.2.2　轴向拉压杆的强度条件及其应用

对于等截面直杆，内力最大的横截面称为危险截面，危险截面上应力最大的点就是危险点。拉压杆件危险点处的最大工作应力为横截面上均匀分布的正应力，当该点的最大工作应力不超过材料的容许正应力时，就能保证杆件正常工作。

因此，等截面拉压直杆的强度条件为

$$\sigma_{\max}=\frac{F_{N\max}}{A}\leqslant[\sigma] \tag{6-2}$$

式中，$F_{N\max}$ 取绝对值进行计算。

利用上面的强度条件，可以进行如下三个方面的强度计算：

（1）校核强度。当杆的横截面面积 A、材料的容许正应力 $[\sigma]$ 及杆所受荷载为已知时，可由式（6-2）校核杆的最大工作应力是否满足强度条件的要求。如杆的最大工作应力超过了容许应力，工程上规定，只要超过的部分在容许应力的 5%以内，仍可以认为杆是安全的。

（2）设计截面。当杆所受荷载及材料的容许正应力 $[\sigma]$ 为已知时，可由式（6-2）选择杆所需的横截面面积，即

$$A\geqslant\frac{F_{N\max}}{[\sigma]}$$

再根据不同的截面形状，确定截面的尺寸。

（3）求容许荷载。当杆的横截面面积 A 及材料的容许正应力 $[\sigma]$ 为已知时，可由式（6-2）求出杆所容许产生的最大轴力为

$$F_{N\max}\leqslant A[\sigma]$$

由此可确定杆所容许承受的荷载。

强度条件的上述三种应用，统称为强度计算。下面举例说明强度条件的应用方法。

【例 6.2】 如图 6.5（a）所示的铰接支架中，杆 AC 为圆形钢杆，直径 $d=10$ mm，容许应力 $[\sigma]=160$ MPa，横梁 BC 受到匀布荷载作用，$q=3$ kN/m。试校核 AC 杆的正应力强度条件。

【解】（1）计算杆 AC 的轴力 F_{NAC}。取横梁 BC 为研究对象，其受力图如图 6.5（b）所示，由平面一般力系的平衡方程得：

$$\sum M_B(F)=0,\qquad F_{NAC}\times4\sin30°-q\times4\times2=0$$

解得　$F_{NAC}=q\times4=12\ \text{kN}$ （拉力）

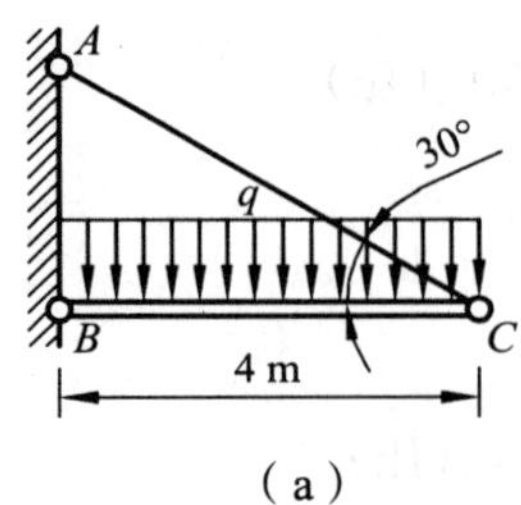

（a）

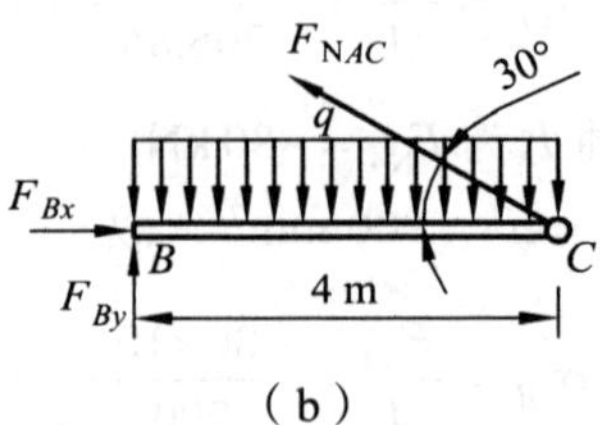

（b）

图 6.5

（2）校核 AC 杆的正应力强度。根据公式（6-2），有

$$\sigma_{AC}=\frac{F_{NAC}}{A}=\frac{12\times10^3}{\frac{1}{4}\pi\times10^2}=153\ (\text{MPa})\leqslant[\sigma]=160\ \text{MPa}$$

所以 AC 杆满足正应力强度校核。

【例 6.3】 图 6.6 所示托架，AC 是圆钢杆，$d=16$ mm，许用拉应力 $[\sigma]_l=160\ \text{MPa}$，$BC$ 是方木杆，边长 $a=12$ cm，许用压应力 $[\sigma]_y=10\ \text{MPa}$。在结点 C 处挂一重物，试求容许荷载 $[F]$。

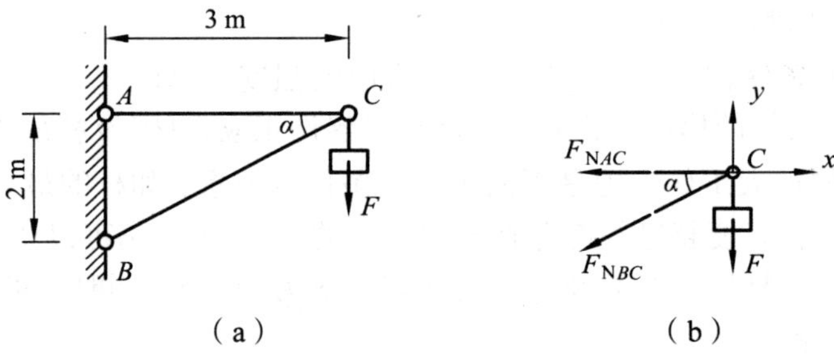

（a）　（b）

图 6.6

【解】（1）计算各杆的轴力。取结点 C 为研究对象，画受力图如图 6.6（b）所示。

$$\sum F_x=0,\quad -F_{NAC}-F_{NBC}\cos\alpha=0$$
$$\sum F_y=0,\quad -F_{NBC}\sin\alpha-F=0$$

其中 $\tan\alpha=\frac{2}{3}$，所以

$$\sin\alpha=\frac{2}{\sqrt{13}},\quad \cos\alpha=\frac{3}{\sqrt{13}}$$

解得　$F_{NBC}=-\frac{F}{\sin\alpha}$（压力），$F_{NAC}=\frac{F}{\tan\alpha}$（拉力）

（2）校核每杆的强度，确定容许荷载。

对于 AC 杆

$$\sigma_{AC}=\frac{F_{NAC}}{A_{AC}}=\frac{\frac{F}{\tan\alpha}}{\frac{1}{4}\pi d^2}\leqslant[\sigma]_l$$

解得

$$F \leqslant [\sigma]_l \times \tan\alpha \times \frac{1}{4}\pi d^2 = 160 \times \frac{2}{3} \times \frac{1}{4}\pi \times 16^2 = 21\ 436(\text{N}) = 21.44\ \text{kN}$$

对于 BC 杆

$$\sigma_{BC} = \frac{F_{NBC}}{A_{BC}} = \frac{\dfrac{F}{\sin\alpha}}{a^2} \leqslant [\sigma]_y$$

解得

$$F \leqslant [\sigma]_y \times \sin\alpha \times a^2 = 10 \times \frac{2}{\sqrt{13}} \times 120^2 = 79\ 877(\text{N}) = 79.88\ \text{kN}$$

比较两次所得的荷载许可值，取其较小者。所以，整个支架的容许荷载为 $[F] = 21.44\ \text{kN}$。

【课堂思考】 如图 6.7 所示杆件，受荷载 F 作用。现已知 AB 和 BC 段的横截面积分别为 $A_1 = 2A_0$、$A_2 = A_0$。试问下述判断是否正确：因为 1—1 和 2—2 截面上的轴力相等，即 $F_{N1} = F_{N2} = F$，所以 $\sigma_1 = \dfrac{F_{N1}}{A_1} = \dfrac{F}{2A_0}$，$\sigma_2 = \dfrac{F_{N2}}{A_2} = \dfrac{F}{A_0}$，结论 $2\sigma_1 = \sigma_2$。

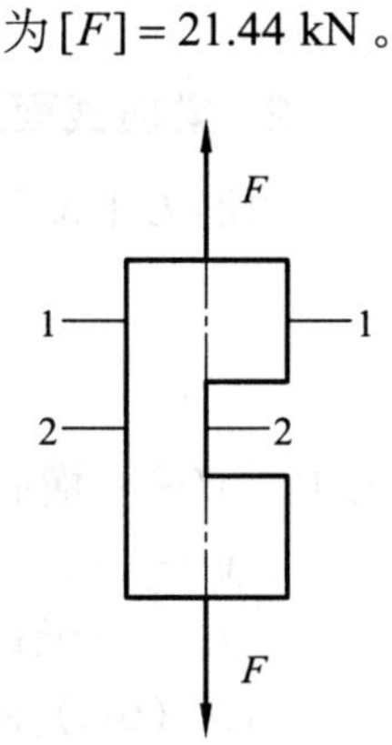

F
1 1
2 2
F

图 6.7

6.3 梁的应力及其强度条件

梁受压弯曲时，横截面上一般产生两种内力——剪力和弯矩。剪力是与横截面相切的内力，它是横截面上切应力的合力；弯矩是在纵向对称平面作用的力偶矩，它由横截面上沿法线方向作用的正应力组成。这样，横截面上存在两种应力，即切应力 τ 和正应力 σ。

6.3.1 梁横截面上的正应力

1. 梁横截面上正应力的分布规律

通过观察图 6.8（b）可以发现：各横向线仍为直线，但倾斜了一个角度；各纵向线弯成曲线，梁的下部纵向线伸长，上部纵向线缩短。据此可以做出如下分析与假设：梁的各横向线所代表的横截面，在变形前是平面，变形后仍为平面（平面假设）；纵向线的伸长与缩短，表明梁内各点分别受到纵向拉伸或压缩，由梁下部的受拉伸长逐渐过渡到梁上部受压缩短，于是梁内必定有一既不伸长与缩短的层，这一不受拉、不受压、长度不变的层称为中性层，中性层与横截面的交线称为中性轴（图 6.8（c））。中性轴通过截面的形心并与竖向对称轴垂直。

综合上述梁弯曲实验分析和理论推算，可知梁的正应力分布规律：梁的正应力沿截面高度成线性分布（图 6.8（d）），横截面上任一点的正应力与它到中性轴的距离成正比，y 值相同的点，正应力相等，中性轴处正应力为零，上、下边缘处正应力最大。

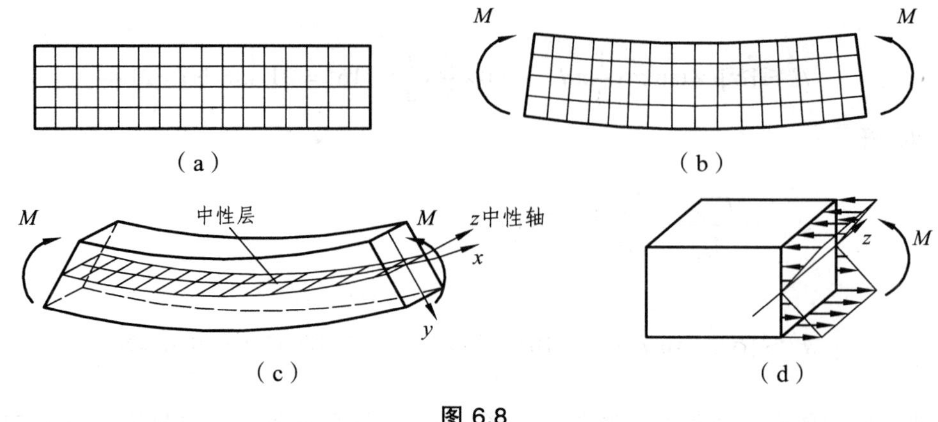

图 6.8

2. 梁横截面上正应力的计算

由静力平衡条件分析，可推出横截面上任一点正应力的计算公式为

$$\sigma = \frac{My}{I_z} \tag{6-3}$$

式中 M——横截面处的弯矩；

y——横截面上任一点到中性轴的距离；

I_z——横截面对中性轴的惯性矩。

由式（6-3）说明，梁弯曲时横截面上任一点的正应力 σ 与弯矩 M 和该点到中性轴距离 y 成正比，与截面对中性轴的惯性矩 I_z 成反比，正应力沿截面高度呈线性分布；中性轴上（$y=0$）各点处的正应力为零；在上、下边缘（$y=y_{\max}$）正应力的绝对值最大。应用式（6-3）时，M 与 y 均代入绝对值，而正应力的正负号可由梁的变形情况直观确定。即当截面上有正弯矩时，中性轴以下部分为拉应力，以上部分为压应力；当截面上有负弯矩时，则相反。

【例 6.4】 简支梁受匀布荷载 q 作用，见图 6.9。试完成：（1）求距左端为 1 m 的 C 截面上 a、b、c 三点的正应力。（2）求梁的最大正应力值，并说明最大正应力发生在何处。（3）作出 C 截面上正应力沿截面高度的分布图。

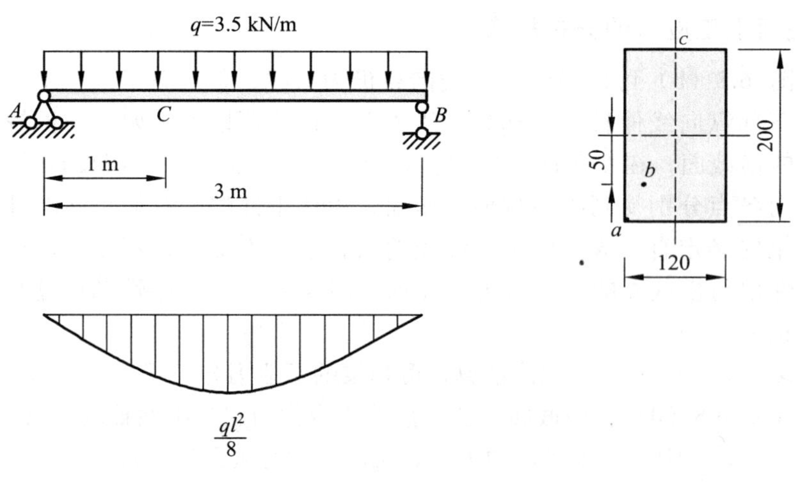

图 6.9

【解】(1) 求指定截面上指定点的应力。

先求出支座反力，由对称知：

$$F_{Ay}=F_{By}=\frac{1}{2}ql=\frac{1}{2}\times3.5\times3=5.25\ (\text{kN})\ (\uparrow)$$

$$M_C=5.25\times1-3.5\times1\times0.5=3.5\ (\text{kN}\cdot\text{m})$$

$$I_z=\frac{bh^3}{12}=\frac{120\times200^3}{12}=8\times10^7(\text{mm}^4)$$

计算 C 截面上 a、b、c 三点的正应力：

$$\sigma_a=\frac{M_c y_a}{I_z}=\frac{3.5\times10^6\times100}{8\times10^7}=4.38\ (\text{MPa})\ (\text{拉应力})$$

$$\sigma_b=\frac{M_c y_b}{I_z}=\frac{3.5\times10^6\times50}{8\times10^7}=2.19\ (\text{MPa})\ (\text{拉应力})$$

$$\sigma_c=\frac{M_c y_c}{I_z}=\frac{3.5\times10^6\times100}{8\times10^7}=4.38\ (\text{MPa})\ (\text{压应力})$$

(2) 求梁的最大正应力值及最大正应力发生的位置。

$$M_{\max}=\frac{ql^2}{8}=\frac{3.5\times3^2}{8}=3.94\ (\text{kN}\cdot\text{m})$$

梁的最大正应力发生在最大弯矩 $M_{\max}$ 所在的上、下边缘处。由梁的变形情况可以判定，最大拉应力发生在跨中截面的下边缘处；最大压应力发生在跨中截面的上边缘处。其最大正应力的值为

$$\sigma_{\max}=\frac{M_{\max}y_{\max}}{I_z}=\frac{3.94\times10^6\times100}{8\times10^7}=4.93\ (\text{MPa})$$

(3) 作 C 截面上正应力沿截面高度的分布图（图 6.10）。

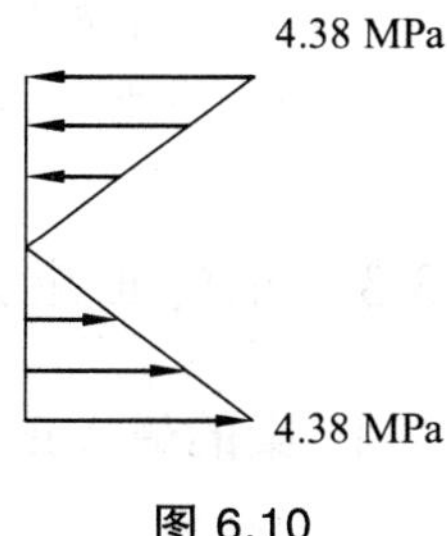

图 6.10

6.3.2 梁横截面上的切应力

1. 矩形截面梁

$$\tau=\frac{F_Q S_z^*}{I_z b} \tag{6-4}$$

式中 F_Q ——需求切应力处横截面上的剪力；

I_z ——横截面对中性轴的惯性矩；

S_z^* ——横截面上需求切应力处平行于中性轴的线以上（或以下）部分的面积对中性轴的静矩；

b ——横截面的宽度。

切应力的分布规律：

(1) 切应力的方向与剪力同向平行。

（2）切应力沿截面宽度均匀分布，即同一横截面上，与中性轴等距离的点切应力均相等。

（3）切应力沿截面高度按二次抛物线规律分布。距中性轴最远的点处切应力等于零；中性轴上切应力取得该截面上的最大值，其值为

$$\tau_{\max}=\frac{F_{\rm Q}S_{z\max}^{*}}{I_z b}$$

将 $S_{z\max}^{*}=\frac{A}{2}\cdot\frac{h}{4}=\frac{bh^2}{8}$ 以及 $I_z=\frac{bh^3}{12}$ 代入上式得

$$\tau_{\max}=1.5\frac{F_{\rm Q}}{bh}$$

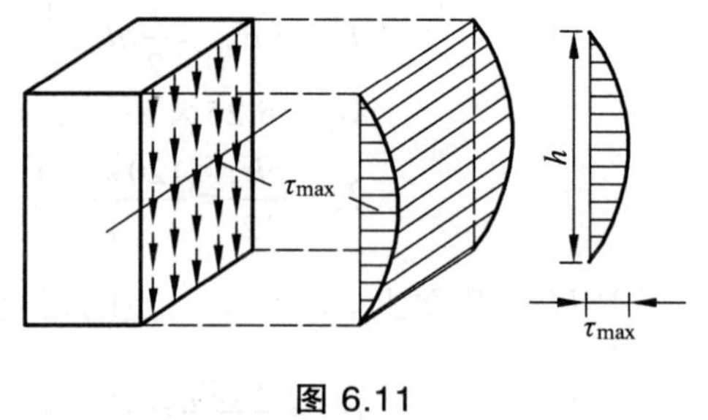

图 6.11

说明：矩形截面梁任一横截面上的最大切应力发生在中性轴上，其值为该截面上平均切应力 $F_{\rm Q}/A$ 的 1.5 倍，切应力沿截面高度的分布规律如图 6.11 所示。

2. 工字形截面梁（图 6.12）

$$\tau=\frac{F_{\rm Q}S_z^{*}}{I_z b}$$

$$\tau_{\max}=\frac{F_{\rm Q}S_{z\max}^{*}}{I_z b}$$

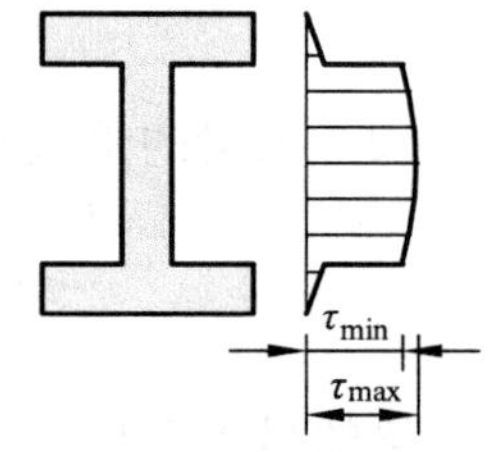

图 6.12

结论：翼缘部分 $\tau_{\max}\ll$ 腹板上的 $\tau_{\max}$，故只需计算腹板上的 $\tau_{\max}$。

铅垂剪应力主要由腹板承受（占 95%～97%），且 $\tau_{\max}\approx\tau_{\min}$

故工字钢最大剪应力为

$$\tau_{\max}\approx\tau_{平均}=\frac{F_{\rm Q}}{h_1 b_1}$$

式中 h_1——腹板的高度；

b_1——腹板的宽度。

6.3.3 梁的正应力强度计算

1. 梁的最大正应力

一般情况下，最大正应力 $\sigma_{\max}$ 发生于弯矩最大的横截面上距中性轴最远处。

习惯上把产生最大应力的截面称为危险截面，产生最大应力的点称为危险点。

令

$$\left.\begin{aligned}\sigma_{\max}&=\frac{|M_{\max}|y_{\max}}{I_z}\\ I_z/y_{\max}&=W_z\end{aligned}\right\},\quad \sigma_{\max}=\frac{|M_{\max}|}{W_z} \tag{6-5}$$

式中，W_z 仅与截面的几何形状及尺寸有关，称为截面对中性轴的抗弯截面模量，单位为 $\rm m^3$

或 mm^3。其中，矩形 $W_z=\dfrac{I_z}{y_{max}}=\dfrac{bh^3/12}{b/2}=\dfrac{bh^2}{6}$，圆形 $W_z=\dfrac{I_z}{y_{max}}=\dfrac{\pi d^4/64}{d/2}=\dfrac{\pi d^3}{32}$。

注意：对于中性轴不是截面对称轴的梁，如 T 形截面的等直梁，同一横截面上 $\sigma_{max}^l \neq \sigma_{max}^y$，这时整个梁的 σ_{max}^l 或 σ_{max}^y 不一定发生在 $|M_{max}|$ 截面处，需对最大正弯矩和最大负弯矩处的 σ_{max}^l 和 σ_{max}^y 分别计算。

2. 梁的正应力强度计算

梁的正应力强度条件：

$$\sigma_{max} \leqslant [\sigma]$$

对于塑性材料，由于其抗拉和抗压强度相等，即

$$[\sigma_l]=[\sigma_y]=[\sigma]$$

其强度条件为

$$\sigma_{max}=\frac{M_{max}}{W_z} \leqslant [\sigma] \tag{6-6}$$

对于脆性材料，抗拉强度和抗压强度不相等，即 $[\sigma_l] \neq [\sigma_y]$，其强度条件为

$$\sigma_{max}^l=\frac{My_{max}}{I_z} \leqslant [\sigma]_l$$

$$\sigma_{max}^y=\frac{My_{max}}{I_z} \leqslant [\sigma]_y$$

根据上述强度条件，可以解决梁的强度校核、截面设计和确定许可荷载三类问题。

【例 6.5】 图 6.13 所示简支梁选用木材制成，其横截面为矩形 $b \times h=140\ mm \times 210\ mm$，梁的跨度 $l=4\ m$，荷载 $F_P=6\ kN$，$q=2\ kN/m$，材料的弯曲容许应力 $[\sigma]=11\ MPa$，试校核该梁的正应力强度。

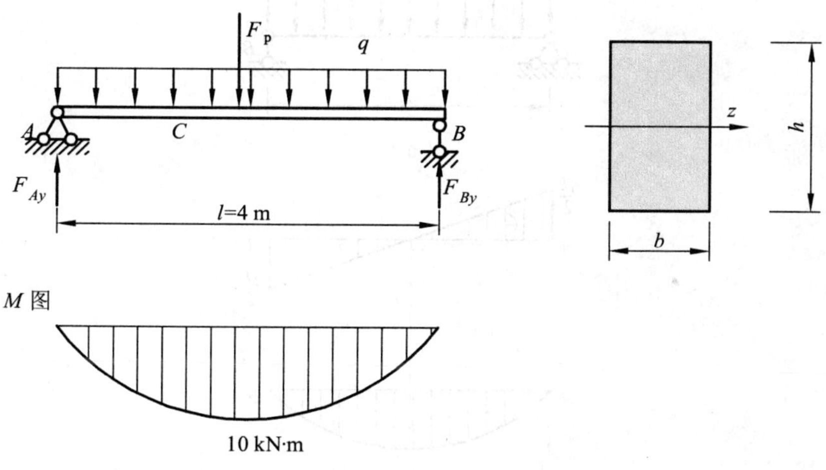

图 6.13

【解】（1）求梁在图示荷载作用下的最大弯矩。

$$M_{max}=M_{中}=\frac{1}{8}ql^2+\frac{1}{4}Fl=\frac{1}{8}\times2\times4^2+\frac{1}{4}\times6\times4=10(\mathrm{kN\cdot m})$$

（2）计算截面的几何参数。

$$W_z=\frac{bh^2}{6}=\frac{140\times210^2}{6}=1.03\times10^6(\mathrm{mm^3})$$

（3）校核梁的正应力强度。

$$\sigma_{max}=\frac{M_{max}}{W_z}=\frac{10\times10^6}{1.03\times10^6}=9.71\ (\mathrm{MPa})$$

$$\sigma_{max}\leqslant[\sigma]$$

该梁满足正应力强度要求。

6.3.4 梁的切应力强度计算

1. 切应力强度条件

对于一般截面，最大剪应力发生在剪力绝对值最大的截面的中性轴处。

梁的切应力强度条件表达式为

$$\tau_{max}\leqslant[\tau]$$

2. 梁的切应力强度条件在工程中的应用

在一般情况下，正应力对梁的强度起着决定性作用。所以在实际计算时，通常以梁的正应力强度条件做各种计算，以切应力强度条件进行校核即可。

【例 6.6】 矩形（$b\times h=0.12\ \mathrm{m}\times0.18\ \mathrm{m}$）截面木梁如图 6.14 所示，梁上荷载 $q=3\ \mathrm{kN/m}$，$L=3\ \mathrm{m}$，木材的 $[\sigma]=7\ \mathrm{MPa}$，$[\tau]=0.9\ \mathrm{MPa}$，试求此梁最大正应力和最大剪应力，并校核梁的强度。

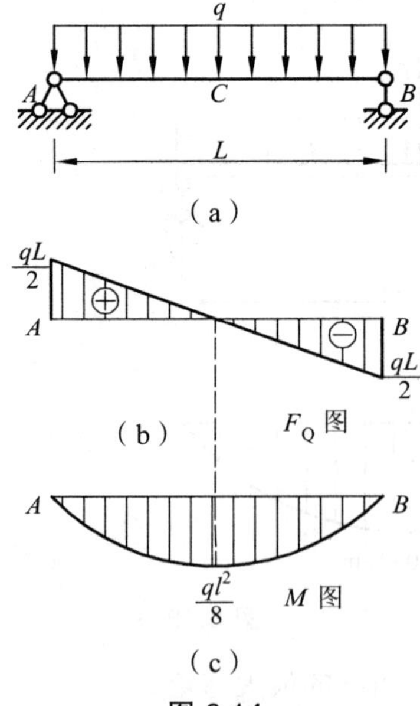

图 6.14

【解】(1) 画梁的内力图，如图 6.14 (b)、(c) 所示。

由内力图知:

$$M_{\max}=\frac{1}{8}ql^2=\frac{1}{8}\times3\times3^2=3.375\ (\text{kN}\cdot\text{m})$$

$$F_{Q\max}=\frac{1}{2}ql=\frac{1}{2}\times3\times3=4.5\ (\text{kN})$$

(2) 计算梁中最大应力并校核强度

$$\sigma_{\max}=\frac{M_{\max}}{W_z}=\frac{3.375\times10^6}{\frac{1}{6}\times120\times180^2}=5.21\ (\text{MPa})<[\sigma]=7\ \text{MPa}$$

$$\tau_{\max}=1.5\frac{F_{Q\max}}{A}=1.5\times\frac{4.5\times10^3}{120\times180}=0.31\ (\text{MPa})<[\tau]=0.9\ \text{MPa}$$

满足正应力、切应力强度校核。

6.3.5 梁的合理截面

设计梁时，一方面要保证梁具有足够的强度，使梁在荷载作用下能安全的工作；同时应使设计的梁能充分发挥材料的潜力，以节省材料，这就需要选择合理的截面形状和尺寸。

梁的强度一般是由横截面上的最大正应力控制的。当弯矩一定时，横截面上的最大正应力 $\sigma_{\max}$ 与抗弯截面系数 W_z 成反比，W_z 越大就越有利。而 W_z 的大小是与截面的面积及形状有关，合理的截面形状是在截面面积 A 相同的条件下，有较大的抗弯截面系数 W_z，也就是说比值 W_z/A 大的截面形状合理。由于在一般截面中，W_z 与其高度的平方成正比，所以尽可能地使横截面面积分布在距中性轴较远的地方，这样在截面面积一定的情况下可以得到尽可能大的抗弯截面系数 W_z，而使最大正应力 $\sigma_{\max}$ 减少，或者在抗弯截面系数 W_z 一定的情况下，减少截面面积以节省材料和减轻自重。所以，工字形、槽形截面比矩形截面合理，矩形截面立放比平放合理，正方形截面比圆形截面合理。

梁的截面形状的合理性，也可从正应力分布的角度来说明。梁弯曲时，正应力沿截面高度呈直线分布，在中性轴附近正应力很小，这部分材料没有充分发挥作用。如果将中性轴附近的材料尽可能减少，而把大部分材料布置在距中性轴较远的位置处，则材料就能充分发挥作用，截面形状就显得合理。所以，工程上常采用工字形、圆环形、箱形（图 6.15）等截面面形式。工程中常用的空心板、薄腹梁等就是根据这个道理设计的。

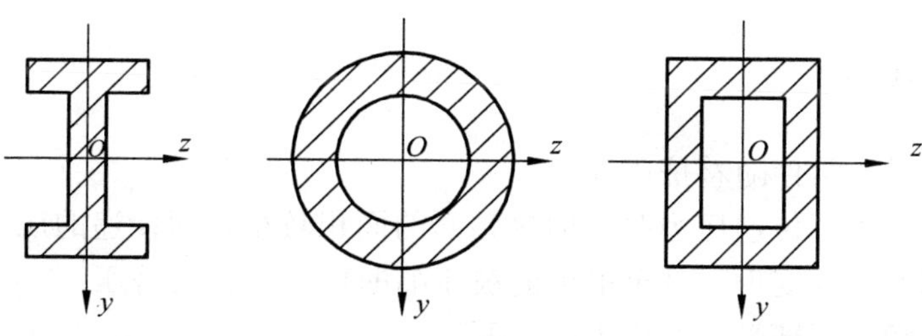

图 6.15

此外，对于用铸铁等脆性材料制成的梁，由于材料的抗压强度比抗拉强度大得多，所以，宜采用 T 形等对中性轴不对称的截面，并将其翼缘部分置于受拉侧（图 6.16）。为了充分发挥材料的潜力，应使最大拉应力和最大压应力同时达到材料相应的容许应力。

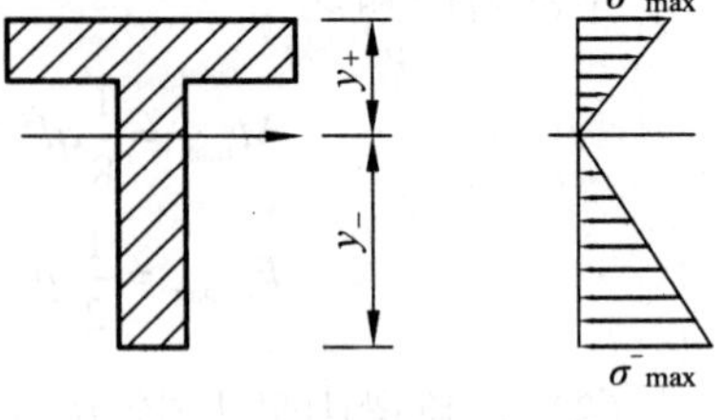

图 6.16

【课堂思考】 两根跨度相同的简支梁，承受相同的荷载作用，问在下列情况下，其内力图是否相同？应力是否相同？强度是否相同？

（1）两根梁的材料相同，截面形状和尺寸不同。

（2）两根梁的材料不同，截面形状和尺寸相同。

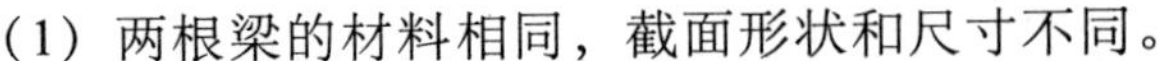

*6.4　剪切变形杆件的应力计算及强度条件

6.4.1　剪切的概念

（1）受力特点：构件受到一对大小相等、方向相反，作用线相互平行且相距很近的横向外力作用（图 6.17）。

（2）变形特点：介于作用力之间的某些截面沿着力的方向产生相对错动。

这种变形称为剪切变形。

通常把相对错动的截面称为剪切面。

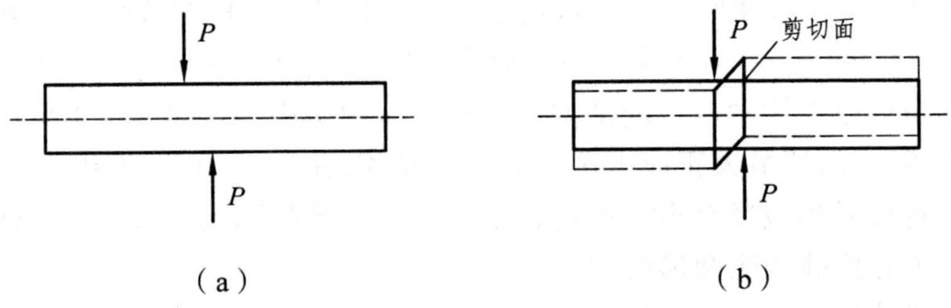

图 6.17

（3）剪切面平行于力的作用线，位于方向相反的两横向外力作用线之间。

剪切面上的内力 F_Q 与截面相切，称为剪力。剪力仍可用截面法求得。

与剪力相对应的应力为切应力。

6.4.2　挤压的概念

构件在受剪切时，常伴随着挤压现象。

接触的两个物体相互传递压力时，因接触面的面积较小，而传递的压力却比较大，致使接触表面产生局部的塑性变形，甚至很可能被压陷的现象，称为挤压。

两构件相互接触的局部受压面称为挤压面。

挤压面上的压力称为挤压力。

由于挤压引起的应力称为挤压应力。

6.4.3 剪切的实用计算

在剪切的实用计算中，假定切应力在剪切面上是均匀分布的。如图 6.18 所示，若用 F_Q 表示剪切面上的剪力，A_s 表示剪切面的面积，则切应力的实用计算公式为

$$\tau = \frac{F_Q}{A_s} \leqslant [\tau]$$

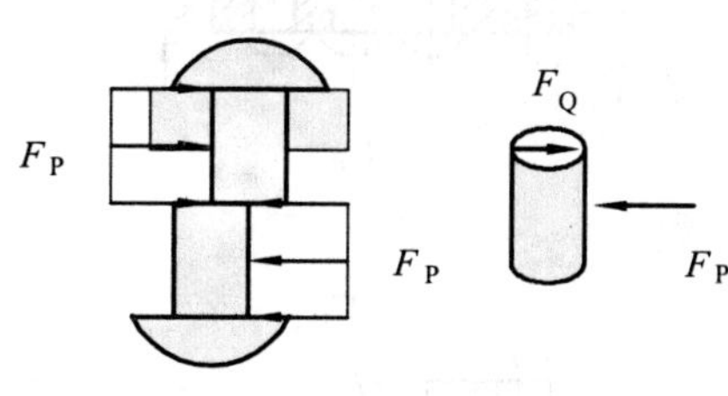

图 6.18

许用切应力是仿照连接件的实际受力情况进行剪切试验而测定的。实验表明：金属材料的许用切应力$[\tau]$与许用拉应力$[\sigma_t]$间有下列关系：

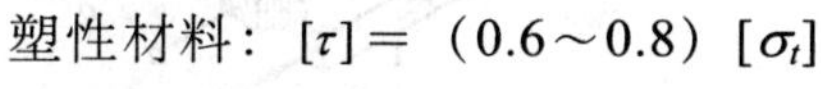

塑性材料：$[\tau]=(0.6\sim0.8)[\sigma_t]$

脆性材料：$[\tau]=(0.8\sim1.0)[\sigma_t]$

剪切强度条件在工程中也能解决三类问题：

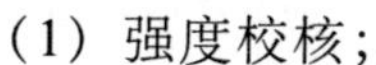

（1）强度校核；

（2）设计截面；

（3）计算容许荷载。

6.4.4 挤压的实用计算

在挤压的实用计算中，假定挤压应力均匀地分布在挤压面的计算面积上。若用 F_c 表示挤压面上的挤压力，A_c 表示挤压面的计算面积，则挤压应力的实用计算公式为

$$\sigma_c = \frac{F_c}{A_c}$$

式中 A_c——挤压面的计算面积，它与挤压面面积是有一定区别的：

当挤压面为平面时，挤压计算面积与挤压面面积相等；

当挤压面为半圆柱面时，挤压计算面积为挤压面在圆柱体直径平面上的投影面面积。

强度条件：

$$\sigma_c = F_c / A_c \leqslant [\sigma_c]$$

式中 $[\sigma_c]$——材料挤压容许应力。

注意：若两个相互挤压构件的材料不同，应对挤压强度小的构件进行计算。

挤压强度条件在工程中同样可以解决三类问题。

但工程中构件产生单纯挤压变形的情况较少，挤压强度的计算往往和剪切强度的计算同时进行。

*【**例 6.7**】 图 6.19（a）所示一铆钉连接件，受轴向拉力 F 作用。已知：$F=100$ kN，

钢板厚 $\delta=8$ mm，宽 $b=100$ mm，铆钉直径 $d=16$ mm，许用剪应力 $[\tau]=140$ MPa，许用挤压应力 $[\sigma_c]=340$ MPa，钢板许用拉应力 $[\sigma]=70$ MPa。试校核该连接件的强度。

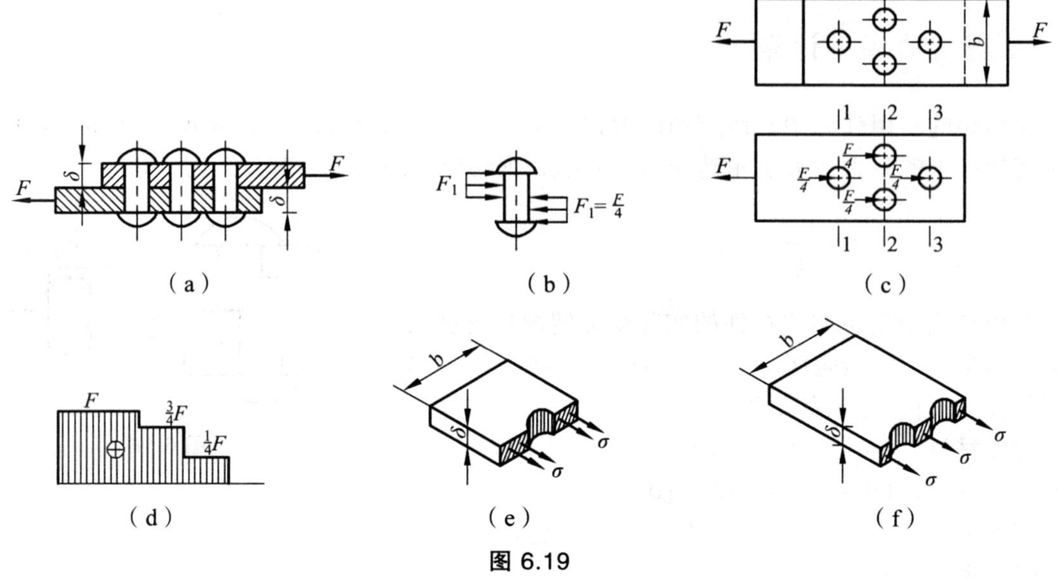

图 6.19

【解】连接件存在三种破坏的可能：① 铆钉被剪断；② 铆钉或钢板发生挤压破坏；③ 钢板由于钻孔，断面受到削弱，在削弱截面处被拉断。要使连接件安全可靠，必须同时满足以上三方面的强度条件。

(1) 铆钉的剪切强度条件。

连接件有多个直径相同的铆钉，且对称于外力作用线布置时，可设各铆钉所受的力相等：

$$F_i=\frac{F}{n}$$

现取一个铆钉作为计算对象，画出其受力图（图 6.19（b）），每个铆钉所受的作用力：

$$F_1=\frac{F}{n}=\frac{F}{4}$$

剪切面上的剪力：

$$F_Q=F_1$$

则有

$$\tau=\frac{F_Q}{A}=\frac{F_1}{A}=\frac{F/4}{\pi d^2/4}=\frac{100\times10^3}{\pi\times16^2}=124\ (\text{MPa})<[\tau]=140\ \text{MPa}$$

所以铆钉满足剪切强度条件。

(2) 挤压强度校核。

每个铆钉所受的挤压力

$$F_c=F_1=\frac{F}{4}$$

根据挤压应力计算公式得：

$$\sigma_c = \frac{F_c}{A_c} = \frac{F/4}{d\delta} = \frac{100\times10^3}{4\times16\times8} = 195\ (\text{MPa}) < [\sigma_c] = 340\ \text{MPa}$$

所以连接件满足挤压强度条件。

（3）板的抗拉强度校核。

两块钢板的受力情况及开孔情况相同，只要校核其中一块即可。现取下面一块钢板为研究对象，画出其受力图（图 6.19（c））和轴力图（6.19（d））。

截面 1—1 和 3—3 的净面积相同（图 6.19（e）），而截面 3—3 的轴力较小，故截面 3—3 不是危险截面。截面 2—2 的轴力虽比截面 1—1 小，但净面积也小（图 4.87（f）），故需对截面 1—1 和 2—2 进行强度校核。

截面 1—1：

$$\sigma_1 = \frac{N_1}{A_1} = \frac{F}{(b-d)\delta} = \frac{100\times10^3}{(100-16)\times8} = 149\ (\text{MPa}) < [\sigma] = 170\ \text{MPa}$$

截面 2—2：

$$\sigma_2 = \frac{N_2}{A_2} = \frac{3F/4}{(b-2d)\delta} = \frac{3\times100\times10^3}{4\times(100-2\times16)\times8} = 138\ (\text{MPa}) < [\sigma] = 170\ \text{MPa}$$

所以钢板满足抗拉强度条件。

*6.5　圆轴扭转时截面上的应力

6.5.1　圆轴扭转时截面上的应力

经过理论研究得知，圆轴扭转时横截面上任意点只存在着剪应力，其剪应力 τ 的大小与横截面上的扭矩 M_n 及所求剪应力点到圆心的距离（半径）ρ 成正比，剪应力的方向垂直于半径，其计算公式为

$$\tau = \frac{M_n \rho}{I_p}$$

式中　I_P ——截面对形心的极惯性矩，它是一个与截面形状和尺寸有关的几何量。

实心圆轴截面的极惯性矩为

$$I_P = \frac{\pi D^4}{32}$$

空心圆轴截面的极惯性矩为

$$I_P = \frac{\pi(D^4 - d^4)}{32}$$

式中，I_P的常用单位为m^4或mm^4；D、d分别表示外径和内径。

从上式可以看出，在同一截面上剪应力沿半径方向呈直线变化，同一圆周上各点剪应力相等（图 6.20（b））。

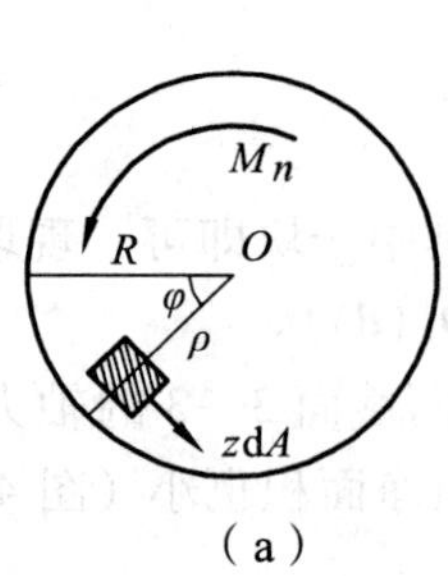

（a）

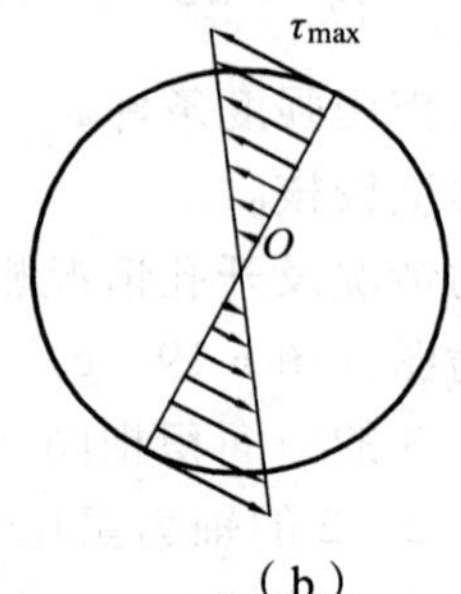

（b）

图 6.20

6.5.2 圆轴扭转时的强度计算

1. 最大剪应力

最大剪应力τ_{max}发生在最外圆周处，即在$\rho_{max}=\dfrac{D}{2}$处。于是有

$$\tau_{max}=\frac{M_n\rho_{max}}{I_p}$$

令
$$W_P=\frac{I_P}{\rho_{max}}=\frac{I_P}{D/2}$$

则
$$\tau_{max}=\frac{M_n}{W_p}$$

式中　W_p ——抗扭截面系数，m^3或mm^3。

对于实心圆截面

$$W_P=\frac{I_p}{\rho_{max}}=\frac{\dfrac{\pi D^4}{32}}{\dfrac{D}{2}}=\frac{\pi D^3}{16}$$

对于空心圆截面

$$W_P=\frac{\pi D^3}{16}(1-\alpha^4)\qquad（式中\alpha=d/D）$$

2. 圆轴扭转时的强度条件

为了保证轴的正常工作，轴内最大剪应力不应超过材料的容许剪应力$[\tau]$，所以圆轴扭转时的强度条件为

$$\tau_{max}=\frac{M_{max}}{W_P}\leqslant[\tau]$$

式中　$[\tau]$ ——材料的许用剪应力。

各种材料的许用剪应力可查阅有关手册。

3. 圆轴扭转时的强度计算

根据强度条件，可以对圆轴进行三方面计算，即强度校核、设计截面和确定许用荷载。

【例 6.8】 图 6.21 所示一钢制圆轴，受一对外力偶的作用，其力偶矩 $M_e = 2.5\ \text{kN}\cdot\text{m}$，已知轴的直径 $D=60$ mm，许用剪应力 $[\tau]=60$ MPa。试对该轴进行强度校核。

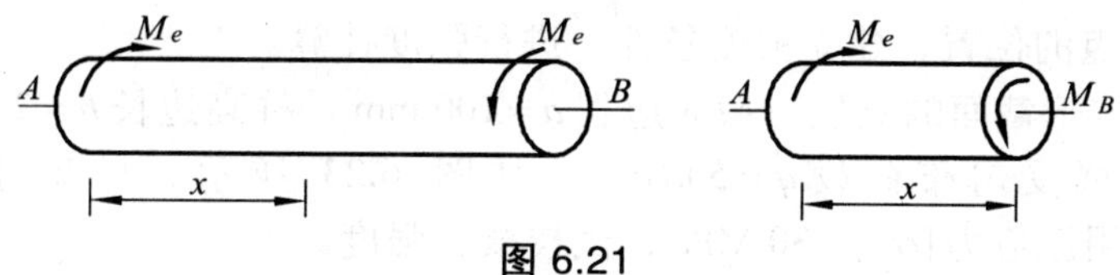

图 6.21

【解】（1）计算扭矩 M_n，即

$$M_n = M_e = 2.5\ \text{kN}\cdot\text{m}$$

（2）校核强度。

圆轴受扭时最大剪应力发生在横截面的边缘上，有

$$\tau_{\max} = \frac{M_n}{W_p} = \frac{M_n}{\frac{\pi D^3}{16}} = \frac{2.5\times10^6\times16}{3.14\times60^3} = 59(\text{MPa}) < [\tau] = 60\ \text{MPa}$$

故圆轴满足强度要求。

6.6　组合变形的强度计算

6.6.1　概述

前面已经讨论了杆件在基本变形时的强度计算。但是，在实际工程中，有些杆件的受力情况比较复杂，其变形不只是某一种基本变形，而是可以分解成两种或两种以上的基本变形。这种由两种或两种以上组合而成的变形，称为组合变形。

主要组合变形有斜弯曲、拉伸（压缩）弯曲组合变形、偏心压缩等（图 6.22）。

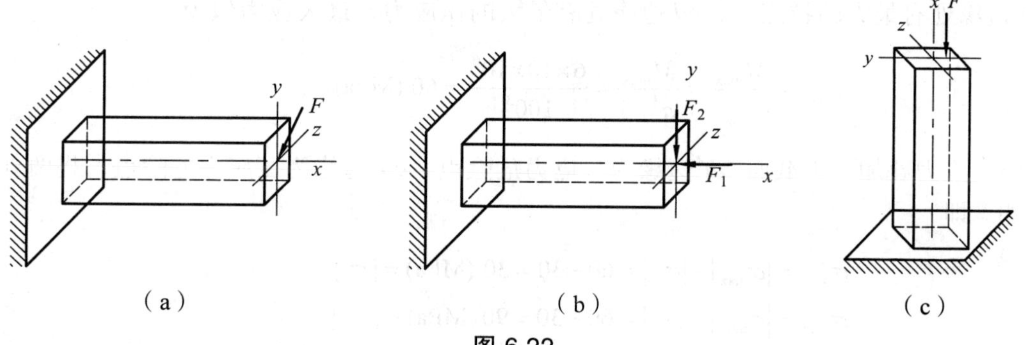

图 6.22

6.2.2 组合变形问题强度计算的步骤

解决组合变形杆件强度问题的基本方法是叠加法。分析问题的基本步骤为：

（1）将所作用的荷载分解或简化为几个只引起一种基本变形的荷载分量；

（2）分别计算各个荷载分量所引起的应力；

（3）根据叠加原理，将同一点应力相应叠加，即得到杆件在组合变形下所产生的应力；

（4）判断危险点的位置，建立强度条件，进行强度计算。

【例 6.9】 正方形截面的立柱，截面边长 $a=100$ mm，柱高边长 $h=2$ m，顶端受轴向压力 $F_{\mathrm{P}}=30$ kN，侧面受匀布荷载 $q=5$ kN/m，如图 6.23 所示。已知材料的许用拉应力 $[\sigma_l]=30$ MPa，许用压应力 $[\sigma_y]=30$ MPa，试校核其强度。

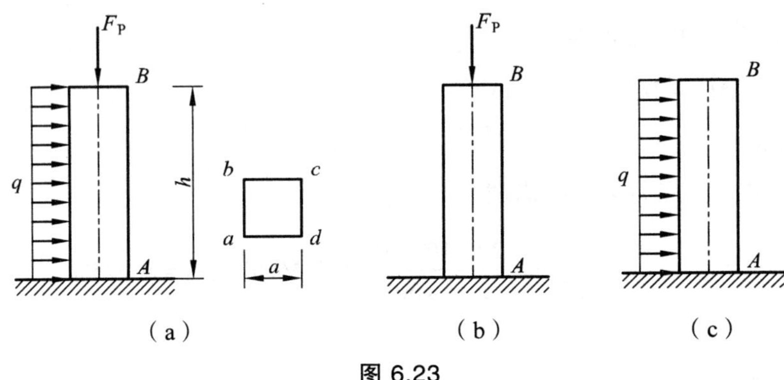

图 6.23

【解】:（1）分解组合变形。

将立柱受到的荷载分解为一个轴向压缩荷载 F_{P} 和一个侧向匀布荷载 q。如图 6.23（b）、（c）所示，这样立柱的变形就可以分解成轴向压缩和平面弯曲两个基本变形。

（2）计算基本变形的应力。

对于图 6.23（b）杆件上各点的应力均为

$$\sigma_{\mathrm{N}}=\frac{F_{\mathrm{N}}}{A}=-\frac{F_{\mathrm{P}}}{a^2}=-\frac{300\times10^3}{100^2}=-30\ (\mathrm{N/mm^2})=-30\ \mathrm{MPa}$$

对于图 6.23（c），在 A 截面有最大的弯矩 $M_{\max}=\dfrac{qh^2}{2}=10\ \mathrm{kN\cdot m}$，左侧受拉。即在 A 截面 ab 边缘处有最大的拉应力，cd 边缘处有最大的压应力，最大应力值为

$$\sigma_{\max}=\frac{M_{\max}}{W_z}=\frac{M_{\max}}{a^3/6}=\frac{6\times10\times10^6}{100^3}=60\ (\mathrm{MPa})$$

（3）应力叠加。A 截面 ab 边缘为拉应力危险点，cd 边缘为压应力危险点，将两处的应力叠加。即

$$\sigma_{\max}^{+}=|\sigma_{\max}|-|\sigma_{\mathrm{N}}|=60-30=30\ (\mathrm{MPa})=[\sigma_l]$$
$$\sigma_{\max}^{-}=|\sigma_{\max}|+|\sigma_{\mathrm{N}}|=60+30=90\ (\mathrm{MPa})<[\sigma_y]$$

因此，柱符合强度要求。

【例 6.10】 如图 6.24 所示一矩形截面混凝土短柱，受偏心压力 F 的作用，F 作用在 y 轴上，偏心矩为 e。已知 $F=100$ kN，$e=40$ mm，$b=200$ mm，$h=120$ mm。试求柱底截面上的最大应力。

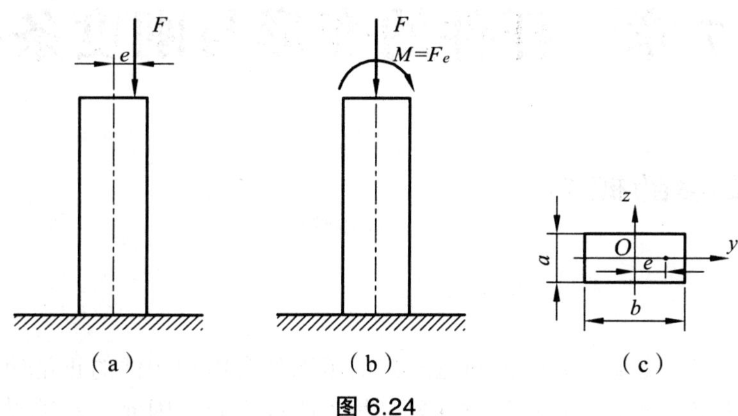

图 6.24

【解】(1) 将 F 简化到截面形心 O 处，计算内力 F 和 M_z（图 6.24（b）），得

$$F=-100\,\text{kN}$$
$$M_z=Fe=100\times 0.04=4\,\text{kN}\cdot\text{m}$$

(2) 计算最大应力。

在柱底截面右边界发生最大的压应力，其值为

$$\sigma_{\max}^{-}=\frac{F}{A}-\frac{M_z\times\frac{b}{2}}{I_z}=\frac{-100\times 10^3}{120\times 200}-\frac{4\times 10^6\times 100}{\frac{120\times 200^3}{12}}=-9.17\,(\text{MPa})$$

在柱底截面左边界发生最大的拉应力，其值为

$$\sigma_{\max}^{-}=\frac{F}{A}+\frac{M_z\times\frac{b}{2}}{I_z}=\frac{-100\times 10^3}{120\times 200}+\frac{4\times 10^6\times 100}{\frac{120\times 200^3}{12}}=0.83\,(\text{MPa})$$

【课堂练习】 判断图 6.25 中杆件发生哪几种变形？a、b、c、d 四点中哪个点的拉应力最大，哪个点的压应力最大？

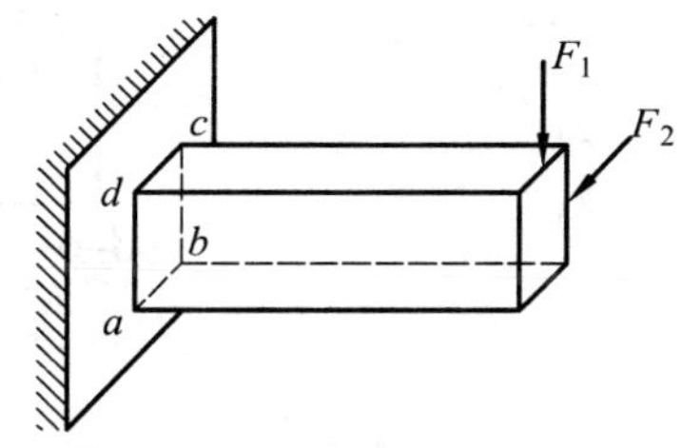

图 6.25

第 7 章 杆件的变形与刚度条件

7.1 结构位移的概念

7.1.1 概 述

构件在受力后产生变形，如变形超过一定的范围就会影响构件的正常使用，甚至使构件失效。由构件弹性变形过量引起的失效现象，称为刚度失效。因此，必须对杆件的变形有足够的认识。

1. 变形

结构在荷载作用、温度变化、支座移动、制造误差与材料收缩等因素影响下，将发生尺寸和形状的改变，这种改变称为变形。

2. 位移

结构变形后，构件上各点的位置会发生变动，这种位置的变动称为位移。

3. 结构位移

结构的通常有两种:

(1) 线位移$\varDelta$，即各截面形心的移动量。

(2) 角位移ϕ，即截面转动角度。

如图 7.1，图 7.2 所示。其中:

ΔA、ΔB ——绝对线位移；$\Delta AB = \Delta A + \Delta B$ ——相对线位移；

ϕA、ϕB ——绝对角位移；ϕAB ——相对角位移。

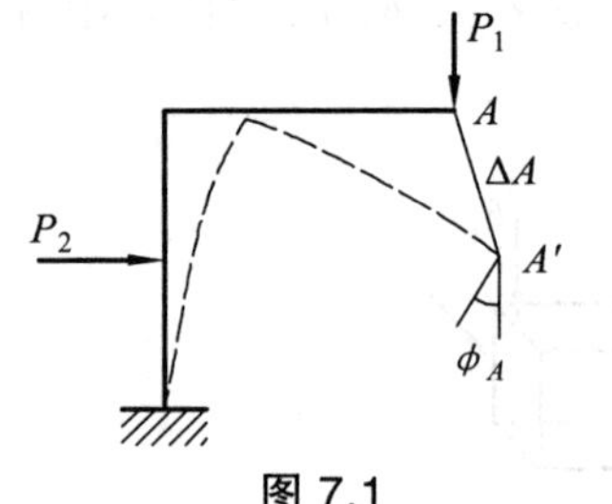

图 7.1

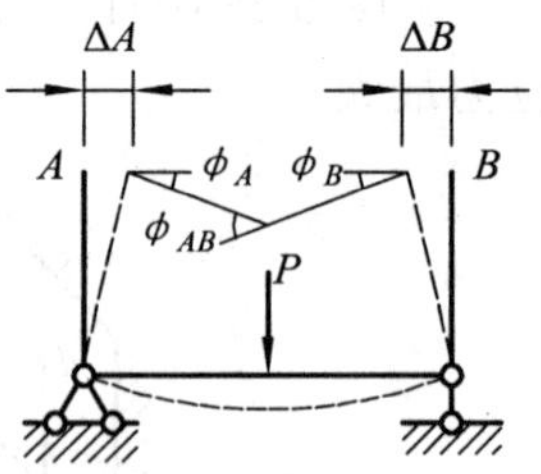

图 7.2

7.1.2 计算位移目的

(1) 验算结构的刚度。结构变形不得超过规范规定的容许值。

（2）为超静定结构的内力计算打基础。

（3）结构在施工过程中的挠度验算。

7.1.3　引起位移的主要原因

各种因素对静定结构的影响：

	内力	变形	位移
荷载	√	√	√
温度改变或材料胀缩	×	√	√
支座移动或制造误差	×	×	√

引起位移的主要原因有上述三种：① 荷载作用；② 温度变化；③ 支座移动和制造误差。

7.1.4　计算方法

线性变形体系的位移计算，计算方法主要是单位荷载法。当线性变形体系使用条件是：① 材料处于弹性阶段，应力与应变成正比。② 小变形。则可以应用叠加原理计算结构的位移。

7.2　轴向拉（压）杆的变形

7.2.1　拉压杆的变形及应变（见图 7.3）

纵向变形

$$\Delta l = l_1 - l$$

横向变形

$$\Delta a = a_1 - a$$

纵向线应变

$$\varepsilon = \frac{\Delta l}{l} \qquad (7\text{-}1)$$

横向线应变

$$\varepsilon' = \frac{\Delta d}{d}$$

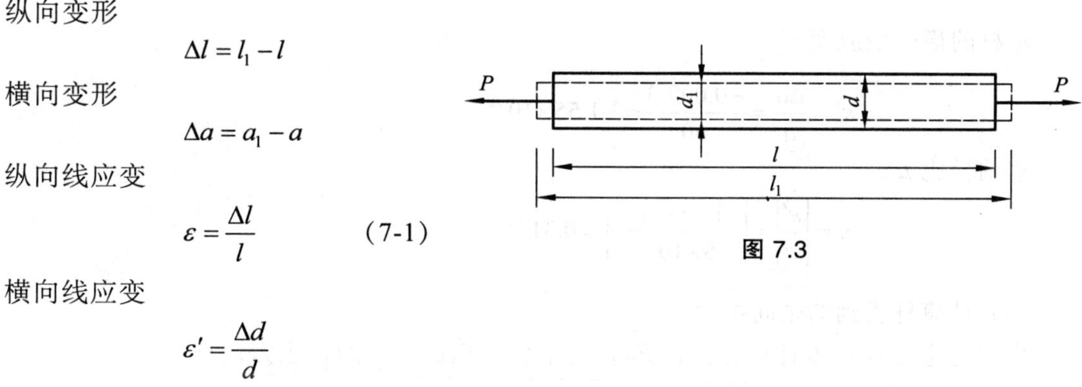

图 7.3

7.2.2　泊松比

通过实验表明：当轴向拉（压）杆的应力不超过材料的比例极限时，横向线应变 ε' 与纵向线应变 ε 的比值的绝对值为一常数。通常将这一常数称为泊松比或横向变形系数，用 μ 表

示，即

$$\mu = \left|\frac{\varepsilon'}{\varepsilon}\right| \tag{7-2}$$

泊松比 μ 是一个无单位的量。它的值与材料有关，可由实验测出。

7.2.3 胡克定律

当杆内应力不超过材料的某一极限值（比例极限）时，有

$$\Delta l = \frac{F_N l}{EA} \tag{7-3}$$

E 称为材料的弹性模量，可由实验测出。其量纲与应力相同。

从式（7.3）可推断出：对于长度相同、轴力相同的杆件，分母 EA 越大，杆的纵向变形 Δl 就越小，可见 EA 反映了杆件抵抗拉（压）变形的能力，称为杆件的抗拉（压）刚度。

$$\varepsilon = \frac{\sigma}{E} \quad 或 \quad \sigma = E\varepsilon \tag{7-4}$$

式（7.4）表明：在弹性范围内，正应力与线应变成正比。比例系数即为材料的弹性模量 E。

【例 7.1】 一矩形截面钢杆，其截面尺寸 $b\times h=3\ \text{mm}\times 80\ \text{mm}$，材料的 $E=200$ GPa。经拉伸试验测得：在纵向 100 mm 的长度内，杆伸长了 0.05 mm；在横向 60 mm 的高度内，杆的尺寸缩小了 0.009 3 mm。试求：(1) 该钢材的泊松比；(2) 杆件所受的轴向拉力 F_P。

【解】（1）求泊松比。

求杆的纵向线应比 ε：

$$\varepsilon = \frac{\Delta l}{l} = \frac{0.05}{100} = 5\times 10^{-4}$$

求杆的横向线应变 ε'：

$$\varepsilon' = \frac{\Delta a}{a} = \frac{-0.009\ 3}{60} = -1.55\times 10^{-4}$$

求泊松比 μ：

$$\mu = \left|\frac{\varepsilon'}{\varepsilon}\right| = \left|\frac{-1.55\times 10^{-4}}{5\times 10^{-4}}\right| = 0.31$$

（2）计算杆受到的轴向拉力。

由胡克定律 $\sigma=\varepsilon E$ 计算杆件在 F_P 作用下任一横截面上的正应力，有

$$\sigma = \varepsilon E = 5\times 10^{-4}\times 200\times 10^{3} = 100\ \text{（MPa）}$$

$$\sigma = \frac{F_N}{A}$$

可求得在 F_P 作用下，杆件横截面上的轴力为

$$F_N = \sigma A = 100\times 3\times 80 = 24\times 10^{3}\ \text{（N）} = 24\ \text{kN}$$

该杆为二力杆，任一截面上的轴力与两端拉力相等，即 $F_N=F_P$，所以该杆受到的轴向外力 $F_P=24$ kN。

【例 7.2】 已知一根轴向拉压杆，其中 *AD* 段为直径 30 mm 的圆杆，*DE* 段是边长 30 mm 的正方形杆，若材料的弹性模量 $E=200$ GPa，试计算图 7.4 中杆件的伸缩量。已知 $AB=BC=2$ m，$CD=DE=1$ m。

【解】 *AD* 段虽是直径为 30 mm 的圆形等直杆，但轴力不为常数，应分成 *AB*、*BC* 和 *CD* 三段分别计算变形值。*CE* 段虽轴力为常数，但不是等直杆段，其中 *CD* 段是圆形截面，*DE* 段是方形截面，也应分别计算变形值。

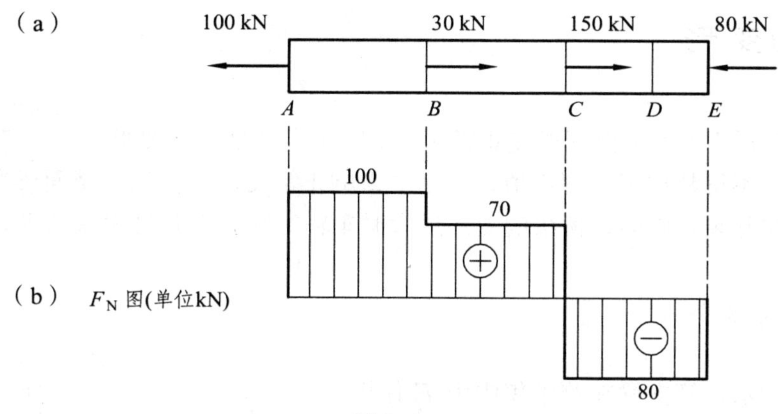

图 7.4

AB 段：

$$F_{N1}=100\text{ kN}, l_{AB}=2\text{ m}, A_1=706.86\text{ mm}^2, E=200\text{ GPa}$$

故

$$\Delta l_{AB}=\frac{F_{N1}l_{AB}}{EA_1}=\frac{100\times10^3\times2\times10^3}{2\times10^5\times706.86}=1.414\text{ (mm)}$$

BC 段：

$$F_{N2}=70\text{ kN}, l_{BC}=2\text{ m}, A_1=706.86\text{ mm}^2, E=200\text{ GPa}$$

故

$$\Delta l_{BC}=\frac{F_{N2}l_{BC}}{EA_1}=\frac{7\times10^4\times2\times10^3}{2\times10^5\times706.86}=0.99\text{ (mm)}$$

CD 段：

$$F_{N3}=-80\text{ kN}, l_{CD}=1\text{ m}, A_1=706.86\text{ mm}^2, E=200\text{ GPa}$$

故

$$\Delta l_{CD}=\frac{F_{N3}l_{CD}}{EA_1}=\frac{-8\times10^4\times10^3}{2\times10^5\times706.86}=-0.566\text{ (mm)}$$

DE 段：

$$F_{N3}=-80\text{ kN}, l_{DE}=1\text{ m}, A_2=900\text{ mm}^2, E=200\text{ GPa}$$

故

$$\Delta l_{DE}=\frac{F_{N3}l_{DE}}{EA_2}=\frac{-8\times10^4\times10^3}{2\times10^5\times900}=-0.444\ (\text{mm})$$

全杆的纵向变形为

$$\begin{aligned}\Delta l&=\Delta l_{AB}+\Delta l_{BC}+\Delta l_{CD}+\Delta l_{DE}\\&=1.414+0.99-0.566-0.444\\&=1.39\ (\text{mm})\end{aligned}$$

7.3 梁的变形

梁在荷载作用下，为了保证梁能正常工作，除了应满足强度要求外，还需满足刚度要求，即梁的最大变形不得超过某一容许值，否则会影响正常使用。例如，楼面梁变形过大时会使梁和板的粉刷层开裂、脱落；桥梁的变形过大时车辆行驶会引起过大振动等。

7.3.1 挠度的概念

如图 7.5 所示，简支梁在跨中集中力 F 作用下产生弯曲变形，每个横截面都发生了相应的线位移和角位移。横截面形心在垂直于梁轴线方向的线位移称为挠度，用 y 表示，并规定向下为正；横截面绕中性轴转运的角度称为转角，用 φ 表示，并规定顺时针的转角为正。

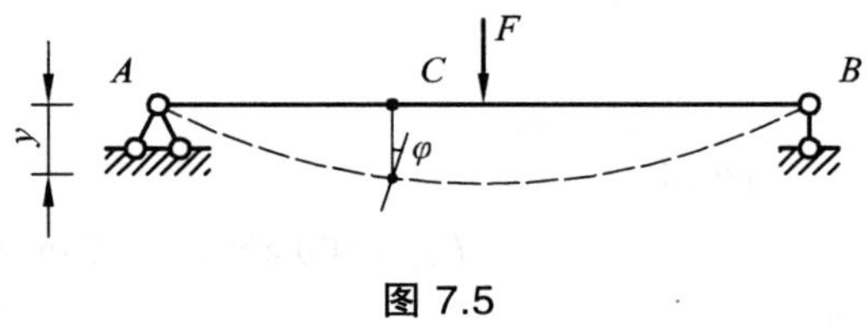

图 7.5

7.3.2 梁在简单荷载作用下的挠度与转角（见表 7.1）

表 7.1 梁在简单荷载作用下的挠度和转角

序号	梁及其荷载	挠曲轴方程	挠度和转角
1		$y=\dfrac{F_P x^2}{6EI}(3l-x)$	$\varphi_B=-\dfrac{F_P l^2}{2EI}$ $y_B=\dfrac{F_P l^2}{3EI}$ $y_{max}=y_B$
2		$y=\dfrac{F_P x^2}{6EI}(3a-x)\quad(0\leqslant x\leqslant a)$ $y=\dfrac{F_P a^2}{6EI}(3x-a)\quad(a\leqslant x\leqslant l)$	$\varphi_B=\dfrac{F_P a^2}{2EI}$ $y_B=-\dfrac{F_P a^2}{6EI}(3l-a)$ $y_{max}=y_B$

续表 7.1

序号	梁及其荷载	挠曲轴方程	挠度和转角
3	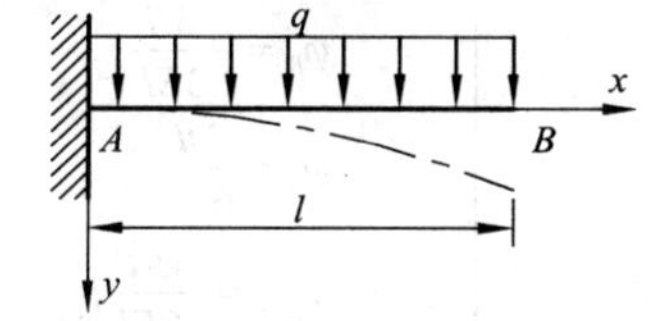	$y=\dfrac{qx^2}{24EI}(x^2-4lx+6l^2)$	$\varphi_B=\dfrac{ql^3}{6EI}$ $y_B=\dfrac{ql^4}{8EI}$ $y_{\max}=y_B$
4	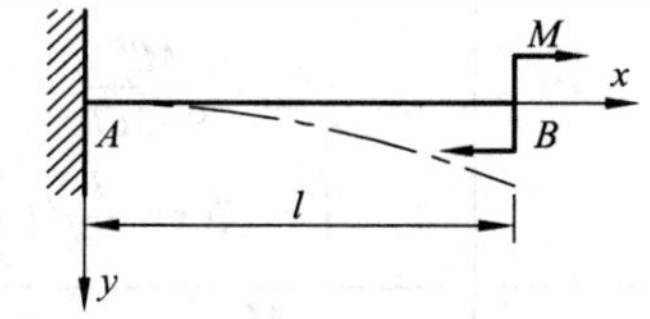	$y=\dfrac{Mx^2}{2EI}$	$\varphi_B=\dfrac{Ml}{EI}$ $y_B=\dfrac{Ml}{2EI}$ $y_{\max}=y_B$
5	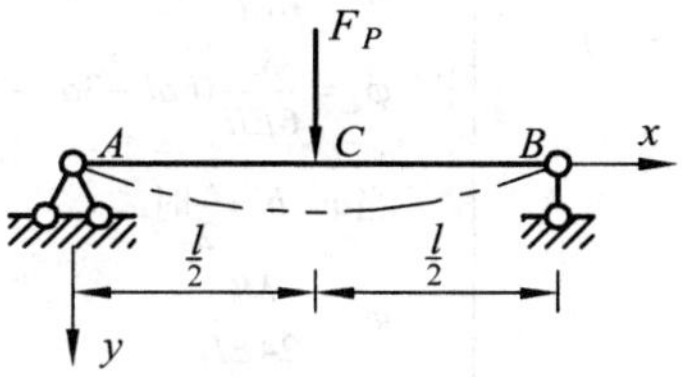	$y=\dfrac{F_P x}{48EI}(3l^2-4x^2)$ $\left(0\leqslant x\leqslant\dfrac{l}{2}\right)$	$\varphi_B=-\dfrac{F_P l^2}{16EI}$ $\varphi_A=\dfrac{F_P l^2}{16EI}$ $y_C=\dfrac{F_P l^3}{48EI}$ $y_{\max}=y_C$
6	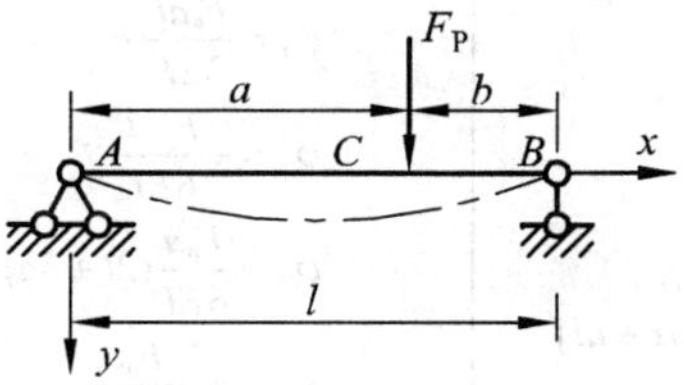	$y=\dfrac{F_P bx}{6EIl}(l^2-x^2-b^2)$ $(0\leqslant x\leqslant a)$ $y=\dfrac{F_P a(l-x)}{6EIl}(2lx-x^2-a^2)$ $(a\leqslant x\leqslant l)$	假定：$a\geqslant b$ $\varphi_B=-\dfrac{F_P ab(l+a)}{6EIl}$ $\varphi_A=-\dfrac{F_P ab(l+b)}{6EIl}$ $y_{x=\frac{1}{2}}=\dfrac{F_P b(3l^2-4b^2)}{48EI}$ $y_{\max}=\dfrac{\sqrt{3}F_P b}{27EIl}(l^2-b^2)^{3/2}$ $\left(y_{\max}在x=\sqrt{\dfrac{l^2-b^2}{3}}处\right)$
7	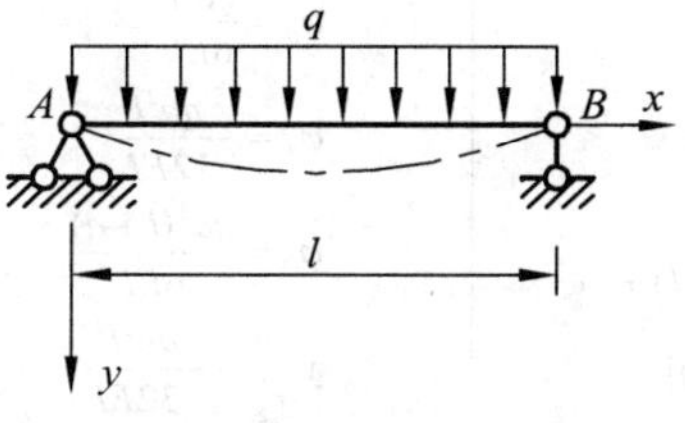	$y=\dfrac{qx}{24EI}(l^3-2lx^2+x^3)$	$\varphi_B=-\dfrac{ql^3}{24EI}$ $\varphi_A=\dfrac{ql^3}{24EI}$ $y_{x=\frac{1}{2}}=\dfrac{5ql^4}{384EI}$ $y_{\max}=y_{x=\frac{1}{2}}$
8	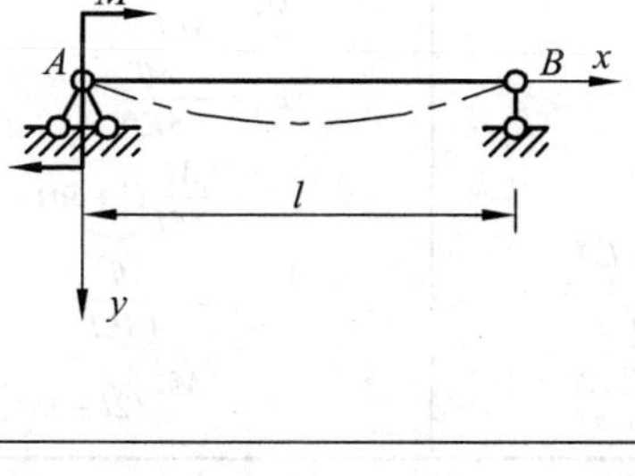	$y=\dfrac{Mx}{6lEI}(l-x)(2l-x)$	$\varphi_B=-\dfrac{Ml}{6EI}$ $\varphi_A=\dfrac{Ml}{3EI}$ $y_{x=\frac{1}{2}}=\dfrac{Ml^2}{12EI}$ $y_{\max}=\dfrac{Ml^2}{9\sqrt{3}EI}$ $\left[y_{\max}在x=\left(1-\dfrac{1}{\sqrt{3}}\right)处\right]$

续表 7.1

序号	梁及其荷载	挠曲轴方程	挠度和转角
9	A B M x l y	$y=\frac{Mx}{6EIl}(l^2-x^2)$	$\varphi_B=-\frac{Ml}{3EI}$ $\varphi_A=\frac{Ml}{6EI}$ $y_{x=\frac{l}{2}}=\frac{Ml^2}{16EI}$ $y_{max}=\frac{Ml^2}{9\sqrt{3}EI}$ $\left(y_{max}在x=\frac{l}{\sqrt{3}}处\right)$
10	A M B x a b l y	$y=\frac{Mx}{6EI}(6al-3a^2-2l^2-x^2)$ $(0\leqslant x\leqslant a)$ 当$a=b=\frac{l}{2}$时, $y=\frac{Mx}{24EI}(l^2-4x^2)$ $\left(0\leqslant x\leqslant\frac{l}{2}\right)$	$\varphi_B=\frac{M}{6EI}(l^2-3a^2)$ $\varphi_A=\frac{M}{6EIl}(6al-3a^2-2l^2)$ 当$a=b=\frac{l}{2}$时, $\varphi_A=\frac{Ml}{24EI}$ $\varphi_B=\frac{Ml}{24EI}$ $y_{x=\frac{l}{2}}=0$
11	A B F_P x C l a y	$y=-\frac{F_Pax}{6EIl}(l^2-x^2)$ $(0\leqslant x\leqslant l)$ $y=\frac{F_P(l-x)}{6EI}[(x-l)^2-3ax+al]$ $[l\leqslant x\leqslant(l+a)]$	$\varphi_B=\frac{F_Pal}{3EI}$ $\varphi_A=-\frac{F_Pal}{6EI}$ $\varphi_C=\frac{F_Pa}{6EI}(2l+3a)$ $y_{x=\frac{l}{2}}=-\frac{F_Pal}{16EI}$ $y_C=\frac{F_Pa^2}{3EI}(l+a)$
12	A B q x C l a y	$y=-\frac{qa^2x}{12EIl}(l^2-x^2)$ $(0\leqslant x\leqslant l)$ $y=\frac{q(x-l)}{24EI}[2a^2(3x-l)+$ $(x-l)^2(x-l-4a)]$ $[l\leqslant x\leqslant(l+a)]$	$\varphi_B=\frac{qa^2l}{6EI}$ $\varphi_A=-\frac{qa^2l}{12EI}$ $\varphi_C=\frac{qa^2(l+a)}{6EI}$ $y_{x=\frac{l}{2}}=-\frac{qa^2l^2}{32EI}$ $y_C=\frac{qa^3}{24EI}(4l+3a)$
13	A B M x C l a y	$y=-\frac{Mx}{6EIl}(l^2-x^2)$ $(0\leqslant x\leqslant l)$ $y=\frac{M}{6EI}(3x^2-4xl+l^2)$ $[l\leqslant x\leqslant(l+a)]$	$\varphi_B=\frac{Ml}{3EI}$ $\varphi_A=-\frac{Ml}{6EI}$ $\varphi_C=\frac{M}{3EI}(l+3a)$ $y_{x=\frac{l}{2}}=-\frac{Ml^2}{16EI}$ $y_C=\frac{Ma}{6EI}(2l+3a)$

7.3.3　用叠加法计算梁的挠度与转角

1. 叠加原理

结构在多个荷载作用下产生的某量值（包括约束反力、内力或变形）等于在每个荷载单独作用下产生的该量值的代数和。但必须注意，此法只适用于线弹性范围之内。

2. 用叠加法计算梁的挠度与转角的步骤

（1）将作用在梁上的复杂荷载分解成几个简单荷载，简称荷载分组。

（2）查表 7.1，计算梁在各简单荷载下的挠度与转角。

（3）叠加简单荷载作用下的各挠度和转角，求出复杂荷载作用下的挠度与转角。

3. 应用

【例 7.3】 用叠加法计算图 7.6（a）所示悬臂梁自由端 B 截面的转角和挠度。设抗弯刚度 EI 为常数。

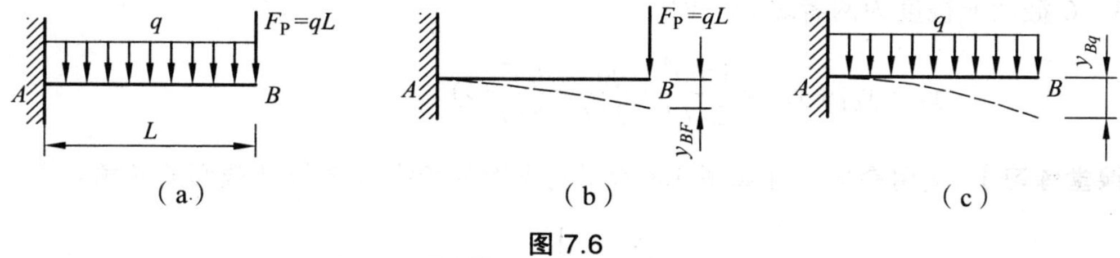

图 7.6

【解】 先将梁上的荷载分为集中荷载和匀布荷载单独作用情况（图 7.6（b）、（c））。由表 7.1 查得简支梁在集中荷载和匀布荷载单独作用下，B 截面的挠度和转角分别为

$$y_{BF}=\frac{Fl^3}{3EI}=\frac{ql^4}{3EI}，\quad \varphi_{BF}=\frac{Fl^2}{2EI}=\frac{ql^3}{2EI}$$

$$y_{Bq}=\frac{ql^4}{8EI}，\quad \varphi_{Bq}=\frac{ql^3}{6EI}$$

求上述两者的代数和，即得两种荷载共同作用下的挠度和转角：

$$y_B=y_{BF}+y_{Bq}=\frac{ql^4}{3EI}+\frac{ql^4}{8EI}=\frac{11ql^4}{24EI}(\downarrow)$$

$$\varphi_B=\varphi_{BF}+\varphi_{Bq}=\frac{ql^3}{2EI}+\frac{ql^3}{6EI}=\frac{2ql^3}{3EI}(\lrcorner)$$

【例 7.4】 外伸梁所受荷载如图 7.7 所示，梁的抗弯刚度 EI 为常数，试求 C 截面的挠度。

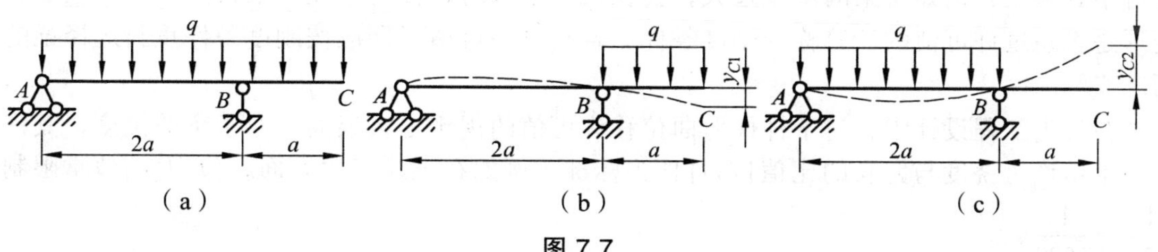

图 7.7

【解】 图 7.7 中外伸梁的挠度不能从表 7.1 里直接查出。可以设法将原荷载转化为能在表中查到的几项荷载，然后用叠加法进行计算。

(1) 将图 7.7 (a) 的荷载分解成图 7.7 (b)、(c) 两种情况。

(2) 查表 7.1 分别求图 7.7 (b)、(c) 两种情况下外伸梁 C 截面的挠度。

图 7.7 (b) 中 C 截面的挠度为

$$y_{C1}=\frac{qa^3}{24EI}(4l+3a)=\frac{qa^3}{24EI}(4\times 2a+3a)=\frac{11qa^4}{24EI}(\downarrow)$$

图 7.7 (c) 图中 C 截面的挠度为

$$\varphi_B=-\frac{ql^3}{24EI}=-\frac{q\times(2a)^3}{24EI}=-\frac{qa^3}{3EI}$$

$$y_{C2}=\varphi_B\times a=\left(-\frac{qa^3}{3EI}\right)\times a=-\frac{qa^4}{3EI}(\uparrow)$$

(3) C 截面的挠度为两者之和，即

$$y_C=y_{C1}+y_{C2}=\frac{11qa^4}{24EI}-\frac{qa^4}{3EI}=\frac{qa^4}{8EI}(\downarrow)$$

【课堂练习】 试用叠加法计算图 7.8 所示简支梁的跨中挠度与 A 截面的转角。

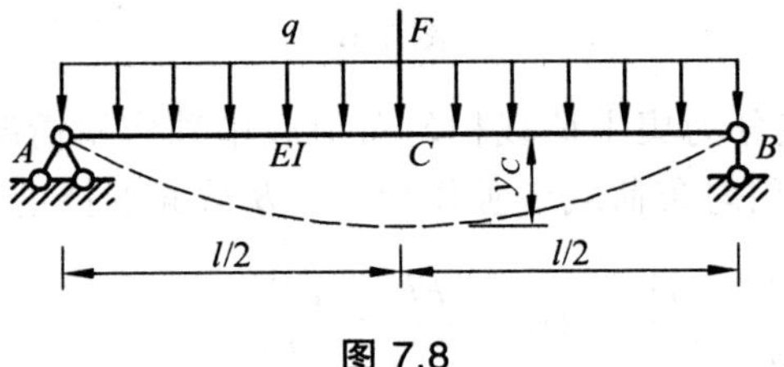

图 7.8

7.4 梁的刚度条件

7.4.1 梁的刚度条件

在根据强度的需要设计出梁的截面以后，常需进一步按梁的刚度条件检查梁的变形是否在设计条件所许可的范围内，因在很多情况下当变形超过一定限度时，梁的正常工作条件就会得不到保证。例如桥梁的挠度过大，会在机车通过时，使桥梁发生很大的震动。检查梁的变形是否超过许可值的计算称为刚度条件。若超过许可值，即应按刚度条件重新选择梁的截面。

在各类工程设计中，对于杆件弯曲位移许可值的规定出入很大。对于梁的挠度，其许可值通常用许可挠度与跨长的比值$[f/l]$作为标准。例如在土建工程方面，$[f/l]$的值常限制为$\frac{1}{250}\sim\frac{1}{1\,000}$。

刚度条件可写成：

$$\frac{f}{l}\leqslant\left[\frac{f}{l}\right]\quad 或\quad f\leqslant[f] \tag{7-5}$$

和

$$\theta_{max}\leqslant[\theta] \tag{7-6}$$

【例 7.5】 如图 7.9（a）所示简支木梁，横截面为圆形。已知 $F=3.6$ kN，$l=4$ m 木材的容许应力$[\sigma]=10$ MPa，弹性模量 $E=10\times10^3$ MPa，容许相对挠度$[f/l]=1/250$，试选择木梁的直径。

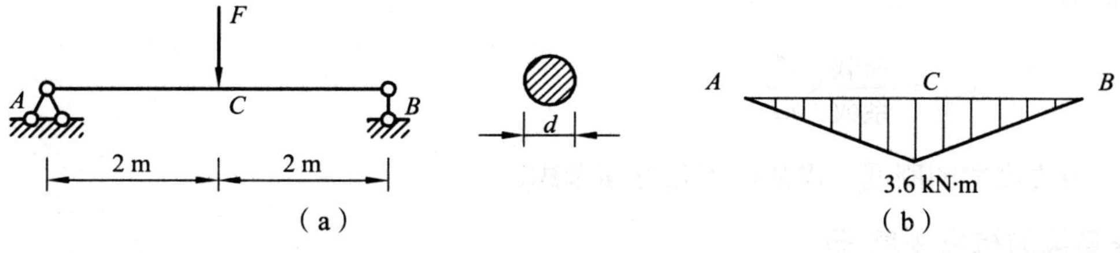

（a）　（b）

图 7.9

【解】（1）画梁的弯矩图（图 7.8（b））。

$$M_{max}=3.6\ \text{kN}\cdot\text{m}$$

（2）由梁的正应力强度条件设计截面，有

$$\sigma_{max}=\frac{M_{max}}{W_z}\leqslant[\sigma]$$

得满足正应力强度时梁的抗弯截面系数为

$$W_z\geqslant\frac{M_{max}}{[\sigma]}=\frac{3.6\times10^6}{10}\text{mm}^3=3.6\times10^5\ \text{mm}^3$$

又圆形截面的抗弯截面系数计算公式为

$$W_z=\frac{\pi d^3}{32}$$

所以梁满足正应力强度时应有

$$\frac{\pi d^3}{32}\geqslant3.6\times10^5,\quad d\geqslant154\ \text{mm}$$

实际结构取

$$d=160\ \text{mm}$$

（3）对直径为 $d=160$ mm 的梁进行刚度校核。

由表 7.1 查得该梁的最大挠度发生在跨中，其值为

$$y_{max}=\frac{F_P l^3}{48EI}=\frac{3.6\times10^3\times(4\times10^3)^3}{48\times10\times10^3\times\dfrac{3.14\times160^4}{64}}=14.9\ (\text{mm})$$

$$\frac{y_{max}}{l}=\frac{14.9}{4\times10^3}=\frac{1}{269}<\left[\frac{f}{l}\right]$$

满足刚度要求。因此，该木梁的直径取 $d=160$ mm。

7.4.2 提高梁刚度的措施

从表 7.1 可知，梁的最大挠度与梁的荷载、跨度 l 、抗弯刚度 EI 等情况有关，它们的关系可以概括为

$$y_{max}=\frac{荷载}{系数}\times\frac{l^n}{EI}$$

因此，要提高梁的刚度，需从以下几方面考虑。

1. 提高梁的抗弯刚度 EI

梁的变形与 EI 成反比，增大梁的 EI 将使梁的变形减小。由于同类材料的 E 值不变，因而只能设法增大梁横截面的惯性矩 I。在面积不变的情况下，采用合理的截面形状，如采用工字形、箱形及圆环形等截面，可提高惯性矩 I，从而就提高了 EI。

2. 减小梁的跨度

梁的变形与梁的跨长 l 的 n 次幂成正比。设法减小梁的跨度，将会有效地减小梁的变形。例如将简支梁的支座向中间适当移动变成外伸梁或在梁的中间增加支座，都是减小梁的变形的有效措施。

3. 改善荷载的分布情况

在结构允许的条件下，合理地调整荷载的作用位置及分布情况，以降低最大弯矩，从而减小梁的变形。例如将集中力分散作用或改为分布荷载都可起到降低弯矩，减小变形。

【课堂思考】 1. 两根相同材料的拉杆如图 7.10 所示，试比较两根杆的纵向变形是否相同。

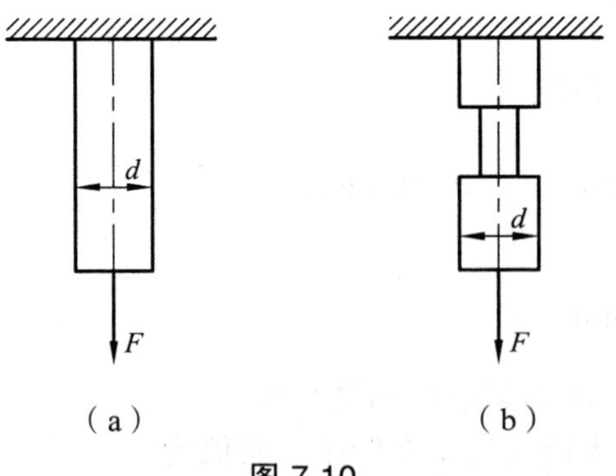

图 7.10

2. 两根尺寸、受力情况和支座都相同的梁，一根为钢梁，另一根为木梁，已知钢材与木材的弹性模量之比为 $E_{钢}:E_{木}=7:1$，试求：(1) 两梁中最大的正应力比值；(2) 两梁最大挠度的比值。

第 8 章　压杆稳定

8.1　压杆稳定的概念

如前所述，构件的承载能力包括强度、刚度和稳定性三个方面，前面我们讨论了构件的强度和刚度问题，本章讨论受压直杆的稳定性问题。

构件的稳定性是指构件保持其原有直线平衡状态的能力。压杆的稳定性是指受压直杆在轴向压力作用下，保持其原有直线平衡状态的能力。

在前面，我们讨论过直杆的轴向压缩，认为受压直杆的应力达到材料的屈服点或强度极限时，杆件将发生强度破坏。但实际上这是对短而粗的压杆而言的。对细长压杆来说，当其所受的轴向压力达到或超过一定的限度时，虽然杆内的应力低于材料的屈服极限（对脆性材料而言则为强度极限），甚至低于比例极限，但在受到某些因素的侧向扰动后，会突然发生侧向弯曲变形而丧失其工作能力。杆件这种在轴向压力作用下，由于不能保持其原有的直线平衡状态，突然发生侧向弯曲而丧失其工作能力的现象，称为丧失稳定性，简称失稳。我们应明确地认识到细长压杆的破坏不是强度问题，而是稳定性问题。

为进一步说明压杆失稳的概念，我们取一两端铰支细长压杆来研究。图 8.1（a）所示为一两端铰支的细长压杆。

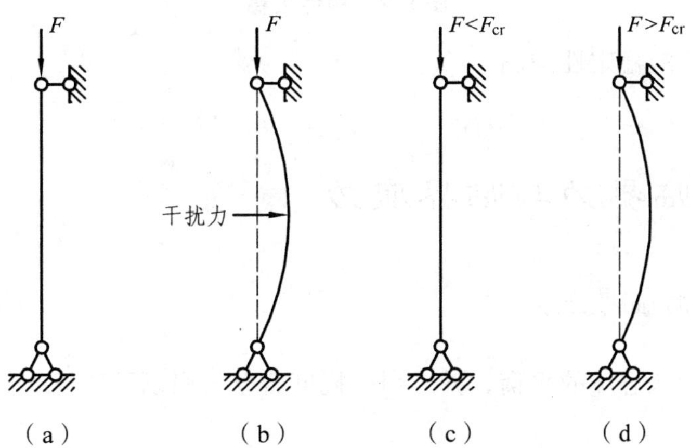

图 8.1　压杆稳定平衡与不稳定平衡

（1）当轴向压力 F 较小时，杆在 F 力作用下将保持其原有的直线平衡形式。如在侧向干扰力作用下使其微弯，如图 8.1（b）所示，当干扰力撤除，杆在往复摆动几次后仍回复到原来的直线形式，仍处于平衡状态，如图 8.1（c）所示。可见，原有的直线平衡形式是稳定的。

（2）当压力超过某一数值时，如作用一侧向干扰力使压杆微弯，则在干扰力撤除后，杆不能回复到原来的直线形式，并在一个曲线形态下平衡，如图 8.1（d）所示。可见这时杆原有的直线平衡形式是不稳定的。这种丧失原有平衡形式的现象称为丧失稳定性，简称失稳。

（3）同一压杆的平衡是稳定的还是不稳定的，取决于压力 F 的大小。压杆从稳定平衡过渡到不稳定平衡时，轴向压力的临界值，称为临界力或临界荷载，用 F_{cr} 表示。显然，如 $F < F_{cr}$，压杆将保持稳定；如 $F \geqslant F_{cr}$，压杆将失稳。因此，分析稳定性问题的关键是求杆的临界力。

工程结构中的压杆如果失稳，往往会引起严重的事故。例如 1907 年加拿大一座长达 548 m 的奎北克大桥，在施工时由于两根压杆失稳而引起倒塌，造成数十人死亡。1909 年，汉堡一个 $6 \times 10^5\ m^3$ 的大储气罐由于支撑结构中的一根压杆失稳而倒塌。压杆的失稳破坏是突发性的，需防范在先。

稳定性问题不仅在压杆中存在，在其他一些构件，尤其是一些薄壁构件中也存在。图 7.2 表示了几种构件失稳的情况。其中，图（a）所示为一薄而高的悬臂梁因受力过大而发生侧向失稳；图（b）所示为一薄壁圆环因受外压力过大而失稳；图（c）所示为一薄拱受过大的匀布压力而失稳。

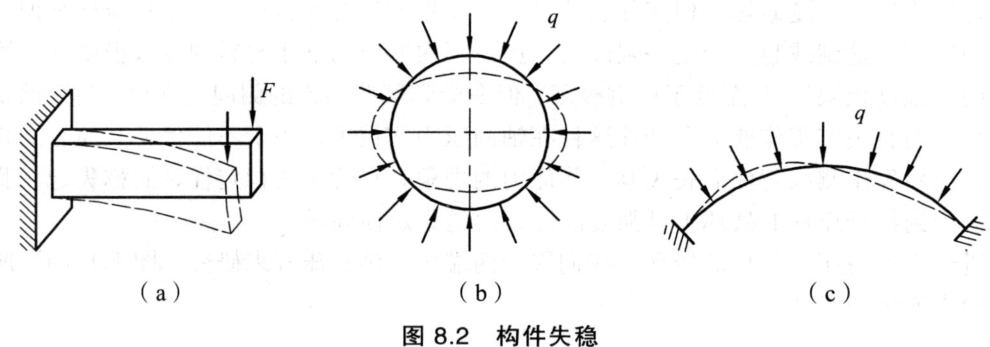

图 8.2　构件失稳

本章只介绍压杆的稳定性问题。

8.2　压杆的临界力与临界应力

8.2.1　细长压杆的临界压力

研究压杆在微弯状态下的平衡，并应用小挠度微分方程以及压杆端部的约束条件，即可确定压杆的临界力。

两端铰支细长压杆临界压力的计算公式为

$$F_{cr} = \frac{\pi E I_z}{l^2} \tag{8-1}$$

式（8.1）是由瑞士科学家欧拉（L.Euler）于 1774 年首先导出的。

各种约束情况下细长压杆临界压力的计算公式可写成下列统一的形式：

$$F_{cr}=\frac{\pi^2 EI_z}{(\mu l)^2} \tag{8-2}$$

式（8.2）称为计算细长压杆临界压力的欧拉公式。式中，μl 称为计算长度，μ 是与压杆两端支承形式有关的系数，称为压杆的长度系数，其值见表 8.1。

由式（8-2）可知，细长压杆的临界力 F_{cr}，与杆的抗弯刚度 EI 成正比，与杆的长度平方成反比；同时，还与杆端的约束情况有关。显然，临界力越大，压杆的稳定性越好，即越不容易失稳。

表 8.1　压杆的长度系数 μ

杆端约束情况	一端固定一端自由	两端铰支	一端固定一端铰支	两端固定
挠度曲线	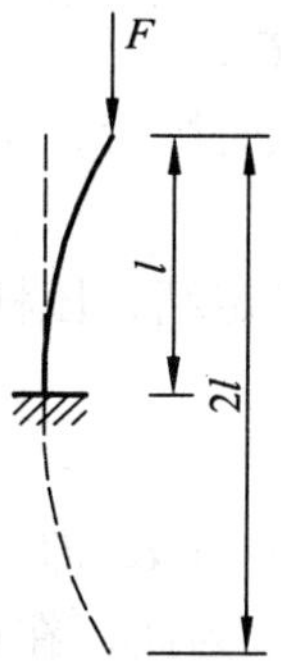 F; l; 2l	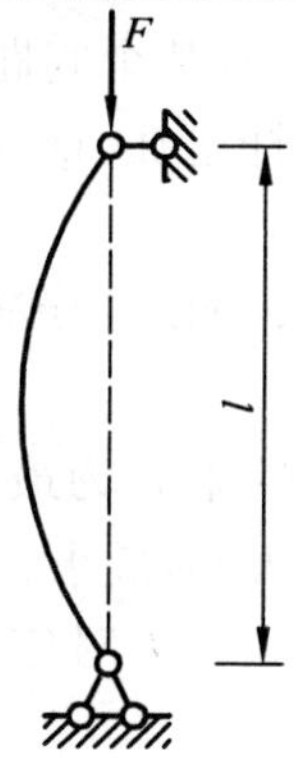 F; l	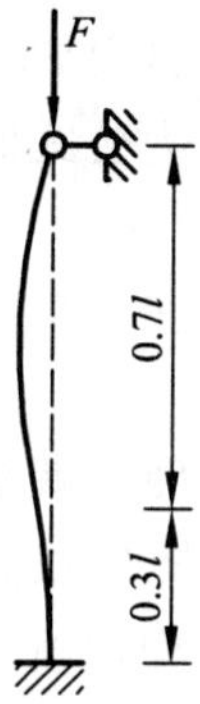 F; 0.7l; 0.3l	 F; l/4; l/2; l/4
μ	2	1	0.7	0.5

8.2.2　细长压杆的临界应力

压杆处于临界平衡状态时横截面上的平均应力称为临界应力，用 σ_{cr} 表示。若压杆横截面面积为 A，则临界应力为

$$\sigma_{cr}=\frac{F_{cr}}{A}$$

细长压杆的临界应力为

$$\sigma_{cr}=\frac{F_{cr}}{A}=\frac{\pi^2 EI_z}{(\mu l)^2 A}=\frac{\pi^2 E}{\left(\frac{\mu l}{i}\right)^2}$$

式中，$i_z=\sqrt{\frac{I_z}{A}}$，称为截面对其弯曲中性轴（z 轴）的惯性半径，它是一个仅与横截面的形状和尺寸有关的几何量。

令

$$\lambda=\frac{\mu l}{i} \tag{8-3}$$

则前式可改写为

$$\sigma_{cr} = \frac{\pi^2 E}{\lambda^2} \tag{8-4}$$

式（8-4）称为计算细长压杆临界应力的欧拉公式。式中，λ 为一无量纲的量，称为称为压杆的柔度或长细比。

由式（8-3）可知，柔度 λ 综合反映了压杆的几何尺寸和杆端约束的对压杆临界应力的影响。由式（8-4）可知，压杆的柔度 λ 越大，则杆越细长，其临界应力 σ_{cr} 就越低，杆也就越容易发生失稳破坏。

8.2.3 欧拉公式应用中的几个问题

应用细长压杆临界力 F_{cr} 的公式时，有几个问题需要注意：

（1）在推导临界力公式时，均假定杆已在 xy 面内失稳而微弯，实际上杆的失稳方向与杆端约束情况有关。

如杆端约束情况在各个方向均相同，如球铰或嵌入式固定端，压杆只可能在最小刚度平面内失稳。

所谓最小刚度平面，就是形心主惯性矩 I 为最小的纵向平面。

如图 8.3 所示的矩形截面压杆，其 I_y 为最小，故纵向平面 xz 即为最小刚度平面，该压杆将在这个平面内失稳，所以在计算其临界力时应取 $I=I_y$。因此，在这类杆端约束情况下，(8-3) 式中的 i 应取 i_{min}。

如杆端约束情况在各个方向不相同时，如图 8.4 所示的柱形铰。在 xz 面内，杆端可绕轴销自由转动，相当于铰支；而在 xy 面内，杆端约束相当于固定端。当这种杆端约束的压杆在 xz 或 xy 面内失稳时，其长度系数 μ 应取不同的值。此时，如果压杆横截面的 $I_y=I_z$，则取较大的 μ 值计算压杆的临界力；如果压杆横截面的 $I_y \neq I_z$，则应计算出 λ_y 和 λ_z，取其中较大值计算压杆的临界力。

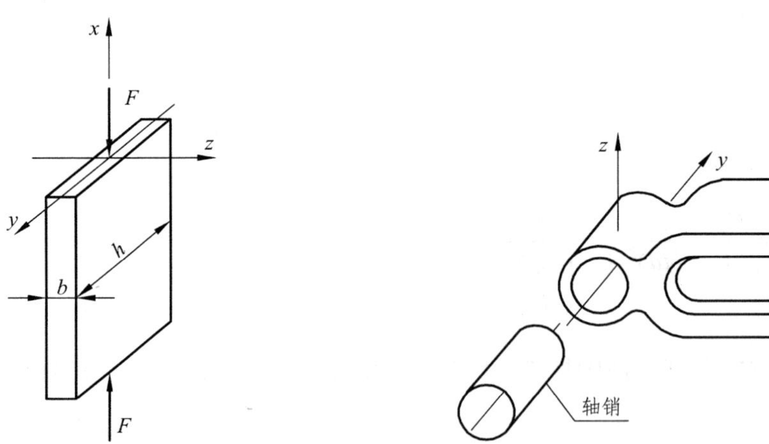

图 8.3　最小刚度平面　　　　图 8.4　柱形铰

（2）以上所讨论的压杆杆端约束情况都是比较典型的，实际工程中的压杆，其杆端约束还可能是弹性支座（其性质介于铰支和固定端之间），此时，要根据具体情况选取适当的长度系数μ值，再按式（8-2）计算其临界力。

（3）在推导上述各细长压杆的临界力公式时，压杆都是理想状态的，即均质的直杆，受轴向压力作用。而实际工程中的压杆，将不可避免地存在材料不均匀、有微小的初曲率及压力微小的偏心等现象。因此在压力小于临界力时，杆就发生弯曲，随着压力的增大，弯曲迅速增加，以致压力在未达到临界力时，杆就发生弯折破坏。因此，由式（8-2）所计算得到的临界力仅是理论值，是实际压杆承载能力的上限值。由这一理想情况和实际情况的差异所带来的不利影响，可以在安全因数内考虑。因而，实际工程中的压杆，其临界力 F_{cr} 仍按式（8-2）计算。

【例 8.1】 已知某圆截面压杆的直径 $d=160$ mm，长度 $l=5$ m，材料为 Q235 钢，其 $\sigma_s=235$ MPa，$E=200$ GPa，两端铰支。试求其临界载荷（假定该杆已判定为细长杆）。

【解】 细长压杆的临界载荷用欧拉公式计算。两端铰支时长度系数为 $\mu=1$，则临界载荷为

$$F_{cr}=\frac{\pi^2 EI}{(\mu l)^2}=\frac{\pi^2 E}{(\mu l)^2}\frac{\pi d^4}{64}=\frac{\pi^3\times 200\times 10^3\times 160^4}{(1\times 5\ 000)^2\times 64}=2\ 540\ (\text{kN})$$

讨论：本例中的压杆，若要使其在轴向压力下屈服，那么所需轴向压力为

$$F_s=\sigma_s A=\sigma_s\frac{\pi d^4}{4}=\frac{235\times\pi\times 160^4}{4}=4\ 722.6\ (\text{kN})>F_{cr}$$

由 $F_s>F_{cr}$ 可知，细长压杆失稳破坏先于强度破坏。

【例 8.2】 一矩形截面的中心受压的细长木柱，长 $l=8$ m，柱的支承情况，在最大刚度平面内弯曲时为两端铰支（图 8.5（a））；在最小刚度平面内弯曲时为两端固定（图 8.5（b））。木材的弹性模量 $E=10$ GPa，试求木柱的临界力。

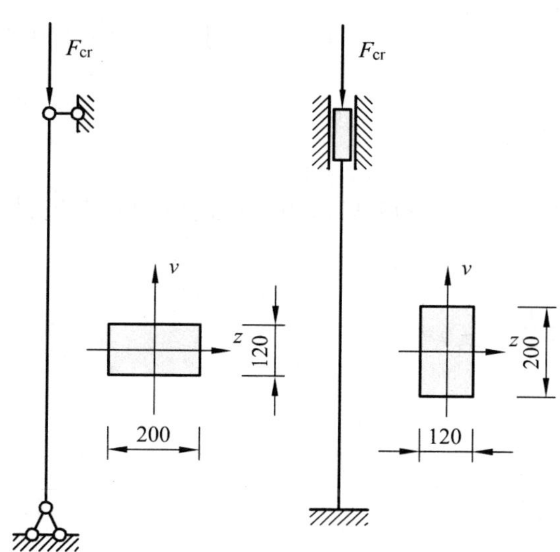

图 8.5

【解】 由于最大刚度平面与最小刚度平面内的支承情况不同，所以需分别计算。

（1）计算最大刚度平面内的临界力。

截面的惯性矩为

$$I_y=\frac{120\times200^3}{12}=8\times10^7\,(\mathrm{mm}^4)=8\times10^{-5}\,\mathrm{m}^4$$

两端铰支，长度系数$\mu=1$，则

$$F_{\mathrm{cr}}=\frac{\pi^2EI_y}{(\mu l)^2}=\frac{3.14^2\times10\times10^9\times8\times10^{-5}}{(1\times8)^2}$$
$$=123\times10^3=123\ (\mathrm{kN})$$

（2）计算最小刚度平面内的临界力。有

$$I_z=\frac{200\times120^3}{12}$$
$$=2.88\times10^7\,(\mathrm{mm}^4)$$
$$=2.88\times10^{-5}\,\mathrm{m}^4$$

两端固定，长度系数$\mu=0.5$，则

$$F_{\mathrm{cr}}=\frac{\pi^2EI_z}{(\mu l)^2}=\frac{3.14^2\times10\times10^9\times2.88\times10^{-5}}{(0.5\times8)^2}$$
$$=177\times10^3\,(\mathrm{N})=177\ \mathrm{kN}$$

比较计算结果可知，第一种情况的临界力小，所以压杆失稳时将在最大刚度平面内产生弯曲。此例说明，当在最小刚度平面与最大刚度平面内支承情况不同时，压杆不一定在最小刚度平面内失稳，必须经过具体计算后才能确定。

【课堂思考】 一根压杆的临界力与作用力（荷载）的大小有关吗?

8.2.4 欧拉公式的适用范围

欧拉公式（即式（8-2）和式（8-4））只适用于杆内应力不超过材料的比例极限σ_{p}的情况，即应满足:

$$\sigma_{\mathrm{cr}}=\frac{\pi^2E}{\lambda^2}\leqslant\sigma_{\mathrm{p}}$$

由上式得:

$$\lambda\geqslant\sqrt{\frac{\pi^2E}{\sigma_{\mathrm{p}}}}=\lambda_{\mathrm{p}}\qquad(8\text{-}5)$$

式中，λ_{p}是临界应力刚好等于材料的比例极限时压杆的柔度值。

由于λ_{p}与材料的比例极限σ_{p}和弹性模量 E 有关，因而不同材料压杆的λ_{p}是不相同的。例如 Q235 钢$\sigma_{\mathrm{p}}=200$ MPa，$E=206$ GPa，代入式（8-5）后得$\lambda_{\mathrm{p}}=100$，同样可得 TC13 松

木压杆 $\lambda_p = 110$，灰口铸铁压杆的 $\lambda_p = 80$。

式（8-5）表明，只有当压杆的柔度 λ 满足 $\lambda \geqslant \lambda_p$ 时，才可使用欧拉公式计算其临界压力或临界应力。我们把 $\lambda \geqslant \lambda_p$ 的压杆称为大柔度杆。习惯上所说的细长压杆是指大柔度杆。

8.2.5　中小柔度杆（非弹性失稳压杆）的临界应力

在工程中也常遇到 $\lambda < \lambda_p$ 的压杆，称之为中小柔度杆（中小柔度杆的临界应力接近其强度破坏时的极限应力），其临界应力 σ_{cr} 大于材料的比例极限 σ_p，已不能用欧拉公式计算，这类压杆的失稳称为非弹性失稳。

对于非弹性失稳的压杆，已有一些理论分析的结果，但工程中一般采用以试验结果为依据的经验公式来计算这类压杆的临界应力 σ_{cr}。

计算中小柔度杆临界应力的经验公式不止一种，常用的经验公式中最简单的为直线公式，此外还有抛物线公式。

直线公式中，临界应力 σ_{cr} 与柔度 λ 成直线关系，其表达式为

$$\sigma_{cr} = a - b\lambda \tag{8-6}$$

式中，a、b 为与材料有关的常数，由试验确定。例如 Q235 钢，a=304 MPa，b=1.12 MPa；TC13 松木 a=29.3 MPa，b=0.19 MPa。

抛物线公式中，临界应力 σ_{cr} 与柔度 λ 成抛物线关系，其表达式为

对于钢　$$\sigma_{cr} = \sigma_s - a\lambda^2 \tag{8-7}$$

对于铸铁　$$\sigma_{cr} = \sigma_b - a\lambda^2 \tag{8-8}$$

式中：

（1）应力的单位用 MPa。

（2）系数 α 是与材料性质有关的常数，可在有关手册中查得。对 Q235 钢，$\sigma_s = 235$ MPa，$\alpha = 0.006\ 68$，抛物线经验公式为

$$\sigma_{cr} = 235 - 0.006\ 68\lambda^2$$

实际上，式（8-6）只在下述范围内适用：

$$\sigma_p \leqslant \sigma_{cr} \leqslant \sigma_u \tag{8-9}$$

因为当 $\sigma_{cr} \geqslant \sigma_u$（塑性材料 $\sigma_u = \sigma_s$，脆性材料 $\sigma_u = \sigma_b$）时，压杆将发生强度破坏而不是失稳破坏。

式（8-9）的范围也可用柔度表示为

$$\lambda_p \geqslant \lambda_{cr} \geqslant \lambda_u \tag{8-10}$$

柔度在此范围内的压杆称为中柔度杆或中长杆，而 $\sigma_{cr} \geqslant \sigma_u$，即 $\lambda \leqslant \lambda_u$ 的压杆称为小柔度杆或短杆。短杆的破坏是强度破坏。

λ_u 是中长杆和短杆柔度的分界值。如在式（8-6）中令 $\sigma_{cr} = \sigma_u$，则所得到的 λ 就是用直

线经验公式求得的λ_u，即

$$\lambda_u = \frac{a - \sigma_u}{b}$$

例如用直线经验公式求得的 Q235 钢的$\lambda_u = 60$，TC13 松木的$\lambda_u = 85$。

8.2.6 压杆临界力、临界应力计算汇总

综上所述，压杆的临界应力取决于压杆的材料和柔度。压杆的临界力或临界应力的计算可按柔度分为三类：

（1）$\lambda \geqslant \lambda_p$的大柔度杆，即细长杆。用欧拉公式（8-4）计算临界应力。

（2）$\lambda_p > \lambda > \lambda_u$的中柔度杆，即中长杆，用直线公式经验公式（8-6）或抛物线公式（8-7）、（8-8）计算临界应力。

（3）$\lambda \leqslant \lambda_u$的小柔度杆，即短杆，实际上是强度破坏。

由于不同柔度的压杆，其临界应力的公式不相同。因此，在压杆的稳定性计算中，应首先按式（8-3）计算其柔度值λ，再按上述分类选用合适的公式计算其临界应力和临界力。

8.3 压杆的稳定计算

8.3.1 压杆的稳定条件

为了使压杆能正常工作而不失稳，压杆所受的轴向压力F不应大于临界力F_{cr}；或压杆的压应力σ不应大于临界应力σ_{cr}。对工程上的压杆，由于存在着种种不利因素，还需有一定的安全储备，所以要有足够的稳定安全因数n_{st}。于是，压杆的稳定条件为

$$F \leqslant \frac{F_{cr}}{n_{st}} = [F_{st}] \tag{8-11}$$

或

$$\sigma \leqslant \frac{\sigma_{cr}}{n_{st}} = [\sigma_{st}] \tag{8-12}$$

以上二式中的$[F_{st}]$和$[\sigma_{st}]$分别称为稳定容许压力和稳定容许应力，它们分别等于临界力和临界应力除以稳定安全因数。

稳定安全因数n_{st}的选取，除了要考虑在选取强度安全因数时的那些因素外，还要考虑影响压杆失稳所特有的不利因素，如压杆不可避免地存在初曲率、材料不均匀、荷载的偏心等。

这些不利因素，对稳定的影响比对强度的影响大。因而，通常稳定安全因数的数值要比强度安全因数大得多。例如，钢材压杆的n_{st}一般取 1.8～3.0，铸铁取 5.0～5.5，木材取 2.8～3.2。而且，当压杆的柔度越大，即越细长时，这些不利因素的影响越大，稳定安全系数也应取得越大。

对于压杆，都要以稳定安全因数作为其安全储备进行稳定计算，而不必作强度校核。但是，工程上的压杆由于构造或其他原因，有时截面会受到局部削弱，如杆中有小孔或槽等，当这种削弱不严重时，对压杆整体稳定性的影响很小，在稳定计算中可不予考虑。但对这些削弱了的局部截面，则应作强度校核。

根据稳定条件式（8-11）、式（8-12），就可以对压杆进行稳定计算。压杆稳定计算的内容与强度计算类似，包括校核稳定性、设计截面和求容许荷载三个方面。压杆稳定计算通常有两种方法：安全系数法和折减系数法。

下面我们主要学习折减系数法。

8.3.2　折减系数法

压杆的稳定安全条件是压杆的工作应力 σ 不超过其稳定许用应力 $[\sigma_w]$，即

$$\sigma=\frac{F}{A}\leqslant[\sigma_w]=\frac{\sigma_{cr}}{n_w}$$

在杆件轴向拉压强度问题的计算中，用的是强度许用应力 $[\sigma]=\frac{\sigma_s}{n_s}$ 或 $\frac{\sigma_b}{n_b}$。为了简化计算，将稳定许用应力 $[\sigma_w]$ 与强度许用应力 $[\sigma]$ 的比值定义为折减系数 φ，即

$$\varphi=\frac{[\sigma_w]}{[\sigma]}=\frac{\sigma_{cr}/n_w}{\sigma_s/n_s} \tag{8-13}$$

则

$$[\sigma_w]=\varphi[\sigma]$$

于是得到用折减系数法表示的压杆的稳定条件为

$$\sigma=\frac{F}{A}\leqslant\varphi[\sigma] \tag{8-14}$$

几种常用材料的折减系数 φ 见表 8.2。

表 8.2　几种常用材料的折减系数 φ

柔度 λ	Q215 Q235 钢	16 号锰钢	铸铁	柔度 λ	Q215 Q235 钢	16 号锰钢	铸铁
10	0.995	0.993	0.97	110	0.536	0.384	—
20	0.981	0.973	0.91	120	0.466	0.325	—
30	0.958	0.940	0.81	130	0.401	0.279	—
40	0.927	0.895	0.69	140	0.349	0.242	—
50	0.888	0.840	0.57	150	0.306	0.213	—
60	0.842	0.776	0.44	160	0.272	0.188	—
70	0.789	0.705	0.34	170	0.243	0.168	—
80	0.731	0.627	0.26	180	0.218	0.151	—
90	0.669	0.546	0.20	190	0.197	0.136	—
100	0.604	0.462	0.16	200	0.180	0.124	—

【例 8.3】 一圆形木柱高 6 m，直径 d=20 cm，两端铰支，承受轴向压力 P=50 kN，木材的许可应力$[\sigma]=10$ MPa。校核该柱的稳定性。

【解】(1) 计算截面的惯性半径。有

$$i=\sqrt{\frac{I}{A}}=\sqrt{\frac{\pi d^4/64}{\pi d^2/4}}=\frac{d}{4}=5\ (\mathrm{cm})$$

(2) 计算柔度λ。因两端铰支，$\mu=1$，所以

$$\lambda=\frac{\mu l}{i}=\frac{1\times 600}{5}=120$$

(3) 查折减系数φ。从表 8.2 中查得$\varphi=0.209$。

(4) 稳定校核。有

$$\sigma=\frac{P}{A}=\frac{50\times 10^3}{\dfrac{\pi\times 200^2}{4}}=1.59\ (\mathrm{N/mm^2})=1.59\ \mathrm{MPa}$$

$$\varphi[\sigma]=0.209\times 10=2.09\ (\mathrm{MPa})$$

因此，$\sigma<\varphi[\sigma]$，木柱满足稳定条件。

【例 8.4】 某一端固定，一端自由的工字型钢压杆，材料为 Q235 钢。已知 F=240 kN，l=1.5 m，$[\sigma]=140$ MPa。试选择其工字钢截面型号。

【解】 因工字钢截面型号未知，无法计算其柔度λ，也就查不出折减系数φ，无法应用式（8-11）计算。这时，可先按强度条件初步估算截面面积，即由$\dfrac{F}{A}\leqslant[\sigma]$得

$$A\geqslant\frac{F}{[\sigma]}=\frac{240\times 10^3}{140}=1\ 710\ (\mathrm{mm^2})$$

从型钢表中按估算面积的两倍（34.2 $\mathrm{cm^2}$，即取$\varphi=0.5$试凑），初选№20a 工字钢，其$A=35.5\ \mathrm{cm^3}$，最小惯性半径为$i_y=2.12$ cm。

然后进行稳定校核：

$$\lambda=\frac{\mu l}{i_y}=\frac{2\times 150}{2.12}=142$$

由表 8.2 按线性插入法查出折减系数φ，即由

$$\frac{\varphi-0.349}{142-140}=\frac{0.306-0.349}{150-140}$$

得

$$\varphi=0.349-\frac{2}{10}(0.349-0.306)=0.34$$

$$\frac{\sigma}{\varphi[\sigma]}=\frac{F}{\varphi[\sigma]A}=\frac{240\times 10^3}{0.34\times 140\times 35.5\times 10^2}=1.42>1$$

上式说明初选的截面太小，不满足稳定性要求，应重选截面。

重选№22a 工字钢，其 $A=42\ \text{cm}^3$，最小惯性半径为 $i_y=2.31\ \text{cm}$，则

$$\lambda=\frac{\mu l}{i_y}=\frac{2\times150}{2.31}=130$$

查表得 $\varphi=0.401$，则

$$\frac{\sigma}{\varphi[\sigma]}=\frac{F}{\varphi[\sigma]A}=\frac{240\times10^3}{0.401\times140\times42\times10^2}=1.018\approx1$$

工作应力 σ 超出 $\varphi[\sigma]$ 约 1.8%，不超过 5%，可认为所重选的截面型号№22a 是可用的。

8.4　提高压杆稳定性的途径

每一根压杆都有一定的临界力，临界力越大，表示该压杆越不容易失稳。压杆的临界力取决于压杆的长度、截面形状和尺寸、杆端约束以及材料的弹性模量等因素。因此，为提高压杆稳定性，可从以下几个方面考虑：

1. 选择合理的截面形式

（1）压杆总是在柔度较大的纵向平面内失稳，为了充分利用压杆的材料，应使其各个纵向平面内的柔度相同或相近。

当压杆两端约束在各个方向均相同时，若截面的两个主形心惯性矩不相等，压杆将在 I_{min} 的纵向平面内失稳。因此，当截面面积不变时，应改变截面形状，使其两个形心主惯性矩相等，即 $I_y=I_z$。这样就有 $\lambda_y=\lambda_z$，压杆在各个方向就具有相同的稳定性，这种截面形状就较为合理。例如在截面面积相同的情况下，正方形截面要比矩形截面合理。

由 $\lambda=\dfrac{\mu l}{i}$ 可见，当压杆两端的支座是各向同性的固定端或球形铰时，合理的截面形状应是圆形或方形。

当压杆在两个形心主惯性平面内的杆端约束不同时（如柱形铰），宜采用矩形或工字型截面，其合理截面的形式是使 $I_y\neq I_z$，以保证 $\lambda_y=\lambda_z$。这样，压杆在两个方向才具有相同的稳定性。

（2）在截面面积一定的情况下，应尽可能增大截面的惯性矩，以减小压杆的柔度，如用型钢组成的空心方形截面代替实心方截面、用空心圆截面代替实心圆截面等。例如由同样 4 根角钢组成的截面，图 7.9（b）所示的放置就比图 7.9（a）所示的合理。

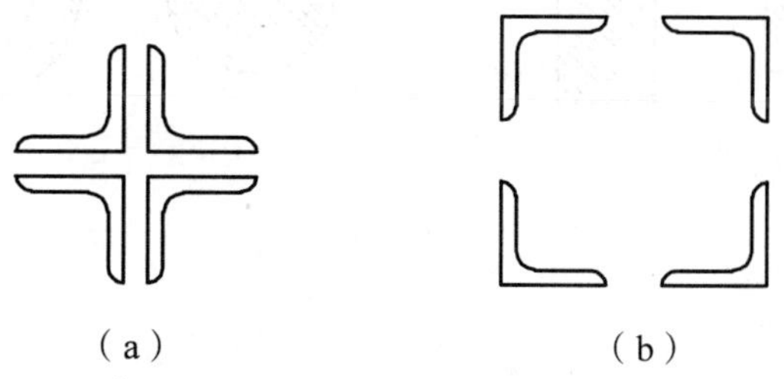

图 8.6　等边角钢截面

采用槽钢时，将两根槽钢按图 8.7（b）所示的方式放置，再调整间距 h，使 $I_y=I_z$。

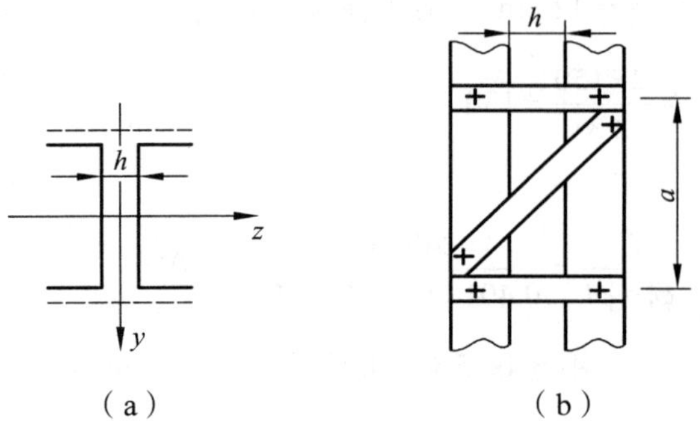

图 8.7 槽钢截面和缀条与分支

工程上常用型钢组成薄壁截面，比用实心截面合理。

2. 减小计算长度

压杆的柔度 λ 与其计算长度 l 成正比，故在条件许可的情况下，应尽可能减小压杆的长度，或者在压杆中间增加支座以减小压杆的计算长度 l。

3. 增强杆端约束

由表 8.1 可知，压杆两端支承越牢固，其长度系数 μ 就越小，临界应力也就越大。也就是说，增强杆端约束，即减小长度系数 μ 值，同时也可以提高压杆的稳定性。因此压杆与其他构件连接时，应尽可能做成刚性连接或采用较紧密的配合。例如，在支座处焊接或铆接支撑钢板，以增强支座的刚性从而减小 μ 值。

4. 合理选择材料

细长压杆的临界力 F_{cr} 与材料的弹性模量 E 成正比。因此，选用 E 大的材料可以提高压杆的稳定性。但如压杆由钢材制成，因各种钢材的 E 值大致相同，所以选用优质钢或低碳钢，对细长压杆稳定性并无多大区别。

而对中长杆，其临界应力 σ_{cr} 总是超过材料的比例极限 σ_p，其临界应力与材料的强度有关，因此，对这类压杆，采用高强度材料可提高稳定性。

【课堂思考】 如图 8.8 所示，每组截面中，两个截面面积相同。试问作为压杆时，每组截面中哪个合理，为什么？

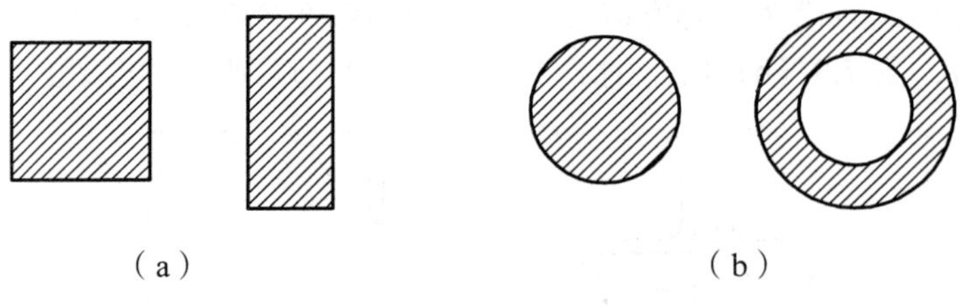

图 8.8

第 9 章　超静定结构概述

前面分析了构件强度、刚度和稳定性要求，以确保构件在荷载作用下不发生构件失效现象。杆系结构（简称结构）是由若干个杆件用铰结点和刚结点连接而成的杆件体系，应该能承担一定范围的任意荷载，否则在荷载作用下就极有可能发生结构失效。这种失效是由于结构组成不合理造成的，与构件强度、刚度和稳定性失效不一样，它往往发生得比较突然、范围较大，在工程中必须避免这种情况发生。这就需要对结构的几何组成进行分析，以保证结构有足够、合理的约束，防止结构失效。过多的约束将使结构成为超静定结构，那么超静定结构相对静定结构又有什么不同的地方？超静定结构内力有哪些特征？这些问题将在本章作简要说明。

9.1　平面体系的几何组成分析

9.1.1　平面几何组成分析的目的

土建工程中的结构必须是几何不变体系，通过对体系进行几何组成分析，可以达到如下目的：

（1）判别某体系是否为几何不变体系，以决定其能否作为工程结构使用。

（2）研究并掌握几何不变体系的组成规则，以便合理布置构件，使所设计的结构在荷载作用下能够维持平衡。

（3）根据体系的几何组成状态，确定结构是静定的还是超静定的，以便选择相应的计算方法。

9.1.2　几何不变体系、几何可变体系

1. 几何不变体系

在不考虑材料应变的条件下，任意荷载作用后体系的位置和形状均能保持不变（图 9.1(a)、(b)、(c)）。根据约束的多少，几何不变体系又分为几何不变无多余约束体系和几何不变有多余约束体系。

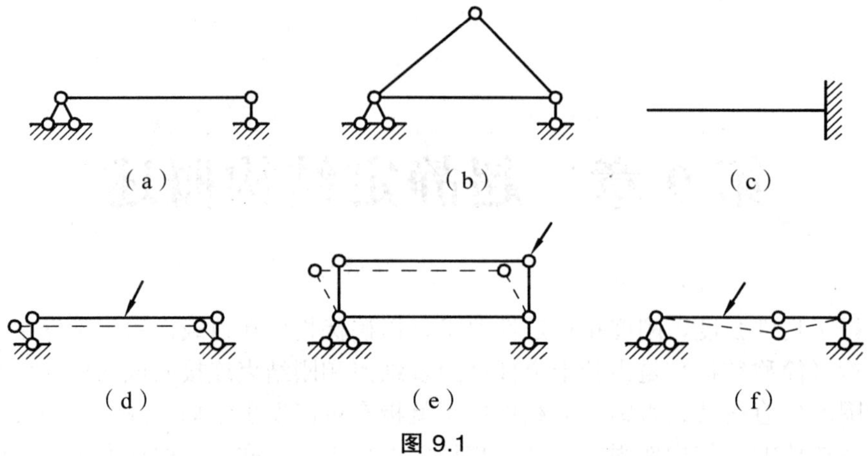

图 9.1

2. 几何可变体系

在不考虑材料应变的条件下，即使不大的荷载作用，也会产生机械运动而不能保持其原有形状和位置的体系（图 9.1（d）、（e）、（f））。根据变化后体系的形状，几何可变体系又分为几何瞬变体系和几何常变体系。

显然，几何可变体系是不能作为工程结构使用的，工程结构中只能使用几何不变体系。

对结构体系进行几何组成分析时不考虑各个构件的变形，因此每个构件或每个几何不变体系均可认为是刚体，由于我们研究的是平面问题，这些刚体通常称为刚片。地面可视为一个特殊的刚片。刚片的形状对组成分析无关紧要，因此形状复杂的刚片均可以用形状简单的刚片来代替。

9.1.3 几何组成的基本规则

基本规则是几何组成分析的基础，在进行几何组成分析之前先介绍一下虚铰的概念。

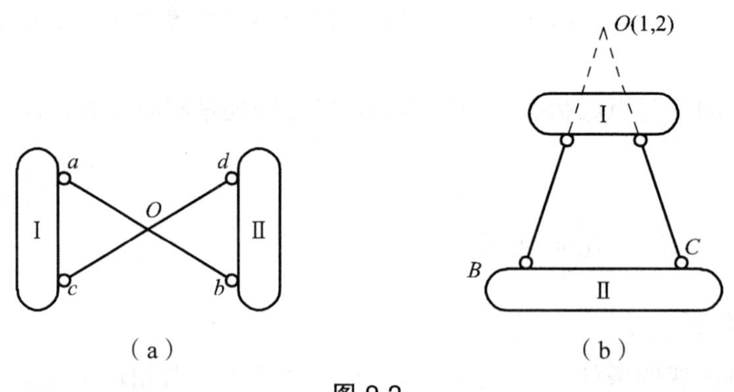

图 9.2

如果两个刚片用两根链杆连接（图 9.2（a）），则这两根链杆的作用就和一个位于两杆交点的铰的作用完全相同。我们常将连接两个刚片的两根链杆视为一个虚铰，虚铰的位置即在这两根链杆的交点上，如图 9.2（a）中的 O 点，因为在这个交点 O 处并没有真正的铰，所以称它为虚铰。

如果连接两个刚片的两根链杆并没有相交，则虚铰在这两根链杆延长线的交点上，如图 9.2（b）所示。

下面就分别讲述组成几何不变平面体系的三个基本规则。

1. 二元体概念及二元体规则

图 9.3（a）所示为一个三角形铰结体系，假如链杆 I 固定不动，那么通过前面的讲解，我们已知它是一个几何不变体系。

将图 9.3（a）中的链杆 I 看作一个刚片，组成图 9.3（b）所示的体系。从而得出：

规则 1（二元体规则）：在一个体系上增加或减少若干个二元体，都不会改变原体系的几何组成性质。

由两根不共线的链杆（或相当于链杆）连接一个结点的构造，称为二元体（如图 9.3（b）中的 *BAC*）。

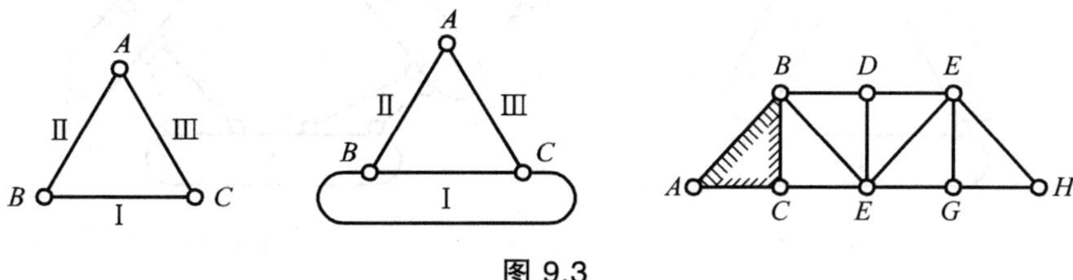

图 9.3

如图 9.3（c）所示的桁架，就是在铰接三角形 *ABC* 的基础上，依次增加 5 个二元体而形成的一个无多余约束的几何不变体系。同样，我们也可以对该桁架从 *H* 点起依次拆除 5 个二元体而成为铰接三角形 *ABC*。

2. 两刚片规则

将图 9.3（a）中的链杆 I 和链杆 Ⅱ 都看做是刚片，组成图 9.4（a）所示的体系。从而得出：

规则 2（两刚片规则）：两刚片用不在一条直线上的一铰（*B* 铰）、一链杆（*AC* 链杆）连接，则组成无多余约束的几何不变体系。

如果将图 9.4（a）中连接两刚片的铰 *B* 用虚铰代替，即用两根不共线、不平行的链杆 *a*、*b* 来代替，组成图 9.4（b）所示体系，则可得出以下推论。

推论：两刚片用不完全平行也不交于一点的三根链杆连接，则组成无多余约束的几何不变体系。

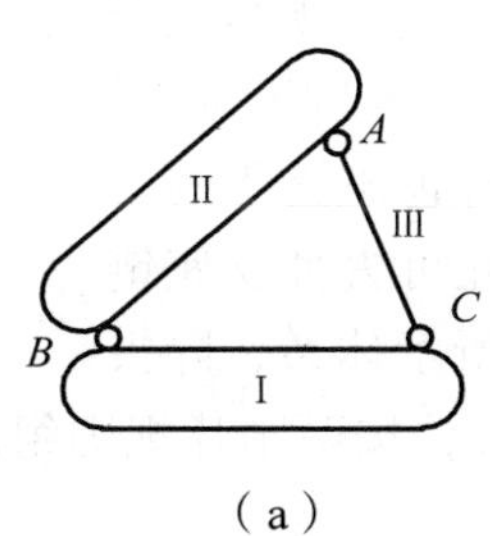

（a）

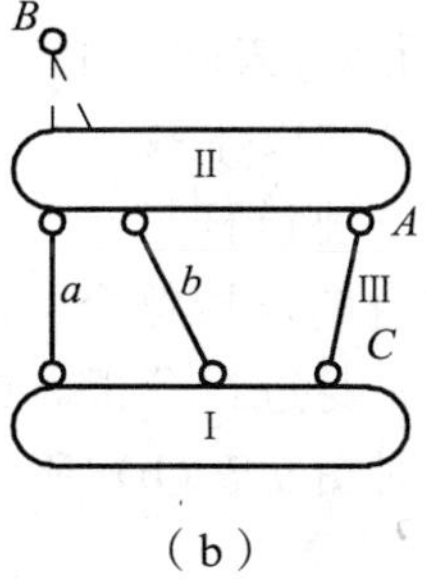

（b）

图 9.4

3. 三刚片规则

将图 9.3（a）中的链杆Ⅰ、链杆Ⅱ和链杆Ⅲ都看做是刚片，组成图 9.5（a）所示的体系。从而得出：

规则 3（三刚片规则）：三刚片用不在一条直线上的三个铰两两连接，则组成无多余约束的几何不变体系。

如果将图中连接三刚片之间的铰 A、B、C 全部用虚铰代替，即都用两根不共线、不平行的链杆来代替，组成图 9.5（b）所示体系，则可得出以下推论。

推论：三刚片分别用不完全平行也不共线的两根链杆两两连接，且所形成的三个虚铰不在同一条直线上，则组成无多余约束的几何不变体系。

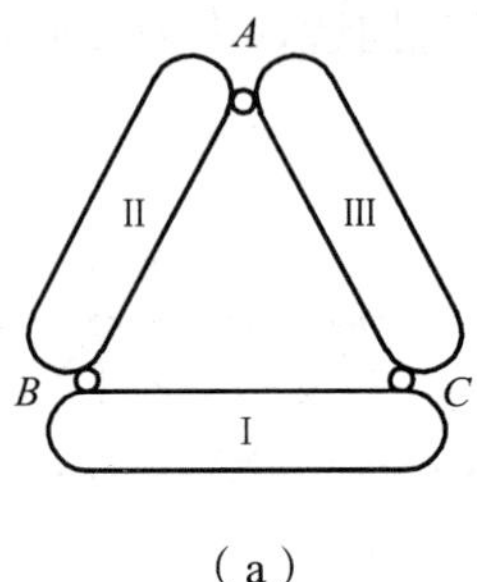

（a）

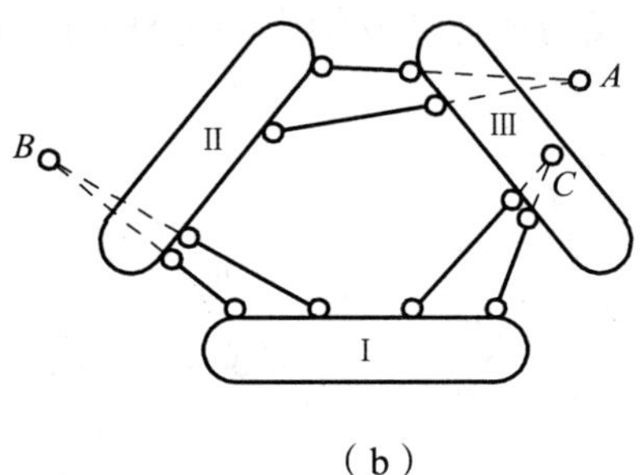

（b）

图 9.5

9.1.4 平面体系的几何组成分析举例

几何不变体系的组成规则是进行结构组成分析的依据。分析时，一般从能直接观察出的部分开始，应用组成规则，逐步扩大几何不变部分直到整体。我们在前面的学习中所遇到的结构大部分是无多余约束的几何不变结构体系，如简支梁、悬臂梁和三铰结构等。很多结构体系中有一部分结构和基础组成上述结构并且能够首先观察出来，这部分结构通常称为结构体系的基本部分；其他部分称为附属部分，附属部分可以通过组成规则进行判断。

体系几何组成分析虽然灵活多样，但也有一定规律可循。对于比较简单的体系，可以选择两个或三个刚片，直接按规则分析其几何组成。对于复杂体系，可以采用以下方法：

（1）当体系上有二元体时，应去掉二元体使体系简化，以便于应用规则。如图 9.6 所示，去除三个二元体后，运用三刚片规则判断体系为几何不变无多余约束体系。

1 2 3 4 A B

图 9.6

（2）如果体系的支座链杆只有三根，且不全平行也不交于同一点，则地基与体系本身的连接符合二刚片规则，因此可去掉支座链杆和地基而只对体系本身进行分析。如图 9.7（a）所示体系，除去支座 3 根链杆，只需对图 9.7（b）所示体系进行分析，按两刚片规则组成无多余约束的几何不变体系。

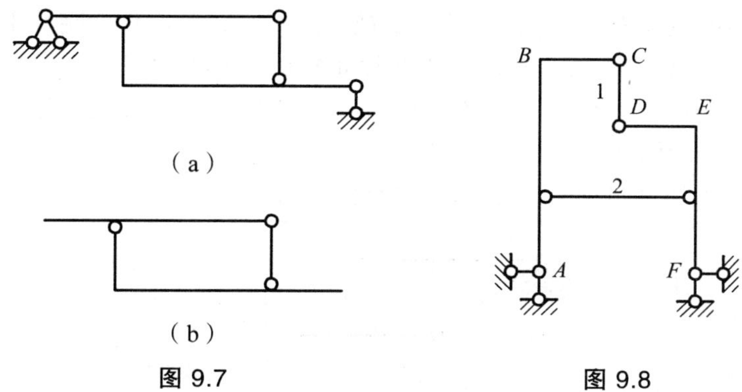

图 9.7　　图 9.8

(3) 当体系的支座链杆多于三根时，应考虑把地基作为一刚片，将体系本身和地基一起用三刚片规则进行分析。如图 9.8 所示体系，将 *ABC*、*DEF* 作为刚片Ⅰ、Ⅱ，再将地基作为刚片Ⅲ，对整个体系用三刚片规则进行分析，结论是无多余约束的几何不变体系。

在进行组成分析时，体系中的每根杆件和约束都不能遗漏，也不可重复使用（复铰可重复使用，但重复使用的次数不能超过其相当的单铰数）。当分析进行不下去时，一般是因所选择的刚片或约束不恰当，应重新选择刚片或约束再试。对于某一体系，可能有多种分析途径，但结论是唯一的。

【例 9.1】 对图 9.9（a）所示体系作几何组成分析。

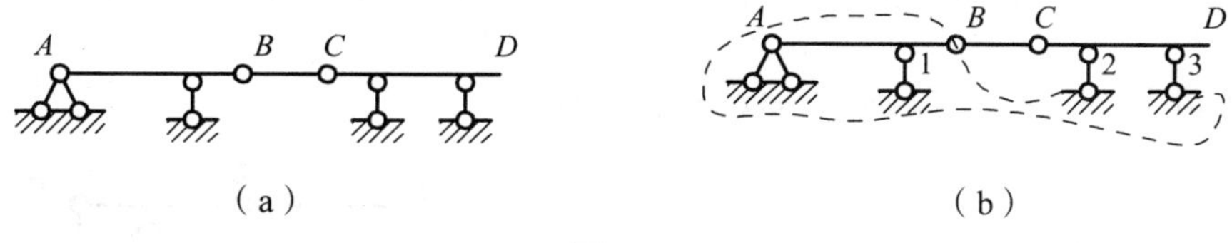

图 9.9

首先以地基及杆 *AB* 为二刚片，通过铰 *A* 和链杆 1 联结，链杆 1 延长线不通过铰 *A*，组成几何不变部分，见图 9.9（b）。以此部分作为一刚片，杆 *CD* 作为另一刚片，用链杆 2、3 及 *BC* 链杆（连接两刚片的链杆约束，必须是两端分别连接在所研究的两刚片上）连接。三链杆不交于一点也不全平行，符合两刚片规则，故整个体系是无多余约束的几何不变体系。

另一种分析方法：将链杆 *BC* 视为一个刚片，*AB* 杆及地基分别为第二、三个刚片。后续分析由读者自己完成。

通过此题可看出：分析同一体系的几何组成可以采用不同的组成规则；一根链杆可视为一个约束，也可视为一个刚片。

【例 9.2】 对图 9.10 所示体系作几何组成分析。

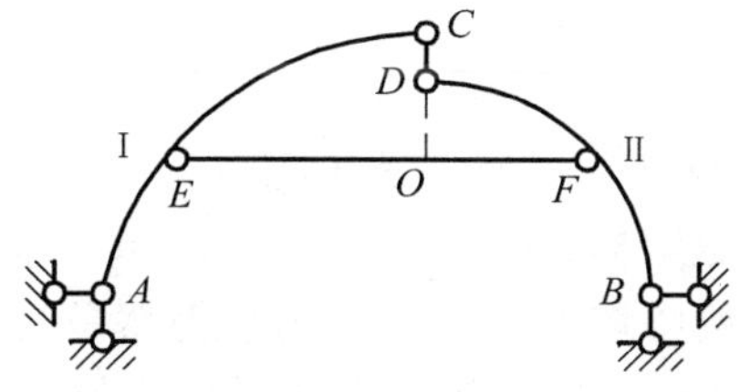

图 9.10

分别将图 9.10 中的 AC、BD、基础分别视为刚片Ⅰ、Ⅱ、Ⅲ，刚片Ⅰ和Ⅲ以铰 A 相连，B 铰是联系刚片Ⅱ和Ⅲ的约束，刚片Ⅰ和刚片Ⅱ分别由 CD、EF 两链杆相连，相当于一个虚铰 O。则连接三刚片的三个铰（A、B、O）不在一直线上，符合三刚片规则，故体系为几何不变且无多余约束体系。

【例 9.3】 试对图 9.11 所示体系进行几何组成分析。

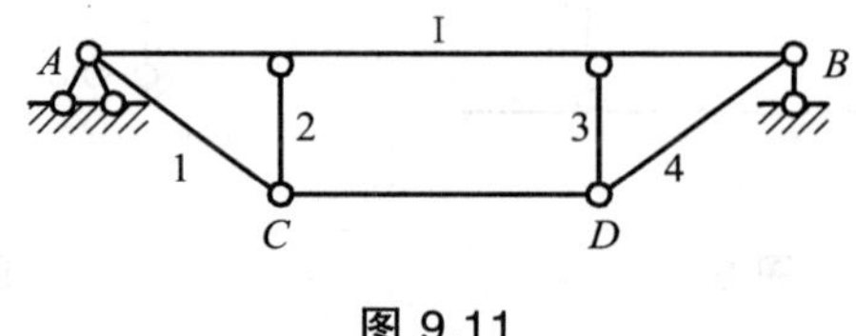

图 9.11

将 AB 视为刚片Ⅰ与地基由 A 铰、B 链杆连接，符合两刚片规则，组成几何不变部分；在其上增加二元体 1C2、3D4，则可知链杆 5 是多余约束。因此体系是几何不变有一个多余约束体系。

前面提到工程结构必须是几何不变体系，虽然在有些结构中某些构件并不受力，如桁架中的零杆，但是并不等于这些构件不需要，如果缺少了这些构件，工程结构就有可能成为几何可变体系，在预想不到的荷载作用下发生工程结构整体失效，造成严重的后果。如脚手架结构中缺少斜撑，或某些压杆间距过大，造成杆件失稳，当这些压杆失稳退出工作时便使结构成为几何可变体系，从而发生结构体系整体失效。此外，脚手架的坍塌事故，多与几何组成不合理有关。

【课堂练习】 分析图 9.12 所示结构的几何组成。

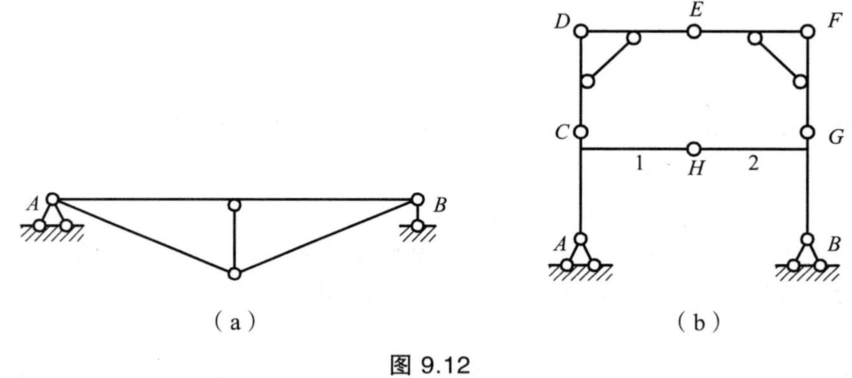

图 9.12

9.2 超静定结构简介

简支梁通过铰 A 和链杆 B 与基础相连，是几何不变体系，且无多余约束的。这种没有多余约束的几何不变体系称为静定结构，如图 9.13（a）所示。静定结构的反力和内力可通过静力平衡方程求得。如果在简支梁中增加一个链杆，它仍然是几何不变体系，但有一个多余约束如图 9.13（b）所示。有多余约束的几何不变体系称为超静定结构。超静定结构的支座反力和内力不能由静力平衡方程全部求得。静定结构的内力计算，除了运用静力平衡方程外，还要利用变形条件。

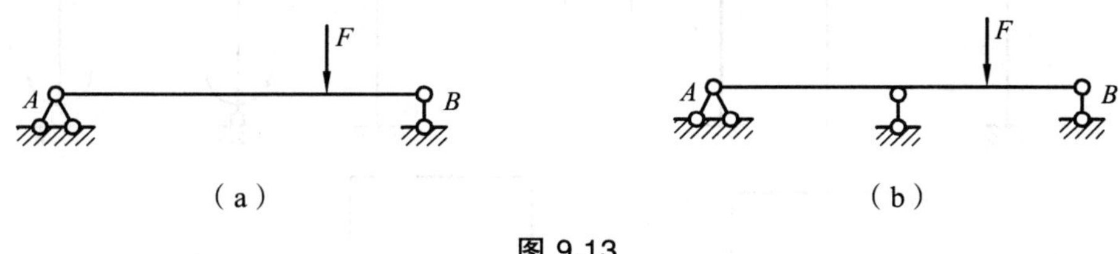

图 9.13

9.2.1　超静定结构超静定次数的判定

超静定结构是有多余约束的几何不变体系，多余约束的个数就是超静定的次数。超静定结构去掉多余约束后是无多余约束的几何不变体系，也就是静定结构。因此，超静定结构可形象地表示为

超静定结构＝静定结构＋多余约束

判断超静定结构多余约束的方法是按两刚片规则与三刚片规则进行几何组成分析，找出多余约束。也可以逐步去掉约束，直到剩下的部分是静定结构，则去掉的约束就是多余约束，多余约束的个数就是超静定的次数。要注意，去掉约束后剩下的部分须是静定结构，不能去掉约束过多以致剩下的部分是可变体系，也不能去掉约束太少以致剩下的部分还有多余约束。

一般来说，去掉一根支座链杆或切断一根链杆，相当于去掉一个约束；拆除一个单铰或去掉一个铰支座，相当于去掉两个约束；切断一根梁式杆或去掉一个固定端支座，相当于去掉三个约束；在刚性杆上或固定支座上加一个单铰，相当于去掉一个约束。如图 9.14 所示。

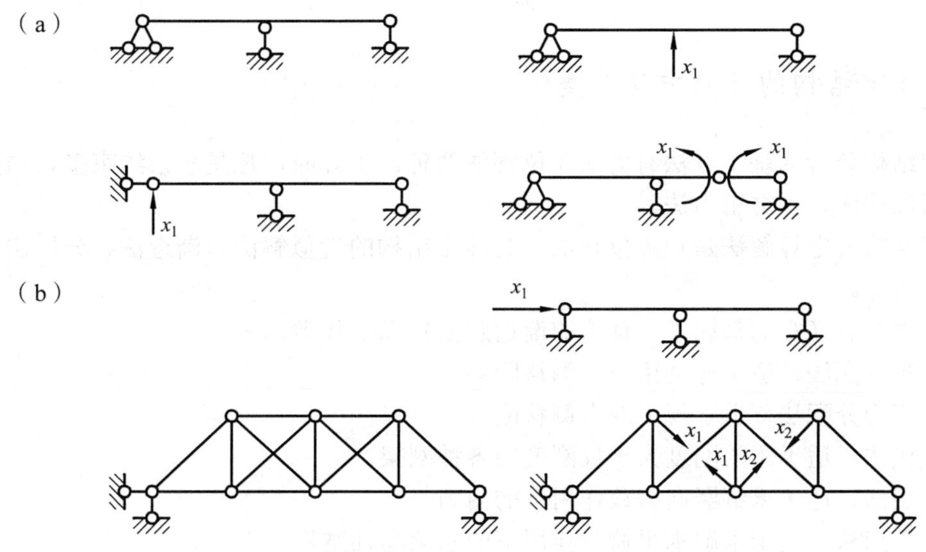

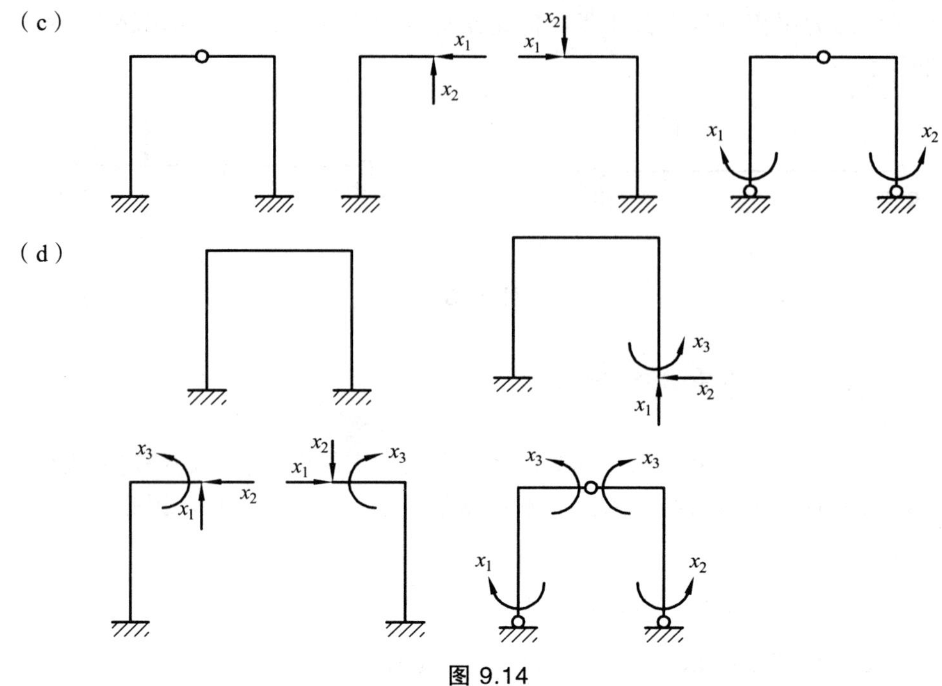

图 9.14

【课堂练习】 判断图 9.15 所示结构超静定的次数。

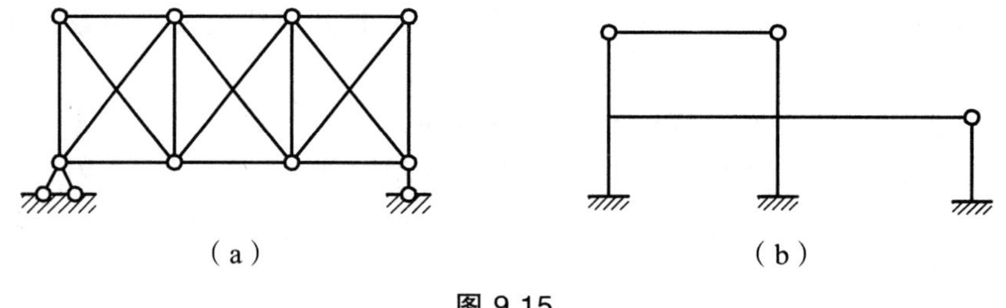

图 9.15

9.2.2 超静定结构的计算方法分类

超静定结构分析的基本方法有力法和位移法两种。手算时，凡是多余约束多、结点位移少的结构用位移法；反之用力法。

超静定结构的电算解法是矩阵位移法。超静定结构的近似解法有渐近法、分层法、反弯点法、*D* 值法等。

渐进法主要有（它们都属于位移法的渐近解法）以下几类。

（1）力矩分配法：适于连续梁与无侧移刚架。

（2）无剪力分配法：适于规则的有侧移刚架。

（3）迭代法：适于梁的刚度大于柱刚度的各种刚架。

（4）分层法：适于求解竖向荷载作用下的内力。

（5）反弯点法：适于求解水平荷载作用下的强梁弱柱结构的内力。

（6）*D* 值法：是反弯点法的改进方法，又称为改进的反弯点法。

超静定桁架和超静定拱宜用力法求解；连续梁、无侧移刚架宜用位移法或力矩分配法求解；有侧移刚架宜用位移法或无剪力分配法等求解。

由于受学时所限，力法和位移法我们就不在这讲述了，有兴趣的同学可以阅读相关结构力学教材。考虑到后续课程学习（主要是建筑结构课程）及工作中的需要，我们选取力矩分配法来学习，以便学生了解超静定结构的一些特点；同时，因为力矩分配法简单，适宜用手工计算。力矩分配法的介绍见下一节。

9.2.3 超静定结构的内力特性

1. 超静定结构的弯矩分布

对比简支梁和连续梁（超静定梁）（图 9.16（a)、(b)）以及三铰刚架和超静定刚架（图 9.16（c)、(d)）的弯矩图。可以发现，超静定结构相对于静定结构，弯矩的最大值可以大幅度降低，但在杆件两侧会产生弯矩。

在局部荷载作用下，超静定结构的内力影响范围一般比静定结构影响范围大。这使超静定结构的内力分布相对均匀，最大内力也相对较小，例如静定结构中在基本部分上作用的荷载对附属部分不产生内力，而超静定结构有时可以通过多余约束将基本部分上作用的荷载所产生的内力传递到其他部分。

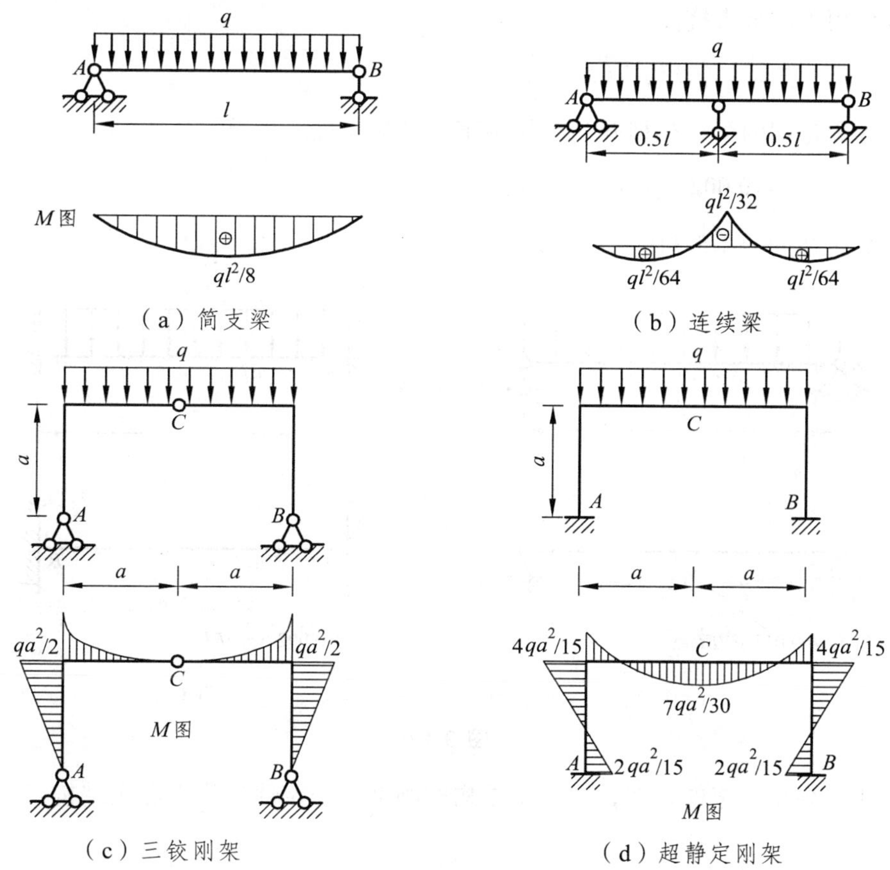

图 9.16

2. 超静定结构可提高结构的安全性

由于多余约束的存在，使超静定结构相对静定结构具有较强的承载能力。在静定结构中有一个约束被破坏时，静定结构就成为几何可变体系（因为它没有多余约束），结构就丧失了承载能力（图 9.17（a））。超静定结构却不同，当多余约束被破坏时，结构仍为几何不变体系（图 9.17（b）），因而还具有一定的承载能力，即使结构被破坏也有一个时间过程。因此，对承载能力具有较强的防护能力。

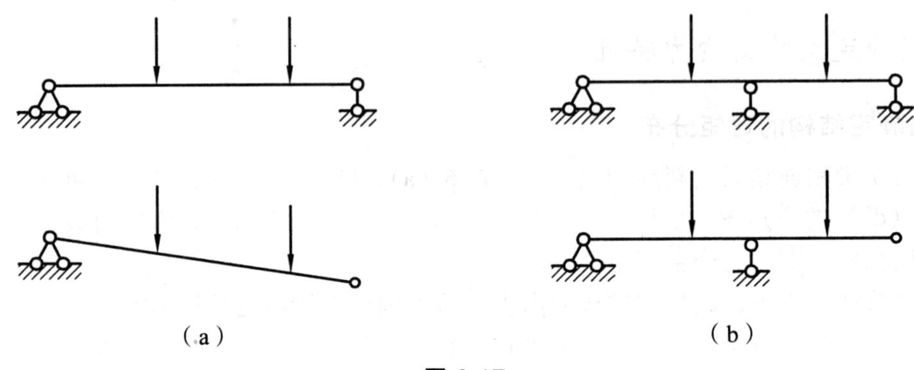

图 9.17

由于多余约束的存在，使超静定结构相对于静定结构具有较高的刚度。例如简支梁在竖向匀布荷载作用下的最大挠度为

$$y_{\max}=0.013ql^4/EI$$

而两端为固定端的梁，在相同荷载作用下，其最大挠度为

$$y=0.002\,6ql^4/EI=y_{\max}/5$$

仅为简支梁最大挠度的 1/5（图 9.18（b））。

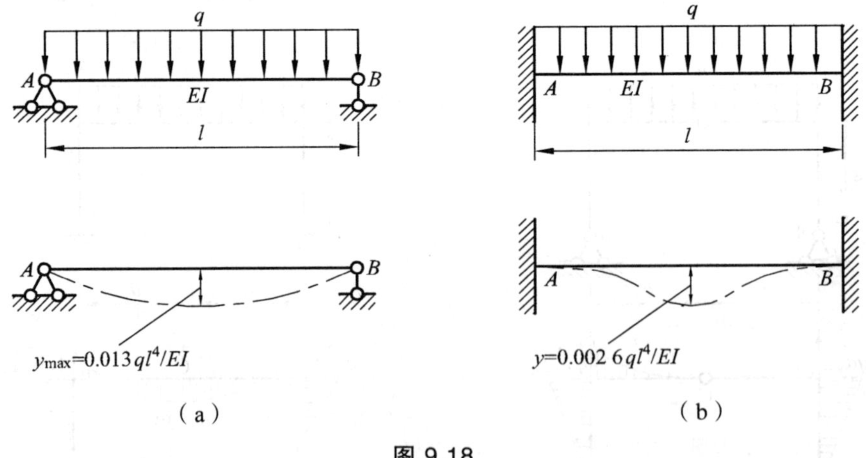

图 9.18

可见，由于多余约束的存在，超静定结构的刚度和稳定性均优于静定结构。

3. 超静定结构的内力与构件刚度的关系

在静定结构的讨论中，我们已经知道静定构件的内力和应力与构件的材料性质（即材料的弹性模量）无关。而在超静定问题的讨论中，由于补充方程是根据结构的变形条件建立的，而变形条件和各杆的刚度有关。因此，我们可以发现在求解超静定问题的内力时，补充方程中含有弹性模量 E，也就是说，超静定结构构件的内力和应力与构件材料的弹性模量 E 和构件的截面尺寸有关。

如图 9.19（a）所示结构受荷载 F_P 作用，杆 1 和杆 3 横截面积均为 A_1，弹性模量均为 E_1，杆 2 横截面积为 A_2，弹性模量为 E_2，长度 l 均相等。由于链杆 A 的反力为零，受力图如图 9.19（b）所示，因此结构是对称的，那么刚性梁在荷载 F_P 作用下必定水平下移，这样三根杆件的变形是一样的，即

$$\Delta l_1 = \Delta l_2 = \Delta l_3$$

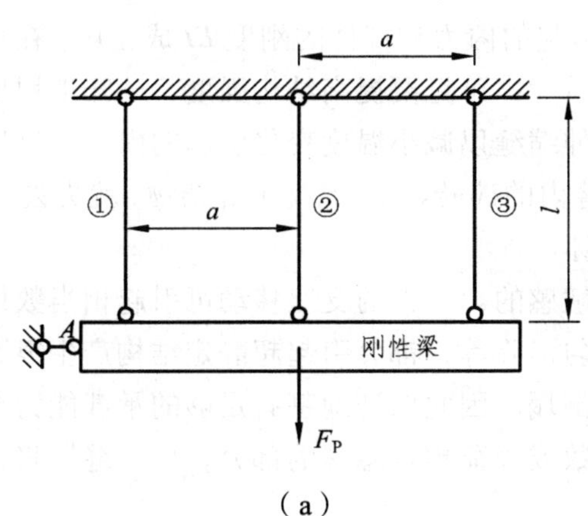

（a）

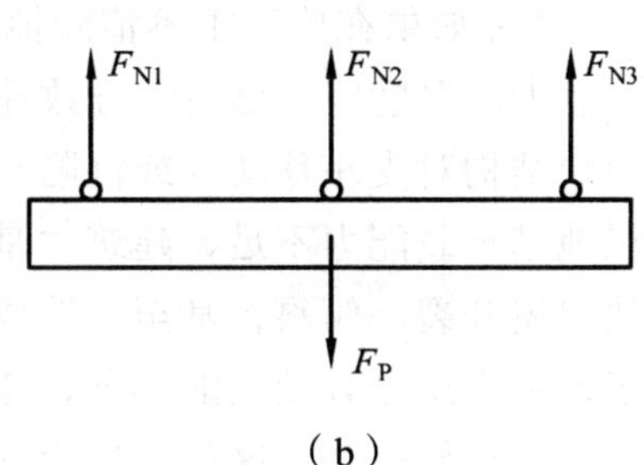

（b）

图 9.19

由于原长 l 一样，因此三杆的应变 ε 也是一样的，即

$$\varepsilon_1 = \varepsilon_2 = \varepsilon_3$$

由胡克定律，得

$$\sigma_1 / E_1 = \sigma_2 / E_2 = \sigma_3 / E_1$$

因此应力之比为

$$\sigma_1 / \sigma_1 = E_1 / E_2$$

由此得

$$F_{N1}A_2/F_{N2}A_1 = E_1/E_2$$
$$F_{N1}/F_{N2} = E_1A_1/E_2A_2$$

可见，在超静定结构中，刚度 EA 影响着内力和应力的分配。从上面还可以看出，内力与结构各部分的刚度比有关，刚度越大内力越大。

4. 温度变化和支座沉陷对超静定结构的影响

温度变化和支座沉陷对静定结构的内力没有影响，但在超静定结构中，温度变化、支座移动、制造误差等因素都会引起结构变形，这些变形又受到多余约束的限制，这些限制在超静定结构中会引起内力。这种内力对结构有时有很大的影响，甚至导致结构的破坏，因此必须对这个问题有足够的重视。

温度的变化会引起材料体积的变化。例如一段铁路轨道是由道钉或其他约束装置固定在路基上的，对钢轨有一定的约束作用。如果钢轨过长，则这些约束装置将使钢轨成为超静定多跨梁。温度变化引起钢轨变形，这种变形受到约束限制，使钢轨产生内力。因此，钢轨的长度不宜过长，并在每段接头处必须留有一定的缝隙，以防止温度变化使结构产生变形引起内力过大造成铁轨的损坏。对于长轨铁路、长距离管道等，必须采取技术措施解决这个问题，比如在管道上安装伸缩器等。同样，桥梁、楼板在接头处也应留有一定的缝隙。另外，还需要补充说明的是，理论和实践都可以证明温度引起的内力和杆件的刚度 EI 成正比，在相同温度条件下，截面尺寸越大，温度引起的内力也越大。可见要提高结构强度，一味地用增大截面尺寸的方法并不合理，因此在建筑物中常设伸缩缝以减小温度变化引起的内力。这里需要提醒注意的是，如果在施工中不清除掉入伸缩缝内的碎砖、石、混凝土等杂物，就失去了“缝”的作用，巨大的温度应力仍将会导致建筑物破坏。

超静定结构对支座移动（或沉陷）是十分敏感的。不大的支座移动可引起相当数值的内力。如果地基承载能力不足、建筑物基础不均匀沉降等，都会引起超静定结构产生很大的内力，导致房屋开裂、倾斜，甚至会造成建筑物倒塌。因此保证地基有足够的承载能力至关重要，对于地基土质差异较大的部分，建筑物层数或载荷相差悬殊的部分，用“缝”将建筑物从基础至顶部全部分开，这种缝称为沉降缝。

超静定结构和静定结构的特性见表 9.1。

表 9.1 超静定结构和静定结构的比较

几何组成 / 项目	静定结构	超静定结构
	无多余约束的几何不变体系	有多余约束的几何不变体系
反力、内力的计算方法	用静力平衡方程可解出全部反力和内力	用静力平衡方程加上由变形条件建立的补充方程可解出全部反力和内力
内力与刚度的关系	内力与刚度无关	内力与结构各部分的刚度比有关；刚度越大内力越大
荷载作用下的特点	荷载作用下内力分布范围较小，内力最大值较大；刚度和稳定性较差	荷载作用下内力分布范围较大，内力最大值较小；刚度和稳定性较好
无外荷载作用时的内力状态	温度变化、支座移动不产生内力	温度变化、支座移动都会产生内力

9.3　力矩分配法

9.3.1　力矩分配法的基本概念

力矩分配法是求无线位移超静定结构的截面内力的一种计算方法。通过查表获取基本数据，然后进行数值运算，数次逼近准确值。力矩分配法是一种近似计算方法，其误差可以控制在允许范围内，计算的轮次越多，误差越小。力矩分配法的计算对象是由等截面直杆组成的杆系结构，如刚架、连续梁。

运用力矩分配法计算超静定结构时，需要将结构拆成单杆，单杆的杆端约束视节点而定，刚结点视为固定端支座，铰结点视为固定铰支座。当讨论杆件的弯矩与剪力时，由于固定铰支座在杆轴线方向上的约束力只产生轴力，因此可不予考虑，从而将固定铰支座可进一步简化为垂直于杆轴线的可动铰支座。结合边界支座及节点的形式，超静定结构拆开所成的单杆超静定梁有三种形式，如图 9.20 所示。

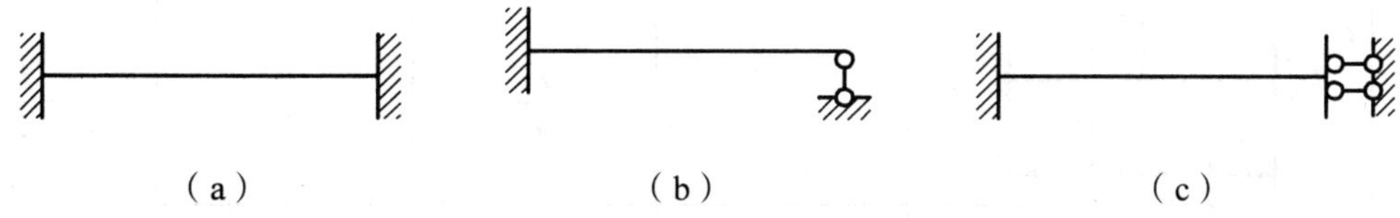

（a）　　（b）　　（c）

图 9.20　单杆超静定梁的约束形式

力矩分配法规定杆端弯矩顺时针转向为正，逆时针转向为负（对于结点弯矩就变成逆时针转向为正），如图 9.21 所示。以后运用力矩分配法进行结构内力分析时，弯矩的正负号都遵从这个规定。要注意的是，这和前面梁的内力计算中规定梁弯矩下侧受拉为正是不一样的，因为对于整体结构来说，杆件不仅仅有水平杆件，还有竖向、斜向杆件。对于剪力、轴力的正负规定，则和前面的规定保持一致。

$M_{AB}(+)$　　$M_{BA}(+)$

A　　B

图 9.21　杆端弯矩的正、负号规定

力矩分配法的杆端内力主要是剪力和弯矩，由于力矩分配法下的单杆都是超静定梁，所以不仅荷载会引起杆端内力，杆端支座位移也会引起内力，这些杆端内力可通过查表 9.2 获得。表 9.2 中的 i 称为线刚度，即

$$i=\frac{EI}{l}$$

其中，EI 是杆件的抗弯刚度；l 是杆长。

表 9.2 单跨超静定梁杆端弯矩和杆端剪力

序号	梁的简图	杆端弯矩		杆端剪力	
		M_{AB}	M_{BA}	F_{QAB}	F_{QBA}
1	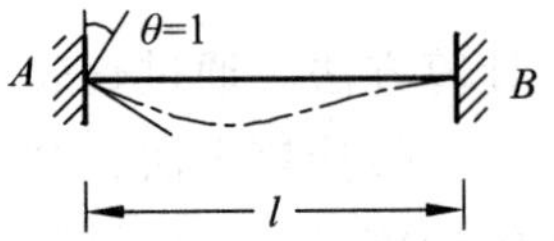	$4i$ $i=\frac{EI}{l}$(下同)	$2i$	$-\frac{6i}{l}$	$-\frac{6i}{l}$
2	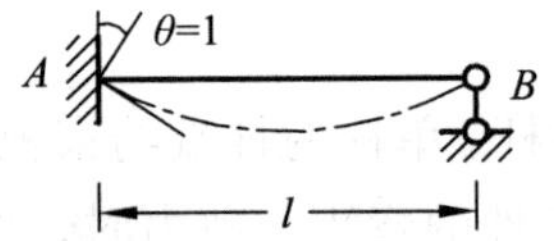	$3i$	0	$-\frac{3i}{l}$	$-\frac{3i}{l}$
3	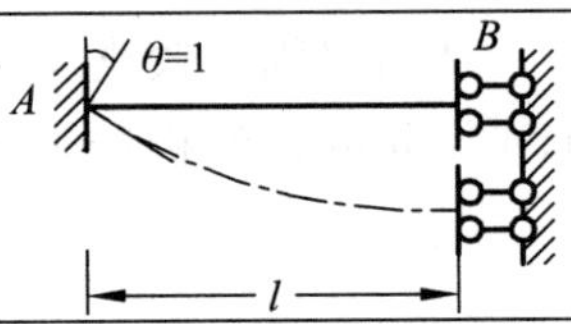	i	$-i$	0	0
4	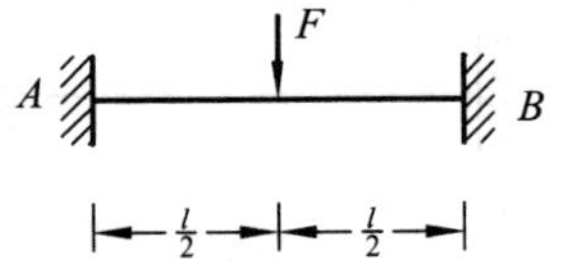	$-\frac{Fl}{8}$	$\frac{Fl}{8}$	$\frac{F}{2}$	$-\frac{F}{2}$
5	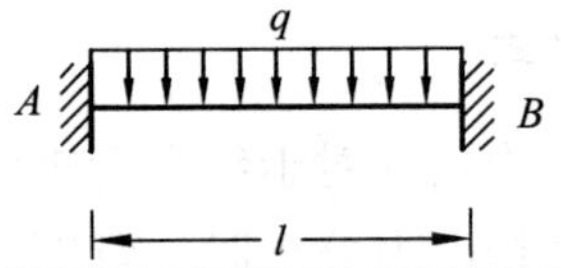	$-\frac{ql^2}{12}$	$\frac{ql^2}{12}$	$\frac{ql}{2}$	$-\frac{ql}{2}$
6	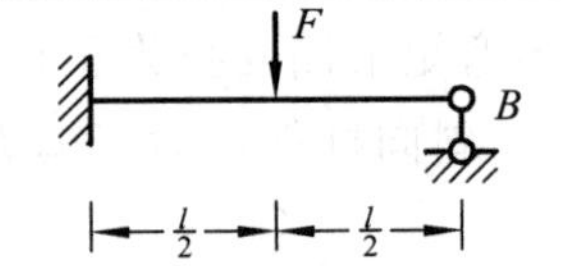	$-\frac{3Fl}{16}$	0	$\frac{11F}{16}$	$-\frac{5F}{16}$
7	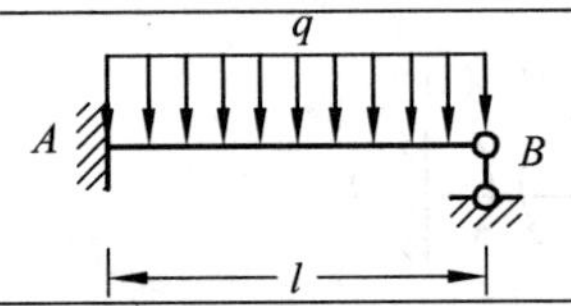	$-\frac{ql^2}{8}$	0	$\frac{5ql}{8}$	$-\frac{3ql}{8}$
8	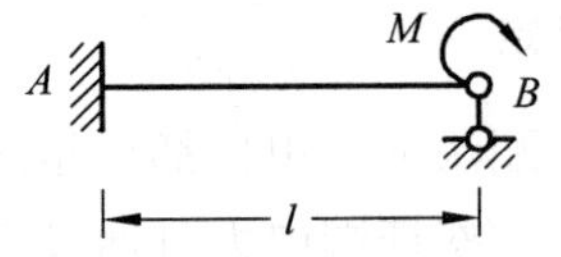	$\frac{M}{2}$	M	$-\frac{3M}{2l}$	$-\frac{3M}{2l}$

9.3.2 力矩分配法的计算要素

运用力矩分配法进行计算时，首先要获得一些基本计算数据，这些计算要素为：固端弯矩、转动刚度 S、分配系数 μ 与传递系数 C。

由荷载单独引起的弯矩称为固端弯矩。计算时，直接根据荷载形式、约束条件查表，如表 9.2 中的 4～8 项所示。

1. 转动刚度 S

为了使杆件 AB 某一端（如 A 端）转动单位转角（不移动），A 端所需要施加的力矩称为该杆的转动刚度，以 S_{AB} 表示。其中，产生转角的一端（A 端）称为近端，另一端（B 端）称为远端。等截面杆端远端为不同约束时的转动刚度可以根据图 9.22 得

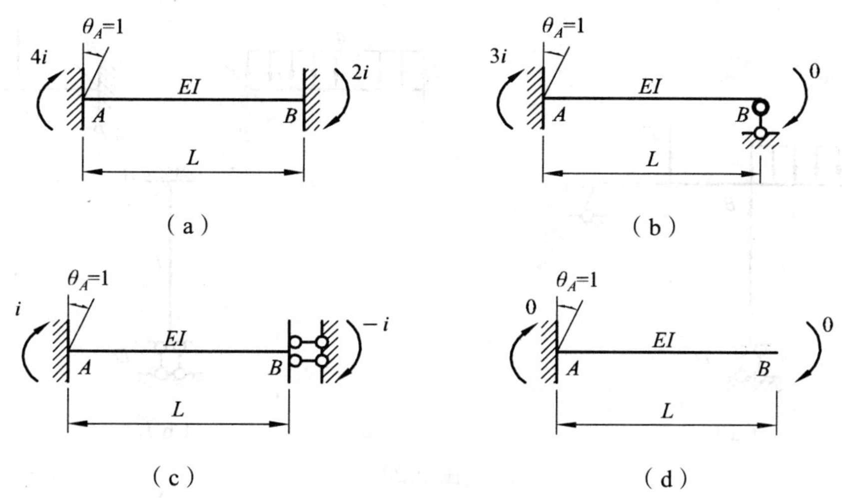

图 9.22

（a）$S_{AB}=M_{AB}=4i$；（b）$S_{AB}=M_{AB}=3i$；（c）$S_{AB}=M_{AB}=i$；（d）$S_{AB}=M_{AB}=0$。

远端固定：$S=4i$；远端铰支：$S=3i$；远端滑动支座：$S=i$；远端自由：$S=0$。

2. 传递系数 C

当近端 i 转动产生弯矩，远端 j 也会产生弯矩，远端弯矩与近端弯矩的比值称为传递系数。用 C_{ij} 表示。

根据图 9.22 可知，远端不同约束杆件的传递系数为

远端固定：$C=\dfrac{1}{2}$；远端铰支：$S=0$；远端滑动支座：$S=-1$

3. 分配系数 μ

杆端截面弯矩由荷载下的固端弯矩与位移引起的弯矩组成，固端弯矩通过查表获得。位移弯矩通过将结点处固端弯矩总和（称为结点“不平衡力矩”）按比例分配求得，这个比例系数就称为分配系数，记作 μ，杆端的分配系数等于该杆端的转动刚度 S 除以该杆端结点所连杆件的杆端转动刚度总和，即

$$\mu_{ij}=\frac{S_{ij}}{\sum_{i=1}^{n}S_i}$$

例如，图 9.23（a）所示刚架，结点 B 连接 AB、BC、BD 三根杆件。计算时视为三个单杆，如图 9.23（b）所示，AB 杆 B 端、BC 杆 B 端、BD 杆 B 端的转动刚度分别为

$$S_{BA}=4i\qquad\text{（另一端是固定端支座）}$$

$$S_{BC} = 3i \qquad \text{（另一端是固定铰支座）}$$
$$S_{BD} = i \qquad \text{（另一端是双滑动支座）}$$

结点总转动刚度为

$$\sum S_B = 4i + 3i + i = 8i$$

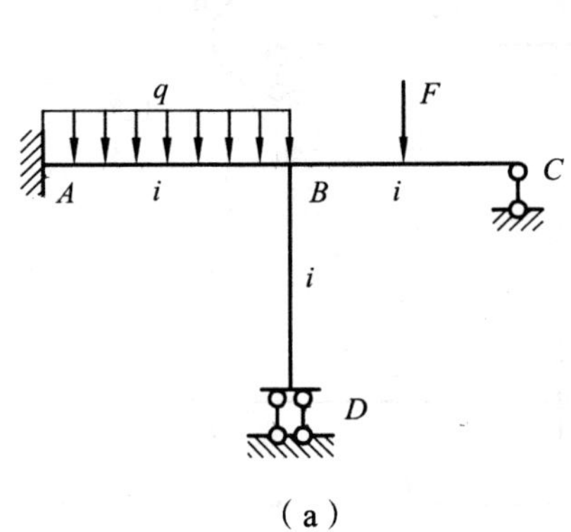

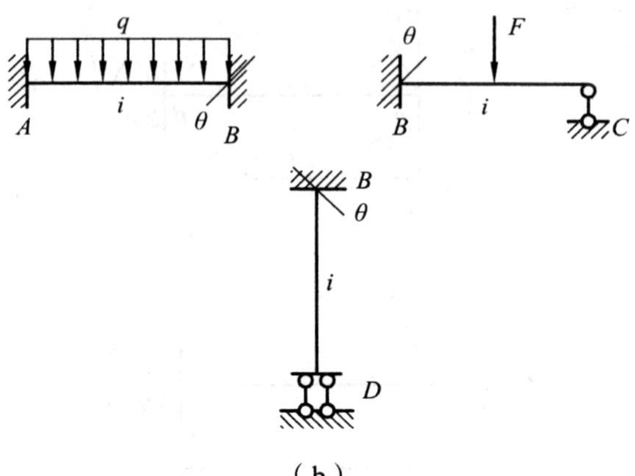

（a）　　　　（b）

图 9.23

则各杆端的分配系数为

$$\mu_{BA} = \frac{S_{BA}}{\sum S_B} = \frac{4i}{8i} = \frac{1}{2}$$

$$\mu_{BC} = \frac{S_{BC}}{\sum S_B} = \frac{3i}{8i} = \frac{3}{8}$$

$$\mu_{BD} = \frac{S_{BD}}{\sum S_B} = \frac{i}{8i} = \frac{1}{8}$$

显然，同一个结点处的分配系数和总是为 1。

9.3.3　力矩分配法的思路

以图 9.24（a）所示单结点刚架为例，说明力矩分配法的基本思路。

刚架在荷载作用下，刚结点 B 将产生一个转角位移 θ，同时还将传递内力。假如我们在 B 点人为增加刚臂的固定约束，这样，B 节点不能发生转动，也无法传递内力，我们把这一状态称为固定状态，如图 9.24（b）所示。固定状态下，由于各杆被约束隔离，荷载仅仅对直接作用的杆件有影响，对其他杆件无影响，因此可以独立地进行研究。这时候，杆件的杆端弯矩只是由荷载单独引起的固端弯矩，用 M^F 表示，固端弯矩可以直接查表 9.2 得到，B 结点处的固端弯矩如图 9.24（c）所示（该例的 BD 杆无荷载作用，所以 $M_{BD}^F = 0$），其总和 M_B^F 为

$$M_B^F = M_{BA}^F + M_{BC}^F + M_{BD}^F$$

一般地，M_B^F 不等于零，称为节点不平衡力矩。

为了使结构受力状态与变形状态不改变，现放松转动约束，即去掉刚臂，并用单杆表示，如图 9.24（d）所示，我们把这个状态称为放松状态。这时，结点 B 将产生角位移，并在各杆端（包括近端和远端）引起杆端弯矩，记作 M'。杆端最终（实际）弯矩由荷载下的固端弯矩与位移下的弯矩两部分组成，如果求出了放松状态下的各杆端位移弯矩，则固端弯矩与位移弯矩的代数和就是最终杆端弯矩。

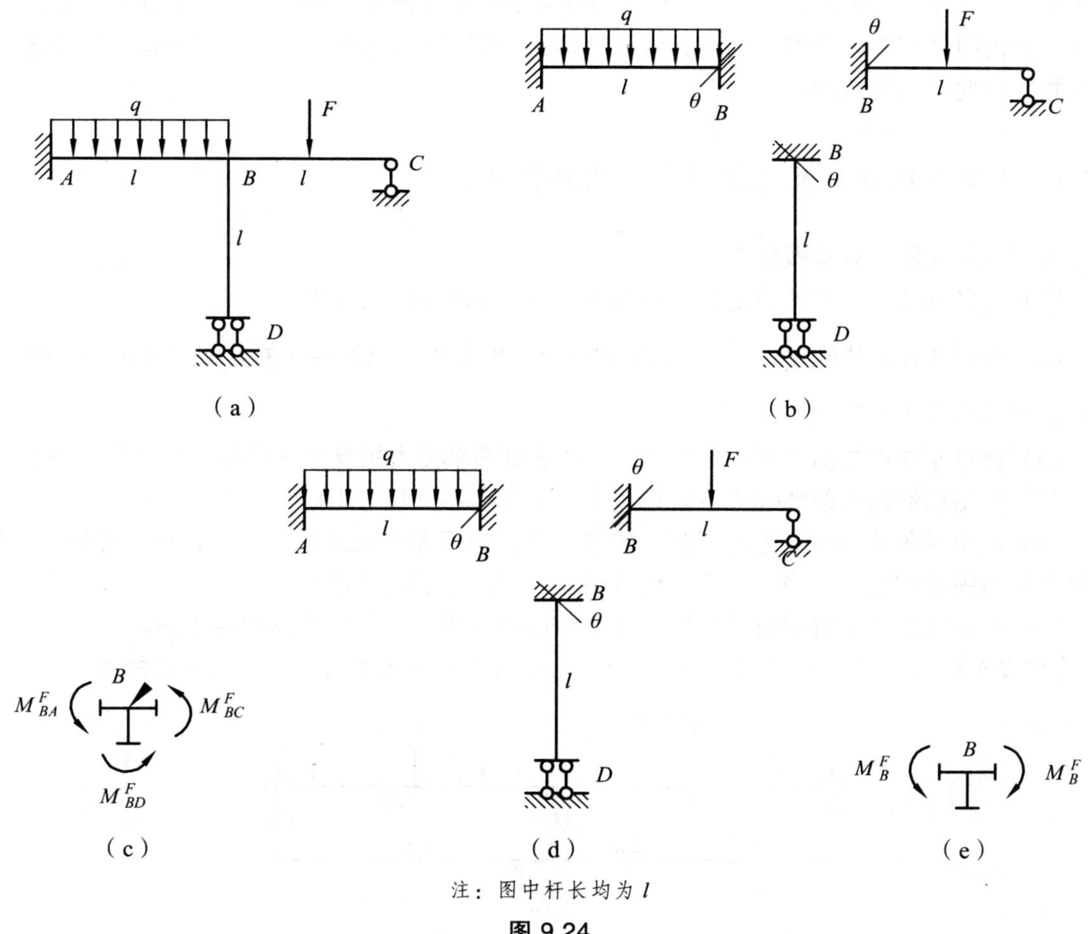

注：图中杆长均为 l

图 9.24

由结点的平衡条件知，结点角位移引起的各杆近端弯矩总和与结点处的固端弯矩总和等值、反向，如图 9.24（e）所示，即等于 $-M_B^F$。换句话说，结点所连各杆的杆端位移弯矩可通过按比例分配变号后的不平衡力矩得到，其数学表达式为

$$M'_{BA}=\mu_{BA}(-M_B^F)$$
$$M'_{BC}=\mu_{BC}(-M_B^F)$$
$$M'_{BD}=\mu_{BD}(-M_B^F)$$

式中，μ为分配系数。

近端位移弯矩求出后，将其乘以各自的传递系数 C 即得各杆的远端位移弯矩，最后将各

杆端的固端弯矩与位移弯矩叠加，求得最终杆端弯矩，并绘制弯矩图。

以上论述的是一个结点结构的情况，对于多个结点的结构，力矩分配法的思路是：首先将刚结点锁定，得到荷载单独作用下的杆端弯矩，然后任取一个结点作为起始结点，计算其不平衡力矩。接着放松该结点，允许产生角位移，并依据平衡条件，通过分配不平衡力矩得到位移引起的杆近端弯矩，再由杆近端位移弯矩传递得到杆远端位移弯矩。该结点的计算结束后，仍将其锁定，再换一个刚结点，重复上述计算过程，直到计算结束。由于力矩分配法属于逐次逼近法，因此计算可能不止一个轮次（所有结点计算一遍称为一个轮次），当误差在允许范围内时即可停止计算。最后，将各杆端的固端弯矩与位移弯矩代数相加，得到最终杆端弯矩，由此绘制弯矩图。

9.3.4 力矩分配法计算连续梁和无侧移刚架

力矩分配法的计算步骤如下：

（1）将各刚结点看做是锁定的，查表 9.2 得到各杆的固端弯矩；

（2）计算各杆的线刚度 $i=\dfrac{EI}{l}$、转动刚度 S，确定刚结点处各杆的分配系数 μ，并用结点处总分配系数为 1 进行验算；

（3）计算刚结点处的不平衡力矩 M^F，将结点不平衡力矩反号分配得近端位移弯矩；

（4）根据远端约束条件确定传递系数 C，计算远端位移弯矩；

（5）依次对各结点循环进行分配、传递计算，当误差在允许范围内时，终止计算，然后将各杆端的固端弯矩与位移弯矩进行代数相加，得出最后的杆端弯矩；

（6）根据最终杆端弯矩值及力矩分配法得出的弯矩正负号规定绘制弯矩图。

【例 9.4】 用力矩分配法求图 9.25（a）所示两跨连续梁的弯矩，并绘制弯矩图。

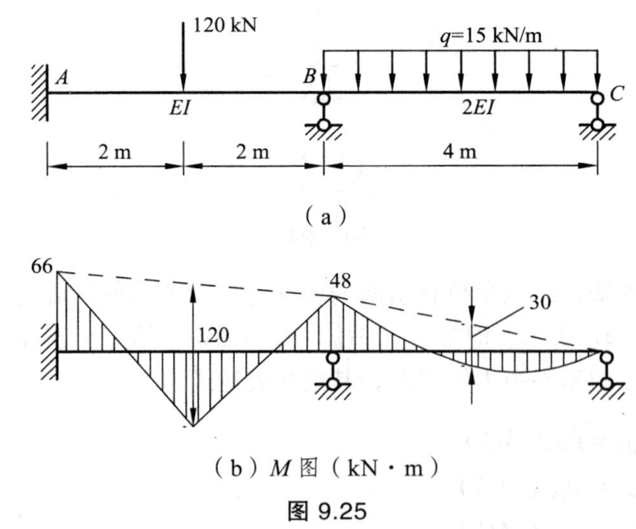

（a）

（b）M 图（kN · m）

图 9.25

【解】 该梁只有一个刚结点 B，故其计算如下：

（1）查表求出各杆端的固端弯矩：

$$M_{AB}^F = -\frac{Fl}{8} = -\frac{120\times 4}{8} = -60\ (\text{kN}\cdot\text{m})$$

$$M_{BA}^F = \frac{Fl}{8} = \frac{120\times 4}{8} = 60\ (\text{kN}\cdot\text{m})$$

$$M_{BC}^F = -\frac{ql^2}{8} = -\frac{15\times 4^2}{8} = -30\ (\text{kN}\cdot\text{m})$$

$$M_{CB}^F = 0$$

（2）计算各杆的线刚度、转动刚度与分配系数线刚度：

$$i_{AB} = \frac{EI}{4}\text{，}\ i_{BC} = \frac{2EI}{4} = \frac{EI}{2}$$

转动刚度：

$$S_{BA} = 4i_{AB} = EI\text{，}\ S_{Bc} = 3i_{BC} = \frac{3EI}{2}$$

分配系数：

$$\mu_{BA} = \frac{S_{BA}}{S_{BA}+S_{BC}} = \frac{EI}{EI+\frac{3EI}{2}} = 0.4\text{，}\ \mu_{BC} = \frac{S_{BC}}{S_{BA}+S_{BC}} = \frac{\frac{3EI}{2}}{EI+\frac{3EI}{2}} = 0.6$$

（3）通过列表的方式计算分配弯矩与传递弯矩。

			0.4	0.6		
	M_{AB}		M_{BA}	M_{BC}		M_{CB}
固端弯矩	−60		60	−30		0
分配传递计算	−6	（C = 1/2） ←	−12	−18	（C = 0） →	0
最后的弯矩	−66		48	−48		0

将固端弯矩和分配系数填入表中，然后根据表中数据进行计算。

B 结点不平衡力矩如下：

$$M_B^F = M_{BA}^F + M_{BC}^F = 60-30 = 30\ (\text{kN}\cdot\text{m})$$

$$M_{BA}^\mu = \mu_{BA}(-M_B) = 0.4\times(-30) = -12\ (\text{kN}\cdot\text{m})$$

$$M_{BC}^\mu = \mu_{BC}(-M_B) = 0.6\times(-30) = -18\ (\text{kN}\cdot\text{m})$$

（4）叠加计算，得出最后的杆端弯矩，作弯矩图，如图 9.25（b）所示。

【例 9.5】 用力矩分配法求图 9.26（a）所示无结点线位移刚架的弯矩，并绘制弯矩图。

【解】（1）确定刚结点 B 处各杆的分配系数：

$$S_{BA} = 3\times 1 = 3$$

$$S_{BC} = 4\times 1 = 4$$

$$S_{BD} = 0$$

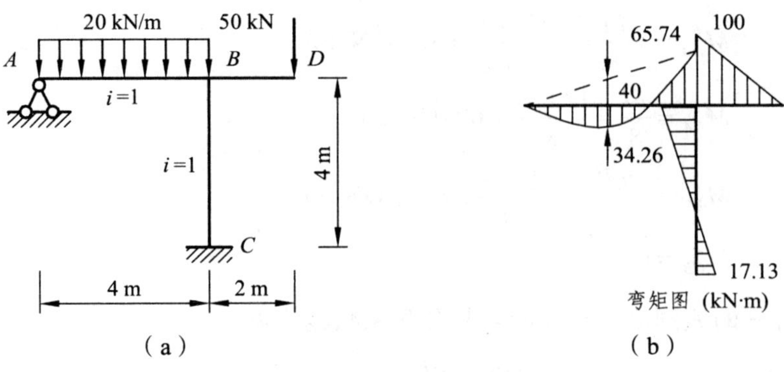

图 9.26

这里，*BD* 杆为近端固定、远端自由，属于静定结构，转动刚度为 0。

$$\mu_{BA}=\frac{3}{3+4}=0.429$$

$$\mu_{BC}=\frac{4}{3+4}=0.571$$

$$\mu_{BD}=0$$

（2）计算固端弯矩：

$$M_{BA}^{F}=\frac{ql^{2}}{8}=\frac{20\times 4^{2}}{8}=40\ (\text{kN}\cdot\text{m})$$

$$M_{BD}^{F}=-Fl=-50\times 2=-100\ (\text{kN}\cdot\text{m})$$

$$M_{BC}^{F}=0$$

（3）力矩分配计算见下表：

			0.429	0.571	0		
	M_{AB}		M_{BA}	M_{BC}	M_{BD}		M_{DB}
固端弯矩	0		40	0	−100		0
分配传递计算	0	←	25.74	34.26	0	→	0
最后的弯矩	0		65.74	34.26 M_{CB} 0 17.13 17.13	−100		0

显然，刚结点 *B* 满足节点力矩平衡条件 $\sum M_B=0$，弯矩图如图 9.26（b）所示。

【例 9.6】 用力矩分配法求图 9.27（a）所示三跨连续梁的弯矩图，*EI* 为常数。

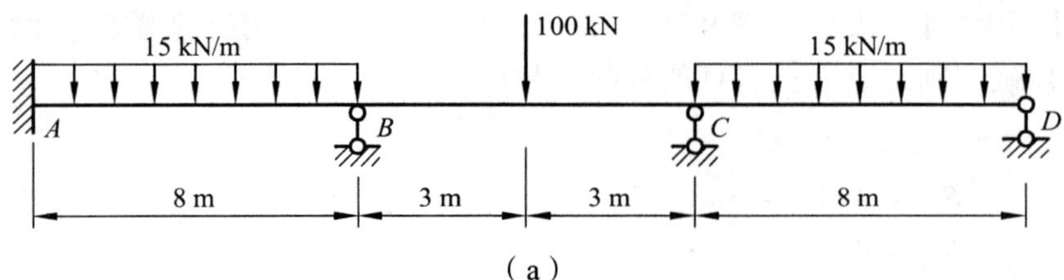

（a）

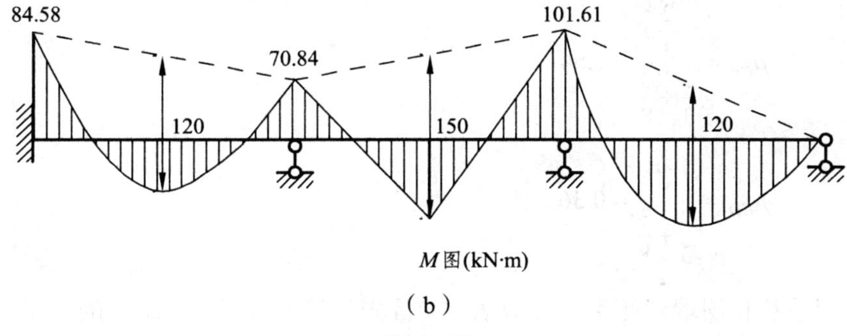

M图(kN·m)

（b）

图 9.27

【解】(1) 计算各杆端的固端弯矩：

$$M_{AB}^{F}=-\frac{ql^2}{12}=-\frac{15\times 8^2}{12}=-80\ (\text{kN}\cdot\text{m})$$

$$M_{BA}^{F}=\frac{ql^2}{12}=\frac{15\times 8^2}{12}=80\ (\text{kN}\cdot\text{m})$$

$$M_{BC}^{F}=-\frac{Fl}{8}=-\frac{100\times 6}{8}=-75\ (\text{kN}\cdot\text{m})$$

$$M_{CB}^{F}=\frac{Fl}{8}=75\ (\text{kN}\cdot\text{m})$$

$$M_{CD}^{F}=-\frac{ql^2}{8}=-\frac{15\times 8^2}{8}=-120\ (\text{kN}\cdot\text{m})$$

$$M_{DC}^{F}=0$$

(2) 确定各刚结点处各杆的分配系数，为了计算简便，可令 $EI=1$，则有

B 结点处：

$$S_{BA}=4i_{AB}=4\times\frac{1}{8}=\frac{1}{2}$$

$$S_{BC}=4i_{BC}=4\times\frac{1}{6}=\frac{2}{3}$$

$$\mu_{BA}=\frac{\frac{1}{2}}{\frac{1}{2}+\frac{2}{3}}=0.429$$

$$\mu_{BC}=\frac{\frac{2}{3}}{\frac{1}{2}+\frac{2}{3}}=0.571$$

C 结点处：

$$S_{CB}=4i_{BC}=4\times\frac{1}{6}=\frac{2}{3}$$

$$S_{CD}=3i_{CD}=3\times\frac{1}{8}=\frac{3}{8}$$

$$\mu_{CB}=\frac{\frac{2}{3}}{\frac{2}{3}+\frac{3}{8}}=0.64$$

$$\mu_{CD}=\frac{\frac{3}{8}}{\frac{2}{3}+\frac{3}{8}}=0.36$$

（3）将分配系数和固端弯矩填入计算表中。首先计算 C 结点，C 结点的不平衡力矩为（－45）；放松 C 结点，将不平衡力矩变号分配并进行传递，C 结点暂时处于平衡状态，然后锁定 C 结点。接着计算 B 结点，B 结点处的不平衡力矩除了固端弯矩外，还有 C 结点传过来的位移弯矩，所以 B 结点处的不平衡力矩为

$$80-75+14.4=19.4\ (\text{kN}\cdot\text{m})$$

放松 B 结点，将不平衡力矩变号分配并进行传递，B 结点暂时处于平衡状态，然后锁定 B 结点。第一轮计算完成。

原来 C 结点处于平衡状态，但是现在 B 结点处传来一个传递弯矩，形成一个新的不平衡力矩，所以必须开始新一轮计算。

第二轮计算结束后，如果新的不平衡力矩值很小，在允许误差范围内，则可以停止计算，否则应继续下一轮计算。

停止分配、传递计算后，将杆端所有固端弯矩、分配弯矩、传递弯矩（即表中同一列的弯矩值）代数相加，得到杆端最终弯矩，如表所示。

		0.429	0.571		0.64	0.36		
固端弯矩	−80	80	−75		75	−120		0
分配传递计算			14.4	←	28.8	16.2	→	0
	−4.16 ←	−8.32	−11.08	→	−5.54			
			1.78	←	3.55	1.99	→	0
	−0.38 ←	−0.76	−1.02	→	−0.51		→	0
			0.17	←	0.33	0.18	→	0
	−0.04 ←	−0.07	−0.10	→	−0.05			
			0.02	←	0.03	0.02		
		−0.01	−0.01					
最后的弯矩	−84.58	70.84	−70.84		101.61	−101.61		0

根据杆端最终弯矩就可绘制弯矩图，如图 9.27（b）所示。显然，刚结点 B 满足结点力矩平衡条件 $\sum M_B=0$；刚结点 C 也满足结点力矩平衡条件 $\sum M_C=0$。

*【例 9.4】 用力矩分配法求图 9.28（a）所示连续梁的弯矩图，EI 为常数。

【解】为了计算简便，可以在 C 支座处将整个梁分为两部分，悬臂段 CD 为静定结构，其内力由平衡条件即可求得，可按悬臂梁进行计算。F 力的作用根据等效原理简化到 C 点，为一个力和一个力偶，力直接作用在支座上，不引起弯矩，只需考虑集中力偶 M，视其为荷载，如图 9.28（b）所示。如此，就只需根据简化后的单结点连续梁进行计算即可。

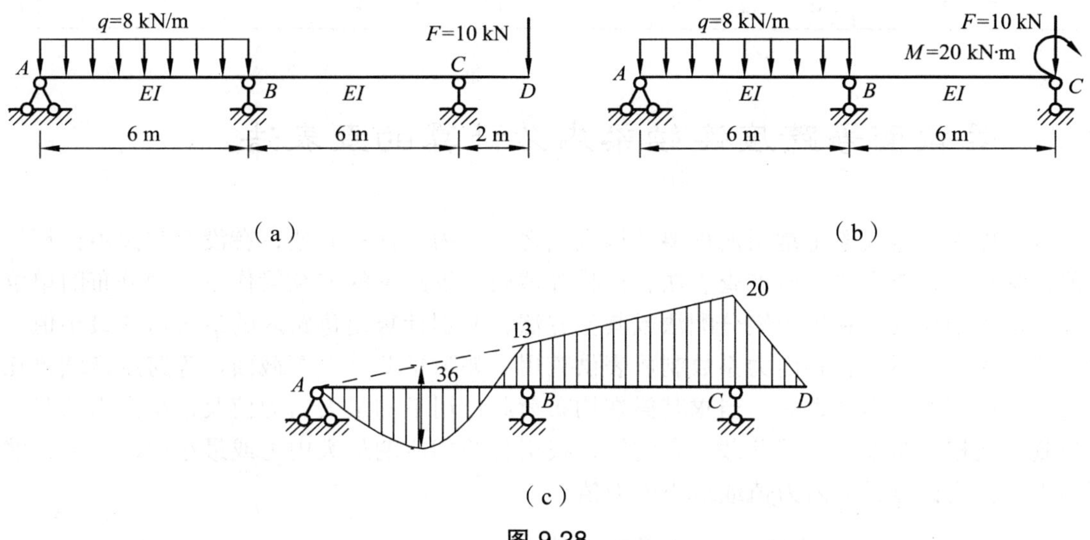

图 9.28

（1）计算固定弯矩：

$$M_{AB}^{F}=0$$

$$M_{BA}^{F}=\frac{ql^2}{8}=\frac{8\times 6^2}{8}=36\ (\mathrm{kN\cdot m})$$

$$M_{BC}^{F}=\frac{M}{2}=10\ (\mathrm{kN\cdot m})$$

$$M_{CB}^{F}=M=20\ (\mathrm{kN\cdot m})$$

（2）确定刚结点处各杆的分配系数：

$$S_{BA}=3i_{AB}=\frac{3EI}{6}=\frac{1}{2}, \qquad S_{BC}=3i_{BC}=\frac{3EI}{6}=\frac{1}{2}$$

$$\mu_{AB}=\frac{\frac{1}{2}}{\frac{1}{2}+\frac{1}{2}}=0.5, \qquad \mu_{BC}=\frac{\frac{1}{2}}{\frac{1}{2}+\frac{1}{2}}=0.5$$

（3）分配弯矩、传递弯矩及最后弯矩的叠加见下表。显然，刚结点 B、C 均满足结点力矩平衡条件。弯矩图如图 9.29（c）所示。

			0.5	0.5		
	M_{AB}		M_{BA}	M_{BC}		M_{CB}
固端弯矩	0		36	10		20
分配、传递计算	0	← ($C=0$)	−23	−23	→ ($C=0$)	0
最终弯矩	0		13	−13		20

*9.4 等截面等跨度连续梁内力计算的查表法

在工程中，连续梁是常用的重要结构型式之一，为了计算简便，在没有掌握用计算机计算前，常常采用查表法。所谓查表法，指将等截面、等跨度的连续梁作用不同分布的单位均布或单位集中荷载，利用力矩分配法或其他方法，分别计算出每跨内的最大值或最小值，此内力值称为内力系数，将内力系数制成表供查用。如附录Ⅱ就是等截面、等跨度连续梁在常用荷载作用下的内力系数表。当求其梁在均布荷载作用下的最大内力值及最小内力值时，首先找到与之相同跨度、相同荷载分布的梁，找出各跨相应的最大内力或最小内力系数，然后利用下列公式计算最大内力值或最小内力值：

$$M_{\max}或M_{\min}=内力系数\times ql^2$$
$$F_{Q\max}或F_{Q\min}=内力系数\times ql$$

对于集中荷载作用下，其计算方法相似，可查附录Ⅱ。

【例 9.5】 运用查表法，试计算图 9.29 所示连续梁每跨内的最大弯矩，B、C 二截面处的最大负弯矩及 A、B 二截面处的剪力。

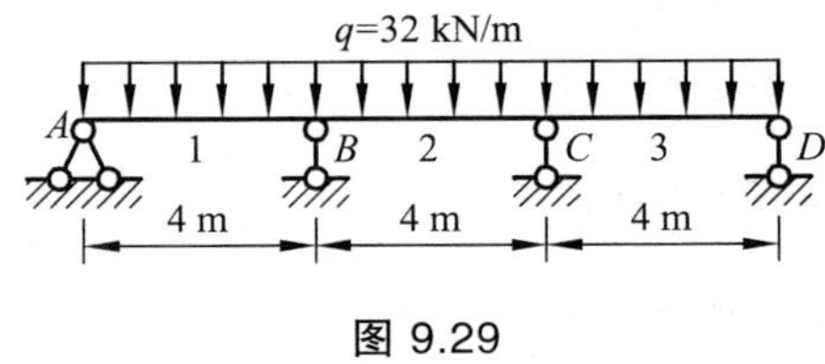

图 9.29

【解】 图 9.29 所示连续梁与附录Ⅱ三跨梁序号为 1 的梁形式相同，查表可得所求内力对应的内力系数，利用公式得所求内力为

$$M_1=M_3=0.080\times 32\times 4^2=40.96\ (\text{kN}\cdot\text{m})$$
$$M_2=0.025\times 32\times 4^2=12.8\ (\text{kN}\cdot\text{m})$$
$$M_B=M_C=-0.100\times 32\times 4=51.2\ (\text{kN}\cdot\text{m})$$
$$F_{QA}=-0.400\times 32\times 4=51.2\ (\text{kN})$$
$$F_{QB_{左}}=-0.600\times 32\times 4=-76.8\ (\text{kN})$$
$$F_{QB_{右}}=0.500\times 32\times 4=64\ (\text{kN})$$

【例 9.6】 利用查表法，试求图 9.30 所示连续梁 1、2 跨的最大弯矩，B、C 截面处的最

大负弯矩及 D、E 截面处的剪力。

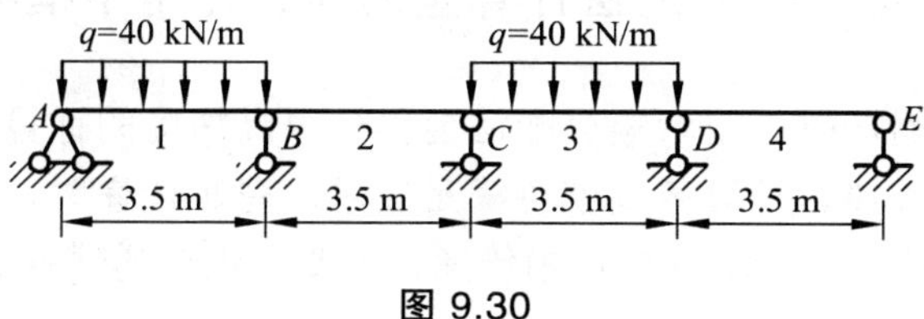

图 9.30

【解】图 9.31 所示连续梁与附录Ⅱ四跨梁序号为 2 的梁的形式相同，查表可得所求内力对应的内力系数，利用公式得所求内力为

$$M_1 = 0.100\times 40\times 3.5^2 = 49\ (\text{kN}\cdot\text{m})$$
$$M_3 = 0.081\times 40\times 3.5^2 = 39.69\ (\text{kN}\cdot\text{m})$$
$$M_B = -0.054\times 40\times 3.5^2 = -26.46\ (\text{kN}\cdot\text{m})$$
$$M_C = -0.036\times 40\times 3.5^2 = -17.64\ (\text{kN}\cdot\text{m})$$
$$F_{\text{Q}D_{左}} = 0.518\times 40\times 3.5 = 72.52\ (\text{kN})$$
$$F_{\text{Q}D_{右}} = 0.054\times 40\times 3.5 = 7.56\ (\text{kN})$$
$$F_{\text{Q}E} = 0.054\times 40\times 3.5 = 7.56\ (\text{kN})$$

专题训练四　用力矩分配法计算竖向荷载作用下框架结构的内力

当分配和传递多次循环时，用弯矩分配法会得到很高精度的计算结果。但实际工程中一般只要做到两次分配和传递，计算精度就可满足要求。弯矩传递时，注意同层梁的左、右端弯矩相互传递，同层柱的上、下端弯矩互相传递，不要发生传递错误。在求出弯矩的基础上，再根据隔离体平衡求出其他的力。

1. 计算步骤

（1）计算梁柱线刚度 i_c、i_b，其中 $i=\dfrac{EI}{l}$。

（2）计算结点分配系数。

当利用对称性计算奇数跨框架时，将原线刚度乘以 1/2 的修正系数代入公式即可。设结点有 n 个杆件，结点分配系数为

$$\mu_j=\frac{i_j}{\sum_{i=1}^{n} i_i}$$

（3）查表计算梁左、右端的固端弯矩（杆端弯矩以顺时针为正）。

（4）第一次弯矩分配时，所有结点同时分配，分配符号与固端弯矩反号。

（5）一次传递：同层柱弯矩上、下互相传递，同根梁弯矩左、右两端互相传递，传递系数 0.5。

（6）第二次弯矩分配时：把第一次传递的弯矩值在各结点分配。

（7）将各结点的固端弯矩、分配弯矩和传递弯矩取和，即得到各截面的弯矩值。

【示范】 用弯矩分配法求图 9.31 所示框架的弯矩并绘制弯矩图，图中括号内为杆件相对线刚度。

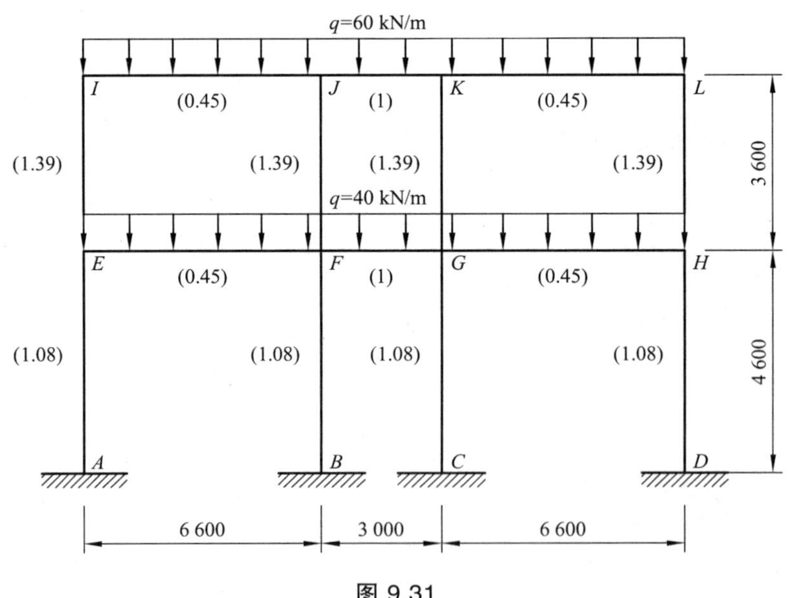

图 9.31

【解】 利用结构对称性，取一跨半计算。

(1) 求结点分配系数，以 F 结点为例有

$$\mu_{FE}=\frac{i_{FE}}{\sum\limits_{i=1}^{n} i_F}=\frac{0.45}{1\times 0.5+0.45+1.39+1.08}=0.132$$

$$\mu_{FG}=\frac{i_{FG}}{\sum\limits_{i=1}^{n} i_F}=\frac{1\times 0.5}{1\times 0.5+0.45+1.39+1.08}=0.146$$

$$\mu_{FJ}=\frac{i_{FJ}}{\sum\limits_{i=1}^{n} i_F}=\frac{1.39}{1\times 0.5+0.45+1.39+1.08}=0.406$$

$$\mu_{FB}=\frac{i_{FB}}{\sum\limits_{i=1}^{n} i_F}=\frac{1.08}{1\times 0.5+0.45+1.39+1.08}=0.316$$

其余结点分配系数计算过程略。

(2) 计算梁端固端弯矩。

边跨
$$M_{IJ}=-\frac{ql^2}{12}=-\frac{60\times 6.6^2}{12}=-217.8\ (\text{kN}\cdot\text{m})$$

$$M_{JI}=\frac{ql^2}{12}=\frac{60\times 6.6^2}{12}=217.8\ (\text{kN}\cdot\text{m})$$

$$M_{EF}=-\frac{ql^2}{12}=-\frac{40\times 6.6^2}{12}=-145.2\ (\text{kN}\cdot\text{m})$$

$$M_{FE}=\frac{ql^2}{12}=\frac{40\times 6.6^2}{12}=145.2\ (\text{kN}\cdot\text{m})$$

中跨
$$M_{JK}=-\frac{ql^2}{12}=-\frac{60\times 3^2}{12}=-45\ (\text{kN}\cdot\text{m})$$

$$M_{FG}=-\frac{ql^2}{12}=-\frac{40\times 3^2}{12}=-30\ (\text{kN}\cdot\text{m})$$

(3) 弯矩计算过程及结果如图 9.32、9.33 所示。

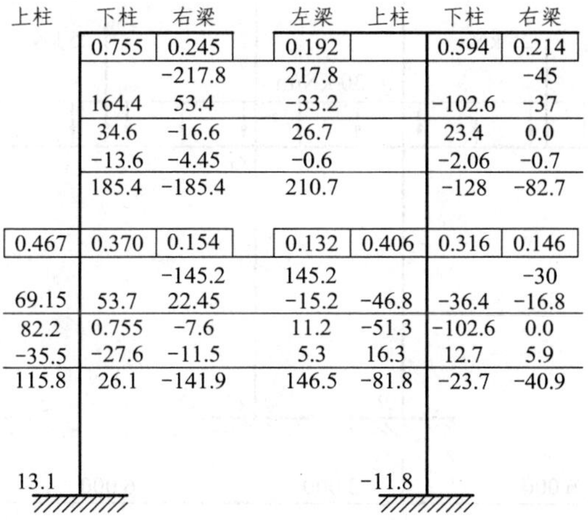

上柱	下柱	右梁	左梁	上柱	下柱	右梁
	0.755	0.245	0.192		0.594	0.214
		-217.8	217.8			-45
	164.4	53.4	-33.2		-102.6	-37
	34.6	-16.6	26.7		23.4	0.0
	-13.6	-4.45	-0.6		-2.06	-0.7
	185.4	-185.4	210.7		-128	-82.7
0.467	0.370	0.154	0.132	0.406	0.316	0.146
		-145.2	145.2			-30
69.15	53.7	22.45	-15.2	-46.8	-36.4	-16.8
82.2	0.755	-7.6	11.2	-51.3	-102.6	0.0
-35.5	-27.6	-11.5	5.3	16.3	12.7	5.9
115.8	26.1	-141.9	146.5	-81.8	-23.7	-40.9
13.1				-11.8		

图 9.32

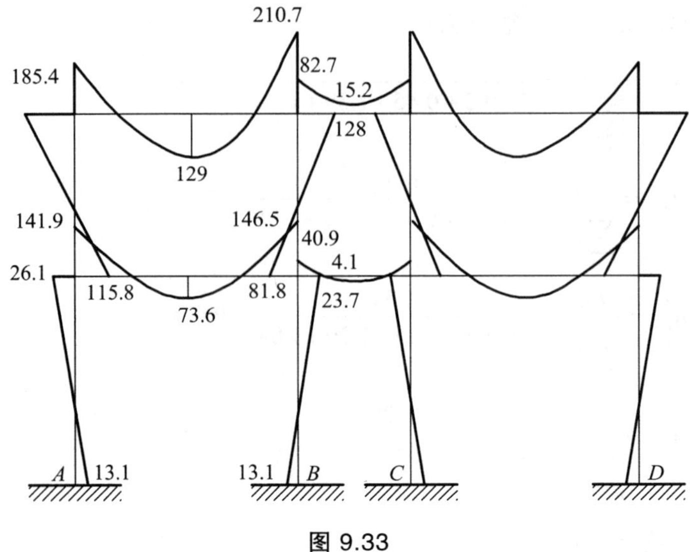

图 9.33

其中，IJ 跨跨中弯矩为

$$M_{中}=\frac{ql^2}{8}-\frac{|M_{IJ}|+|M_{JI}|}{2}=\frac{60\times 6.6^2}{8}-(185.2+210.7)/2=129\ (\text{kN}\cdot\text{m})$$

EF 跨跨中弯矩为

$$M_{中}=\frac{ql^2}{8}-\frac{|M_{EF}|+|M_{FE}|}{2}=\frac{40\times 6.6^2}{8}-(141.9+146.5)/2=73.6\ (\text{kN}\cdot\text{m})$$

【练习】 用弯矩分配法求图 9.34 所示框架的弯矩并绘制弯矩图。已知梁截面均为 $250\ \text{mm}\times 400\ \text{mm}$，柱截面均为 $300\ \text{mm}\times 300\ \text{mm}$。计算时，梁的惯性矩取 $I=2I_0$，柱的惯性矩取 $I=I_0$。

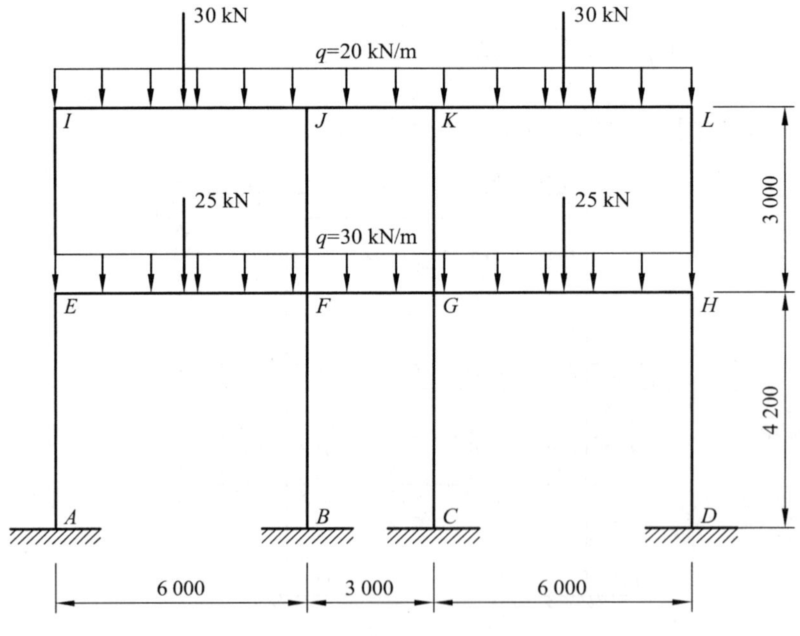

图 9.34

*第 10 章　机算超静定结构的内力实训

10.1　PKPM 系列软件简介

PKPM 系列软件是目前国内建筑工程界应用最广、用户最多的一套计算机辅助设计系统。新版本的 PKPM 系列软件包含结构、特种结构、建筑、设备、概预算、钢结构和节能七个专业模块。其操作界面、菜单和命令输入都与 AutoCAD 相似，数据采用交互式输入，使用起来非常方便，并且能实现向 AutoCAD 的输出。如图 10.1 所示。

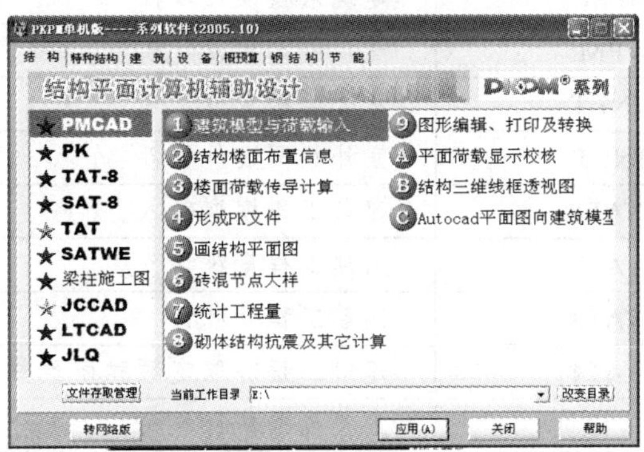

图 10.1　PKPM 主要专业模块

每个专业模块下，又包含各自相关的若干软件。各专业模块包含软件名称及基本功能见表 10.1。

表 10.1　PKPM 各模块系列软件名称及功能

专业模块	包含软件	功　　能
结构	PMCAD	结构平面计算机辅助设计
	PK	钢筋混凝土框架及连续梁结构计算与施工图绘制
	TAT-8	8 层以下建筑结构三维分析与设计软件
	SAT-8	8 层以下建筑结构空间有限元分析设计软件
	TAT	高层建筑结构三维分析与设计软件
	SATWE	高层建筑结构空间有限元分析设计软件
	梁柱施工图	梁柱施工图设计
	JCCAD	基础工程计算机辅助设计
	LTCAD	楼梯计算机辅助设计
	JLQ	剪力墙计算机辅助设计

续表 10.1

专业模块	包含软件	功　能
特种结构	PREC	预应力结构计算机辅助设计
	QIK	混凝土小型砌块辅助设计
	BOX	箱形基础计算机辅助设计
	GJ	结构基本构件计算机辅助设计
	EPDA/PUSH	弹塑性静、动力分析软件
	PMSAP	复杂空间结构分析与设计软件
	JKZH	基坑支护设计软件
	SILO	筒仓结构设计软件
建筑	APM	三维建筑设计软件
设备	CPM	建筑通风空调设计软件
	EPM	建筑电气设计软件
	HPM	建筑采暖设计软件
	WPM	建筑给排水设计软件
	WNET	室外给排水设计软件
	HNET	室外热网设计软件
概预算	STAT1	建筑工程模型输入
	STAT2	土建工程量统计
	STAT3	钢筋工程量统计
	STAT4	建筑工程套取定额和概预算报表
	清单计价	工程量清单计价
	国际报价	国际工程报价
钢结构	刚架、框架、排架等	钢结构计算机辅助设计
节能	HEC	采暖居住建筑节能设计软件
	CHEC	夏热冬冷地区建筑能耗计算软件
	WHEC	夏热冬暖地区居住建筑节能设计软件
	PBEC	公共建筑节能设计软件
	HECCHK	采暖居住建筑节能设计审查软件

PMCAD 是 PKPM 系列软件的基本组成模块之一，用于实现结构平面计算机辅助设计。它采用人机交互方式，引导用户逐层地布置各楼层平面，从而建立起整栋建筑的数据结构。它为各功能设计提供数据接口，因此，在整个系统中的作用非常重要。

PMCAD 主要有如下基本功能：

（1）人机交互建立全楼结构模型。

人机交互方式引导用户在屏幕上逐层布置柱、梁、墙、洞口、楼板等结构构件，快速搭起全楼的结构构架。输入过程伴有中文菜单及提示，便于用户反复修改。

（2）自动导算荷载建立恒、活荷载库。

（3）为各种计算模型提供计算所需数据文件。

（4）为上部结构各绘图 CAD 模块提供结构构件的精确尺寸。

（5）为基础设计 CAD 模块提供底层结构布置与轴线网格布置，还提供上部结构传下的恒活荷载。

（6）现浇钢筋混凝土楼板结构计算与配筋设计。

（7）结构平面施工图辅助设计。

（8）做砖混结构圈梁布置，画砖混圈梁大样及构造柱大样图。

（9）砖混结构和底框上砖房结构的抗震分析验算及受压承载力计算。

（10）统计结构工程量，以表格形式输出。

PKPM 系列软件的功能非常强大，我们用来计算结构力学中的连续梁和框架结构只要用到其中的 PK 软件中的一个小模块即可。因此，本章节通过对 PK 部分内容的介绍和实例应用，使读者能了解 PK 软件在结构力学计算中的基本使用方法。

10.2　PK 介绍

10.2.1　PK 的基本操作

打开 PKPM 后，显示图 10.1 所示主菜单，单击选中“PK”，显示图 10.2 所示 PK 操作界面。由图可知，PK 主菜单的操作主要为三个部分：一是计算模型输入，如模块①；二是结构计算，如模块②～④；三是施工图设计，如模块⑤～⑧。下面对三个部分实现的功能进行简单介绍。

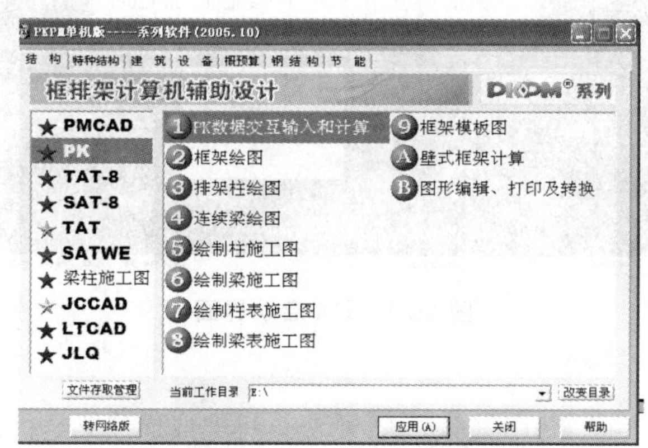

图 10.2　PK 操作界面

1. 计算模型输入

执行 PK 时，首先要输入结构的计算模型。在 PKPM 软件中，有两种方式形成 PK 的计算模型文件。

（1）通过 PK 主菜单①即“PK 数据交互输入和计算”来实现结构模型的人机交互输入。进行模型输入时，可以直接输入文本式数据文件，也可采用人机交互输入方式。一般采用人机交互方式，由用户直接在屏幕上勾画框架、连续梁的外形尺寸，布置相应的截面和荷载，填写相关的计算参数后完成。人机交互建模后也生成描述该结构的文本式数据文件。

（2）利用 PMCAD 软件，从建立好的整体空间模型中直接生成任一轴线框架或任一连续梁结构的结构计算数据文件，再由 PK 接力完成结构计算和绘图，从而省略人工准备框架计算数据的大量工作。一般 PMCAD 生成数据文件后，利用 PK 主菜单①进一步补充绘图数据文件的内容，主要有柱子对轴线的偏心、柱轴线号、框架梁上的次梁布置信息和连续梁的支座状况等信息。此时的绘图补充数据最好也是采用人机交互方式生成，使用户操作大大简化。

2. 结构计算

计算模型输入完毕后，执行 PK 主菜单②～④即进行框架、排架、连续梁的结构计算。

3. 施工图设计

根据主菜单②～④的计算结果，即可进行施工图绘制。

10.2.2 数据交互输入

双击进入 PK 主菜单①即“PK 数据交互输入和计算”，屏幕弹出如图 10.3 所示 PK 启动界面，供用户选择启动方式。

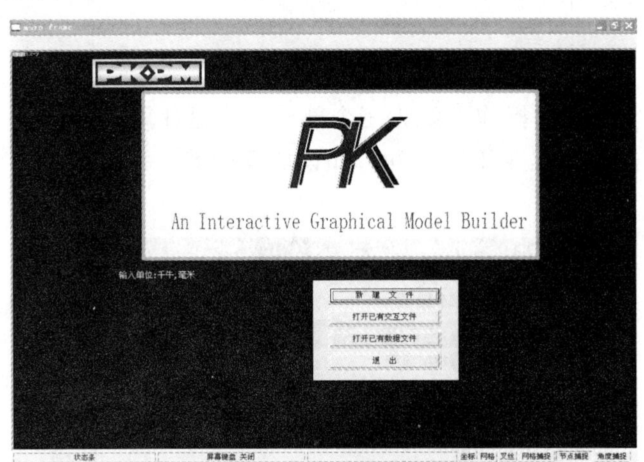

图 10.3 PK 启动界面

1. 新建文件

选择“新建文件”，将从零开始创建一个框架、排架或连续梁结构模型。建模前，首先要为新文件起个名字，如图 10.4 所示。

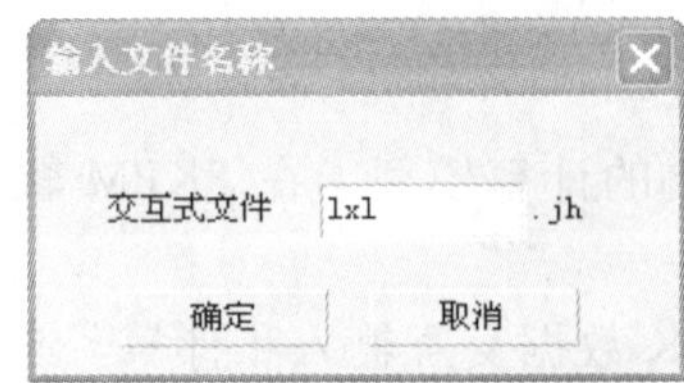

图 10.4 “输入文件名称”对话框

按确定后，屏幕将弹出“PK 数据交互输入”界面，即 PK 主菜单①的操作界面。

图 10.5 “PK 数据交互输入” 界面

2. 打开已有交互文件

选择“打开已有交互文件”进入，将在一已有交互式文件的基础上，进行补充创建新的交互式文件。进入后，屏幕上显示已有结构的立面图。

3. 打开已有数据文件

如果是从 PMCAD 生成的框架或连续梁的数据文件，则可选择“打开已有数据文件”方式进入。数据文件名为“工程名.SJ”。

不管选择何种方式进入，“PK 数据交互输入”界面是相同的。

操作界面右侧的主控菜单，如图 10.6 所示，在我们进行结构内力计算时，只要用到其中的网格生成、柱布置、梁布置、铰接构件、恒载输入、计算等选项。下面在应用实例中予以说明。

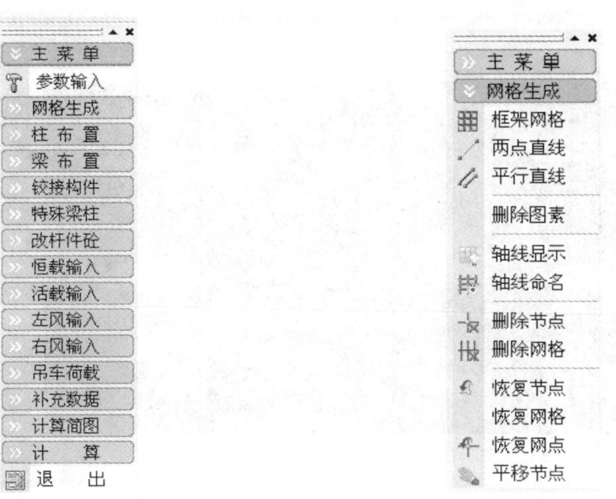

图 10.6 “PK 数据交互输入”主菜单　　图 10.7 “网格生成”菜单

10.3 连续梁结构内力图实训

10.3.1 网格生成

建立新文件“LXL”，进入“PK 数据交互输入”界面，如图 10.5 所示。在右侧主菜单中选择 网格生成 ，“网格生成”菜单是整个交互输入程序最为重要的一步，用于勾画出框架或排架的立面网格线，这网格线应是柱的轴线或梁的顶面。

出现子菜单如图 10.7 所示，在子菜单中选择框架网格。“框架网格”可不通过屏幕画图方式，而是参数定义方式形成立面框架的梁柱轴线，点击后出来如图 10.8 所示对话框。

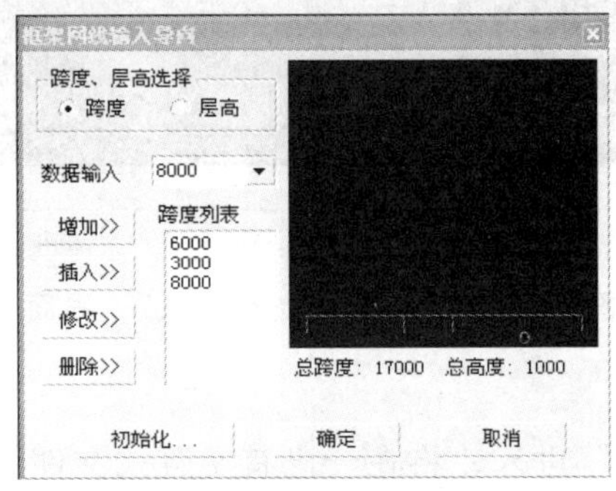

图 10.8 “框架网线输入导向”对话框

操作步骤如下：

(1) 选择“跨度”，在“数据输入”框中输入 6 000，选择“增加”，继续数据输入 3 000，选择“增加”，再输入 8 000，“增加”。跨度的数据输入是从左往右的逐渐增加的。

(2) 选择“层高”，在“数据输入”框中输入 1 000，选择“增加”，选择确定。层高的数据输入是从下往上的逐渐增加的。

提示：由于我们要计算的是连续梁，柱子作为连续梁的支座，适当输入高度即可。

确定后，“PK 数据交互输入”界面如图 10.9 所示。

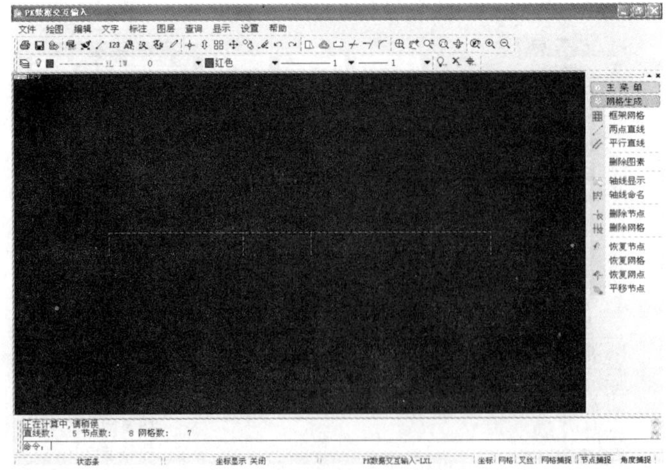

图 10.9 连续梁网格生成

另外，我们也可使用“两点直线”或“平行直线”直接在屏幕上绘制红色直轴线。也可用“删除图素”、“删除结点”和“删除网格”来进行修改，修改后可按快捷键 F5 进行屏幕刷新。

如果是从空间结构中取出的某一榀框架或某一根连续梁，也可按“轴线显示”来显示轴线，或者按“轴线命名”自己手动给轴线命名。

10.3.2　柱布置

回主菜单，选择 柱布置 ，出现的子菜单如图 10.10 所示。

1. 截面定义

选择截面定义，弹出对话框，如图 10.11 所示。

图 10.10 “柱布置”子菜单

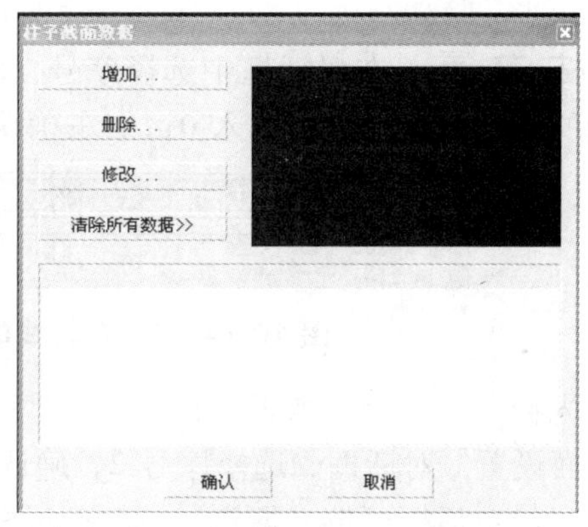

图 10.11 “截面设置”对话框

连续梁的固定端支座需要设置较大的柱子截面，我们取 1 000×1 000，其他柱子取 500×500，然后将柱梁之间设为铰接。

操作步骤如下：

选择“增加”，在新弹出的对话框中，如图 10.12，截面宽和高都输入 500，选择“确认”，继续选择“增加”，输入 1 000，选择“确认”，如图 10.13 所示，选择“确认”。

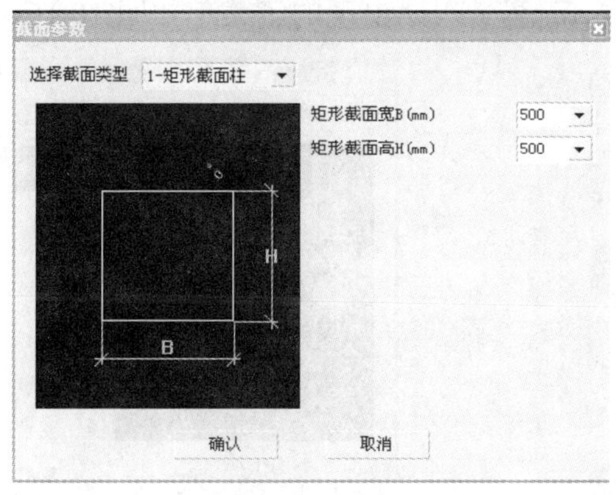

图 10.12 “截面参数”对话框

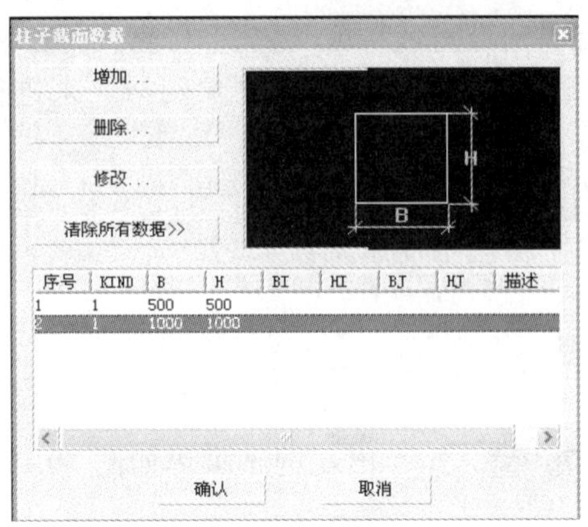

图 10.13 “截面设置”对话框

2. 柱布置

选择 **柱 布 置**，在对话框中选择序号 1，确认，出现如图 10.14 所示对话框。要求输入柱对轴线的偏心，在键盘中输入 0，回车确认。

图 10.14 “柱对轴线的偏心”对话框

屏幕中，光标变成一个拾取框，点中第一、二、三根柱子，按鼠标右键或 Esc 健确认；继续出现“截面设置”对话框，选择序号 2，确认；同样输入偏心为 0，选择第四根柱子，确认后，再次出现的对话框可按“取消”。结果如图 10.15 所示。

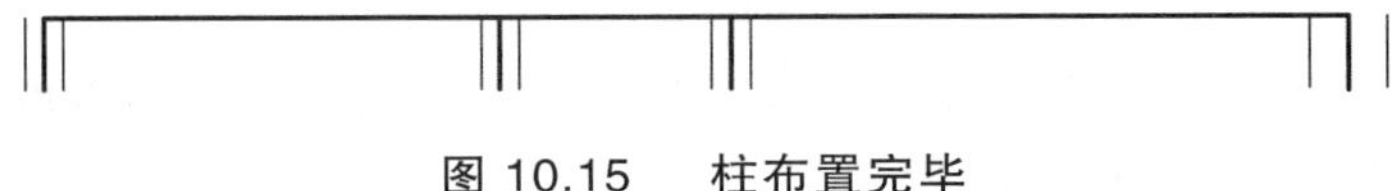

图 10.15 柱布置完毕

10.3.3 梁布置

回主菜单，选择 » 梁 布 置 ，出现的子菜单如图 10.16 所示。

图 10.16 “梁布置”子菜单

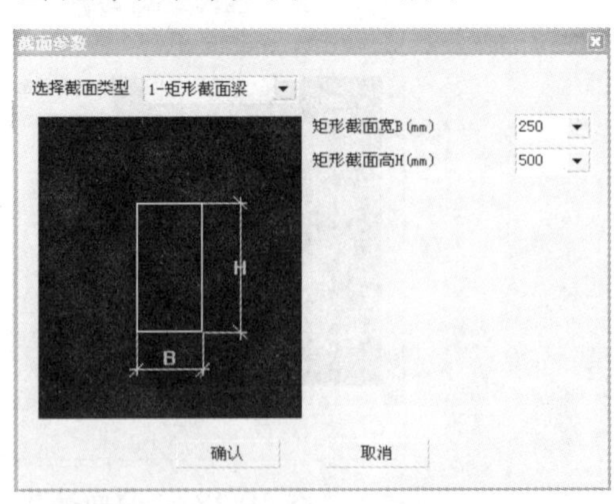

图 10.17 “截面设置”对话框

1. 截面定义

选择截面定义，操作步骤类似柱布置，设置梁的截面尺寸为 250×500，如图 10.17 所示。

2. 梁布置

同样将梁的截面布置好，结果如图 10.18 所示。

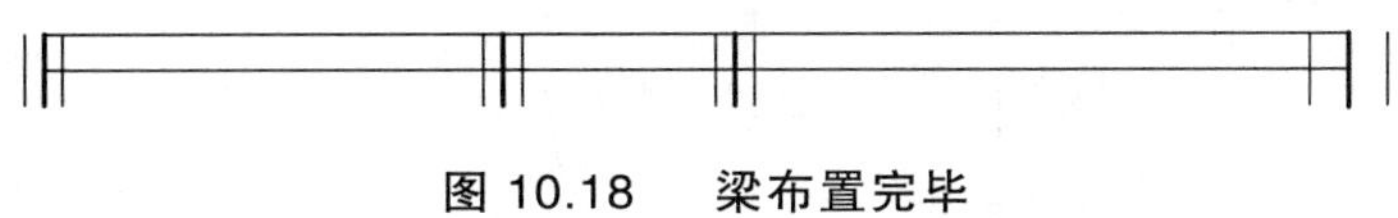

图 10.18　梁布置完毕

10.3.4　铰接构件

回主菜单，选择 铰接构件，出现的子菜单如图 10.19 所示。选择“布置柱铰”，屏幕下方的命令行出来三个选项：左下端铰接（1）、右上端铰接（2）、两端铰接（3）。

选择（3），回车，光标变成拾取框，拾取第一、第二、第三根柱。结果如图 10.20 所示。

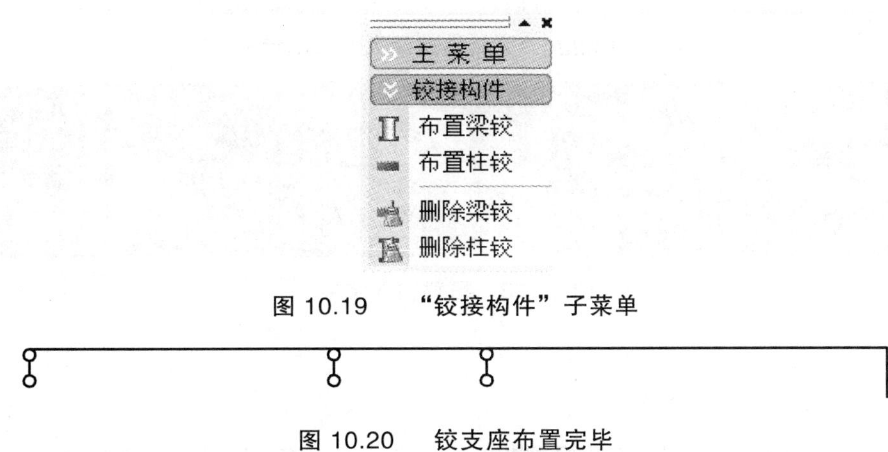

图 10.19　“铰接构件”子菜单

图 10.20　铰支座布置完毕

10.3.5　恒载输入

回主菜单，选择 恒载输入，出现的子菜单如图 10.21 所示。选择“梁间恒载”，弹出如图 10.22 所示对话框。选择线荷载，输入 10 kN/m，选择“确定”，用鼠标拾取第一根梁；右键确定后又出现“荷载输入对话框”，选择集中力，输入 20 kN 和 X=1 500，选择“确定”，用鼠标拾取第二根梁；同样，选择集中力偶，输入 15 kN · m 和 X=4 000，右键确定后再次出现“荷载输入对话框”，按“取消”，结果如图 10.23 所示。

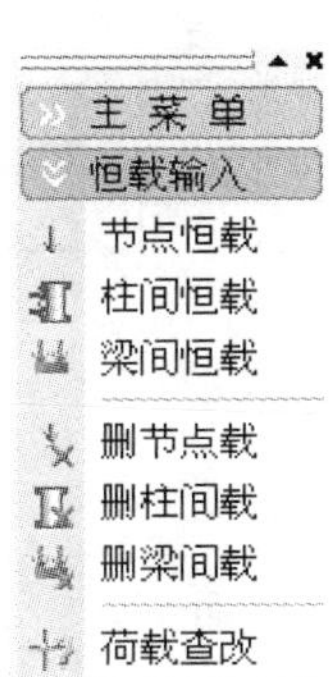

图 10.21　“恒载输入”子菜单

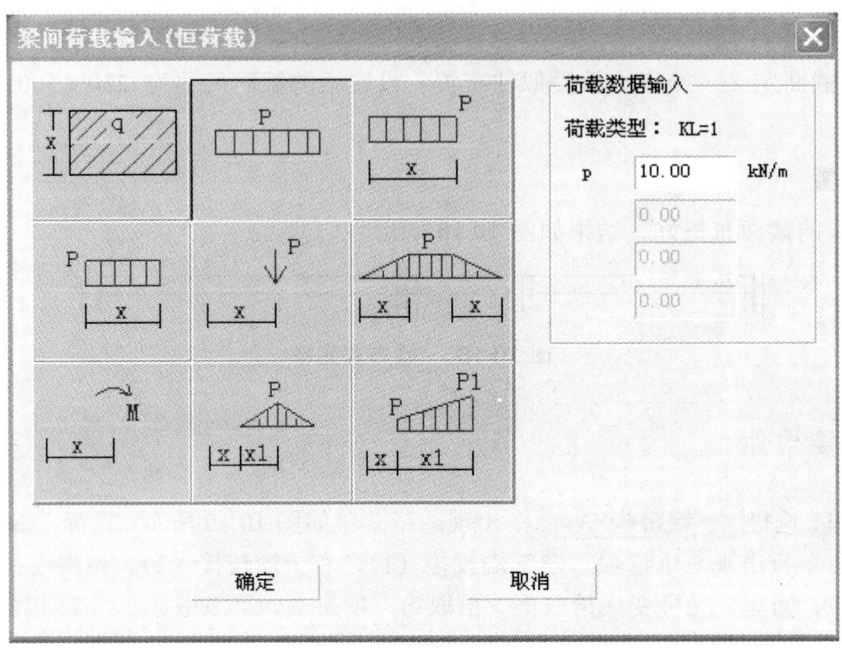

图 10.22 “梁间恒载输入”对话框

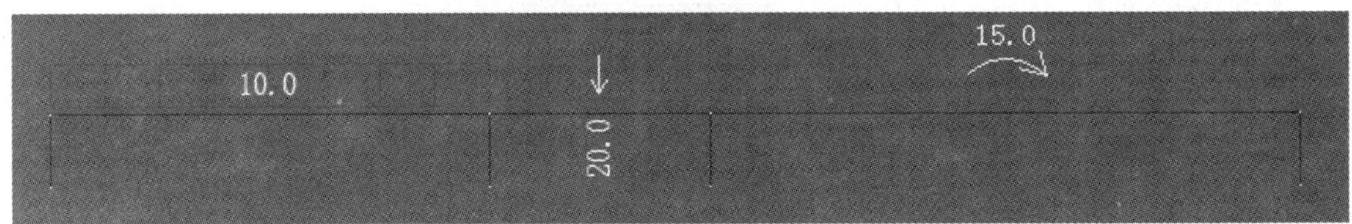

图 10.23 恒载输入结果

10.3.6 计算简图

回到主菜单，可以选择“» 计算简图”查看计算简图，如图 10.24 所示。

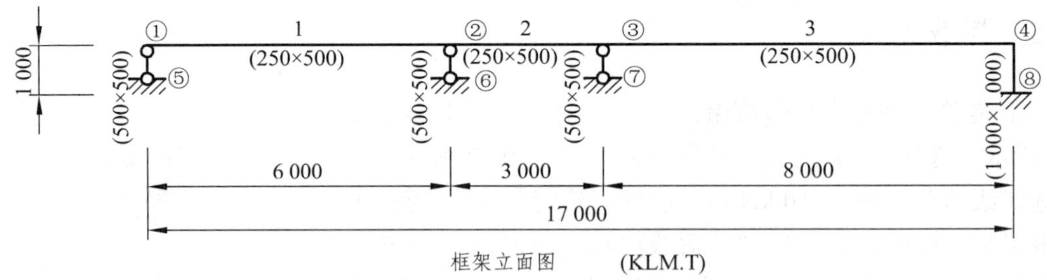

图 10.24 连续梁计算简图

10.3.7 计算

回到主菜单，选择“» 计 算”，出现的子菜单如图 10.25 所示。选择所需的内力计算结果，如恒载弯矩、恒载剪力，结果如图 10.26 所示。

图 10.25 “计算”子菜单

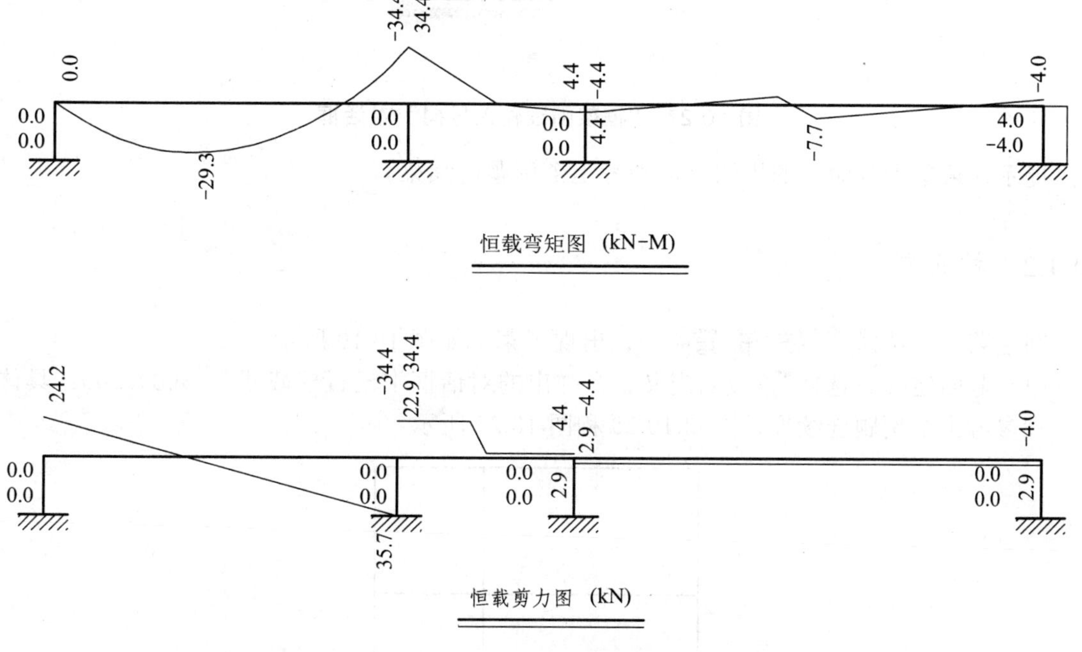

图 10.26 计算结果

10.4 框架结构内力图实训

打开 PKPM 主程序，选择“结构”模块，选择 PK，双击进入 PK 主菜单①即“PK 数据交互输入和计算”；选择“新建文件”，在“输入文件名称”对话框中，输入“KJ”，如图 10.4 所示；按确定，进入“PK 数据交互输入”界面，如图 10.5 所示。

10.4.1 网格生成

在右侧主菜单中选择【网格生成】，出现的子菜单如图 10.7 所示，在子菜单中选择“框架网格”，弹出“框架网线输入导向”对话框。

操作步骤如下：

(1) 选择“跨度”，在“数据输入”框中输入 6 000，选择“增加”；继续数据输入 3 000，选择“增加”。

(2) 选择“层高”，在“数据输入”框中输入 3 600，连续选择两次“增加”，选择确定。结果如图 10.27 所示。

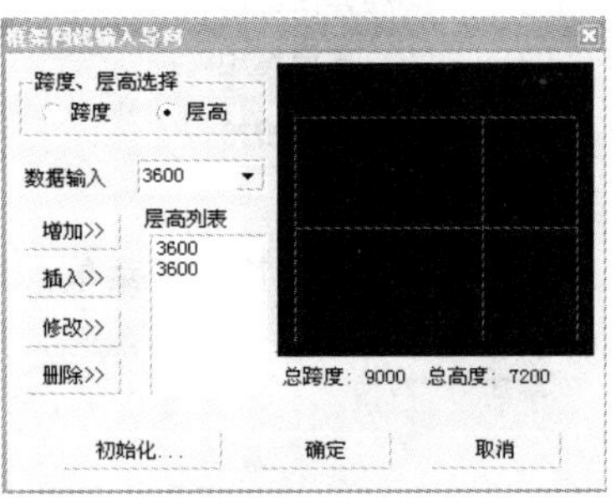

图 10.27 “框架网线输入导向”对话框

提示：菜单中各命令的用法可以参考上个例题连续梁。

10.4.2 柱布置

回主菜单，选择【柱 布 置】，出现子菜单如图 10.10 所示。

(1) 截面定义。选择截面定义，在弹出的对话框中设置柱截面为 300×500。具体操作步骤参考上个例题连续梁，如图 10.28 和图 10.29 所示。

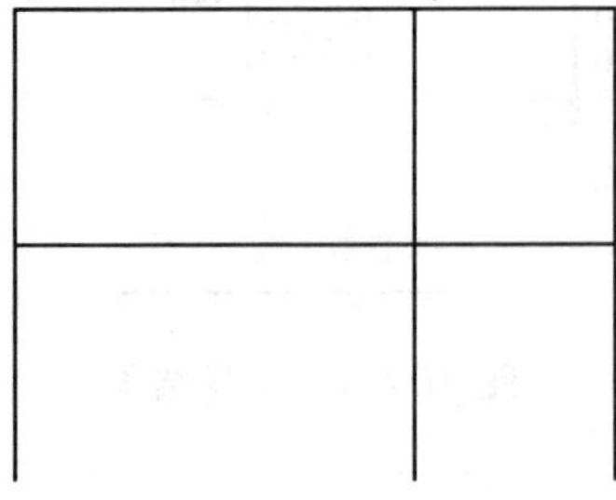

图 10.28 框架网格生成

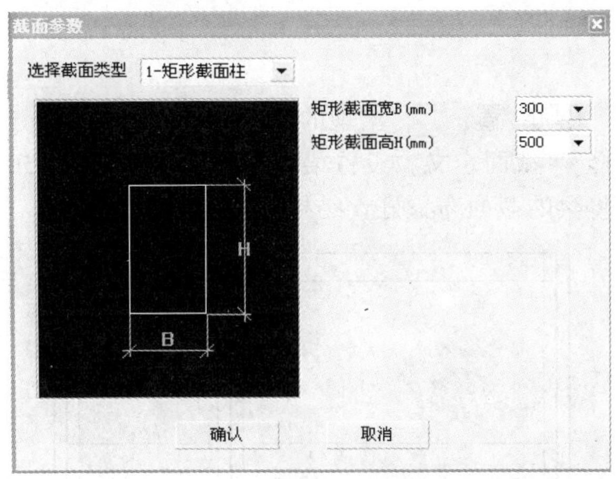

图 10.29　“截面参数”对话框

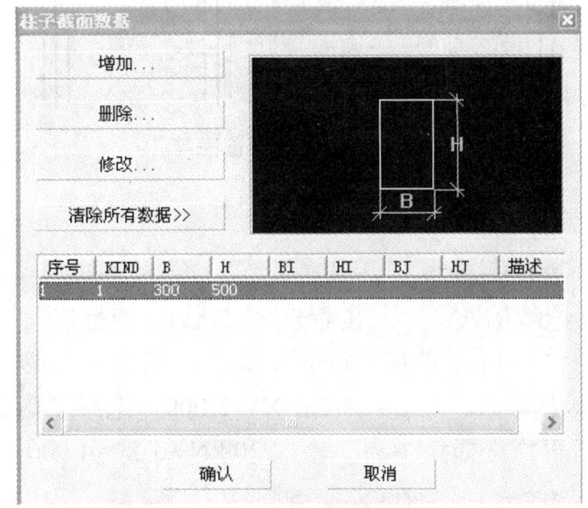

图 10.30　“截面设置”对话框

（2）柱布置。选择“柱布置”，在对话框中选择序号 1，输入柱对轴线的偏心为 0，回车确认。

拾取框架中所有柱子，确认，结果如图 10.31 所示。

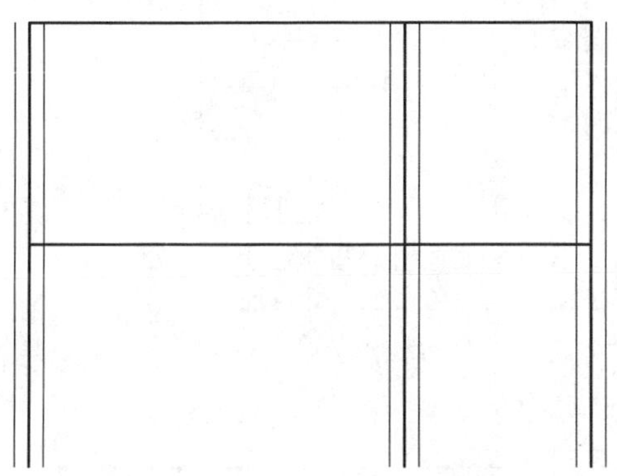

图 10.31　柱布置完毕

10.4.3 梁布置

回主菜单，选择 » 梁 布 置 ，出现的子菜单如图 10.16 所示。

（1）截面定义。选择 截面定义，设置梁的截面尺寸为 250×500，如图 10.17 所示。

（2）梁布置。同样将梁的截面布置好，结果如图 10.32 所示。

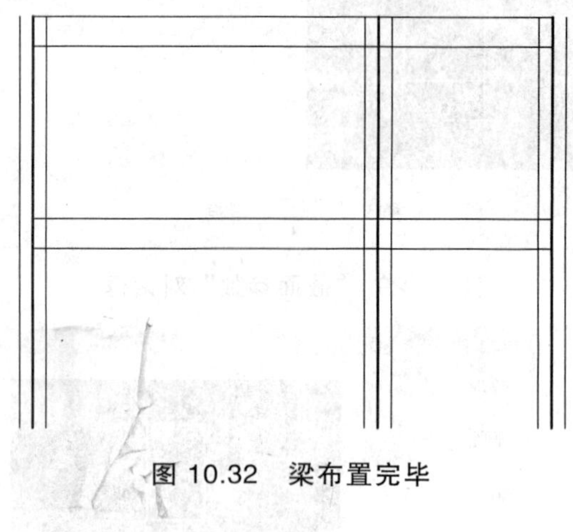

图 10.32 梁布置完毕

10.4.4 恒载输入

回主菜单，选择 » 恒载输入 ，接着选择“ 梁间恒载”，弹出如图 10.33 所示对话框。选择线荷载，输入 12 kN/m，选择“确定”，用鼠标拾取所有梁；右键确定后又出现“荷载输入”对话框，选择集中力，输入 20 kN 和 X＝2 000，选择“确定”，用鼠标拾取第一跨上下两根梁；右键确定后再次选择集中力，输入 20 kN 和 X＝4 000，结果如图 10.34 所示。

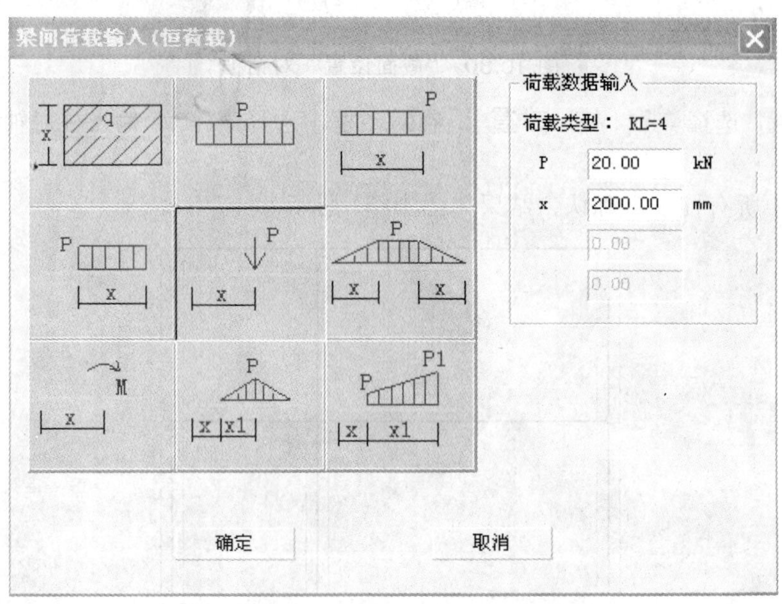

图 10.33 “梁间恒载输入”对话框

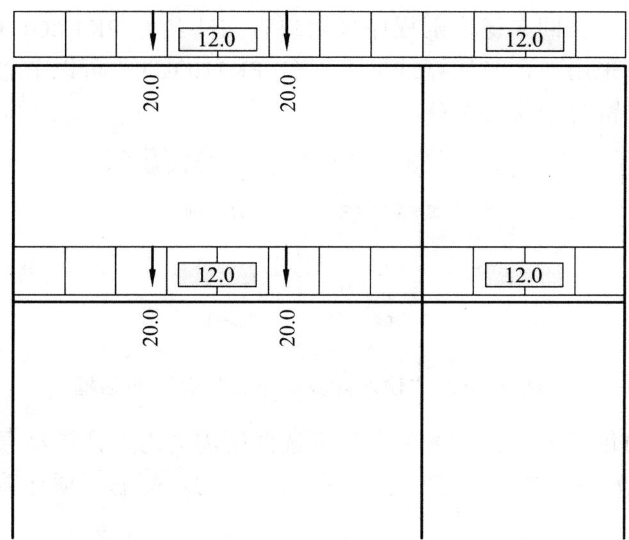

图 10.34　恒载输入结果

10.4.5　计算间图

回到主菜单，可以选择“» 计算简图”查看计算简图，如图 10.35 所示。

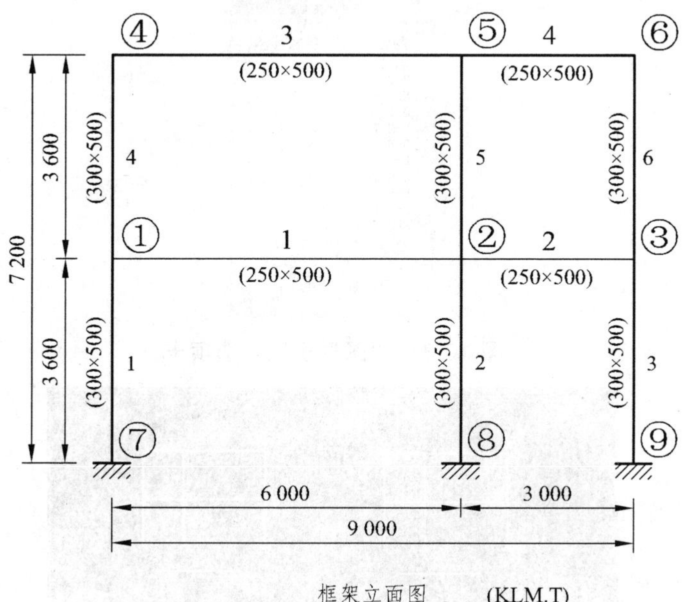

图 10.35　框架立面计算简图

10.4.6　计算

回到主菜单，选择“» 计　算”，屏幕出现“输入计算结果文件名”对话框，如

图 10.36 所示；若直接按回车键，则程序采用缺省文件名为 PK11.OUT，计算结果都存到这个文件里。每次计算采用隐含的计算结果文件名 PK11.OUT，可以节省存储空间，待最终确定了计算结果需要保留时可改名保存。

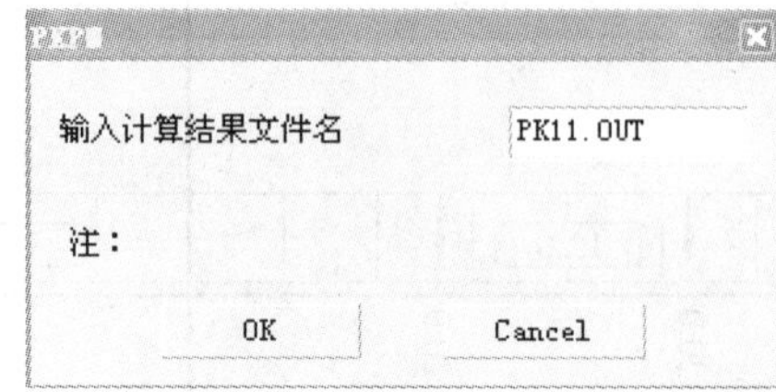

图 10.36 “输入计算结果文件名”对话框

屏幕上出现配筋包络图，在子菜单中还可选择所需的内力计算结果，如恒载弯矩、恒载剪力，也可选择“图形拼接”，把弯矩、剪力、轴力、配筋等项计算结果布置在同一张图纸内。

选择“图形拼接”，屏幕左上角出现一个小选项卡，如图 10.37 所示。其中，AS.T 表示配筋包络图，M.T、N.T 和 Q.T 分别表示弯矩包络图、柱轴力图和剪力包络图；D-M.T、D-N.T 和 D-V.T 分别表示恒载弯矩图、轴力图和剪力图；L-M.T、L-N.T 和 L-V.T 分别表示活载弯矩图、轴力图和剪力图。用鼠标选取所需的内力图，移到图纸上即可，可再次选取，不需要时按鼠标右键确认。结果参考图 10.38。

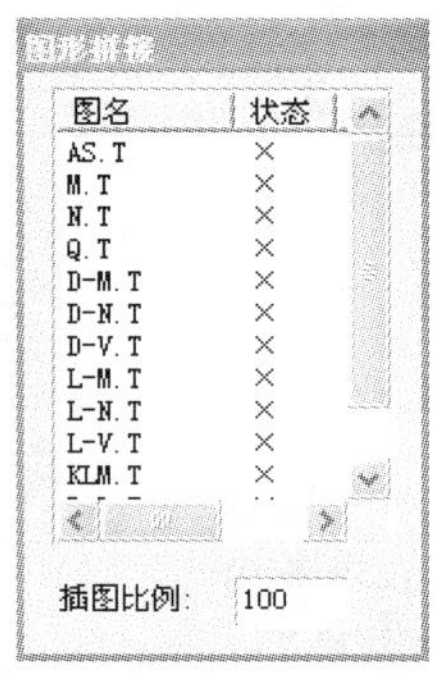

图 10.37 “图形拼接“选项卡

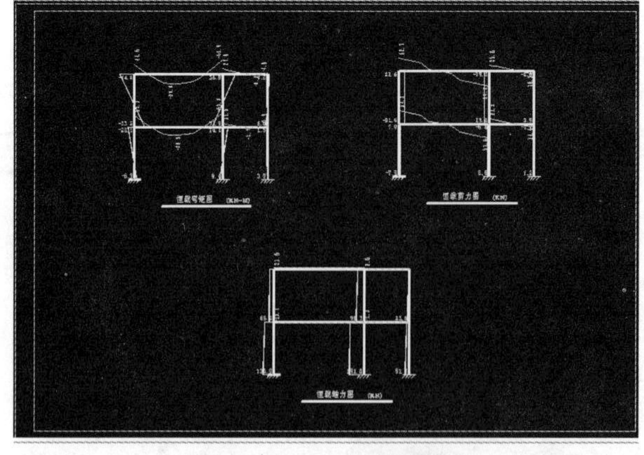

图 10.38 计算结果

附录 I　型钢规格表

普通工字钢

符号：h—高度；
b—宽度；
t_w—腹板厚度；
t—翼缘平均厚度；
I—惯性矩；
W—截面模量

i—回转半径；
S_x—半截面的面积矩；
长度：
型号 10～18，长 5～19 m；
型号 20～63，长 6～19 m。

型号		尺寸/mm					截面面积/cm^2	理论重量/(kg/m)	x—x 轴				y—y 轴		
		h	b	t_w	t	R			I_x /cm^4	W_x /cm^3	i_x /cm	I_x/S_x /cm	I_y /cm^4	W_y /cm^3	I_y /cm
10		100	68	4.5	7.6	6.5	14.3	11.2	245	49	4.14	8.69	33	9.6	1.51
12.6		126	74	5	8.4	7	18.1	14.2	488	77	5.19	11	47	12.7	1.61
14		140	80	5.5	9.1	7.5	21.5	16.9	712	102	5.75	12.2	64	16.1	1.73
16		160	88	6	9.9	8	26.1	20.5	1 127	141	6.57	13.9	93	21.1	1.89
18		180	94	6.5	10.7	8.5	30.7	24.1	1 699	185	7.37	15.4	123	26.2	2.00
20	a	200	100	7	11.4	9	35.5	27.9	2 369	237	8.16	17.4	158	31.6	2.11
	b		102	9			39.5	31.1	2 502	250	7.95	17.1	169	33.1	2.07
22	a	220	110	7.5	12.3	9.5	42.1	33	3 406	310	8.99	19.2	226	41.1	2.32
	b		112	9.5			46.5	36.5	3 583	326	8.78	18.9	240	42.9	2.27
25	a	250	116	8	13	10	48.5	38.1	5 017	401	10.2	21.7	280	48.4	2.4
	b		118	10			53.5	42	5 278	422	9.93	21.4	297	50.4	2.36
28	a	280	122	8.5	13.7	10.5	55.4	43.5	7 115	508	11.3	24.3	344	56.4	2.49
	b		124	10.5			61	47.9	7 481	534	11.1	24	364	58.7	2.44
32	a	320	130	9.5	15	11.5	67.1	52.7	11 080	692	12.8	27.7	459	70.6	2.62
	b		132	11.5			73.5	57.7	11 626	727	12.6	27.3	484	73.3	2.57
	c		134	13.5			79.9	62.7	12 173	761	12.3	26.9	510	76.1	2.53
36	a	360	136	10	15.8	12	76.4	60	15 796	878	14.4	31	555	81.6	2.69
	b		138	12			83.6	65.6	16 574	921	14.1	30.6	584	84.6	2.64
	c		140	14			90.8	71.3	17 351	964	13.8	30.2	614	87.7	2.6
40	a	400	142	10.5	16.5	12.5	86.1	67.6	21 714	1 086	15.9	34.4	660	92.9	2.77
	b		144	12.5			94.1	73.8	22 781	1 139	15.6	33.9	693	96.2	2.71
	c		146	14.5			102	80.1	23 847	1 192	15.3	33.5	727	99.7	2.67
45	a	450	150	11.5	18	13.5	102	80.4	32 241	1 433	17.7	38.5	855	114	2.89
	b		152	13.5			111	87.4	33 759	1 500	17.4	38.1	895	118	2.84
	c		154	15.5			120	94.5	35 278	1 568	17.1	37.6	938	122	2.79
50	a	500	158	12	20	14	119	93.6	46 472	1 859	19.7	42.9	1122	142	3.07
	b		160	14			129	101	48 556	1 942	19.4	42.3	1171	146	3.01
	c		162	16			139	109	50 639	2 026	19.1	41.9	1224	151	2.96
56	a	560	166	12.5	21	14.5	135	106	65 576	2 342	22	47.9	1366	165	3.18
	b		168	14.5			147	115	68 503	2 447	21.6	47.3	1424	170	3.12
	c		170	16.5			158	124	71 430	2 551	21.3	46.8	1485	175	3.07
63	a	630	176	13	22	15	155	122	94 004	2 984	24.7	53.8	1702	194	3.32
	b		178	15			167	131	98 171	3 117	24.2	53.2	1771	199	3.25
	c		780	17			180	141	102 339	3 249	23.9	52.6	1842	205	3.2

H 型钢

符号：h—高度；
b—宽度；
t_1—腹板厚度；
t_2—翼缘厚度；
I—惯性矩；
W—截面模量

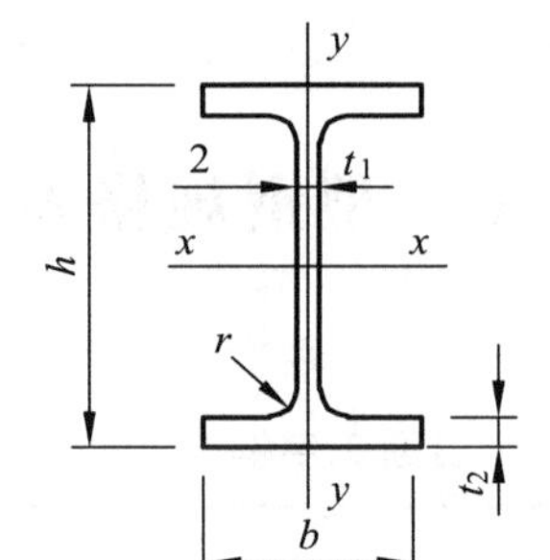

i—回转半径；
S_x—半截面的面积矩。

类别	H 型钢规格 ($h×b×t_1×t_2$)	截面积 A /cm^2	质量 q /(kg/m)	x—x 轴			y—y 轴		
				I_x /cm^4	W_x /cm^3	i_x /cm	I_y /cm^4	W_y /cm^3	I_y /cm
HW	100×100×6×8	21.9	17.2 2	383	76.5765	4.18	134	26.7	2.47
	125×125×6.5×9	30.31	23.8	847	136	5.29	294	47	3.11
	150×150×7×10	40.55	31.9	1 660	221	6.39	564	75.1	3.73
	175×175×7.5×11	51.43	40.3	2 900	331	7.5	984	112	4.37
	200×200×8×12	64.28	50.5	4 770	477	8.61	1 600	160	4.99
	#200×204×12×12	72.28	56.7	5 030	503	8.35	1 700	167	4.85
	250×250×9×14	92.18	72.4	10 800	867	10.8	3 650	292	6.29
	#250×255×14×14	104.7	82.2	11 500	919	10.5	3 880	304	6.09
	#294×302×12×12	108.3	85	17 000	1 160	12.5	5 520	365	7.14
	300×300×10×15	120.4	94.5	20 500	1 370	13.1	6 760	450	7.49
	300×305×15×15	135.4	106	21 600	1 440	12.6	7 100	466	7.24
	#344×348×10×16	146	115	33 300	1 940	15.1	11 200	646	8.78
	350×350×12×19	173.9	137	40 300	2 300	15.2	13 600	776	8.84
	#388×402×15×15	179.2	141	49 200	2 540	16.6	16 300	809	9.52
	#394×398×11×18	187.6	147	56 400	2 860	17.3	18 900	951	10
	400×400×13×21	219.5	172	66 900	3 340	17.5	22 400	1120	10.1
	#400×408×21×21	251.5	197	71 100	3 560	16.8	23 800	1170	9.73
	#414×405×18×28	296.2	233	93 000	4 490	17.7	31 000	1530	10.2
	#428×407×20×35	361.4	284	119 000	5 580	18.2	39 400	1930	10.4
HM	148×100×6×9	27.25	21.4	1 040	140	6.17	151	30.2	2.35
	194×150×6×9	39.76	31.2	2 740	283	8.3	508	67.7	3.57
	244×175×7×11	56.24	44.1	6 120	502	10.4	985	113	4.18
	294×200×8×12	73.03	57.3	11 400	779	12.5	1 600	160	4.69
	340×250×9×14	101.5	79.7	21 700	1 280	14.6	3 650	292	6
	390×300×10×16	136.7	107	38 900	2 000	16.9	7 210	481	7.26
	440×300×11×18	157.4	124	56 100	2 550	18.9	8 110	541	7.18
	482×300×11×15	146.4	115	60 800	2 520	20.4	6 770	451	6.8
	488×300×11×18	164.4	129	71 400	2 930	20.8	8 120	541	7.03
	582×300×12×17	174.5	137	103 000	3 530	24.3	7 670	511	6.63
	588×300×12×20	192.5	151	118 000	4 020	24.8	9 020	601	6.85
	#594×302×14×23	222.4	175	137 000	4 620	24.9	10 600	701	6.9

符号：h—高度；
b—宽度；
t_1—腹板厚度；
t_2—翼缘厚度；
I—惯性矩；
W—截面模量

i—回转半径；
S_x—半截面的面积矩。

类别	H 型钢规格 （$h \times b \times t_1 \times t_2$）	截面积 A /cm²	质量 q /（kg/m）	x—x 轴			y—y 轴		
				I_x /cm⁴	W_x /cm³	i_x /cm	I_y /cm⁴	W_y /cm³	I_y /cm
HN	100×50×5×7	12.16	9.54	192	38.5	3.98	14.9	5.96	1.11
	125×60×6×8	17.01	13.3	417	66.8	4.95	29.3	9.75	1.31
	150×75×5×7	18.16	14.3	679	90.6	6.12	49.6	13.2	1.65
	175×90×5×8	23.21	18.2	1 220	140	7.26	97.6	21.7	2.05
	198×99×4.5×7	23.59	18.5	1 610	163	8.27	114	23	2.2
	200×100×5.5×8	27.57	21.7	1 880	188	8.25	134	26.8	2.21
	248×124×5×8	32.89	25.8	3 560	287	10.4	255	41.1	2.78
	250×125×6×9	37.87	29.7	4 080	326	10.4	294	47	2.79
	298×149×5.5×8	41.55	32.6	6 460	433	12.4	443	59.4	3.26
	300×150×6.5×9	47.53	37.3	7 350	490	12.4	508	67.7	3.27
	346×174×6×9	53.19	41.8	11 200	649	14.5	792	91	3.86
	350×175×7×11	63.66	50	13 700	782	14.7	985	113	3.93
	#400×150×8×13	71.12	55.8	18 800	942	16.3	734	97.9	3.21
	396×199×7×11	72.16	56.7	20 000	1 010	16.7	1 450	145	4.48
	400×200×8×13	84.12	66	23 700	1 190	16.8	1 740	174	4.54
	#450×150×9×14	83.41	65.5	27 100	1 200	18	793	106	3.08
	446×199×8×12	84.95	66.7	29 000	1 300	18.5	1 580	159	4.31
	450×200×9×14	97.41	76.5	33 700	1 500	18.6	1 870	187	4.38
	#500×150×10×16	98.23	77.1	38 500	1 540	19.8	907	121	3.04
	496×199×9×14	101.3	79.5	41 900	1 690	20.3	1 840	185	4.27
	500×200×10×16	114.2	89.6	47 800	1 910	20.5	2 140	214	4.33
	#506×201×11×19	131.3	103	56 500	2 230	20.8	2 580	257	4.43
	596×199×10×15	121.2	95.1	69 300	2 330	23.9	1 980	199	4.04
	600×200×11×17	135.2	106	78 200	2 610	24.1	2 280	228	4.11
	#606×201×12×20	153.3	120	91 000	3 000	24.4	2 720	271	4.21
	#692×300×13×20	211.5	166	172 000	4 980	28.6	9 020	602	6.53
	700×300×13×24	235.5	185	201 000	5 760	29.3	10 800	722	6.78

注："#"表示的规格为非常用规格。

普通槽钢

符号：
同普通工字钢
但 W_y 为对应翼缘肢尖

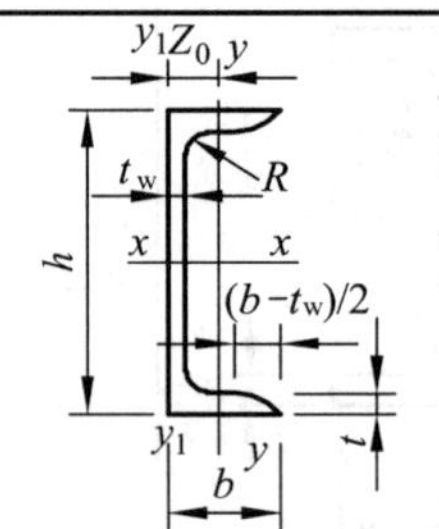

长度：
型号 5～8，长 5～12 m；
型号 10～18，长 5～19 m；
型号 20～20，长 6～19 m。

型号		尺寸/mm					截面面积 /cm²	理论重量 /（kg/m）	x—x 轴			y—y 轴			y_1—y_1 轴	Z_0 /cm
		h	b	t_w	t	R			I_x /cm⁴	W_x /cm³	i_x /cm	I_y /cm⁴	W_y /cm³	I_y /cm	I_{y_1} /cm⁴	
5		50	37	4.5	7	7	6.92	5.44	26	10.4	1.94	8.3	3.5	1.1	20.9	1.35
6.3		63	40	4.8	7.5	7.5	8.45	6.63	51	16.3	2.46	11.9	4.6	1.19	28.3	1.39
8		80	43	5	8	8	10.24	8.04	101	25.3	3.14	16.6	5.8	1.27	37.4	1.42
10		100	48	5.3	8.5	8.5	12.74	10	198	39.7	3.94	25.6	7.8	1.42	54.9	1.52
12.6		126	53	5.5	9	9	15.69	12.31	389	61.7	4.98	38	10.3	1.56	77.8	1.59
14	a	140	58	6	9.5	9.5	18.51	14.53	564	80.5	5.52	53.2	13	1.7	107.2	1.71
	b		60	8	9.5	9.5	21.31	16.73	609	87.1	5.35	61.2	14.1	1.69	120.6	1.67
16	a	160	63	6.5	10	10	21.95	17.23	866	108.3	6.28	73.4	16.3	1.83	144.1	1.79
	b		65	8.5	10	10	25.15	19.75	935	116.8	6.1	83.4	17.6	1.82	160.8	1.75
18	a	180	68	7	10.5	10.5	25.69	20.17	1 273	141.4	7.04	98.6	20	1.96	189.7	1.88
	b		70	9	10.5	10.5	29.29	22.99	1 370	152.2	6.84	111	21.5	1.95	210.1	1.84
20	a	200	73	7	11	11	28.83	22.63	1 780	178	7.86	128	24.2	2.11	244	2.01
	b		75	9	11	11	32.83	25.77	1 914	191.4	7.64	143.6	25.9	2.09	268.4	1.95
22	a	220	77	7	11.5	11.5	31.84	24.99	2 394	217.6	8.67	157.8	28.2	2.23	298.2	2.1
	b		79	9	11.5	11.5	36.24	28.45	2 571	233.8	8.42	176.5	30.1	2.21	326.3	2.03
25	a	250	78	7	12	12	34.91	27.4	3 359	268.7	9.81	175.9	30.7	2.24	324.8	2.07
	b		80	9	12	12	39.91	31.33	3 619	289.6	9.52	196.4	32.7	2.22	355.1	1.99
	c		82	11	12	12	44.91	35.25	3 880	310.4	9.3	215.9	34.6	2.19	388.6	1.96
28	a	280	82	7.5	12.5	12.5	40.02	31.42	4 753	339.5	10.9	217.9	35.7	2.33	393.3	2.09
	b		84	9.5	12.5	12.5	45.62	35.81	5 118	365.6	10.59	241.5	37.9	2.3	428.5	2.02
	c		86	11.5	12.5	12.5	51.22	40.21	5 484	391.7	10.35	264.1	40	2.27	467.3	1.99
32	a	320	88	8	14	14	48.5	38.07	7 511	469.4	12.44	304.7	46.4	2.51	547.5	2.24
	b		90	10	14	14	54.9	43.1	8 057	503.5	12.11	335.6	49.1	2.47	592.9	2.16
	c		92	12	14	14	61.3	48.12	8 603	537.7	11.85	365	51.6	2.44	642.7	2.13
36	a	360	96	9	16	16	60.89	47.8	11 874	659.7	13.96	455	63.6	2.73	818.5	2.44
	b		98	11	16	16	68.09	53.45	12 652	702.9	13.63	496.7	66.9	2.7	880.5	2.37
	c		100	13	16	16	75.29	59.1	13 429	746.1	13.36	536.6	70	2.67	948	2.34
40	a	400	100	10.5	18	18	75.04	58.91	17 578	878.9	15.3	592	78.8	2.81	1 057.9	2.49
	b		102	12.5	18	18	83.04	65.19	18 644	932.2	14.98	640.6	82.6	2.78	1 135.8	2.44
	c		104	14.5	18	18	91.04	71.47	19 711	985.6	14.71	687.8	86.2	2.75	1 220.3	2.42

等边角钢

型号 $B\times t$		单角钢										双角钢				
		圆角 R	重心矩 Z_0	截面积 A	质量	惯性矩 I_x	截面模量 $W_{x\max}$	$W_{x\min}$	回转半径 i_x	i_{x_0}	i_{y_0}	i_y，当 a 为下列数值 6 mm	8 mm	10 mm	12 mm	14 mm
		mm		cm^2	kg/m	cm^4	cm^3		cm			cm				
20×	3	3.5	6	1.13	0.89	0.40	0.66	0.29	0.59	0.75	0.39	1.08	1.17	1.25	1.34	1.43
	4		6.4	1.46	1.15	0.50	0.78	0.36	0.58	0.73	0.38	1.11	1.19	1.28	1.37	1.46
L25×	3	3.5	7.3	1.43	1.12	0.82	1.12	0.46	0.76	0.95	0.49	1.27	1.36	1.44	1.53	1.61
	4		7.6	1.86	1.46	1.03	1.34	0.59	0.74	0.93	0.48	1.30	1.38	1.47	1.55	1.64
L30×	3	4.5	8.5	1.75	1.37	1.46	1.72	0.68	0.91	1.15	0.59	1.47	1.55	1.63	1.71	1.8
	4		8.9	2.28	1.79	1.84	2.08	0.87	0.90	1.13	0.58	1.49	1.57	1.65	1.74	1.82
L36×	3	4.5	10	2.11	1.66	2.58	2.59	0.99	1.11	1.39	0.71	1.70	1.78	1.86	1.94	2.03
	4		10.4	2.76	2.16	3.29	3.18	1.28	1.09	1.38	0.70	1.73	1.8	1.89	1.97	2.05
	5		10.7	2.38	2.65	3.95	3.68	1.56	1.08	1.36	0.70	1.75	1.83	1.91	1.99	2.08
L40×	3	5	10.9	2.36	1.85	3.59	3.28	1.23	1.23	1.55	0.79	1.86	1.94	2.01	2.09	2.18
	4		11.3	3.09	2.42	4.60	4.05	1.60	1.22	1.54	0.79	1.88	1.96	2.04	2.12	2.2
	5		11.7	3.79	2.98	5.53	4.72	1.96	1.21	1.52	0.78	1.90	1.98	2.06	2.14	2.23
L45×	3	5	12.2	2.66	2.09	5.17	4.25	1.58	1.39	1.76	0.90	2.06	2.14	2.21	2.29	2.37
	4		12.6	3.49	2.74	6.65	5.29	2.05	1.38	1.74	0.89	2.08	2.16	2.24	2.32	2.4
	5		13	4.29	3.37	8.04	6.20	2.51	1.37	1.72	0.88	2.10	2.18	2.26	2.34	2.42
	6		13.3	5.08	3.99	9.33	6.99	2.95	1.36	1.71	0.88	2.12	2.2	2.28	2.36	2.44
L50×	3	5.5	13.4	2.97	2.33	7.18	5.36	1.96	1.55	1.96	1.00	2.26	2.33	2.41	2.48	2.56
	4		13.8	3.90	3.06	9.26	6.70	2.56	1.54	1.94	0.99	2.28	2.36	2.43	2.51	2.59
	5		14.2	4.80	3.77	11.21	7.90	3.13	1.53	1.92	0.98	2.30	2.38	2.45	2.53	2.61
	6		14.6	5.69	4.46	13.05	8.95	3.68	1.51	1.91	0.98	2.32	2.4	2.48	2.56	2.64
L56×	3	6	14.8	3.34	2.62	10.19	6.86	2.48	1.75	2.2	1.13	2.50	2.57	2.64	2.72	2.8
	4		15.3	4.39	3.45	13.18	8.63	3.24	1.73	2.18	1.11	2.52	2.59	2.67	2.74	2.82
	5		15.7	5.42	4.25	16.02	10.22	3.97	1.72	2.17	1.10	2.54	2.61	2.69	2.77	2.85
	8		16.8	8.37	6.57	23.63	14.06	6.03	1.68	2.11	1.09	2.60	2.67	2.75	2.83	2.91
L63×	4	7	17	4.98	3.91	19.03	11.22	4.13	1.96	2.46	1.26	2.79	2.87	2.94	3.02	3.09
	5		17.4	6.14	4.82	23.17	13.33	5.08	1.94	2.45	1.25	2.82	2.89	2.96	3.04	3.12
	6		17.8	7.29	5.72	27.12	15.26	6.00	1.93	2.43	1.24	2.83	2.91	2.98	3.06	3.14
	8		18.5	9.51	7.47	34.45	18.59	7.75	1.90	2.39	1.23	2.87	2.95	3.03	3.1	3.18
	10		19.3	11.66	9.15	41.09	21.34	9.39	1.88	2.36	1.22	2.91	2.99	3.07	3.15	3.23
L70×	4	8	18.6	5.57	4.37	26.39	14.16	5.14	2.18	2.74	1.4	3.07	3.14	3.21	3.29	3.36
	5		19.1	6.88	5.40	32.21	16.89	6.32	2.16	2.73	1.39	3.09	3.16	3.24	3.31	3.39
	6		19.5	8.16	6.41	37.77	19.39	7.48	2.15	2.71	1.38	3.11	3.18	3.26	3.33	3.41
	7		19.9	9.42	7.40	43.09	21.68	8.59	2.14	2.69	1.38	3.13	3.2	3.28	3.36	3.43
	8		20.3	10.67	8.37	48.17	23.79	9.68	2.13	2.68	1.37	3.15	3.22	3.30	3.38	3.46
L75×	5	9	20.3	7.41	5.82	39.96	19.73	7.30	2.32	2.92	1.5	3.29	3.36	3.43	3.5	3.58
	6		20.7	8.80	6.91	46.91	22.69	8.63	2.31	2.91	1.49	3.31	3.38	3.45	3.53	3.6
	7		21.1	10.16	7.98	53.57	25.42	9.93	2.30	2.89	1.48	3.33	3.4	3.47	3.55	3.63
	8		21.5	11.50	9.03	59.96	27.93	11.2	2.28	2.87	1.47	3.35	3.42	3.50	3.57	3.65
	10		22.2	14.13	11.09	71.98	32.40	13.64	2.26	2.84	1.46	3.38	3.46	3.54	3.61	3.69
L80×	5	9	21.5	7.91	6.21	48.79	22.70	8.34	2.48	3.13	1.6	3.49	3.56	3.63	3.71	3.78
	6		21.9	9.40	7.38	57.35	26.16	9.87	2.47	3.11	1.59	3.51	3.58	3.65	3.73	3.8
	7		22.3	10.86	8.53	65.58	29.38	11.37	2.46	3.1	1.58	3.53	3.60	3.67	3.75	3.83
	8		22.7	12.30	9.66	73.50	32.36	12.83	2.44	3.08	1.57	3.55	3.62	3.70	3.77	3.85
	10		23.5	15.13	11.87	88.43	37.68	15.64	2.42	3.04	1.56	3.58	3.66	3.74	3.81	3.89

等边角钢

型号 $B\times t$		单角钢										双角钢				
		圆角 R	重心矩 Z_0	截面积 A	质量	惯性矩 I_x	截面模量		回转半径			i_y，当 a 为下列数值				
							$W_{x\max}$	$W_{x\min}$	i_x	i_{x_0}	i_{y_0}	6 mm	8 mm	10 mm	12 mm	14 mm
		mm		cm^2	kg/m	cm^4	cm^3		cm			cm				
L90×	6	10	24.4	10.64	8.35	82.77	33.99	12.61	2.79	3.51	1.8	3.91	3.98	4.05	4.12	4.2
	7		24.8	12.3	9.66	94.83	38.28	14.54	2.78	3.5	1.78	3.93	4	4.07	4.14	4.22
	8		25.2	13.94	10.95	106.5	42.3	16.42	2.76	3.48	1.78	3.95	4.02	4.09	4.17	4.24
	10		25.9	17.17	13.48	128.6	49.57	20.07	2.74	3.45	1.76	3.98	4.06	4.13	4.21	4.28
	12		26.7	20.31	15.94	149.2	55.93	23.57	2.71	3.41	1.75	4.02	4.09	4.17	4.25	4.32
L100×	6	12	26.7	11.93	9.37	115	43.04	15.68	3.1	3.91	2	4.3	4.37	4.44	4.51	4.58
	7		27.1	13.8	10.83	131	48.57	18.1	3.09	3.89	1.99	4.32	4.39	4.46	4.53	4.61
	8		27.6	15.64	12.28	148.2	53.78	20.47	3.08	3.88	1.98	4.34	4.41	4.48	4.55	4.63
	10		28.4	19.26	15.12	179.5	63.29	25.06	3.05	3.84	1.96	4.38	4.45	4.52	4.6	4.67
	12		29.1	22.8	17.9	208.9	71.72	29.47	3.03	3.81	1.95	4.41	4.49	4.56	4.64	4.71
	14		29.9	26.26	20.61	236.5	79.19	33.73	3	3.77	1.94	4.45	4.53	4.6	4.68	4.75
	16		30.6	29.63	23.26	262.5	85.81	37.82	2.98	3.74	1.93	4.49	4.56	4.64	4.72	4.8
L110×	7	12	29.6	15.2	11.93	177.2	59.78	22.05	3.41	4.3	2.2	4.72	4.79	4.86	4.94	5.01
	8		30.1	17.24	13.53	199.5	66.36	24.95	3.4	4.28	2.19	4.74	4.81	4.88	4.96	5.03
	10		30.9	21.26	16.69	242.2	78.48	30.6	3.38	4.25	2.17	4.78	4.85	4.92	5	5.07
	12		31.6	25.2	19.78	282.6	89.34	36.05	3.35	4.22	2.15	4.82	4.89	4.96	5.04	5.11
	14		32.4	29.06	22.81	320.7	99.07	41.31	3.32	4.18	2.14	4.85	4.93	5	5.08	5.15
L125×	8	14	33.7	19.75	15.5	297	88.2	32.52	3.88	4.88	2.5	5.34	5.41	5.48	5.55	5.62
	10		34.5	24.37	19.13	361.7	104.8	39.97	3.85	4.85	2.48	5.38	5.45	5.52	5.59	5.66
	12		35.3	28.91	22.7	423.2	119.9	47.17	3.83	4.82	2.46	5.41	5.48	5.56	5.63	5.7
	14		36.1	33.37	26.19	481.7	133.6	54.16	3.8	4.78	2.45	5.45	5.52	5.59	5.67	5.74
L140×	10	14	38.2	27.37	21.49	514.7	134.6	50.58	4.34	5.46	2.78	5.98	6.05	6.12	6.2	6.27
	12		39	32.51	25.52	603.7	154.6	59.8	4.31	5.43	2.77	6.02	6.09	6.16	6.23	6.31
	14		39.8	37.57	29.49	688.8	173	68.75	4.28	5.4	2.75	6.06	6.13	6.2	6.27	6.34
	16		40.6	42.54	33.39	770.2	189.9	77.46	4.26	5.36	2.74	6.09	6.16	6.23	6.31	6.38
L160×	10	16	43.1	31.5	24.73	779.5	180.8	66.7	4.97	6.27	3.2	6.78	6.85	6.92	6.99	7.06
	12		43.9	37.44	29.39	916.6	208.6	78.98	4.95	6.24	3.18	6.82	6.89	6.96	7.03	7.1
	14		44.7	43.3	33.99	1 048	234.4	90.95	4.92	6.2	3.16	6.86	6.93	7	7.07	7.14
	16		45.5	49.07	38.52	1 175	258.3	102.6	4.89	6.17	3.14	6.89	6.96	7.03	7.1	7.18
L180×	12	16	48.9	42.24	33.16	1 321	270	100.8	5.59	7.05	3.58	7.63	7.7	7.77	7.84	7.91
	14		49.7	48.9	38.38	1 514	304.6	116.3	5.57	7.02	3.57	7.67	7.74	7.81	7.88	7.95
	16		50.5	55.47	43.54	1 701	336.9	131.4	5.54	6.98	3.55	7.7	7.77	7.84	7.91	7.98
	18		51.3	61.95	48.63	1 881	367.1	146.1	5.51	6.94	3.53	7.73	7.8	7.87	7.95	8.02
L200×	14	18	54.6	54.64	42.89	2 104	385.1	144.7	6.2	7.82	3.98	8.47	8.54	8.61	8.67	8.75
	16		55.4	62.01	48.68	2 366	427	163.7	6.18	7.79	3.96	8.5	8.57	8.64	8.71	8.78
	18		56.2	69.3	54.4	2 621	466.5	182.2	6.15	7.75	3.94	8.53	8.6	8.67	8.75	8.82
	20		56.9	76.5	60.06	2 867	503.6	200.4	6.12	7.72	3.93	8.57	8.64	8.71	8.78	8.85
	24		58.4	90.66	71.17	3 338	571.5	235.8	6.07	7.64	3.9	8.63	8.71	8.78	8.85	8.92

不等边角钢

角钢型号 B×b×t		单角钢								双角钢							
		圆角	重心矩		截面积	质量	回转半径			i_y，当 a 为下列数值				i_y，当 a 为下列数值			
		R	Z_x	Z_y	A		i_x	i_y	i_{y_0}	6 mm	8 mm	10 mm	12 mm	6 mm	8 mm	10 mm	12 mm
		mm			cm²	kg/m	cm			cm				cm			
L25×16×	3	3.5	4.2	8.6	1.16	0.91	0.44	0.78	0.34	0.84	0.93	1.02	1.11	1.4	1.48	1.57	1.65
	4		4.6	9.0	1.50	1.18	0.43	0.77	0.34	0.87	0.96	1.05	1.14	1.42	1.51	1.6	1.68
L32×20×	3	3.5	4.9	10.8	1.49	1.17	0.55	1.01	0.43	0.97	1.05	1.14	1.23	1.71	1.79	1.88	1.96
	4		5.3	11.2	1.94	1.52	0.54	1	0.43	0.99	1.08	1.16	1.25	1.74	1.82	1.9	1.99
L40×25×	3	4	5.9	13.2	1.89	1.48	0.7	1.28	0.54	1.13	1.21	1.3	1.38	2.07	2.14	2.23	2.31
	4		6.3	13.7	2.47	1.94	0.69	1.26	0.54	1.16	1.24	1.32	1.41	2.09	2.17	2.25	2.34
L45×28×	3	5	6.4	14.7	2.15	1.69	0.79	1.44	0.61	1.23	1.31	1.39	1.47	2.28	2.36	2.44	2.52
	4		6.8	15.1	2.81	2.2	0.78	1.43	0.6	1.25	1.33	1.41	1.5	2.31	2.39	2.47	2.55
L50×32×	3	5.5	7.3	16	2.43	1.91	0.91	1.6	0.7	1.38	1.45	1.53	1.61	2.49	2.56	2.64	2.72
	4		7.7	16.5	3.18	2.49	0.9	1.59	0.69	1.4	1.47	1.55	1.64	2.51	2.59	2.67	2.75
L56×36×	3	6	8.0	17.8	2.74	2.15	1.03	1.8	0.79	1.51	1.59	1.66	1.74	2.75	2.82	2.9	2.98
	4		8.5	18.2	3.59	2.82	1.02	1.79	0.78	1.53	1.61	1.69	1.77	2.77	2.85	2.93	3.01
	5		8.8	18.7	4.42	3.47	1.01	1.77	0.78	1.56	1.63	1.71	1.79	2.8	2.88	2.96	3.04
L63×40×	4	7	9.2	20.4	4.06	3.19	1.14	2.02	0.88	1.66	1.74	1.81	1.89	3.09	3.16	3.24	3.32
	5		9.5	20.8	4.99	3.92	1.12	2	0.87	1.68	1.76	1.84	1.92	3.11	3.19	3.27	3.35
	6		9.9	21.2	5.91	4.64	1.11	1.99	0.86	1.71	1.78	1.86	1.94	3.13	3.21	3.29	3.37
	7		10.3	21.6	6.8	5.34	1.1	1.96	0.86	1.73	1.8	1.88	1.97	3.15	3.23	3.3	3.39
L70×45×	4	7.5	10.2	22.3	4.55	3.57	1.29	2.25	0.99	1.84	1.91	1.99	2.07	3.39	3.46	3.54	3.62
	5		10.6	22.8	5.61	4.4	1.28	2.23	0.98	1.86	1.94	2.01	2.09	3.41	3.49	3.57	3.64
	6		11.0	23.2	6.64	5.22	1.26	2.22	0.97	1.88	1.96	2.04	2.11	3.44	3.51	3.59	3.67
	7		11.3	23.6	7.66	6.01	1.25	2.2	0.97	1.9	1.98	2.06	2.14	3.46	3.54	3.61	3.69
L75×50×	5	8	11.7	24.0	6.13	4.81	1.43	2.39	1.09	2.06	2.13	2.2	2.28	3.6	3.68	3.76	3.83
	6		12.1	24.4	7.26	5.7	1.42	2.38	1.08	2.08	2.15	2.23	2.3	3.63	3.7	3.78	3.86
	8		12.9	25.2	9.47	7.43	1.4	2.35	1.07	2.12	2.19	2.27	2.35	3.67	3.75	3.83	3.91
	10		13.6	26.0	11.6	9.1	1.38	2.33	1.06	2.16	2.24	2.31	2.4	3.71	3.79	3.87	3.96
L80×50×	5	8	11.4	26.0	6.38	5	1.42	2.57	1.1	2.02	2.09	2.17	2.24	3.88	3.95	4.03	4.1
	6		11.8	26.5	7.56	5.93	1.41	2.55	1.09	2.04	2.11	2.19	2.27	3.9	3.98	4.05	4.13
	7		12.1	26.9	8.72	6.85	1.39	2.54	1.08	2.06	2.13	2.21	2.29	3.92	4	4.08	4.16
	8		12.5	27.3	9.87	7.75	1.38	2.52	1.07	2.08	2.15	2.23	2.31	3.94	4.02	4.1	4.18
L90×56×	5	9	12.5	29.1	7.21	5.66	1.59	2.9	1.23	2.22	2.29	2.36	2.44	4.32	4.39	4.47	4.55
	6		12.9	29.5	8.56	6.72	1.58	2.88	1.22	2.24	2.31	2.39	2.46	4.34	4.42	4.5	4.57
	7		13.3	30.0	9.88	7.76	1.57	2.87	1.22	2.26	2.33	2.41	2.49	4.37	4.44	4.52	4.6
	8		13.6	30.4	11.2	8.78	1.56	2.85	1.21	2.28	2.35	2.43	2.51	4.39	4.47	4.54	4.62

不等边角钢

角钢型号 $B \times b \times t$		单角钢								双角钢							
		圆角	重心矩		截面积	质量	回转半径			i_y，当 a 为下列数值				i_y，当 a 为下列数值			
		R	Z_x	Z_y	A		i_x	i_y	i_{y_0}	6 mm	8 mm	10 mm	12 mm	6 mm	8 mm	10 mm	12 mm
		mm	cm²	kg/m	cm	cm	cm	mm	cm²	kg/m	cm	cm	cm	mm	cm²	kg/m	cm
L100×63×	6	10	14.3	32.4	9.62	7.55	1.79	3.21	1.38	2.49	2.56	2.63	2.71	4.77	4.85	4.92	5
	7		14.7	32.8	11.1	8.72	1.78	3.2	1.37	2.51	2.58	2.65	2.73	4.8	4.87	4.95	5.03
	8		15	33.2	12.6	9.88	1.77	3.18	1.37	2.53	2.6	2.67	2.75	4.82	4.9	4.97	5.05
	10		15.8	34	15.5	12.1	1.75	3.15	1.35	2.57	2.64	2.72	2.79	4.86	4.94	5.02	5.1
L100×80×	6	10	19.7	29.5	10.6	8.35	2.4	3.17	1.73	3.31	3.38	3.45	3.52	4.54	4.62	4.69	4.76
	7		20.1	30	12.3	9.66	2.39	3.16	1.71	3.32	3.39	3.47	3.54	4.57	4.64	4.71	4.79
	8		20.5	30.4	13.9	10.9	2.37	3.15	1.71	3.34	3.41	3.49	3.56	4.59	4.66	4.73	4.81
	10		21.3	31.2	17.2	13.5	2.35	3.12	1.69	3.38	3.45	3.53	3.6	4.63	4.7	4.78	4.85
L110×70×	6	10	15.7	35.3	10.6	8.35	2.01	3.54	1.54	2.74	2.81	2.88	2.96	5.21	5.29	5.36	5.44
	7		16.1	35.7	12.3	9.66	2	3.53	1.53	2.76	2.83	2.9	2.98	5.24	5.31	5.39	5.46
	8		16.5	36.2	13.9	10.9	1.98	3.51	1.53	2.78	2.85	2.92	3	5.26	5.34	5.41	5.49
	10		17.2	37	17.2	13.5	1.96	3.48	1.51	2.82	2.89	2.96	3.04	5.3	5.38	5.46	5.53
L125×80×	7	11	18	40.1	14.1	11.1	2.3	4.02	1.76	3.11	3.18	3.25	3.33	5.9	5.97	6.04	6.12
	8		18.4	40.6	16	12.6	2.29	4.01	1.75	3.13	3.2	3.27	3.35	5.92	5.99	6.07	6.14
	10		19.2	41.4	19.7	15.5	2.26	3.98	1.74	3.17	3.24	3.31	3.39	5.96	6.04	6.11	6.19
	12		20	42.2	23.4	18.3	2.24	3.95	1.72	3.21	3.28	3.35	3.43	6	6.08	6.16	6.23
L140×90×	8	12	20.4	45	18	14.2	2.59	4.5	1.98	3.49	3.56	3.63	3.7	6.58	6.65	6.73	6.8
	10		21.2	45.8	22.3	17.5	2.56	4.47	1.96	3.52	3.59	3.66	3.73	6.62	6.7	6.77	6.85
	12		21.9	46.6	26.4	20.7	2.54	4.44	1.95	3.56	3.63	3.7	3.77	6.66	6.74	6.81	6.89
	14		22.7	47.4	30.5	23.9	2.51	4.42	1.94	3.59	3.66	3.74	3.81	6.7	6.78	6.86	6.93
L160×100×	10	13	22.8	52.4	25.3	19.9	2.85	5.14	2.19	3.84	3.91	3.98	4.05	7.55	7.63	7.7	7.78
	12		23.6	53.2	30.1	23.6	2.82	5.11	2.18	3.87	3.94	4.01	4.09	7.6	7.67	7.75	7.82
	14		24.3	54	34.7	27.2	2.8	5.08	2.16	3.91	3.98	4.05	4.12	7.64	7.71	7.79	7.86
	16		25.1	54.8	39.3	30.8	2.77	5.05	2.15	3.94	4.02	4.09	4.16	7.68	7.75	7.83	7.9
L180×110×	10	14	24.4	58.9	28.4	22.3	3.13	8.56	5.78	2.42	4.16	4.23	4.3	4.36	8.49	8.72	8.71
	12		25.2	59.8	33.7	26.5	3.1	8.6	5.75	2.4	4.19	4.33	4.33	4.4	8.53	8.76	8.75
	14		25.9	60.6	39	30.6	3.08	8.64	5.72	2.39	4.23	4.26	4.37	4.44	8.57	8.63	8.79
	16		26.7	61.4	44.1	34.6	3.05	8.68	5.81	2.37	4.26	4.3	4.4	4.47	8.61	8.68	8.84
L200×125×	12	14	28.3	65.4	37.9	29.8	3.57	6.44	2.75	4.75	4.82	4.88	4.95	9.39	9.47	9.54	9.62
	14		29.1	66.2	43.9	34.4	3.54	6.41	2.73	4.78	4.85	4.92	4.99	9.43	9.51	9.58	9.66
	16		29.9	67.8	49.7	39	3.52	6.38	2.71	4.81	4.88	4.95	5.02	9.47	9.55	9.62	9.7
	18		30.6	67	55.5	43.6	3.49	6.35	2.7	4.85	4.92	4.99	5.06	9.51	9.59	9.66	9.74

注：一个角钢的惯性矩 $I_x = Ai_x^2$，$I_y = Ai_y^2$；一个角钢的截面个角钢的截面模量 $W_{x\max} = I_x/Z_x$，$W_{x\min} = I_x/(b - Z_x)$；$W_y^{ax} = I_y Z_y W_{x\min} = I_y(b - Z_y)$。

附录Ⅱ 等截面等跨连续梁在常用荷载作用下的内力系数表

1. 在匀布及三角形荷载作用下：

$$M=表中系数\times ql^2;$$
$$F_Q=表中系数\times ql$$

2. 在集中荷载作用下：

$$M=表中系数\times Pl;$$
$$F_Q=表中系数\times P$$

3. 内力正负号规定：

M——使截面上部受压、下部受拉为正；

F_Q——对邻近截面所产生的力矩沿顺时针方向转动者为正。

一、两跨梁

附表Ⅱ-1

序号	荷载图	跨内最大弯矩		支座弯矩	剪力		
		M_1	M_2	M_B	F_{QA}	F_{QBx} F_{QBy}	F_{QC}
1	A B C, l l, p	0.070	0.070	−0.125	0.375	−0.625 0.625	−0.375
2	M_1 M_2, p	0.096	—	−0.063	0.437	−0.563 0.063	0.063
3	p	0.048	0.048	−0.078	0.172	−0.328 0.328	−0.172
4	p	0.064	—	−0.039	0.211	−0.289 0.039	0.039
5	P P	0.156	0.156	−0.188	0.312	−0.688 0.688	−0.312
6	P	0.203	—	−0.094	0.406	−0.594 0.094	0.094
7	P P P P	0.222	0.222	−0.333	0.667	−1.333 1.333	−0.667
8	P P	0.278	—	−0.167	0.833	−1.167 0.167	0.167

二、三跨梁

附表Ⅱ-2

序号	荷载图	跨内最大弯矩		支座弯矩		剪力			
		M_1	M_2	M_B	M_C	F_{QA}	F_{QBx} F_{QBy}	F_{QCx} F_{QCy}	F_{QD}
1	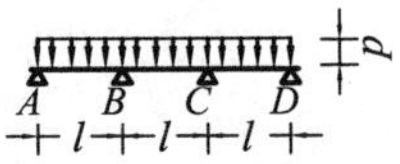 A B C D，l l l	0.080	0.025	−0.100	−0.100	0.400	−0.600 0.500	−0.500 0.600	−0.400
2	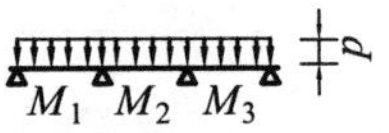 M_1 M_2 M_3	0.101	—	−0.050	−0.050	0.450	−0.550 0	0 0.550	−0.450
3	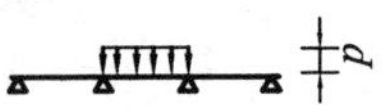 —	—	0.075	−0.050	−0.050	0.050	−0.050 0.500	−0.500 0.050	0.050
4	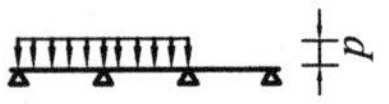 —	0.073	0.054	−0.117	−0.033	0.383	−0.617 0.583	−0.417 0.033	0.033
5	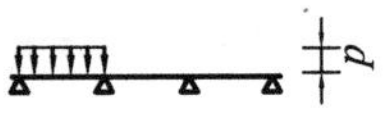 —	0.094	—	−0.067	0.017	0.433	−0.567 0.083	0.083 −0.017	−0.017
6	 —	0.054	0.021	−0.063	−0.063	0.183	−0.313 0.250	−0.250 0.313	−0.188
7	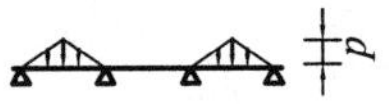 —	0.068	—	−0.031	−0.031	0.219	−0.281 0	0 0.281	−0.219
8	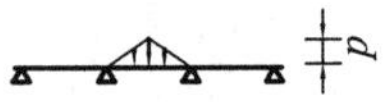 —	—	0.052	−0.031	−0.031	0.031	−0.031 0.250	−0.250 0.031	0.031
9	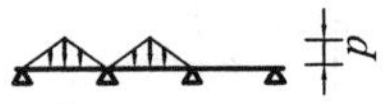 —	0.050	0.038	−0.073	−0.021	0.177	−0.323 0.302	−0.198 0.021	0.021
10	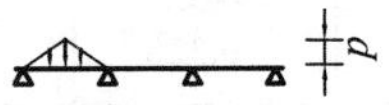 —	0.063	—	−0.042	0.010	0.208	−0.292 0.052	0.052 −0.010	−0.010
11	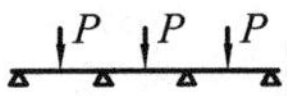 P P P	0.175	0.100	−0.150	−0.150	0.350	−0.650 0.500	−0.500 0.650	−0.350
12	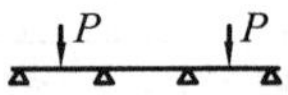 P P	0.213	—	−0.075	−0.075	0.425	−0.575 0	0 0.575	−0.425
13	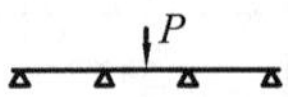 P	—	0.175	−0.075	−0.075	−0.075	−0.075 0.500	−0.500 0.075	0.075
14	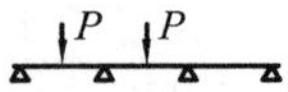 P P	0.162	0.137	−0.175	−0.050	0.325	−0.675 0.625	−0.375 0.050	0.050

续附表Ⅱ-2

序号	荷载图	跨内最大弯矩		支座弯矩		剪力			
		M_1	M_2	M_B	M_C	F_{QA}	F_{QBx} F_{QBy}	F_{QCx} F_{QCy}	F_{QD}
15		0.200	—	−0.100	0.025	0.400	−0.600 0.125	0.125 −0.025	−0.025
16		0.244	0.067	−0.267	0.267	0.733	−1.267 1.000	−1.000 1.267	−0.733
17		0.289	—	0.133	−0.133	0.866	−1.134 0	0 1.134	−0.866
18		—	0.200	−0.133	0.133	−0.133	−0.133 1.000	−1.000 0.133	0.133
19		0.229	0.170	−0.311	−0.089	0.689	−1.311 1.222	−0.778 0.089	0.089
20		0.274	—	0.178	0.044	0.822	−1.178 0.222	0.222 −0.044	−0.044

三、四跨梁

附表Ⅱ-3

序号	荷载图	跨内最大弯矩				支座弯矩			剪力				
		M_1	M_2	M_3	M_4	M_B	M_C	M_D	F_{QA}	F_{QBx} F_{QBy}	F_{QCx} F_{QCy}	F_{QDx} F_{QDy}	F_{QE}
1	A B C D E l l l l	0.077	0.036	0.036	0.077	−0.107	−0.071	−0.107	0.393	−0.607 0.536	−0.464 0.464	−0.536 0.607	−0.393
2	M_1 M_2 M_3 M_4	0.100	—	0.081	—	−0.054	−0.036	−0.054	0.446	−0.554 0.018	0.018 0.482	−0.518 0.054	0.054
3		0.072	0.061	—	0.098	−0.121	−0.018	−0.058	0.380	−0.620 0.603	−0.397 −0.040	−0.040 0.558	−0.442
4		—	0.056	0.056	—	−0.036	−0.107	−0.036	−0.036	−0.036 0.429	−0.571 0.571	−0.429 0.036	0.036
5		0.094	—	—	—	−0.067	0.018	−0.004	0.433	−0.567 0.085	0.085 −0.022	0.022 0.004	0.004
6		—	0.071	—	—	−0.049	−0.054	0.013	−0.049	−0.049 0.496	−0.504 0.067	0.067 −0.013	−0.013

续附表Ⅱ-3

序号	荷载图	跨内最大弯矩				支座弯矩			剪力				
		M_1	M_2	M_3	M_4	M_B	M_C	M_D	F_{QA}	F_{QBx} F_{QBy}	F_{QCx} F_{QCy}	F_{QDx} F_{QDy}	F_{QE}
7	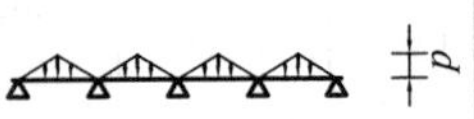	0.052	0.028	0.028	0.052	−0.067	−0.045	−0.067	0.183	−0.317 0.272	−0.228 0.228	−0.272 0.317	−0.183
8	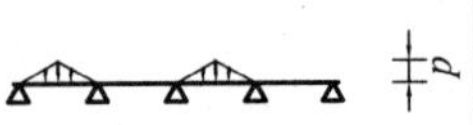	0.067	—	0.055	—	−0.034	−0.022	−0.034	0.217	−0.284 0.011	0.011 0.239	−0.261 0.034	0.034
9	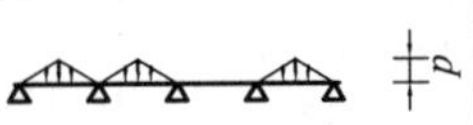	0.049	0.042	—	0.066	−0.075	−0.011	−0.036	0.175	−0.325 0.314	−0.186 −0.025	−0.025 0.286	−0.214
10	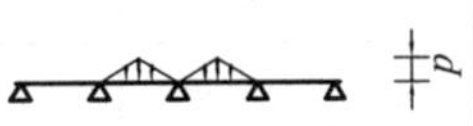	—	0.040	0.040	—	−0.022	−0.067	−0.022	−0.022	−0.022 0.205	−0.295 0.295	−0.205 0.022	0.022
11	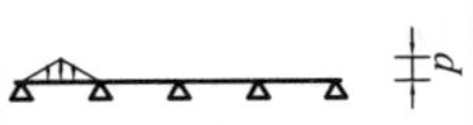	0.063	—	—	—	−0.042	0.011	−0.003	0.208	−0.292 0.053	0.053 −0.014	−0.014 0.003	0.003
12	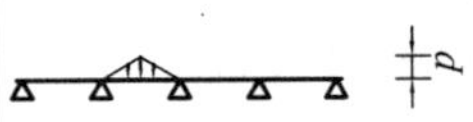	—	0.051	—	—	−0.031	−0.034	0.008	−0.031	−0.031 0.247	−0.253 0.042	0.042 −0.008	−0.008
13	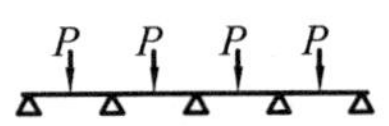	0.169	0.116	0.116	0.169	−0.161	−0.107	−0.161	0.339	−0.661 0.554	−0.446 0.446	−0.554 0.661	−0.339
14	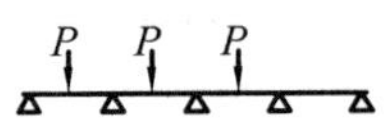	0.210	—	0.183	—	−0.080	−0.054	−0.080	0.420	−0.580 0.027	0.027 0.473	−0.527 0.080	0.080
15	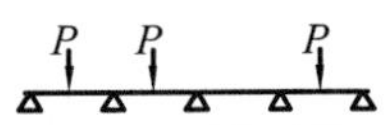	0.159	0.146	—	0.206	−0.181	−0.027	−0.087	0.319	−0.681 0.654	−0.346 −0.060	−0.060 0.587	−0.413
16	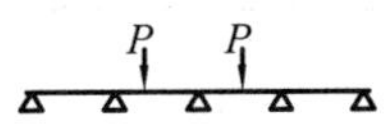	—	0.142	0.142	—	−0.054	−0.161	−0.054	0.054	−0.054 0.393	−0.607 0.607	−0.393 0.054	0.054
17	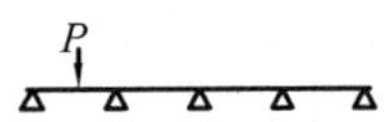	0.200	—	—	—	−0.100	0.027	−0.007	0.400	−0.600 0.127	0.127 −0.033	−0.033 0.007	0.007
18	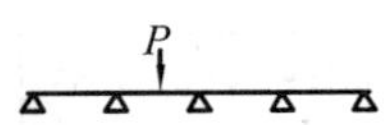	—	0.173	—	—	−0.074	−0.080	0.020	−0.074	−0.074 0.493	−0.507 0.100	0.100 −0.020	−0.020
19	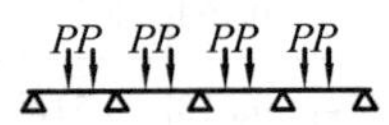	0.238	0.111	0.111	0.238	−0.286	−0.191	−0.286	0.714	1.286 1.095	−0.905 0.905	−1.095 1.286	−0.714
20	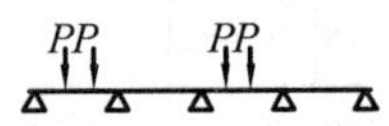	0.286	—	0.222	—	−0.143	−0.095	−0.143	0.857	−1.143 0.048	0.048 0.952	−1.048 0.143	0.143
21	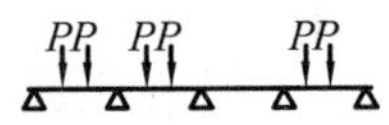	0.226	0.194	—	0.282	−0.321	−0.048	−0.155	0.679	−1.321 1.274	−0.726 −0.107	−0.107 1.155	−0.845
22	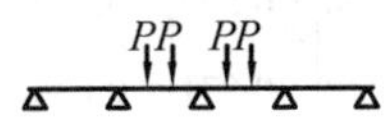	—	0.175	0.175	—	−0.095	−0.286	−0.095	−0.095	0.095 0.810	−1.190 1.190	−0.810 0.095	0.095
23	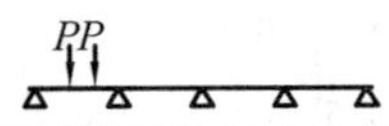	0.274	—	—	—	−0.178	0.048	−0.012	0.822	−1.178 0.226	0.226 −0.060	−0.060 0.012	0.012
24	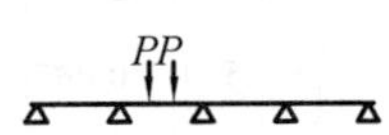	—	0.198	—	—	−0.131	−0.143	0.036	−0.131	−0.131 0.988	−1.012 0.178	0.178 −0.036	−0.036

四、五跨梁

附表Ⅱ-4

序号	荷载图	跨内最大弯矩			支座弯矩				剪力					
		M_1	M_2	M_3	M_B	M_C	M_D	M_E	F_{QA}	F_{QBx} F_{QBy}	F_{QCx} F_{QCy}	F_{QDx} F_{QDy}	F_{QEx} F_{QEy}	F_{QF}
1	A B C D E F; l l l l l; d	0.078	0.033	0.046	−0.105	−0.079	−0.079	−0.105	0.394	−0.606 0.526	−0.474 0.500	−0.500 0.474	−0.526 0.606	−0.394
2	M_1 M_2 M_3 M_4 M_5; d	0.100	—	0.085	−0.053	−0.040	−0.040	−0.053	0.447	−0.553 0.013	0.013 0.500	−0.500 −0.013	−0.013 0.553	−0.447
3	d	—	0.079	—	−0.053	−0.040	−0.040	−0.053	−0.053	−0.053 0.513	−0.487 0	0 0.487	−0.513 0.053	0.053
4	d	0.073	②0.059 0.078	—	−0.119	−0.022	−0.044	−0.051	0.380	−0.620 0.598	−0.402 −0.023	−0.023 0.493	−0.507 0.052	0.052
5	d	①− 0.098	0.055	0.064	−0.035	−0.111	−0.020	−0.057	0.035	0.035 0.424	0.576 0.591	−0.409 −0.037	−0.037 0.557	−0.443
6	d	0.094	—	—	−0.067	0.018	−0.005	0.001	0.433	0.567 0.085	0.085 0.023	0.023 0.006	0.006 −0.001	0.001
7	d	—	0.074	—	−0.049	−0.054	0.014	−0.004	0.019	−0.049 0.495	−0.505 0.068	0.068 −0.018	−0.018 0.004	0.004
8	d	—	—	0.072	0.013	0.053	0.053	0.013	0.013	0.013 −0.066	−0.066 0.500	−0.500 0.066	0.066 −0.013	0.013
9	d	0.053	0.026	0.034	−0.066	−0.049	0.049	−0.066	0.184	−0.316 0.266	−0.234 0.250	−0.250 0.234	−0.266 0.316	0.184
10	d	0.067	—	0.059	−0.033	−0.025	−0.025	0.033	0.217	0.283 0.008	0.008 0.250	−0.250 −0.008	−0.008 0.283	0.217
11	d	—	0.055	—	−0.033	−0.025	−0.025	−0.033	0.033	−0.033 0.258	−0.242 0	0 0.242	−0.258 0.033	0.033

续附表Ⅱ-4

序号	荷载图	跨内最大弯矩			支座弯矩				剪力					
		M_1	M_2	M_3	M_B	M_C	M_D	M_E	F_{QA}	F_{QBx} F_{QBy}	F_{QCx} F_{QCy}	F_{QDx} F_{QDy}	F_{QEx} F_{QEy}	F_{QF}
12	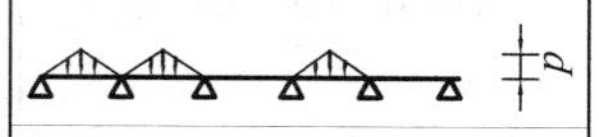	0.049	②0.059/0.078	—	−0.075	−0.014	−0.028	−0.032	0.175	0.325 0.311	−0.189 −0.014	−0.014 0.246	−0.255 0.032	0.032
13	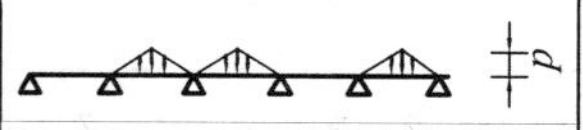	①−/0.066	0.039	0.044	−0.022	−0.070	−0.013	−0.036	−0.022	−0.022 0.202	−0.298 0.307	−0.193 −0.023	−0.023 0.286	−0.214
14	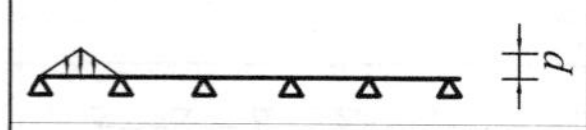	0.063	—	—	−0.042	0.011	−0.003	0.001	0.208	−0.292 0.053	0.053 −0.014	−0.014 0.004	0.004 −0.001	−0.001
15	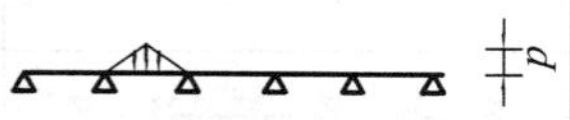	—	0.051	—	−0.031	−0.034	0.009	−0.002	−0.031	−0.031 0.247	−0.253 0.043	0.043 −0.011	−0.011 0.002	0.002
16	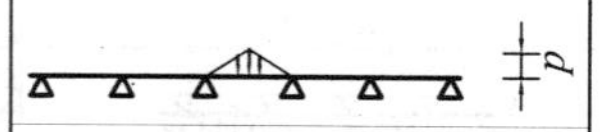	—	—	0.050	0.008	−0.033	−0.033	0.008	0.008	0.008 −0.041	−0.041 0.250	−0.250 0.041	0.041 −0.008	−0.008
17	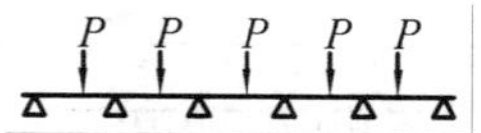	0.171	0.112	0.132	−0.158	0.118	−0.118	−0.158	0.342	−0.658 0.540	−0.460 0.500	−0.500 0.460	−0.540 0.658	−0.342
18	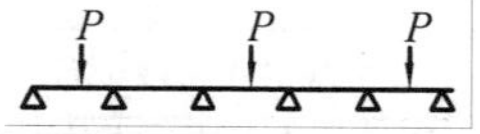	0.211	—	0.191	−0.079	−0.059	−0.059	−0.079	0.421	−0.579 0.020	0.020 0.500	−0.500 −0.020	−0.020 0.579	−0.421
19	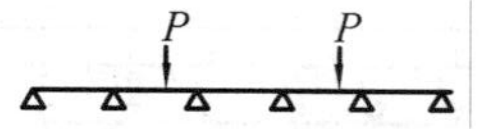	—	0.181	—	−0.079	−0.059	−0.059	−0.079	−0.079	−0.079 0.520	−0.480 0	0 0.480	−0.520 0.079	0.079
20	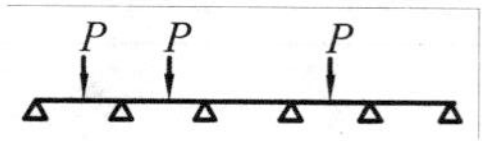	0.160	②0.144/0.178	—	−0.179	−0.032	−0.066	−0.077	0.321	−0.679 0.647	−0.353 −0.034	−0.034 0.489	−0.511 0.077	0.077
21	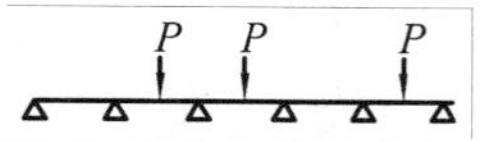	①−/0.207	0.140	0.151	−0.052	−0.167	−0.031	−0.086	−0.052	−0.052 0.385	−0.615 0.637	−0.363 −0.056	−0.056 0.586	−0.414
22	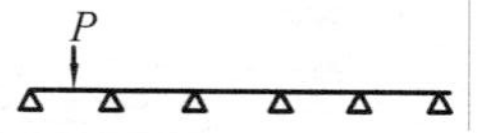	0.200	—	—	−0.100	0.027	−0.007	0.002	0.400	−0.600 0.127	0.127 −0.031	−0.034 0.009	0.009 −0.002	−0.002

续附表Ⅱ-4

序号	荷载图	跨内最大弯矩			支座弯矩				剪力					
		M_1	M_2	M_3	M_B	M_C	M_D	M_E	F_{QA}	F_{QBx} F_{QBy}	F_{QCx} F_{QCy}	F_{QDx} F_{QDy}	F_{QEx} F_{QEy}	F_{QF}
23		—	0.173	—	−0.073	−0.081	0.022	−0.005	−0.073	−0.073 0.493	−0.507 0.102	0.102 −0.027	−0.027 0.005	0.005
24		—	—	0.171	0.020	−0.079	−0.079	0.020	0.020	0.020 −0.099	−0.099 0.500	−0.500 0.099	0.099 −0.020	−0.020
25		0.240	0.100	0.122	−0.281	−0.211	0.211	−0.281	0.719	−1.281 1.070	−0.930 1.000	−1.000 0.930	1.070 1.281	−0.719
26		0.287	—	0.228	−0.140	−0.105	−0.105	−0.140	0.860	−1.140 0.035	0.035 1.000	1.000 −0.035	−0.035 1.140	−0.860
27		—	0.216	—	−0.140	−0.105	−0.105	−0.140	−0.140	−0.140 1.035	−0.965 0	0.000 0.965	−1.035 0.140	0.140
28		0.227	②0.189 0.209	—	−0.319	−0.057	−0.118	−0.137	0.681	−1.319 1.262	−0.738 −0.061	−0.061 0.981	−1.019 0.137	0.137
29		①− 0.282	0.172	0.198	−0.093	−0.297	−0.054	−0.153	−0.093	−0.093 0.796	−1.204 1.243	−0.757 −0.099	−0.099 1.153	−0.847
30		0.274	—	—	−0.179	0.048	−0.013	0.003	0.821	−1.179 0.227	0.227 −0.061	−0.061 0.016	0.016 −0.003	−0.003
31		—	0.198	—	−0.131	−0.144	0.038	−0.010	−0.131	−0.131 0.987	−1.013 0.182	0.182 −0.048	−0.048 0.010	0.010
32		—	—	0.193	0.035	−0.140	−0.140	0.035	0.035	0.035 −0.175	−0.175 1.000	−1.000 0.175	0.175 −0.035	−0.035

注：① 分子及分母分别为 M_1 及 M_5 的弯矩系数；

② 分子及分母分别为 M_2 及 M_4 的弯矩系数。

参考文献

[1] 郭仁俊．建筑力学．北京：中国建筑出版社，1999.
[2] 葛若东．建筑力学．北京：中国建筑工业出版社，2005.
[3] 范钦珊．工程力学教程．1版．北京：高等教育出版社，1998.
[4] 李前程，安学敏．建筑力学．北京：中国建筑工业出版社，1998.
[5] 周国瑾，施美丽，张景良．建筑力学．上海：同济大学出版社，1999.
[6] 杨力彬，赵萍．建筑力学．北京：机械工业出版社，2010.
[7] 薛明德．力学与工程技术的进步．1版．北京：高等教育出版社，2001.
[8] 孙训方．材料力学．北京：高等教育出版社，2001.
[9] 张曦．建筑力学．北京：中国建筑工业出版社，2002.
[10] 王长连．建筑力学．北京：中国建筑工业出版社，1999.
[11] 马景善，金恩平．土木工程实用力学．北京：北京大学出版社，2010.
[12] 乔志远．建筑力学与结构学习指导．北京：机械工业出版社，2006.

建筑力学基础
习 题 集

宫素芝　主编

班级：____________________

姓名：____________________

学号：____________________

前　言

本书是与《建筑力学基础》配套使用的辅助教材，在编写过程中，主要突出了以下特点：

（1）基础性。根据当前高职高专学生的特点及培养方向，从实际情况出发，按照课改的要求，强调以应用为目的，以基础理论教学必需、够用为原则，注意学生对基础知识的掌握情况。

（2）实用性。结合工程或工作实际，对学生相应的专业知识进行专题训练，从而加强其对理论知识的认知。

（3）提高性。结合当前的专业注册类考试对本课程的要求，在基础性、实用性的前提下，拓展深度，从不同方位、不同角度诠释知识点，进而达到强化认识的目的。

本书每套习题都是以百分制的形式编写，方便学生在学完相应章节时进行自测。在本书最后安排了综合测试，以便全面检查学生掌握本课程的程度。

目　录

第 1 章　力和力偶

成　绩

一、填空题（每空 1 分，共 20 分）

1. 物体的平衡状态，是指物体相对于地球保持___________或____________的状态。

2. 作用于物体的力沿其__________移到任一点，不改变该力对物体的_______效果。

3. 力的三要素分别是大小、________________和___________________。

4. 水平地面上放着一桶重量为 150 kN 的水，某同学用 100 kN 的力竖直向上提水桶，这时水桶受到的合力是_______________，地面受到的压力为______________。

5. 力偶对其作用面内任一点之力矩恒等于______；力偶在任一轴上的投影恒等于______________ 。

6. 在作用于某刚体的力系中，加上或减去一个______________力系，并不改变原力系对物体的________________。

7. 力偶的三要素是力偶的大小、转向和________，力偶对物体的转运效果用______________表示。

8. 力偶没有________，所以不能用一个力来代替，力偶只能与__________平衡。

9. 力矩对点之矩为零的条件是当力的大小为______________或者力的作用线通过___________。

10. 用丝锥攻丝时，按操作要求，应当在旋转柄的两端加大小相等、方向相反的两个平行力，它们组成一个攻丝___________；如果只用一只手操作或两手用力不等，丝锥就容易弯曲甚至折断，其原因是有______________作用于丝锥上。

二、单项选择题（每题 2 分，共 20 分）

1. 体育课上，某同学用力举起杠铃，下列说法正确的是（　　）。

A. 手举杠铃的力大于杠铃对手的压力，所以可将杠铃举起

B. 手举杠铃的力等于杠铃对手的压力，为一对作用力与反作用力

C. 手举杠铃的力等于杠铃对手的压力，为一对平衡力

D. 手举杠铃的力小于杠铃对手的压力，所以可将杠铃举起

2. 下列关于力的说法正确的是（　　）。

A. 力是一个既有大小，又有方向的矢量

B. 两个物体只有相互接触才能产生力

C. 作用力与反作用力是一对平衡力

D. 两个力只要大小相等就会对物体产生相同的作用效果

3. 物体在外力作用下保持平衡，以下说法中错误的是（　　）。

A. 在大小相等、方向相反且沿同一直线作用的两个外力作用下必平衡

B. 在作用力与反作用力作用下必平衡

C. 在汇交于一点且力三角封闭的三个外力作用下必平衡

D. 物体处于静止状态下必定平衡

4. 一个物体重力为 G，置于光滑的地面上。若以 F_N 表示地面对物体的支持力，F_N' 表示物体对地面的压力，以下结论正确的是（　　）。

A. 力 G 与 F_N 是一对作用力与反作用力

B. 力 F_N 与 F_N' 是一对作用力与反作用力

C. 力 G 与 F_N' 是一对作用力与反作用力

D. 物体在 G、F_N、F_N' 三个力作用下平衡

5. 关于静力学公理，下列正确的是（　　）。

A. 二力平衡公理中的物体是指不发生形变的物体

B. 加减平衡力系公理适用于任何物体

C. 作用力与反作用力公理中的作用力与反作用力是指用于同一物体上的一对力

D. 加减平衡力系公理提示了物体间相互作用的关系

6. 力 F 使物体绕 O 点的转运效果用（　　）来度量。

A. 力臂　　B. 力偶　　C. 力矩　　D. 力偶矩

7. 关于力偶与力偶矩的论述，下列说法正确的是（　　）。

A. 力偶对物体既产生转动效应，又产生移动效应

B. 力偶可以简化为一个力，因此能与一个力等效

C. 力偶对其作用面内任一点的矩，都等于力偶矩

D. 作用一个物体上的两个力大小相等、方向相反、不共线的平行力，称为力偶矩

8. 物体在外力作用下保持平衡，下列说法错误的是（　　）。

A. 在大小相等、方向相反且沿同一直线作用的两个外力作用下必平衡

B. 在作用力与反作用力下必平衡

C. 在汇交于一点且力的多边形自行封闭的外力作用下必平衡

D. 在两个力偶矩大小相等且转向相反的同平面的力偶作用下必平衡

9. 三个力 F_1、F_2、F_3 的大小都不为零，其中 F_1、F_2 的作用线在同一直线上，则刚体处于（　　）状态。

A. 平衡　　B. 不平衡

C. 平衡与否要视三力的大小而定　　D. 以上说法都不对

10. 大小相等的四个力，作用在同一平面上且力的作用线交于一点 C，试比较四个力对平面上点 O 的力矩，哪个力对 O 点之矩最大？（　　）

A. P_1　　B. P_2　　C. P_3　　D. P_4

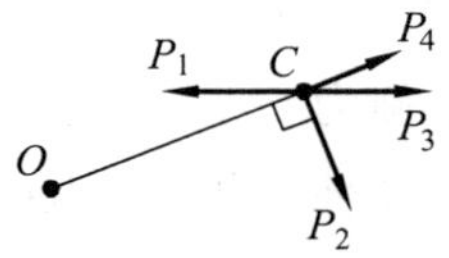

P_1　C　P_4

P_3

O

P_2

三、判断题（每小题 1 分，共 15 分）

(　　) 1. 若 $F=-F'$，则 F 和 F' 是一对平衡力。

(　　) 2. 一个力只能分解为两个分力。

(　　) 3. 若作用于刚体上的三个力共面且汇交于一点，则刚体一定平衡。

(　　) 4. 两个力的大小相等、方向相同，则这两个力对物体作用效果相同。

(　　) 5. 作用力与反作用力总是同时产生、同时消失的。

(　　) 6. 两共点力大小分别是 5N 和 7N，其合力大小不可能是 1N。

(　　) 7. 力矩既有大小又有方向，所以力矩是矢量。

(　　) 8. 力矩与力偶都与矩心位置有关。

(　　) 9. 力沿其作用线移动，力对点之矩不变。

(　　) 10. 两个共点力之间的夹角越小，则其合力也越大。

(　　) 11. 力偶中的两个力在其作用面任意坐标轴上投影的代数和恒为零。

(　　) 12. 力有两种作用效果，即力可以使物体的运动状态发生变化，也可以使物体发生形变。

(　　) 13. 作用在一个刚体上的任意两个力成平衡的必要与充分条件是：两个力的作用线相同，大小相等，方向相反。

(　　) 14. 作用于刚体的力可沿其作用线移动而不改变其对刚体的运动效应。

(　　) 15. 三力平衡定理指出：三力汇交于一点，则这三个力必然互相平衡。

四、名词解释（每小题 4 分，共 20 分）

1. 二力杆

2. 力矩

3. 力

4. 力偶

5. 合力矩定理

五、计算题（共 25 分）

1. 求各力对 x、y 轴的投影。（16 分）

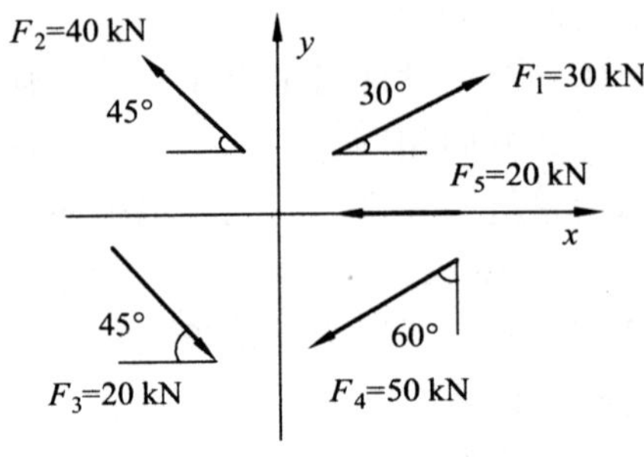

2. 求图中 F（或 q）对 O 点的力矩。（9 分）

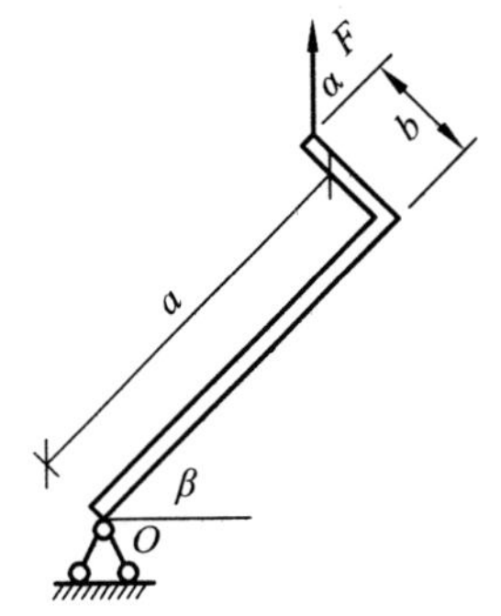

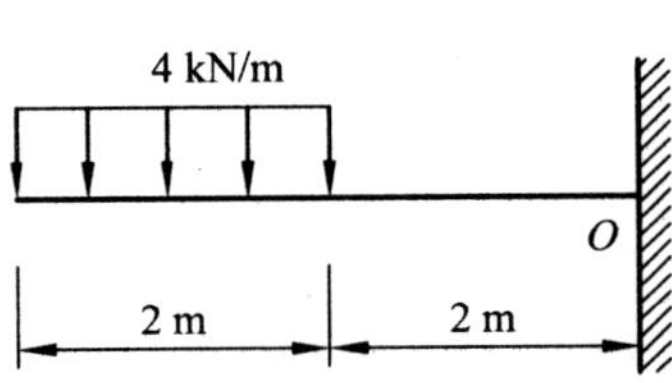

成　绩

第 2 章　约束与受力图

一、填空题（每空 1 分，共 10 分）

1. 能够限制物体转动的约束为____________，只能限制物体沿垂直于支承面方向的支座为______________ 。

2. 那些阻碍非自由体运动的限制物，在力学中称为______________，其反力的方向总是与它所能阻止的运动方向______________。

3. 受力图是指在______________上画出周围物体对它的全部作用力，包括主动力和__________。

4. 柔体约束只能承受拉力，而不能承受__________，其约束反力通过接触点，沿柔体中心线作用且为__________________被约束物体的拉力。

5. 杆系结构的结点可分为___________和___________。

二、单项选择题（每题 2 分，共 20 分）

1. 下图所示支承构造可以简化为哪一种支座形式（　　）。

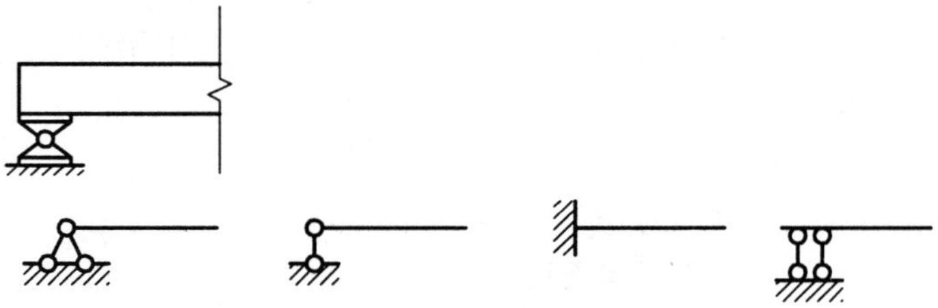

(A)　(B)　(C)　(D)

2. 以下约束中，约束反力的作用线不能确定的是（　　）。

A. 链杆　B. 柔性约束　C. 光滑接触面约束　D. 固定铰支座

3. 下列可看成圆柱铰链的是（　　）。

A. 横梁支撑在墙上

B. 屋架与柱子之间通过垫板焊接连接

C. 柱子插入杯形基础中，填入沥青麻丝

D. 门窗用的合页

4. 约束反力一定垂直于支承面，且指向被约束物体的约束是（　　）。

A. 可动铰支座　B. 柔性约束　C. 光滑接触面　D. 链杆

5. 约束反力中含有力偶的约束为（　　）。

A. 固定铰支座　　B. 可动铰支座　　C. 固定端支座　　D. 光滑接触面

6. 如图所示杆 ACB，其正确的受力图为（　　）。

A. 图（A）　　B. 图（B）　　C. 图（C）　　D. 图（D）

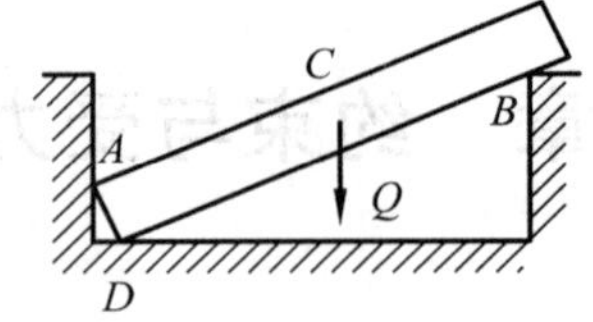

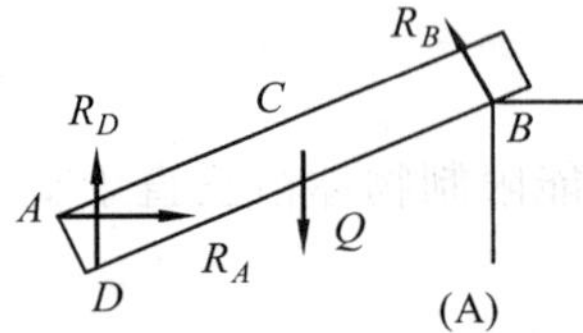

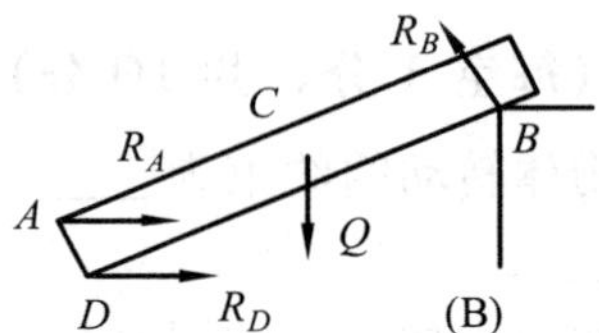

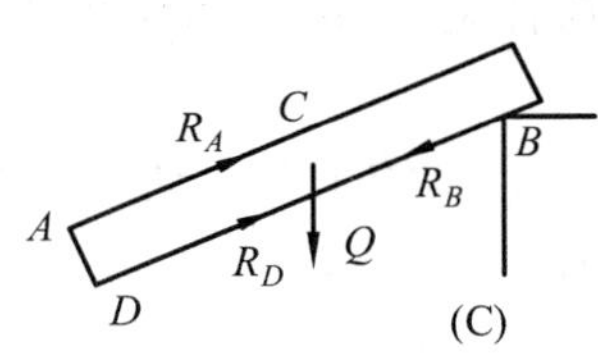

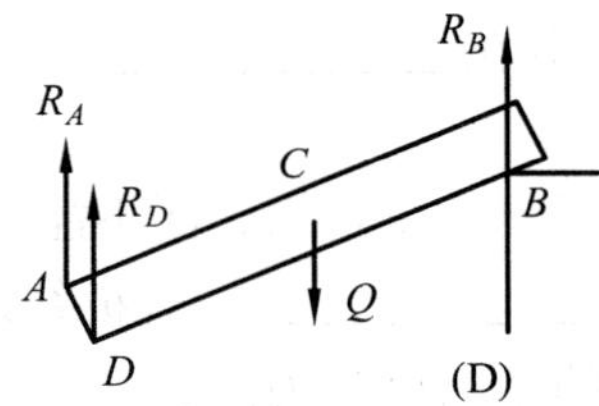

7. 某建筑物，地上二层作为临时仓库，房间内按统一高度堆满水泥，按荷载作用面分类，该建筑二层楼面上分布的荷载是（　　）。

A. 匀布荷载　　B. 线荷载　　C. 集中荷载　　D. 分散荷载

8. 图示三铰刚架，受水平力 P 作用，有以下四种说法，其中错的是________。

A. AC 为二力平衡杆件

B. BC 为三力平衡构件

C. 反力 R_A 和 R_B 的方向都指向 C

D. R_A 的方向指向 C，R_B 的方向不确定

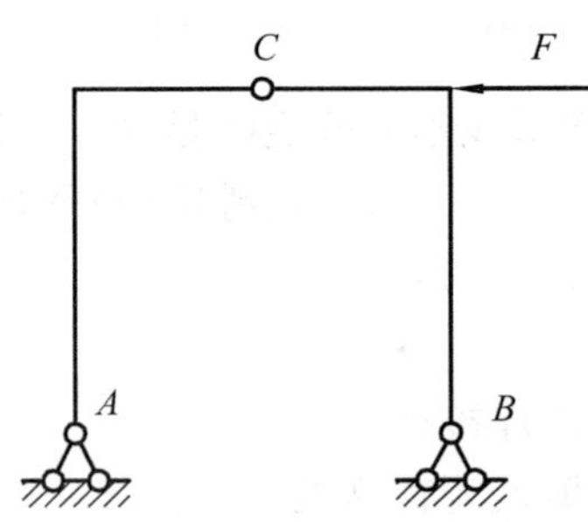

9. 既限制物体任何方向运动，又限制物体转动的支座称（　　）支座。

A. 固定铰　　B. 可动铰　　C. 固定端　　D. 光滑面

10. 按荷载作用时间的变化分类，在阳台上增铺花岗石地面导致荷载增加，对阳台板来说是增加了（　　）。

A. 永久荷载　　B. 可变荷载　　C. 间接荷载　　D. 偶然荷载

三、简答题（每题 5 分，共 20 分）

1. 说出画受力图的步骤。

2. 画出几种常见约束的计算简图（三种即可）。

3. 固定铰支座的定义。

4. 荷载的定义。

四、作图题（共 50 分）

1. 画出图中 AD 杆的受力图，各接触面均为光滑。（5 分）

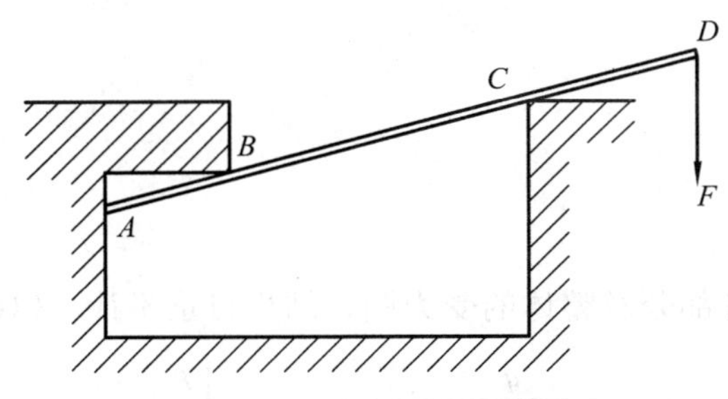

2. 画出图中 AB 杆的受力图。（5 分）

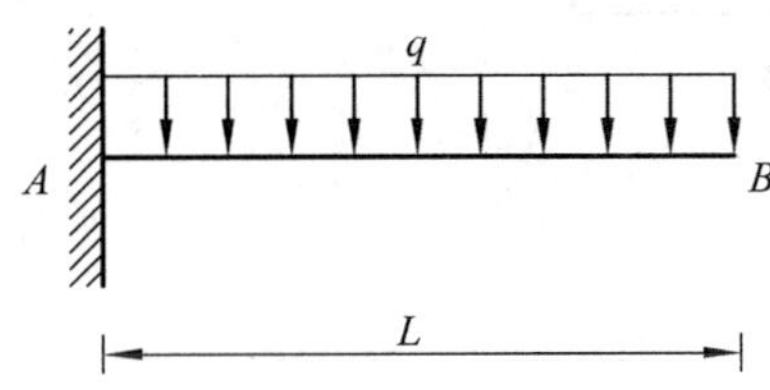

3. 画出图中 AC、BD 及整体的受力图。(10 分)

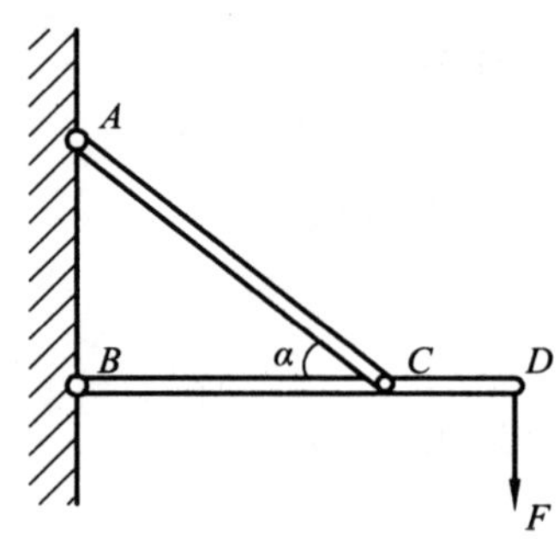

4. 试作图所示结构各部分及整体的受力图，结构自重不计。(10 分)

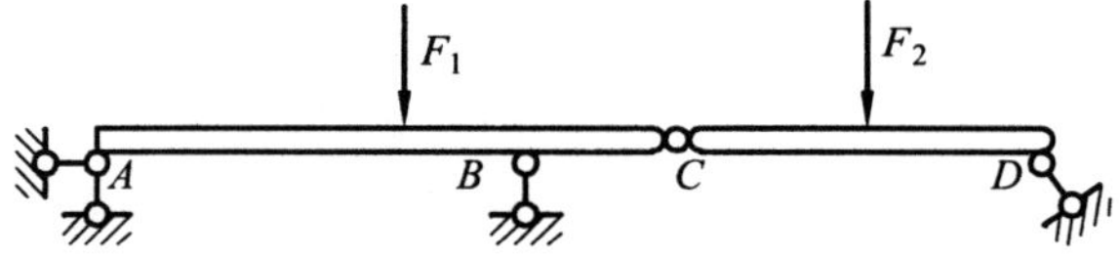

5. 试作图示结构中各部分及整体的受力图，结构自重不计。(10 分)

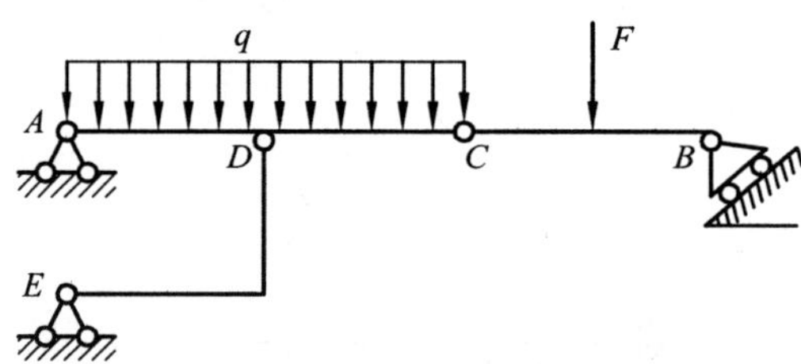

6. 画出图示中 AD、BC 及整体的受力图。（10 分）

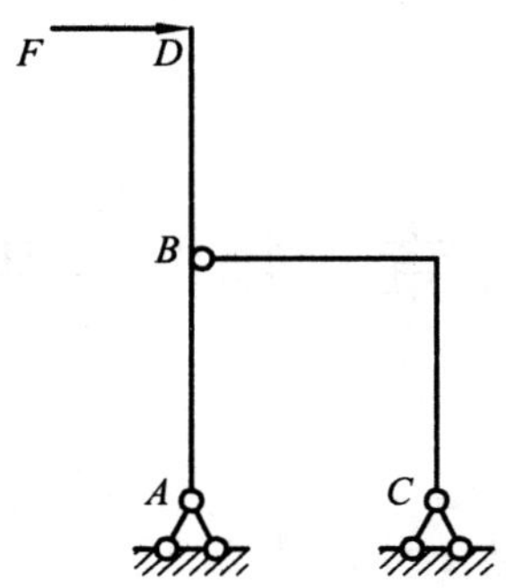

成　绩

第 3 章　物体的平衡

一、填空题（除说明外，每空 1 分，共 18 分）

1. 平面汇交力系平衡的解析条件是力系中所有力在两个坐标轴上的投影的代数和分别为____________。

2. 平面一般力系通过____________，可以转化为等效的平面汇交力系和________________。

3. 平面一般力系的三力矩式平衡方程为，其附加条件是 A、B、C 三点不在____________上。

4. 平面一般力系平衡方程的一般表达式为：____。（2 分）

6. 图示简支梁的支座反力，$F_{Ay}=$________________，$F_{By}=$____________________。（每空 2 分）

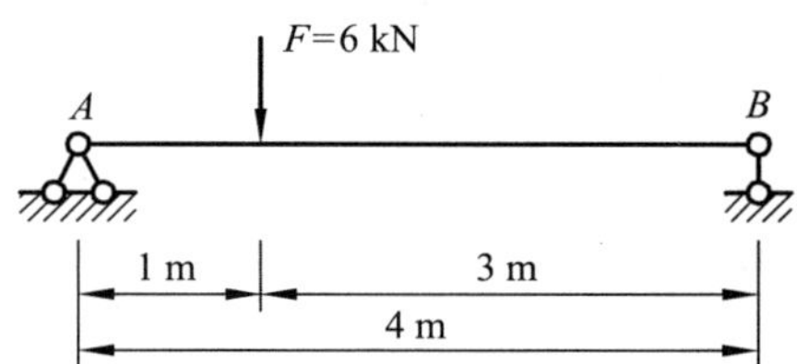

7. 不计重量的直角杆 CDA 和 T 字形杆 DBE 在 D 处铰结并支承如图所示。若系统受力 P 作用，则 B 支座反力的大小为______________，方向______________。（每空 2 分）

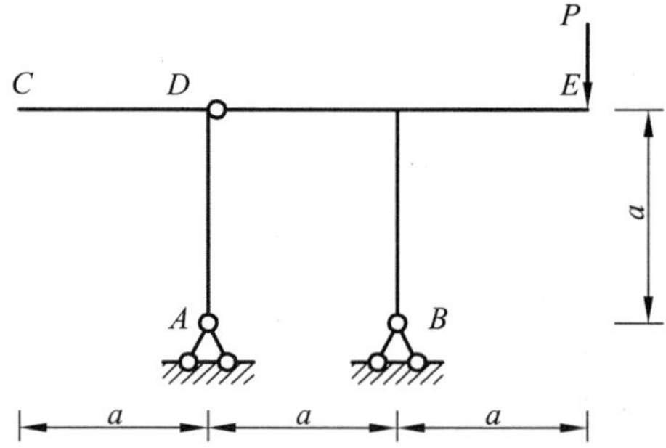

8. 梁的支承与受力如图所示，A 为铰支座，C 为固定支座，则支座 A 处的反力 R_A 为_______kN。（4 分）

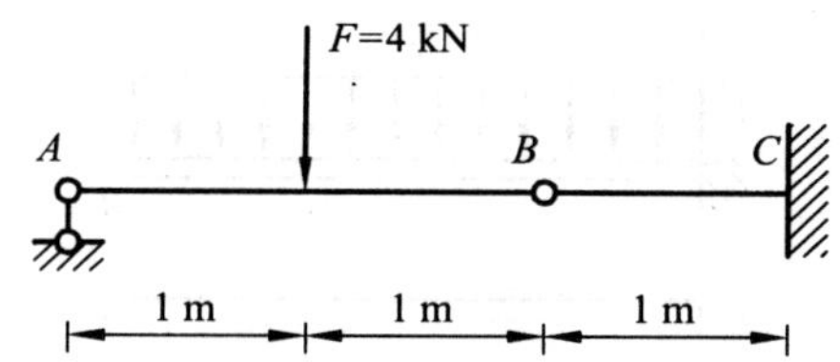

二、单项选择题（每题 2 分，共 20 分）

1. 力的作用线既不全汇交于同一点，也不全相互平行的平面力系，称为（　　）。

A. 平面汇交力系

B. 平面平行力系

C. 平面力偶系

D. 平面一般力系

2. 利用平面一般力系平衡方程，最多能解（　　）个未知量。

A. 1　　B. 2　　C. 3　　D. 4

3. 解析法计算平面汇交力系合力的依据是（　　）。

A. 合力投影定理

B. 合力矩定理

C. 力的平移定理

D. 三力平衡汇交定理

4. 平面一般力系平衡条件是（　　）为零。

A. 合力　　B. 主矢量　　C. 主矩　　D. 主矢量和主矩

5. 图中表示 F_1、F_2 的合力是 F_3 的图形是（　　）。

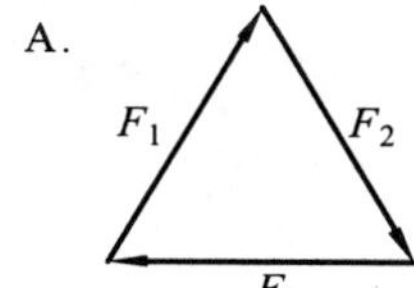

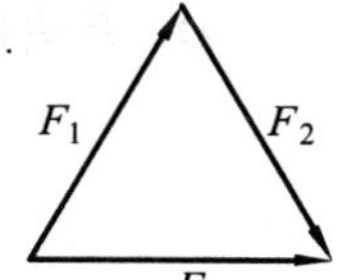

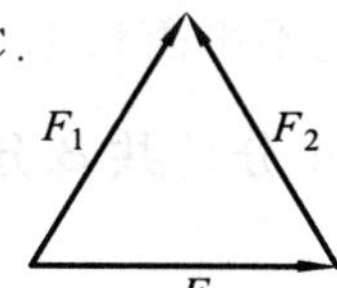

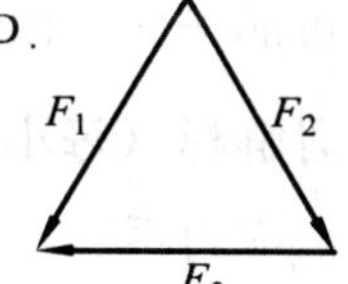

6. 图示系统只受 F 作用而平衡。欲使 A 支座约束力的作用线与 AB 成 30°角，则斜面倾角 α 应为（　　）。

A. 0　　B. 30°　　C. 45°　　D. 60°

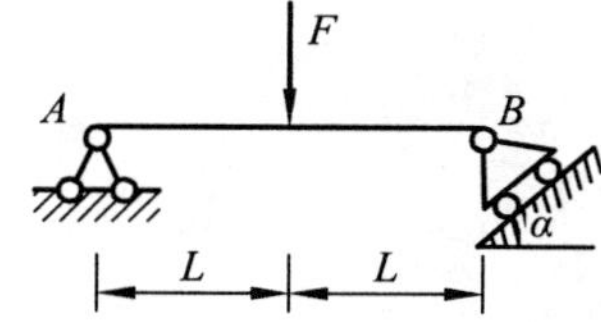

7. 悬臂梁 AB 长，受荷载情况如图所示，固定端 A 的约束反力和力偶矩分别为（　　）。

A. ql、0　　B. ql、$\frac{1}{2}ql^2$　　C. ql、$\frac{1}{4}ql^2$　　D. ql、$\frac{1}{8}ql^2$

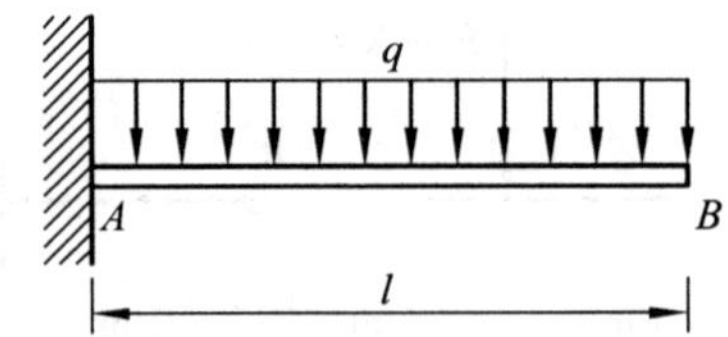

8. 两直角刚杆 AC、CB 支承如图所示，在铰 C 处受力 P 作用，则 A 处约束反力与 x 轴正向所成的夹角为（　　）。

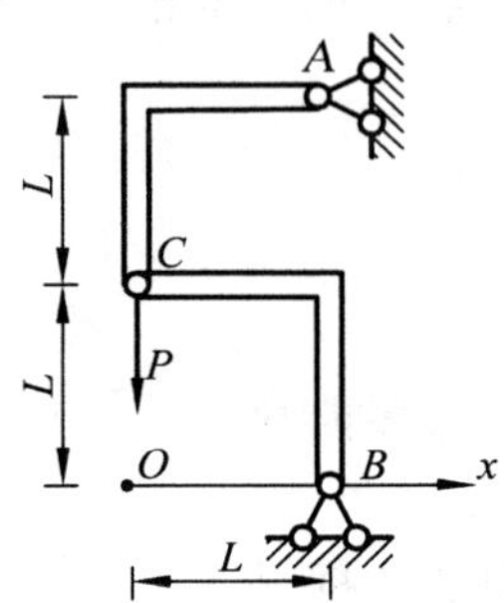

A. 30°　　B. 45°　　C. 90°　　D. 135°

9. 某楼层装修时，在梁上砌了一面 3 m 高、0.24 m 厚的砖墙（$\gamma=18\ \text{kN/m}^3$），则梁上增加的线荷载为（　　　）kN/m。

A. 5.4　　B. 12.96　　C. 4.32　　D. 1.8

10. 一个物体受到不为零的四个力作用，其中 F_1 与 F_2 共线反向，F_3 与 F_4 不共线但反向平行，则该物体处于（　　）。

A. 平衡状态　　B. 不平衡状态

C. 可能平衡，也可能不平衡状态　　D. 无法确定

三、名词解释（每小题 4 分，共 8 分）

1. 平面汇交力系

2. 平面一般力系

四、计算题（除有特殊说明外，每小题 10 分，共 54 分）

1. 如图所示，A、B、C 三处均为铰接，已知 $F=20$ kN，求 AB、BC 两杆的作用力。(8 分)

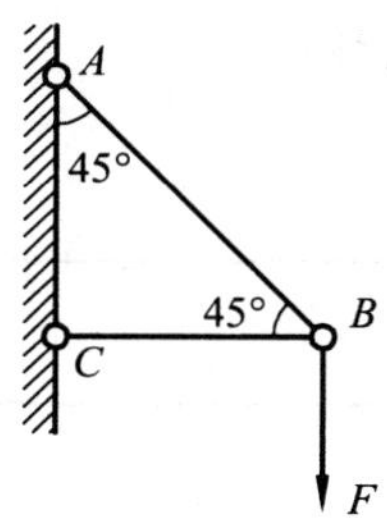

2. 计算图示梁的支座反力，并进行校核。

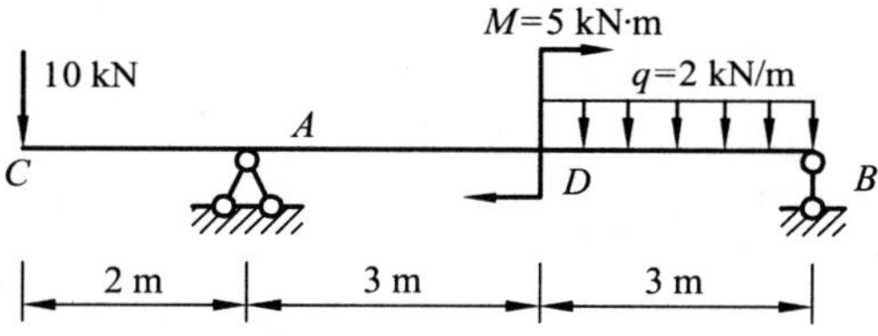

3. 已知一刚架受力如图所示，求 A、B 处的支座反力。

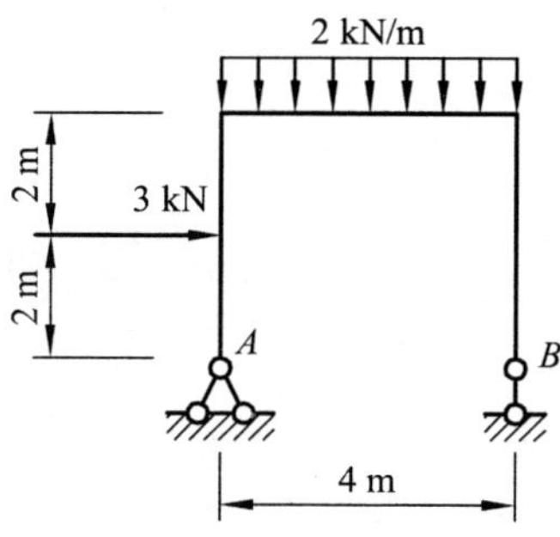

4. 计算 A、B 支座反力，并进行校核。

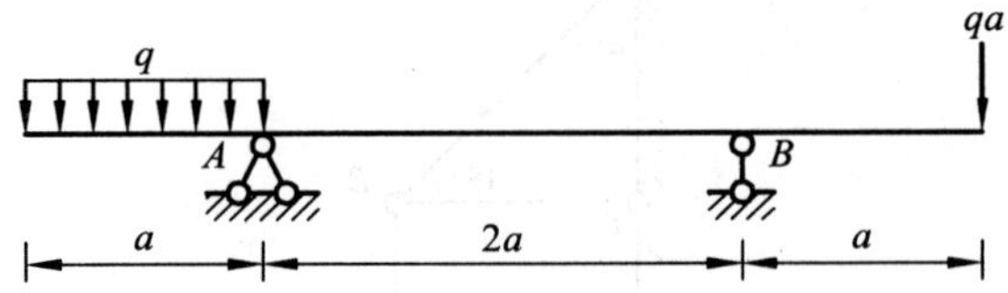

5. 已知 $q=10\ \mathrm{kN/m}$，$M=10\ \mathrm{kN\cdot m}$，求如图所示组合梁中 A、B、D 处的支座反力。（16 分）

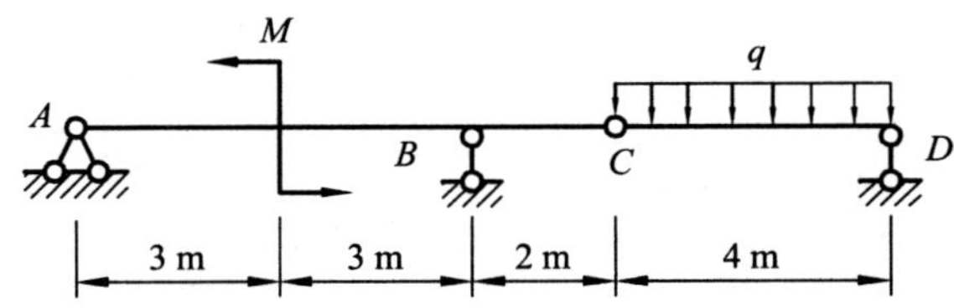

第4章　物体平衡时的内力（1）

成　绩

一、填空题（每空1分，共20分）

1. 常见的单跨静定梁可分为__________、___________和___________。

2. 内力是由_______作用而引起的杆件内的各部分间相互作用力的改变量，计算内力的基本方法是___________。

3. 杆件中，内力的种类主要有_________、__________、__________和____________。

4. 当梁截面上的弯矩使所取梁段__________受拉时为正弯矩，反之为负弯矩。

5. 杆件变形的基本形式_____________、__________、_____________、___________。

6. 轴力的正负号规定：拉力为_________，压力为_________。

7. 集中力两侧截面的内力_______相等，________不等。

8. 梁和刚架的主要内力是________；桁架的主要内力是________。

二、单项选择题（每题2分，共20分）

1. 计算内力的一般方法是（　　）。

A. 静力分析　　B. 节点法
C. 截面法　　D. 综合几何、物理和静力学三方面

2. 简支梁受满跨匀布荷载 q 的作用，跨度为 L，则跨中的弯矩为（　　）。

A. 0　　B. $1/4\,ql^2$　　C. ql^2　　D. $1/8\,ql^2$

3. 简支梁的内力有（　　）。

A. 轴力　　B. 轴力和弯矩　　C. 轴力和扭矩　　D. 剪力和弯矩

4. 以下关于内力的结论中，（　　）是错误的。

A. 轴向压缩杆横截面上的内力只有轴力
B. 圆轴扭转横截面上的内力只有扭矩。
C. 轴向拉伸杆横截面上的内力只有轴力
D. 平面弯曲梁横截面上的内力只有弯矩。

5. 下列构件中哪些属于轴向拉伸或压缩？

A.（a）、（b）　　B.（b）、（c）　　C.（a）、（d）　　D.（c），（d）

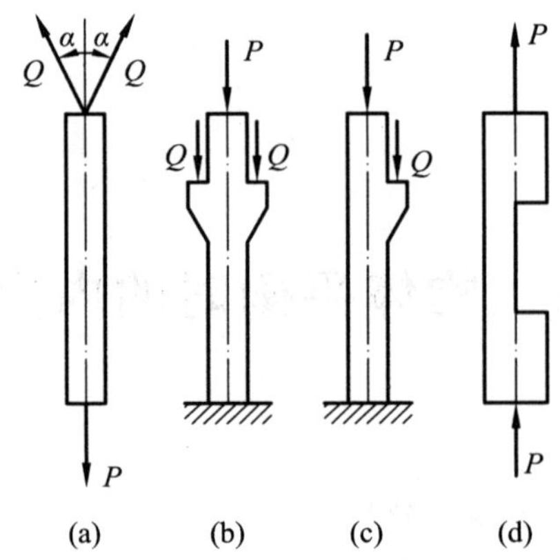

6. 下列关于内力的说法中_________是错误的。

A. 由外力引起的杆件内各部分间的相互作用力

B. 内力随外力的改变而改变

C. 内力可用截面法求得

D. 内力可随外力的无限增大而增大

7. 跨度 $l=2$ m 的悬臂梁，在满跨匀布荷载作用下，其最大弯矩为 8 kN · m，则其截面上最大剪力为（　　）。

A. 2 kN　　B. 4 kN　　C. 8 kN　　D. 16 kN

8. 下图所示的梁中，1—1 截面的弯矩等于______，剪力等于_________。

A. $-0.5qa^2$，qa　　B. $0.5qa^2$，$-qa$　　C. $-qa^2$，qa　　D. qa^2，$-qa$

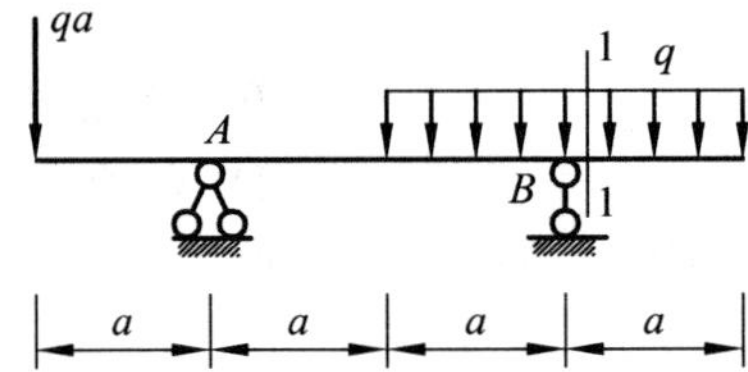

9. 已知简支梁受如图荷载，则跨中点 C 截面上的弯矩为（　　）。

A. 0　　B. $\frac{1}{2}ql^2$　　C. $\frac{1}{4}ql^2$　　D. $\frac{1}{8}ql^2$

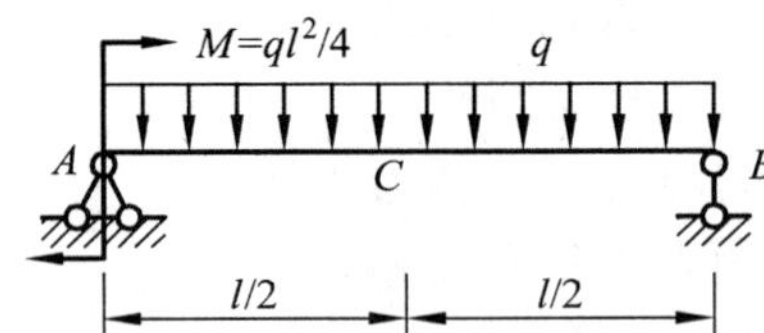

10. 满跨匀布荷载作用下的简支梁，跨中弯矩 $M=20$ kN · m，跨度 $L=4$ m，离支座 $a=1$ m 处截面的弯矩为（　　）。

A. 5 kN · m　　B. 10 kN · m　　C. 15 kN · m　　D. 20 kN · m

三、计算题（每题 15 分，共 60 分）

1．求桁架支座 C 的反力及指定杆 1、2、3 的内力。（15 分）

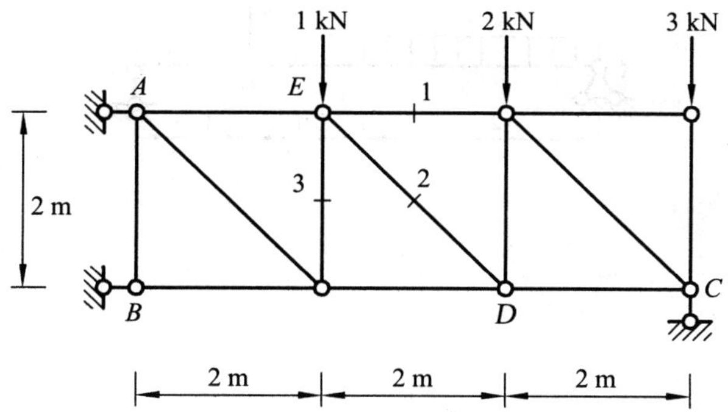

2. 计算 $B_{左}$、$B_{右}$、$C_{左}$、$C_{右}$及 D 截面的内力。(15 分)

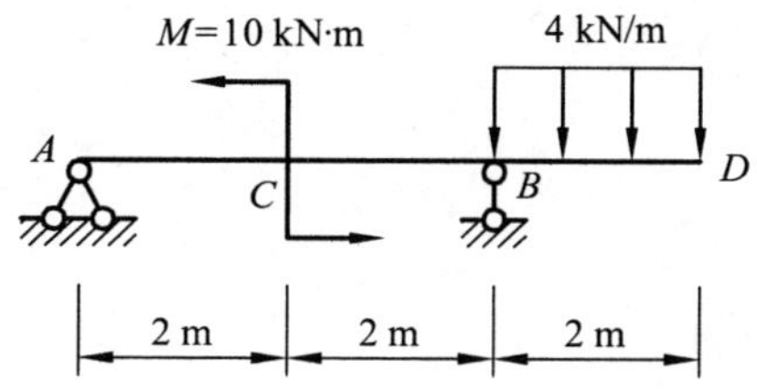

3. 已知 $F=8$ kN，$q=4$ kN/m，试画图示简支梁的内力图。(15 分)

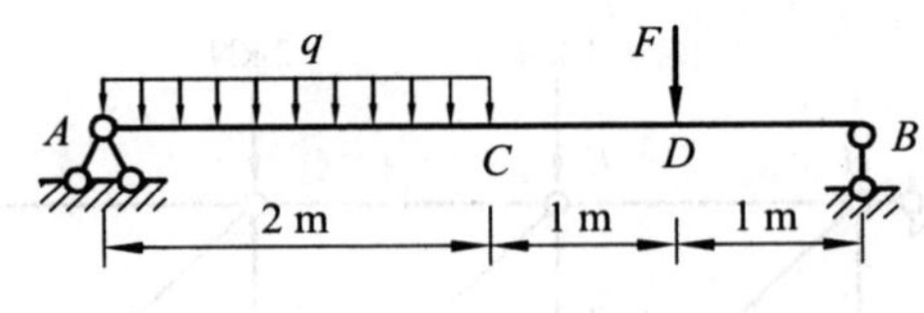

4. 图示梁，已知 $R_A = 7\ \text{kN}, R_B = 11\ \text{kN}$，试计算 $F_{\text{Q}} = 0$ 处到 A 点的距离及该处的弯距值。（15 分）

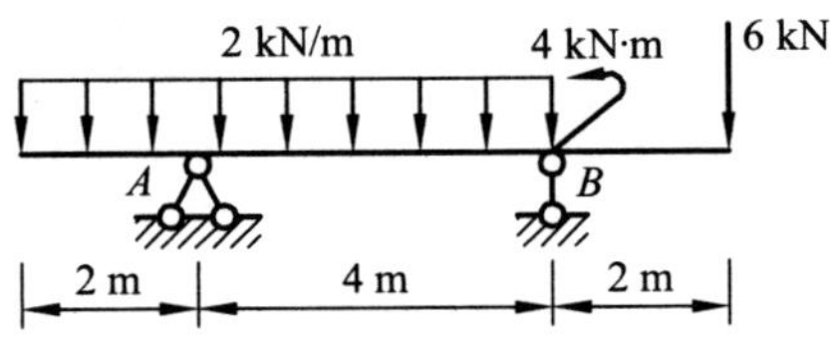

成　绩

第 4 章　物体平衡时的内力（2）

一、单项选择题（每题 2 分，共 20 分）

1. 一轴向拉压杆的受力如图所示，其轴力图应为（　　）。

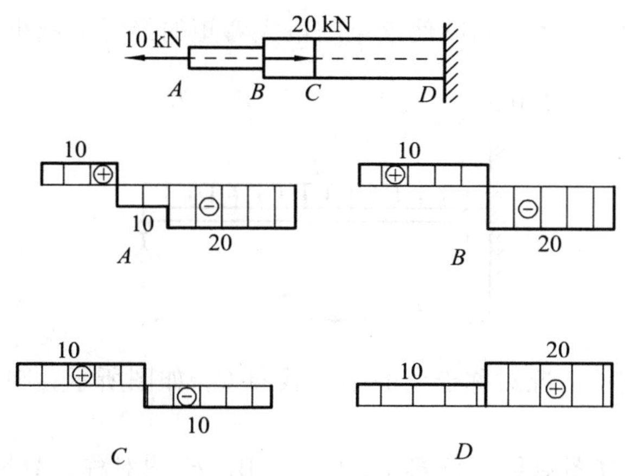

2. 已知一梁上荷载如图所示，其剪力如图，试问 $F=$________，$q=$ ________。

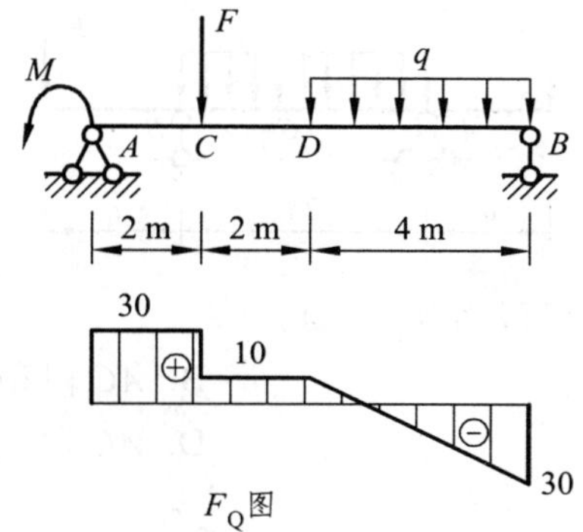

F_Q图

A. 30 kN，40 kN/m　　　　B. 30 kN，30 kN/m

C. 20 kN，20 kN/m　　　　D. 20 kN，10 kN/m

3. 下列说法中正确的是（　　）。

A. 梁截面上的剪力对所截取的保留部分有逆时针转动趋势时为正剪力。

B. 当梁截面上的弯矩使所取梁段下边受拉、上边受压时为正弯矩，反之为负弯矩。

C. 土木工程中习惯把正剪力画在 x 轴的下方。

D. 土木工程中习惯把弯矩画在梁受拉的一侧，即正弯矩画在 x 轴的上方。

4. F_Q = 常数（　　）零，M 图为一条上斜直线。

A. 小于　　B. 小于等于　　C. 大于等于　　D. 大于不等于

5. 梁上无集中力偶作用，剪力图如图所示，则梁上的最大弯矩为（　　）。

A. $2qa^2$　　B. $-\frac{7}{2}qa^2$　　C. $4qa^2$　　D. $-3qa^2$

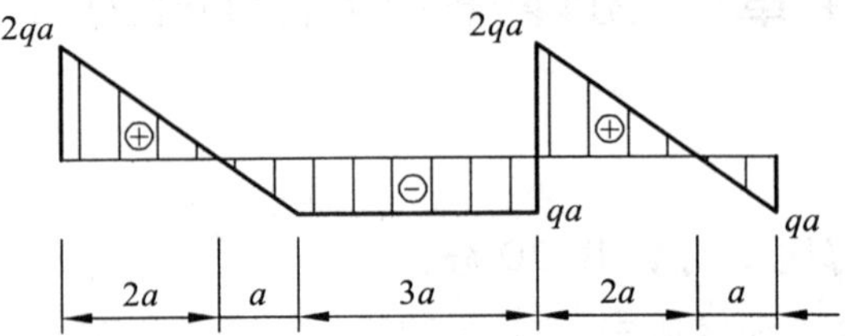

6. 图示梁具有中间铰链 C。如欲使该梁的最大弯矩的绝对值最小，刚 $\frac{a}{l}$ 应等于（　　）。

A. 0.618　　B. 0.5　　C. 0.207　　D. 0.1

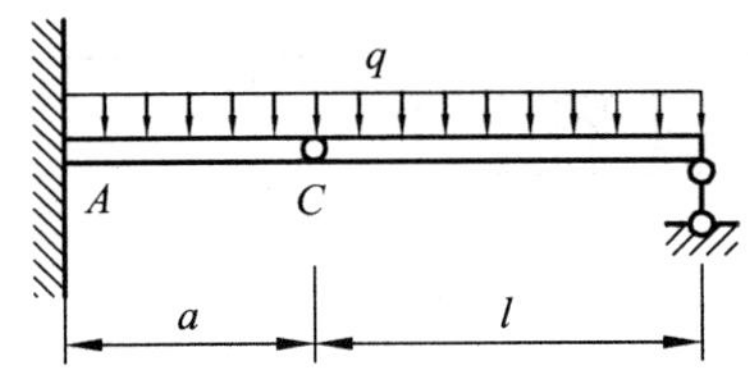

7. 若梁的荷载及支承情况对称于梁的中央截面 C，如图所示，则下列结论中（　　）是正确的。

A. F_Q 图对称，M 图对称，且 $F_{QC}=0$　　B. F_Q 图对称，M 图反对称，且 $M_C=0$

C. F_Q 图反对称，M 图对称，且 $F_{QC}=0$　　D. F_Q 图反对称，M 图反对称，且 $M_C=0$

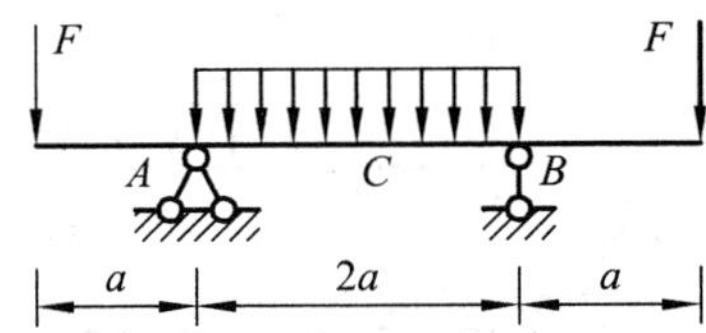

8. 图示刚架 M 图有错误的杆段为（　　）。

A. AC 段　　B. AC 段和 CD 段

C. CD 段和 DB 段　　D. AC 段和 BD 段

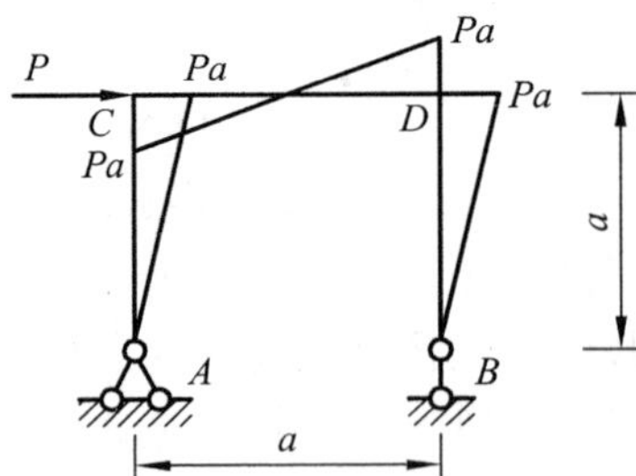

9. 下图中悬臂梁和简支梁长度相同，关于两梁的 Q 图和 M 图说法正确的是（　　）。

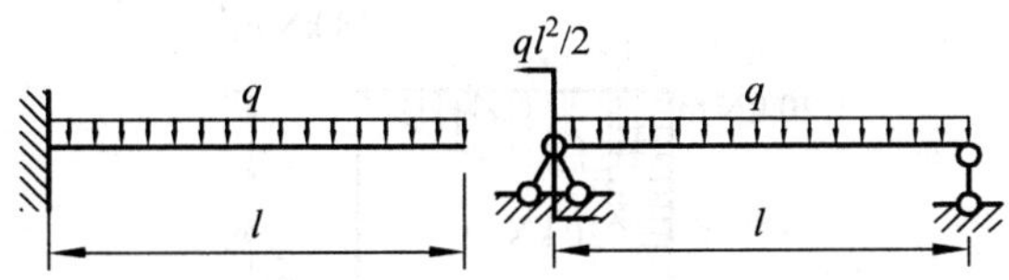

A. Q 图和 M 图均相同　　　　　　B. Q 图和 M 图均不相同

C. Q 图相同，M 图不相同　　　　　D. Q 图不同，M 图相同

10. 下列内力图中错误的是（　　）。

A.（b）和（d）　B.（a）和（b）　C.（a）、（b）和（d）　D. 全错

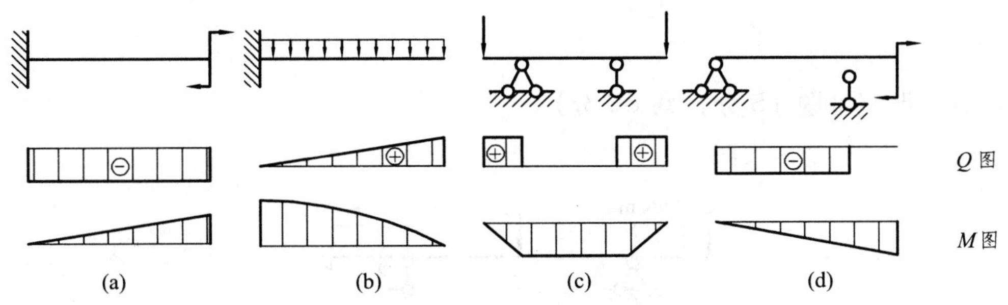

二、绘图题（共 20 分）

1. 画图示简支梁的剪力图和弯矩图。（5 分）

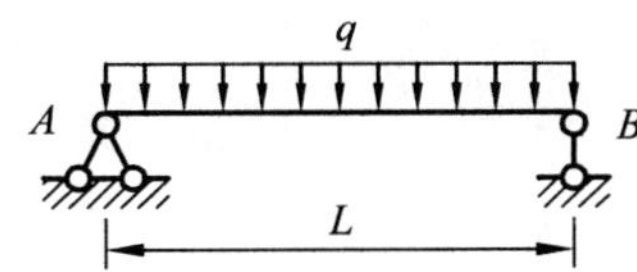

2. 画出图示轴向拉压杆的轴力图。（5 分）

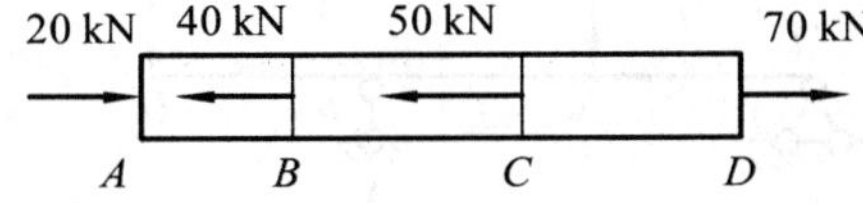

*3. 根据已经给出的弯矩图，试画出它的剪力图与荷载图。（10 分）

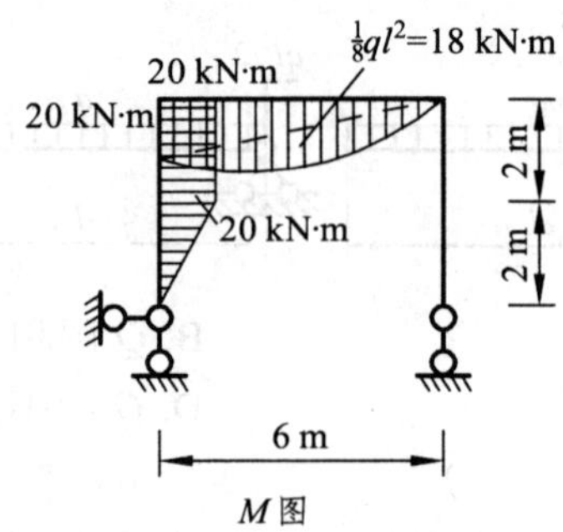

*M*图

三、计算题（每题 15 分，共 60 分）

1. 绘制图示结构的内力图。

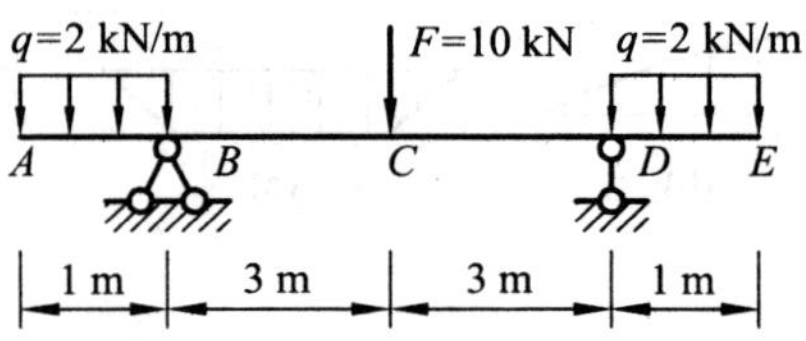

2. 绘制图示结构的内力图。

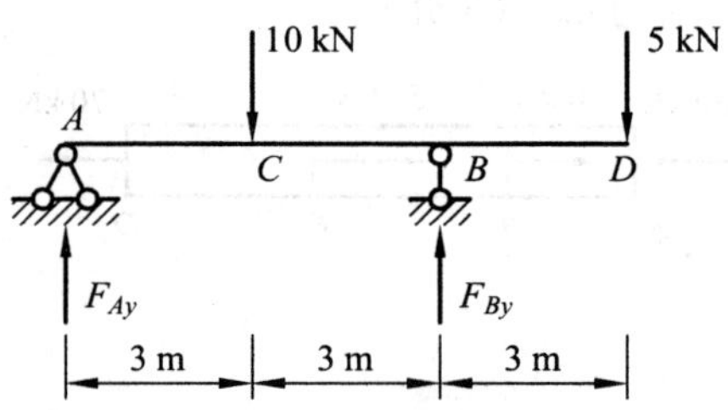

3. 画出所示梁的弯矩图和剪力图，$q=2$ kN/m，$P=4$ kN。

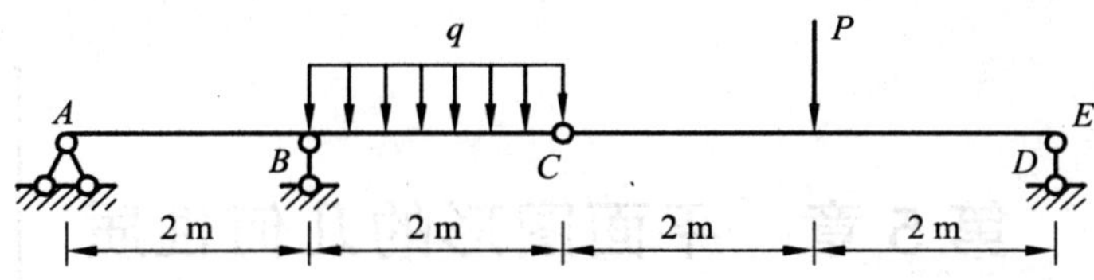

4. 根据所给支座反力，绘制该刚架的弯矩图、剪力图和轴力图。要求写出必要的计算步骤。

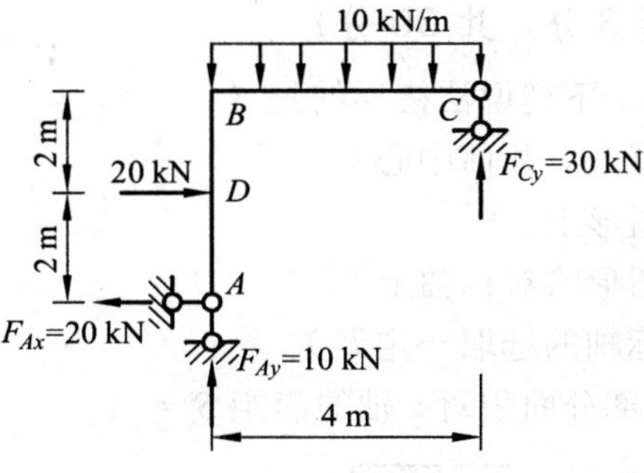

成　绩

第5章　平面图形的几何性质

一、填空题（每空2分，共10分）

1. 已知一直径为 d 的圆，它的惯性半径是__________。
2. 在对所有平行轴的惯性矩中，图形对形心轴的惯性矩为________________。
3. 如图所示，该图形的形心坐标为___________。

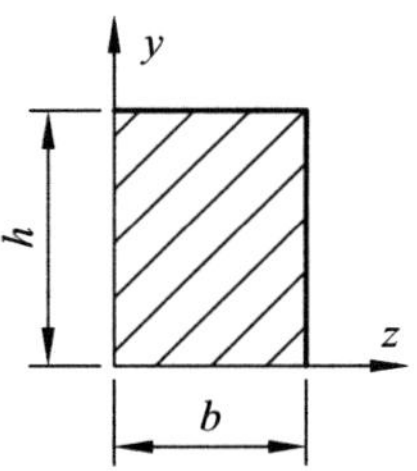

4. 若图形对某轴的静矩为0，说明该轴一定________________。
5. 图形对非形心轴求惯性矩时，一定要用____________公式。

二、单项选择题（每题3分，共30分）

1. 关于平面图形的形心，下列说法错误的是（　　）。
   A. 平面图形的形心就是其几何中心
   B. 形心一定在平面图形上
   C. 形心一定在平面图形的对称轴上
   D. 形心的位置与坐标轴的选取一定无关
2. 试求图示截面的阴影部分面积对 z 轴的静矩 $S_z=$（　　　）（图中单位为mm）。

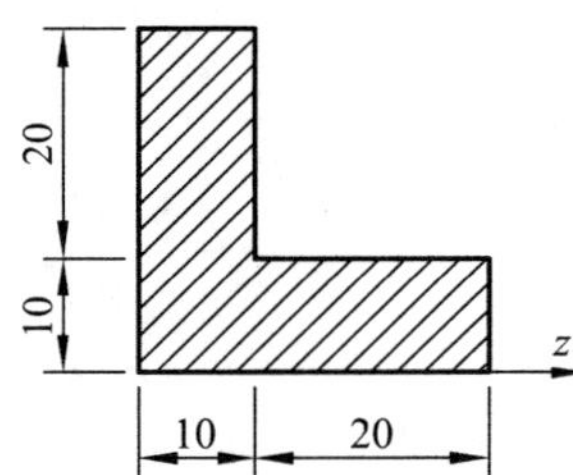

   A. 5 500 mm^3　　B. 4 500 mm^3　　C. 2 000 m^3　　D. 3 000 mm^3
3. 求图示环形截面对 z 轴的惯性矩 $I_z=$（　　　），已知 $D=40$ mm，$d=20$ mm。
   A. 117 750 mm^4　　B. 11 630 mm^4　　C. 107 750 mm^4　　D. 120 000 mm^4

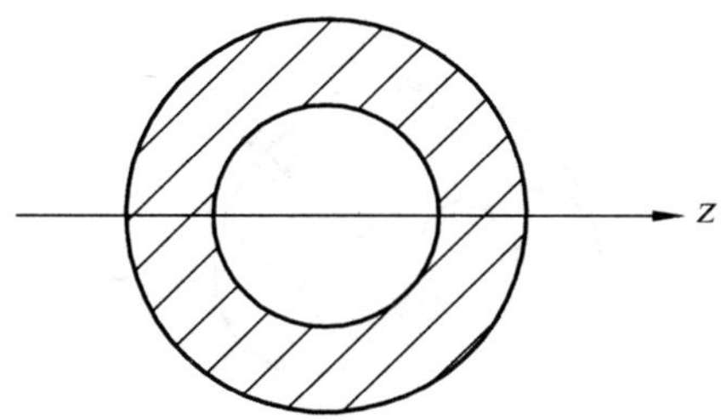

4. 图示组合图形的形心坐标 X_C=（　　）。

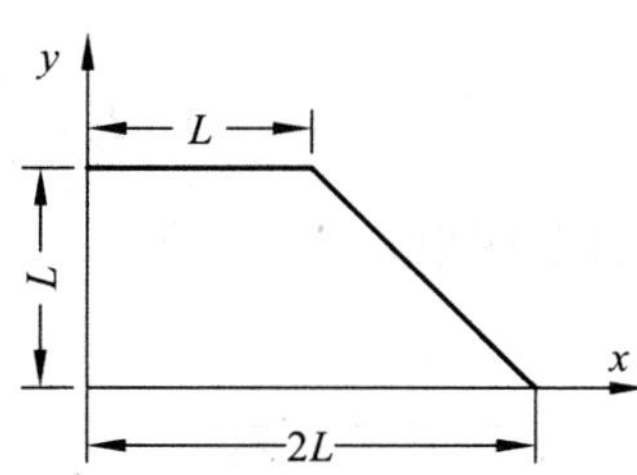

A. $7L/3$　　B. $4L/3$　　C. $7L/9$　　D. $4L/9$

5. 任意平面图形（如图所示）形心轴 z_C 将其分为两半，则上下两块面积对 z_C 轴的静矩的关系为（　　）。

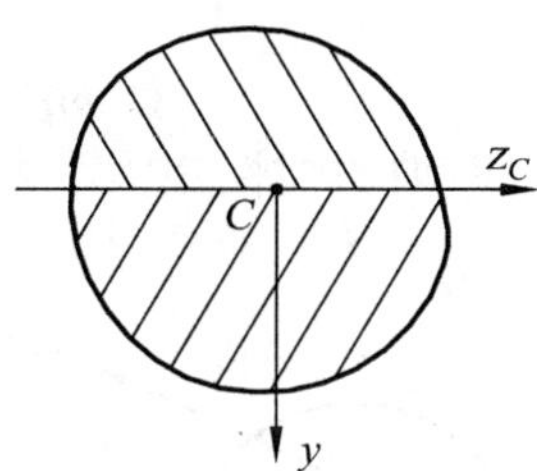

A. $S_{ZC}^{上} = S_{ZC}^{下}$　　B. $S_{ZC}^{上} = -S_{ZC}^{下}$

C. $S_{ZC}^{上} > S_{ZC}^{下}$　　D. $S_{ZC}^{上} < S_{ZC}^{下}$

*6. 图示（1）、（2）两截面，其惯性矩关系应为（　　）。

A. $(I_y)_1 > (I_y)_2$，$(I_z)_1 = (I_z)_2$　　B. $(I_y)_1 = (I_y)_2$，$(I_z)_1 > (I_z)_2$

C. $(I_y)_1 = (I_y)_2$，$(I_z)_1 < (I_z)_2$　　D. $(I_y)_1 < (I_y)_2$，$(I_z)_1 = (I_z)_2$

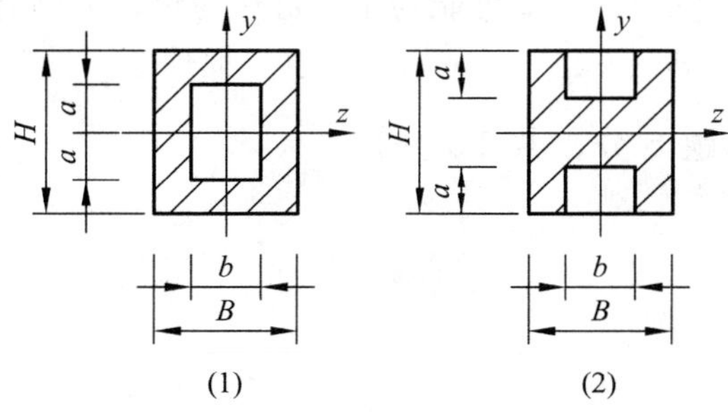

*7. 图示截面对 z 和 y 轴的惯性矩为（　　）。

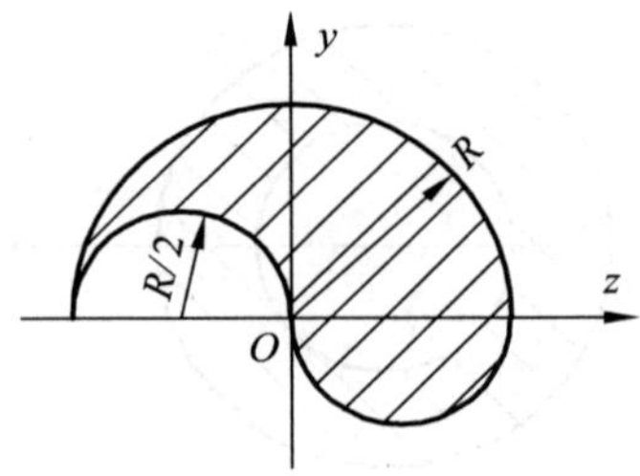

A. $I_z = I_y = \dfrac{\pi}{32}R^4$　　B. $I_z = I_y = \dfrac{\pi}{16}R^4$

C. $I_z = I_y = \dfrac{\pi}{8}R^4$　　D. $I_z = \dfrac{\pi}{16}R^4, I_y = \dfrac{\pi}{8}R^4$

8. 图示矩形截面 $b \times h$ 对 y 轴的惯性矩为（　　）。

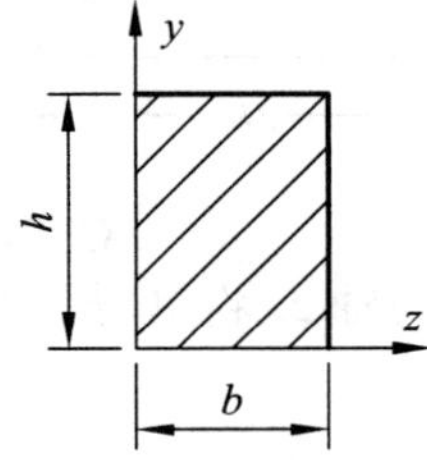

A. $bh^3/12$　　B. $hb^3/3$　　C. $bh^3/3$　　D. $hb^3/12$

9. 如图所示圆形截面，对三根坐标轴的惯性矩大小顺序依次是（　　）。

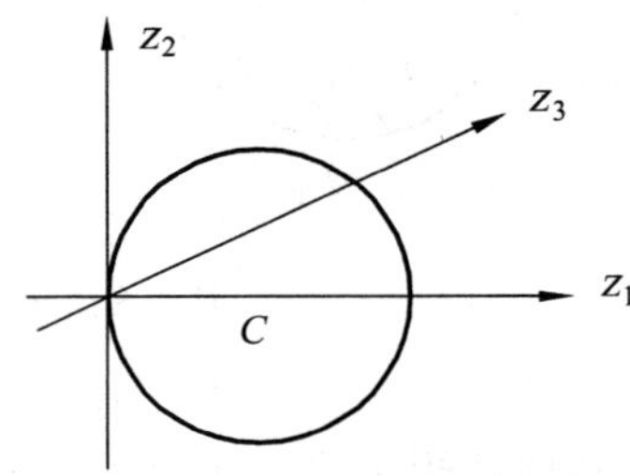

A. $I_{z1} > I_{z2} > I_{z3}$　　B. $I_{z2} > I_{z1} > I_{z3}$

C. $I_{z2} > I_{z3} > I_{z1}$　　D. $I_{z3} > I_{z2} > I_{z1}$

10. 下列平面图形几何量中，其值可能为正，可能为负，也可能为零的是（　　）。

A. 面积　　B. 静矩　　C. 惯性矩　　D. 抗弯截面系数

三、名词解释（每小题 5 分，共 10 分）

1. 平行移轴公式

2. 惯性矩

四、计算题（共 50 分）

1. 求图示阴影部分对 z 轴的静矩及惯性矩。（15 分）

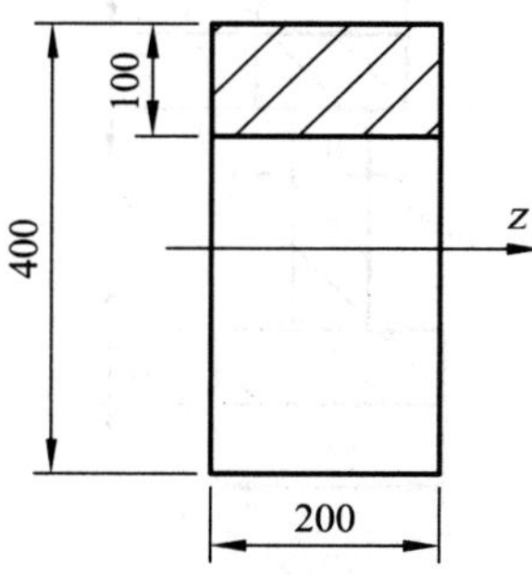

2. 求图示 T 形梁对形心轴 z 轴及 y 轴的惯性矩。（20 分）

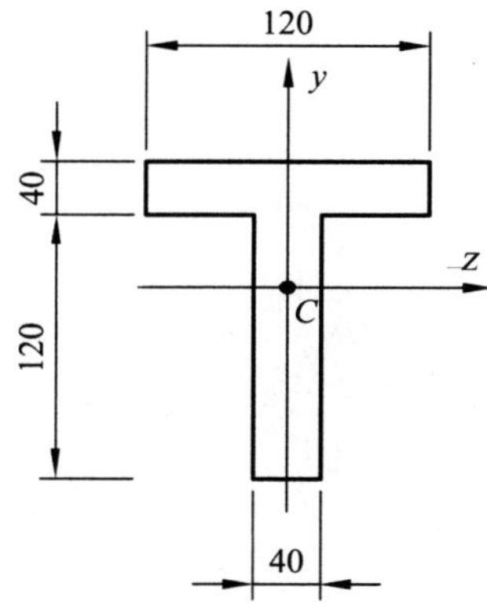

3. 试求图示平面图形的形心坐标。（15 分）

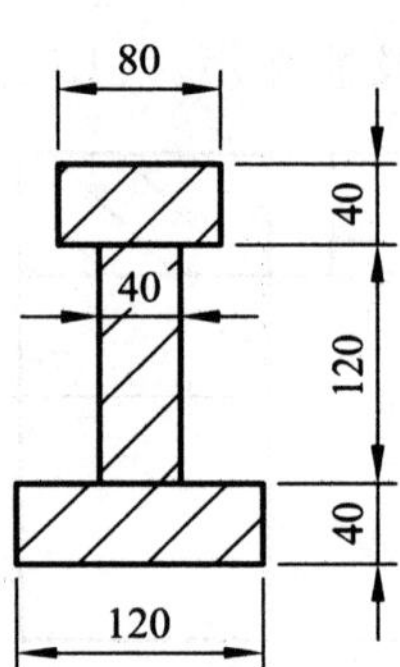

第 6 章　杆件的应力与强度计算（1）

成　绩

一、填空题（每空 1 分，共 20 分）

1. 当杆件为轴向拉压杆时，横截面上的内力主要有________，横截面上的应力主要为_______，该应力在横截面上呈____________分布，其计算公式为______________。

2. 杆件产生平面弯曲时，在弯矩作用下，横截面上的应力主要为______________，该应力在横截面上呈____________分布，其计算公式为______________。

3. 杆件产生平面弯曲时，横截面在剪力的作用下会产生____应力，该应力在横截面内呈____________分布，其计算公式为______________。

4. 杆件产生剪切变形时，名义剪切应力在剪切面上____________分布，其计算公式为______________。

5. 内力在某点处的集度称为________。垂直于横截面的应力叫________，用符号___表示；与横截面相切的应力叫________，用符号___表示。

6. 应力的国际单位是__________，在计算应力值时，只要力的单位换算为 N，长度单位换算为 mm，得到的应力单位就是__________。1 MPa＝_____________Pa。

二、单项选择题（每题 2 分，共 20 分）

1. 两杆截面相同，材料不同，受相同的轴向力作用，则它的（　　）。
   A. 内力相等，应力不等，应变不等
   B. 内力相等，应力相等，应变不等
   C. 内力相等，应力相等，应变相等
   D. 内力不等，应力不等，应变不等

2. 关于常见的矩形截面梁“立放”比“平放”合理的原因分析，下列错误的是（　　）。
   A.“立放”比“平放”时受到的弯矩值小
   B.“立放”比“平放”时截面抗弯系数大
   C.“立放”比“平放”时受到的正应力小
   D.“立放”比“平放”时截面惯性矩大

3. 以下说法中错误的是（　　　）。
   A. 纯弯曲梁段的各横截面上只有正应力
   B. 横力弯曲梁段的各横截面上只有切应力
   C. 中性轴将梁的横截面分成了两个区域 ——受压区和受拉区
   D. 梁横截面上某点纵向应变的绝对值与该点到中性轴的距离成正比

4. 扭转变形时，圆轴横截面上的剪应力（　　）分布。

A. 均匀　　B. 线性　　C. 假设均匀　　D. 抛物线

5. 桥梁在施工过程中常常做成空心形式，主要原因是（　　）。

A. 减轻桥梁自重，节约材料

B. 减轻桥梁自重，便于安装

C. 桥梁弯曲时，中性轴附近正应力很小，节约材料

D. 以上原因都不对

6. 一圆截面简支梁，在 $L=3$ m 的梁上作用了匀布荷载为 $q=8$ kN/m，圆截面的直径 $d=10$ cm，此梁的最大弯矩及最大正应力为（　　）。

A. $M_{max}=9$ kN · m, $\sigma_{max}=45.8$ MPa　　B. $M_{max}=4.5$ kN · m, $\sigma_{max}=45.8$ MPa

C. $M_{max}=9$ kN · m, $\sigma_{max}=91.67$ MPa　　D. $M_{max}=18$ kN · m, $\sigma_{max}=183.3$ MPa

7. 如图所示 T 形截面外伸梁，关于该梁的应力，下列说法正确的是（　　）。

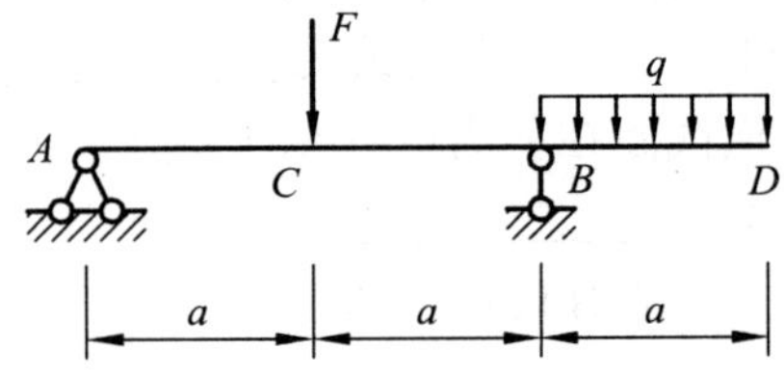

A. 最大拉应力与最大压应力一定相等

B. 最大压应力一定发生在梁的截面上边缘

C. 最大拉应力一定发生在梁的截面下边缘

D. 最大拉应力、最大压应力一定发生在 B 截面或 C 截面处

8. 关于挤压应力，下列说法正确的是（　　）。

A. 挤压应力为剪应力，在实用计算时，假设为均匀分布

B. 挤压应力为剪应力，在挤压面上成线性分布

C. 挤压应力为正应力，在挤压面上均匀分布

D. 挤压应力为正应力，在挤压面上分布很复杂

9. 对梁的任一截面而言，绝对值最大的弯曲切应力发生在截面的________。

A. 最上缘　　B. 最下缘　　C. 最上缘或最下缘　　D. 中性轴上各点处

10. 如图所示为矩形截面外伸梁，关于危险截面及其弯矩大小的描述正确的是（　　）。

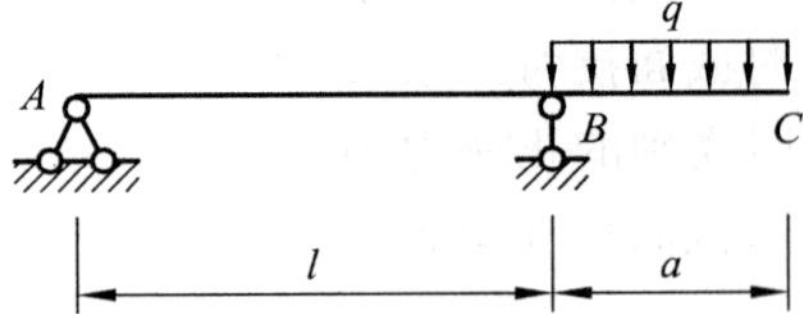

A. AB 跨的跨中截面为危险截面，其弯矩大小为 $\frac{1}{8}ql^2$

B. AB 跨的跨中截面为危险截面，其弯矩大小为 $\frac{1}{4}qa^2$

C. 支座 B 处的截面为危险截面，其弯矩大小为 $\frac{1}{2}qa^2$

D. 支座 B 处的截面为危险截面，其弯矩大小为 qa^2

三、计算题（共 60 分）

1. 一矩形截面梁，梁上作用匀布荷载，已知：$l=4$ m，$b=14$ cm，$h=21$ cm，$q=2$ kN/m。试求梁的最大正应力。(10 分)

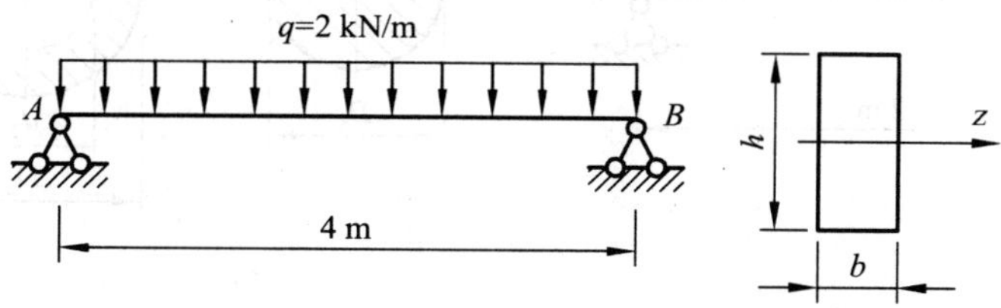

2. 图示变截面圆杆，其直径分别为：$d_1=20$ mm，$d_2=10$ mm，试求其横截面上正应力大小的比值。(10 分)

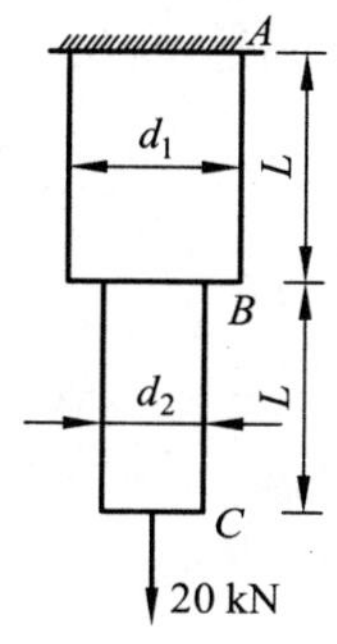

*3. 简支梁承受匀布荷载如图所示。若分别采用截面面积相等的实心和空心圆截面，且 $D_1=40$ mm，$\dfrac{d_2}{D_2}=\dfrac{3}{5}$，试分别计算它们的最大正应力，并问空心截面比实心截面的最大正应力减小了百分之几？（20 分）

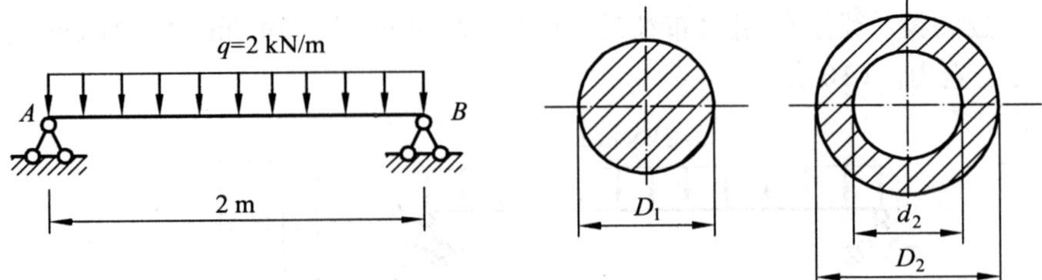

4. 若在正方形截面矩柱的中间处开一个槽，使横截面面积减少原来截面面积的一半。试求最大正应力比不开槽时增大几倍？（20 分）

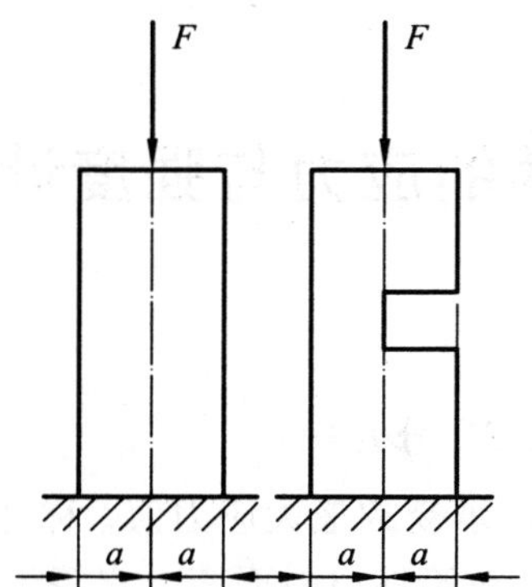

成　绩

第 6 章　杆件的应力与强度计算（2）

一、填空题（每空 1 分，共 20 分）

1. 任何材料都有一个自己能够承受的最大应力值，称之为______________。对塑性材料而言，它等于材料的__________，对脆性材料而言，它等于_____________。

2. 构件正常工作时产生的应力叫____________。为了保证构件的安全性，一般而言，它应该小于材料的______应力。

3. 所谓强度，是指构件在外在因素作用下，抵抗__________的能力。强度条件是指_______和______________。

4. 进行强度条件校核时，一般会选取____________最大的截面进行校核。

5. 对于等截面的梁，正应力最大值可能会出现在__________截面____________位置。

6. 对于等截面的梁，切应力最大值可能会出现在__________截面____________位置。

7. 对于等截面的轴向拉压杆，正应力最大值可能会出现在__________截面。

8. 矩形截面梁通常是截面高度__________于截面宽度，在条件许可时，将集中荷载变成分布荷载或将集中荷载分散并靠近支座布置，均可降低弯矩的____________。

9. “内力最大的截面就是最危险截面”这一说法是___________。

10. 如杆的最大工作应力超过了__________，工程上规定，只要超过的部分在该应力的__________以内，仍可以认为杆是安全的。

二、单项选择题（每题 2 分，共 20 分）

1. 构件抵抗破坏的能力（　　）。

A. 刚度　　B. 强度　　C. 稳定性　　D. 极限强度

2. 两根跨度、截面形状和尺寸相同的简支梁，承受相同的荷载作用，当所用的材料不同时，下列说法正确的是（　　）。

A. 内力不同，应力不同，强度不同　　B. 内力相同，应力相同，强度相同

C. 内力相同，应力不同，强度相同　　D. 内力相同，应力相同，强度不同

3. 某塑性材料制成的简支梁当横截面积一定时，最合理的截面是（　　）。

A. 圆形　　B. 矩形$\left(\dfrac{h}{b}\leqslant 2\right)$　　C. 倒 T 形　　D. I 字形(标准型)

4. 材料的许用应力$[\sigma]$与（　　）有关。

A. 杆长　　B. 材料性质　　C. 外力　　D. 截面尺寸

5. 弯曲截面系数的量纲为长度的（　　）次方量纲。

A. 一　　　　B. 二　　　　C. 三　　　　D. 四

6. 梁的弯曲正应力计算公式应在（　　）范围内使用。

A. 塑性　　　　B. 弹性　　　　C. 小变形　　　　D. 弹塑性

7. 下列四梁的 q, l, W, $[\sigma]$均相同，判断下面关于其强度高低的结论中（　　）是正确？

A. 强度（A）>（B）>（C）>（D）　　　　B. 强度（B）>（D）>（A）>（C）

C. 强度（D）>（B）>（A）>（C）　　　　D. 强度（B）>（A）>（D）>（C）

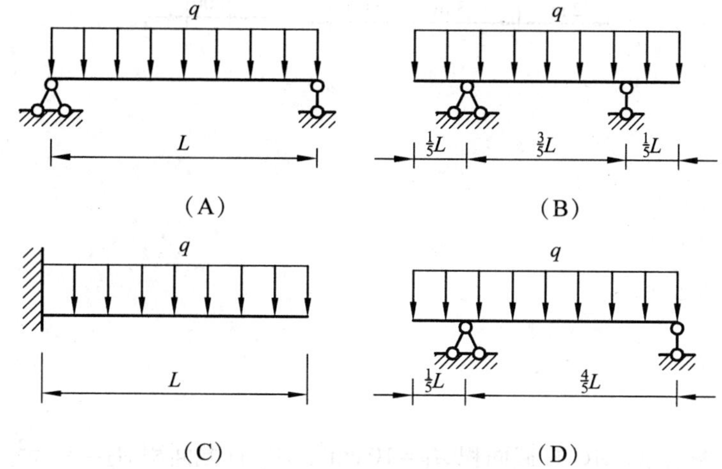

8. 确定脆性材料的容许应力时，一般情况下脆性材料有（　　）容许应力。确定塑性材料的容许应力时，一般情况下塑性材料有（　　）容许应力。

A. 一，一　　　　B. 一，二　　　　C. 二，二　　　　D. 二，一

9. 强度条件有三方面力学应用它们是（　　）。

A. 内力计算、应力计算、变形计算　　　　B. 强度校核、截面设计、计算许可荷载

C. 荷载计算、截面计算、变形计算　　　　D. 截面计算、内力计算、计算许可荷载

10. 材料的强度指标是（　　）。

A. σ_5和σ_b　　　　B. δ和ψ　　　　C. E和μ　　　　D. σ_5

三、简答题（每小题 5 分，共 15 分）

1. 许用应力

2. 提高梁承载力的措施

3. 危险截面

四、计算题（每题 15 分，共 45 分）

1. 外伸梁受力情况如图所示，截面高度 $h=300\text{ mm}$，宽度 $b=200\text{ mm}$，已知 $[\sigma]=180\text{ MPa}$，试计算梁的最大弯曲正应力和最大弯曲剪应力，并对梁进行正应力强度校核。

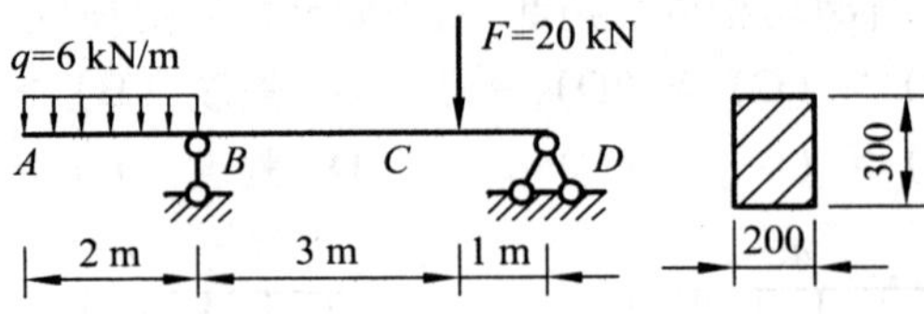

2. 三角桁架如图所示，AC 杆截面积 $A_1=10\text{ cm}^2$，BC 杆截面积 $A_2=5\text{ cm}^2$，$P=10\text{ kN}$，若材料许用压应力 $[\sigma_y]=40\text{ MPa}$，许用拉应力 $[\sigma_l]=20\text{ MPa}$，试校核杆件强度。

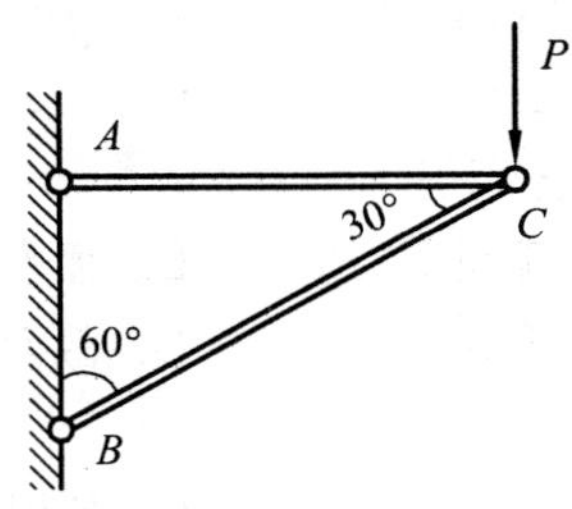

3. 如图所示，矩形截面梁 $h=2b$，已知材料的许用应力 $[\sigma]=20\ \text{MPa}$ ，试设计梁的截面尺寸。

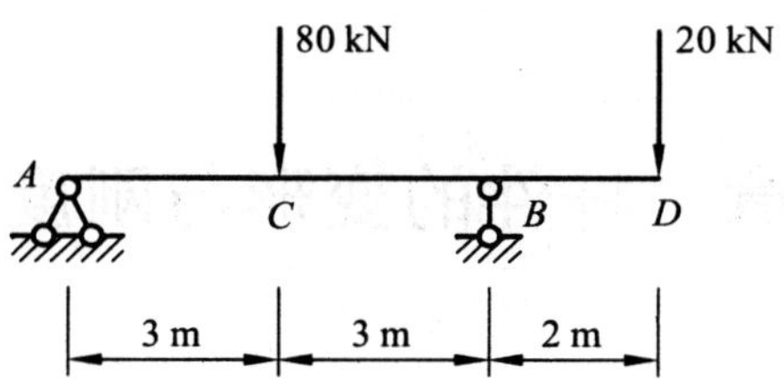

第 7 章　杆件的变形与刚度计算

成　绩

一、填空题（每空 1 分，共 20 分）

1. 结构在荷载作用、温度变化、支座移动、制造误差与材料收缩等因素影响下，将发生尺寸和形状的改变，这种改变称为____________。

2. 结构变形后，构件上各点的位置会发生变动，这种位置的变动称为________。

3. 结构的位移通常有两种：________________和________________。

4. 引起位移的主要原因有三种：______________、______________________和____________________________。

5. 在变形过程中，某截面所转过角度，称为该截面的_________。

6. 当求得的位移Δi_{p}为负值时，说明了________。

7. ΔL 称为杆件的_______________变形，单位是_________，对于拉杆ΔL 为__________，对于压杆ΔL 为___________。

8. 虎克定律的关系式中 EA 称为_______________。反映了杆件________________________。

9. 梁的刚度条件可以写成：________________________、________________________。

10. 提高梁刚度的措施有：______________________、____________________________和_____________________________。

二、选择题（除说明外，每题 2 分，共 28 分）

1. 构件抵抗变形的能力称（　　）。

A. 刚度　　B. 强度　　C. 稳定性　　D. 极限强度

2. 杆件的应变与杆件的（　　）有关。

A. 外力　　B. 外力、截面

C. 外力、截面、材料　　D. 外力、截面、杆长、材料

3. 杆件的变形与杆件的（　　）有关。

A. 外力　　B. 外力、截面

C. 外力、截面、材料　　D. 外力、截面、杆长、材料

4. 两根相同截面，不同材料的杆件，受相同的外力作用，它们的纵向绝对变形（　　）。

A. 相同　　B. 不一定　　C. 不相同

5. 在其他条件不变时，若受轴向拉伸的杆件长度增加一倍，则线应变将（　　）。

A. 增大　　B. 减少　　C. 不变　　D. 不能确定。

6. 弹性模量 E 与（　　）有关。

A. 应力　　B. 杆件的材料　　C. 外力的大小　　D. 应变

7. 横截面面积不同的两根杆件，受到大小相同的轴力作用时，则（　　）。

A. 内力不同，应力相同　　B. 内力相同，应力不同

C. 内力不同，应力不同　　D. 内力相同，应力相同

8.（　　）称为梁的抗弯刚度。

A. EA　　B. GI_P　　C. EI　　D. GA

9. 弹性模量的单位与（　　）的单位相同。

A. 延伸率　　B. 线应变　　C. 泊松比　　D. 应力

10. 两悬臂梁，抗弯刚度 EI 与匀布荷载均相同，但长度不同，如图所示，两根梁在自由端的挠度之比 $f_{B1}:f_{B2}=$（　　）。

A. 16　　B. 256　　C. 128　　D. 48

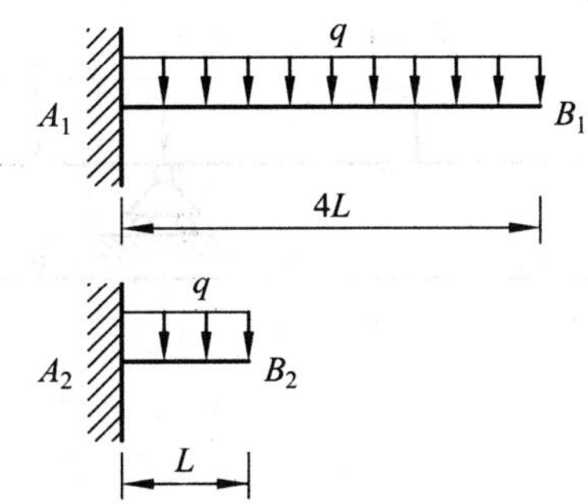

11. 关于简支梁变形大小的影响因素，下列表述正确的是（　　）。（4 分）

A. 跨度越大，变形越大

B. 截面的惯性矩越大，变形越大

C. 截面积越大，变形越小

D. 材料弹性模量越大，变形越大

E. 外荷载越大，变形越大

12. 跨度为 6 m 的现浇钢筋混凝土梁、板，支模时应按设计要求起拱。当设计无具体要求时，起拱高度可以采用（　　）mm。（4 分）

A. 4　　B. 6　　C. 12　　D. 18　　E. 24

三、计算题（每题 13 分，共 52 分）

1. 试用叠加法求图示梁 C 截面的转角和挠度。

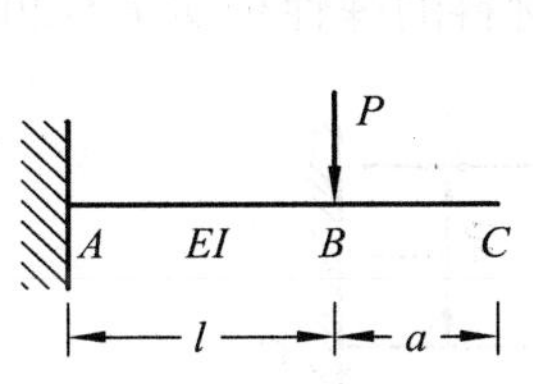

附表

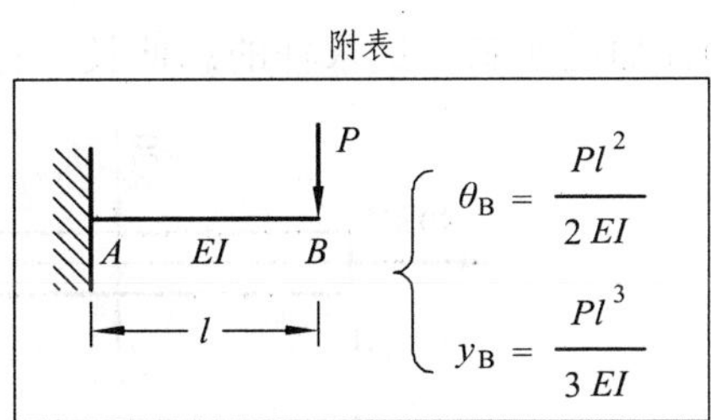

2. 用叠加法求图示外伸梁外伸端的挠度和转角，设 EI 为常量。

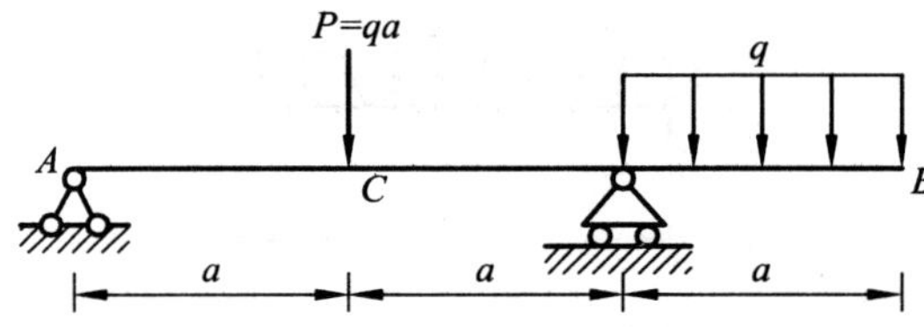

3. 圆截面钢杆如图所示，试求杆的总伸长。已知材料的弹性模量 $E=200$ GPa。

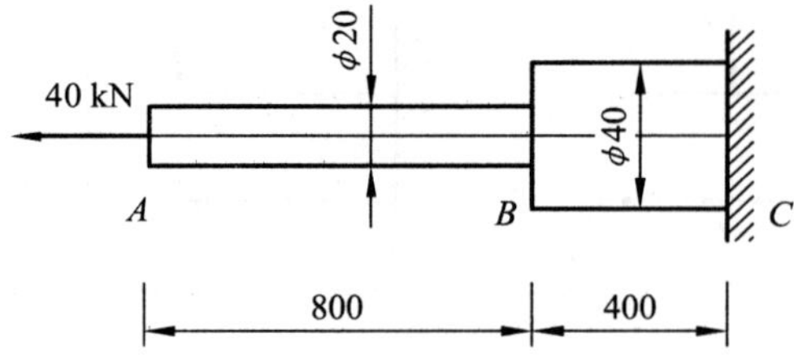

4. 如图示简支木梁。横截面为圆形。已知 $F=4$ kN，$l=4$ m 木材的容许应力$[\sigma]=10$ MPa，弹性模量 $E=10\times10^3$ MPa,容许相对挠度$[f/l]=1/250$，木梁的直径 $d=150$ mm。试校该木梁的刚度。

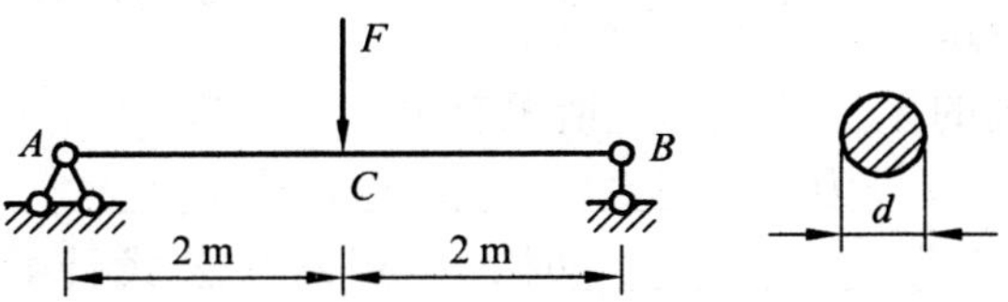

成　绩

第 8 章　压杆稳定

一、填空题（每空 1 分，共 20 分）

1. 从欧拉公式 $F_{cr}=\dfrac{\pi^2 EI}{(\mu l)^2}$ 可以看出，临界力的大小主要与压杆的__________、________和尺寸、材料及杆件两端的____________情况有关。

2. 受压杆件越细长，临界力越__________，稳定性越__________。

3. 当压杆的柔度 $\lambda \geqslant$ ______________时，可用欧拉公式计算。λ 值越大，表示压杆越__________，临界应力越________________，压杆越容易_____________。

4. 在不增加压杆横截面积的情况下，若将其实心截面改成空心截面，则压杆的临界力将______________ 。

5. 压杆失衡时，杆件总是在抗弯刚度最______的平面内发生弯曲，长度系数 μ 与杆件两端的支承情况有关：当杆件两端固定时，$\mu=$____________；一端固定，一端自由时，$\mu=$______________；两端铰支时，$\mu=$______________；一端固定，一端铰支时，$\mu=$____________。

6. 提高压杆的稳定，就是要提高压杆的____________。提高压杆稳定性的措施主要有：

①______________________________；②______________________________；

③______________________；④______________________。

二、单项选择题（每小题 2 分，共 20 分）

1. 如图所示的细长压杆材料截面均相同，最易失稳的是（　　）。

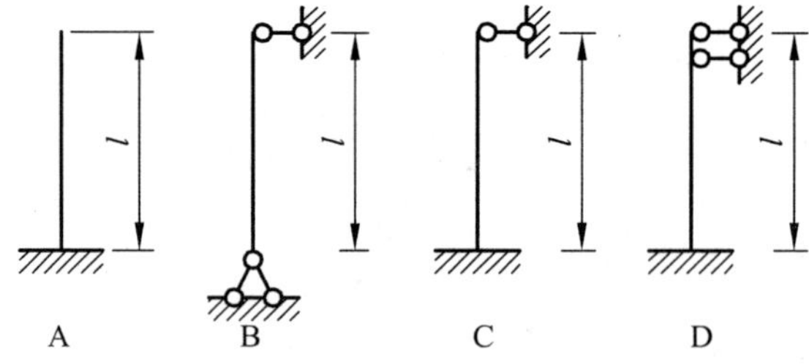

2. 用欧拉公式计算临界力时，临界力与之成正比的是（　　）。

A. 弹性横量 E　　B. 长度系数 μ　　C. 压杆长度 l　　D. 计算长度 μl

3. 两根轴心受压的柱子，材料和截面相同，长度不同，两端支承情况：柱 1 为两端铰支，柱 2 为两端固定。要使两端临界力相等，则柱 1 与柱 2 的长度之比为（　　）。

A. 1 : 2　　B. 2 : 1　　C. $\sqrt{2}$: 1　　D. 1 : $\sqrt{2}$

4. 细长压杆在轴向力的作用下保持其原有平衡状态的能力称为（　　）。

A. 强度　　B. 刚度　　C. 稳定性　　D. 失稳

5. 对于压杆稳定问题，两端铰支的杆，其长度系数 μ 取（　　）。

A. 0.5　　B. 0.7　　C. 1　　D. 2

6. 承载力主要包括（　　）。

A. 强度和稳定性　　B. 强度和刚度

C. 强度、刚度和稳定性　　D. 强度、刚度和耐久性

7. 某细长压杆的临界力为 F_{cr}，下列结论中正确的是（　　）。

A. 若压杆的抗弯刚度增大，则 F_{cr} 也增大，且两者成正比

B. 若压杆的长度增大，则 F_{cr} 减少，且两者成反比

C. F_{cr} 与压杆的横截面积形状和尺寸有关，临界应力与横截面的形状尺寸无关

D. 若横截面积减少，则临界应力值必随之增大，且两者成正比

8. 圆形截面细长压杆直径增大一倍，其他条件不变，其临界力增大（　　）。

A. 8 倍　　B. 16 倍　　C. 4 倍　　D. 不变

9. 当压杆的材料和长度完全相同时，能承受最大临界荷载的支承方式是（　　）。

A. 两端固定　　B. 一端固定一端铰支

C. 两端铰支　　D. 一端固定一端自由

10. 下列说法中错误的有_________。

A. 压杆从稳定平衡过渡到不稳定平衡时轴向压力的临界值，称为临界力或临界荷载。

B. 压杆处于临界平衡状态时横截面上的平均应力称为临界应力。

C. 分析压杆稳定性问题的关键是求杆的临界力或临界应力。

D. 稳定性问题不仅在压杆中存在，在其他一些构件尤其是一些薄壁构件中也存在。

三、简答题（每小题 5 分，共 15 分）

1. 失稳

2. 长细长

3. 压杆的稳定性

四、计算题（每小题 15 分，共 45 分）

1. 一根圆截面压杆直径 $d=160\ \text{mm}$，材料为 Q235 钢，$E=200\ \text{GPa}$，$\sigma_p=200\ \text{MPa}$，$\sigma_s=240\ \text{MPa}$，两端均为铰支，长度 $l=5\ \text{m}$。试计算该杆的临界力及临界应力。

2. 截面为 160 mm×240 mm 的矩形木柱，长 $l=4\text{ m}$，两端铰支，若材料的许用应力 $[\sigma]=10\text{ MPa}$，试计算当承受轴压力 $F_N=135\text{ kN}$ 时柱是否稳定。

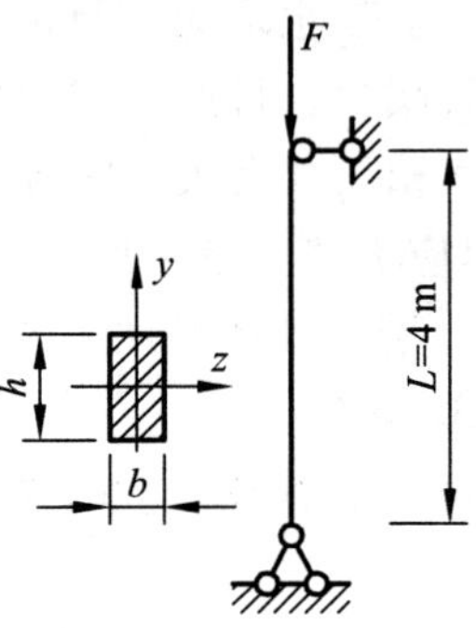

3. 如图所示托架中，AB 钢杆，Q235，直径 $d=10\text{ mm}$，长度 $l=400\text{ mm}$，$[\sigma]=170\text{ MPa}$，杆的两端可视为铰支。试求：托架 D 点的工作荷载 F 的许用值 $[F]$。

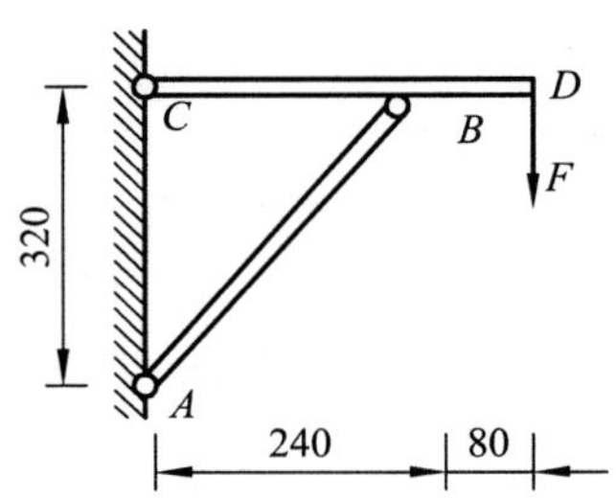

第 9 章　超静定结构概述（1）

成　绩

一、填空题（除说明外，每空 1 分，共 14 分）

1. 根据体系的几何组成，体系可分为__________________和__________________。
2. 断开一个刚性连接的杆件，相当于去掉_______个约束。
3. 支座移动对静定结构　_____________（会、不会）产生反力、内力。
4. 去掉一根链杆，相当于去掉_______个约束。
5. 超静定结构分析的基本方法有______________和_____________两种。
6. 图中“链杆 *1* 和 *2* 的交点 *O* 可视为虚铰”这个说法是______________（正确、错误）。

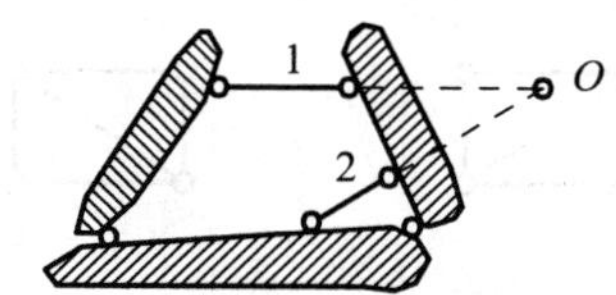

5. 图示结构超静定次数为_________。（2 分）

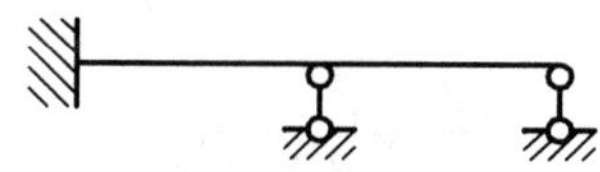

6. 图示结构超静定次数为 __________。（2 分）

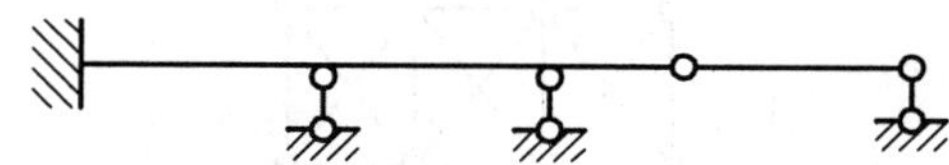

7. 图示体系中共有__________个多余约束。（2 分）

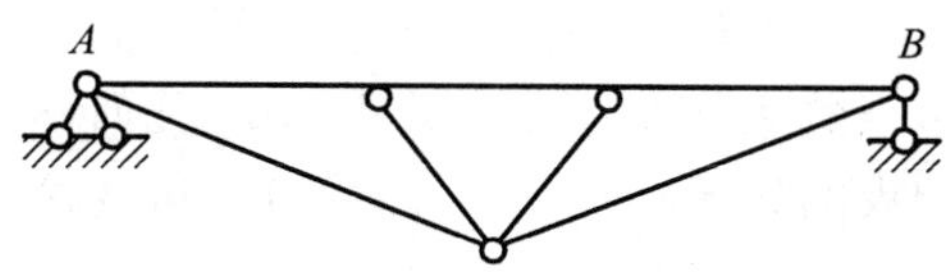

二、选择题（每题题 2 分，共 16 分）

1. 对于超静定问题，下列说法中错误的是__________。
   A. 超静定结构中存在多余约束
   B. 未知量的数目多于独立的静力平衡方程式数目
   C. 利用静力平衡方程式不可能解出部分未知力
   D. 利用变形协调条件建立补充方程后可以解出全部的未知力

2. 平面杆件体系中的铰接四角形属于（　　）。

A. 几何不变且无多余约束的体系　　B. 几何不变且有多余约束的体系

C. 几何常变体系　　D. 几何瞬变体系

3. 平面杆件体系中的铰接三角形属于（　　）。

A. 几何不变且无多余约束的体系　　B. 几何不变且有多余约束的体系

C. 几何常变体系　　D. 几何瞬变体系

4. 三个刚片用（　　）的三个铰两两相联可以组成几何不变体系。

A. 共线　　B. 不共线　　C. 虚拟　　D. 非虚拟

5. 下图所示体系的几何组成为（　　）。

A. 几何不变有一个多余约束体系　　B. 几何不变有两个多余约束体系

C. 几何不变无多余约束的体系　　D. 可变体系

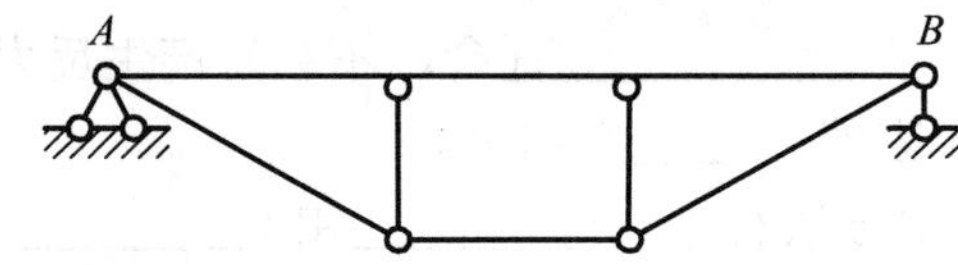

6. 图示中（　　）结构为几何不变无多余约束体系。

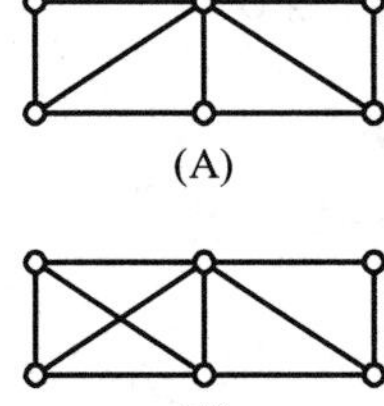

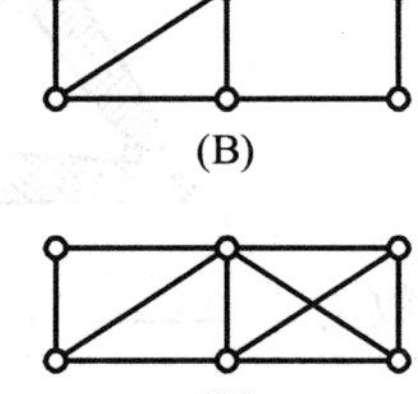

7. 图示体系为几何不变有（　　）个多余约束。

A. 1　　B. 2　　C. 3　　D. 4

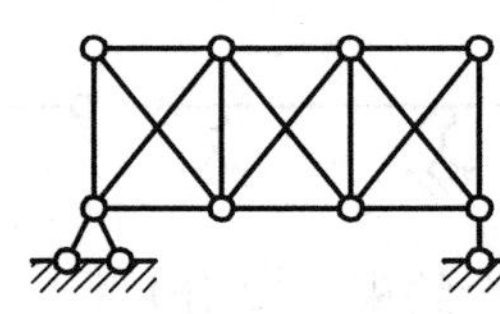

8. 下图所示体系的几何组成为（　　）。

A. 几何不变有一个多余约束体系　　B. 几何不变有二个多余约束体系

C. 几何不变无多余约束的体系　　D. 可变体系

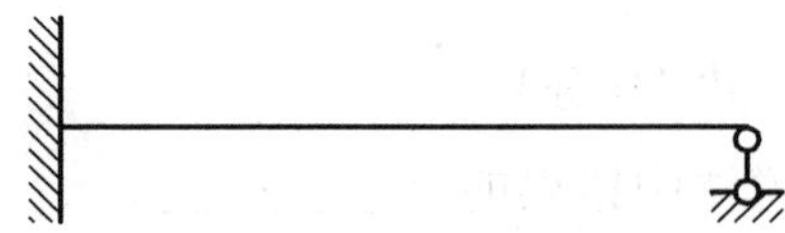

三、简答题（每题 4 分，共 20 分）

1. 简述两刚片规则。

2. 简述三刚片规则。

3. 二元体的定义。

4. 刚片的定义。

5. 简述静定结构与超静定结构的区别。

成　绩

第9章　超静定结构概述（2）

一、填空题（每空1分，共20分）

1. 力矩分配法适用于计算__________和_______________的弯矩图。

2. 在力矩分配法中弯矩的正负规定如下：对于杆件而言，杆端弯矩以_____________为正；对于结点和支座而言，杆端弯矩以_________为正。

3. 通常将远端弯矩与近端弯矩的比值，称为杆件由近端向远端的___________。

4. 远端为铰支时，转动刚度为_________，传递系数为______。

5. 远端为固定端时，转动刚度为_________，传递系数为______。

6. 力矩分配法的计算分为两个过程，一是__________过程，另一是___________过程。

7. 对于单结点的力矩分配法而言，力矩需要进行____次力矩分配和传递，其计算结果是__________。

8. 对于多结点的力矩分配法而言，力矩需要进行____次力矩分配和传递，其计算结果是__________。

9. 下图所示结构中$S_{AB}=$____，$S_{AC}=$____，$\mu_{AB}=$_____，$\mu_{AC}=$_____。

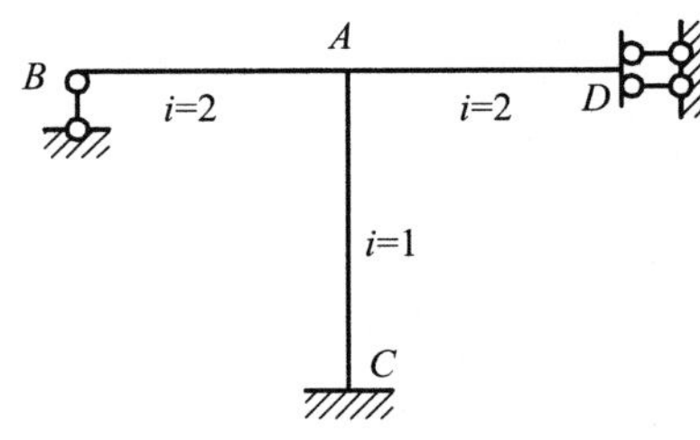

10. 同一刚结点各杆端的分配系数之和恒等于______。

二、单项选择题（每题2分，共20分）

1. 图示超静定梁，各梁的线刚度均为i，则BA杆的分配系数为（　　）。

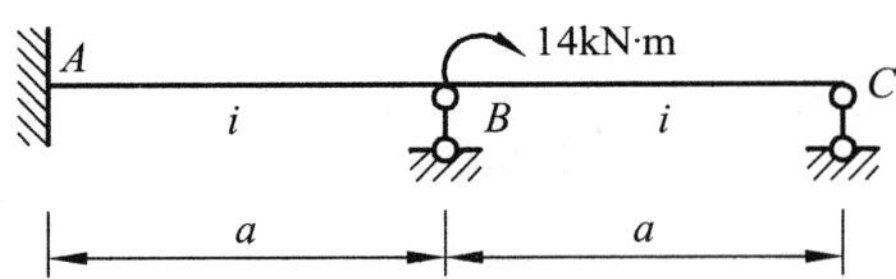

A. $\mu_{BA}=\frac{4}{7}$　　B. $\mu_{BA}=\frac{3}{7}$

C. $\mu_{BA}=\frac{1}{2}$　　D. 1

2. 等截面直杆的传递系数决定于（　　）。

A. 近端的受力情况　　B. 远端的受力情况

C. 近端的约束　　D. 远端的约束

3. 分配弯矩与分配系数、不平衡力矩的关系（　　）。

A. 分配弯矩＝分配系数×不平衡力矩

B. 分配弯矩＝分配系数/不平衡力矩

C. 分配弯矩＝分配系数×反号不平衡力矩

D. 分配弯矩＝不平衡力矩/分配系数

4. 力矩分配法计算得出的结果是（　　）。

A. 一定是近似解　　B. 不是精确解

C. 是精确解　　D. 可能为近似解，也可能是精确解

5. 在力矩分配法的计算中，当放松某个结点时，其余结点所处状态为（　　）。

A. 全部放松　　B. 必须全部锁紧

C. 相邻结点放松　　D. 相邻结点锁紧

6. 等截面直杆的转动刚度 S_{AB}（　　）。

A. 与远端支承条件及杆件刚度有关

B. 只与远端的支承条件有关

C. 与近、远两端的支承条件有关

D. 只与近端的支承条件有关

7. 力矩分配法中的传递弯矩等于（　　）。

A. 固端弯矩

B. 分配矩乘以传递系数

C. 固端弯矩乘以传递系数

D. 不平衡力矩乘以传递系数

8. 图示结构用力矩分配法计算时分配系数 μ_{BC} 为（　　）。

A. 5/21　　B. 10/21　　C. 2/7　　D. 1/8

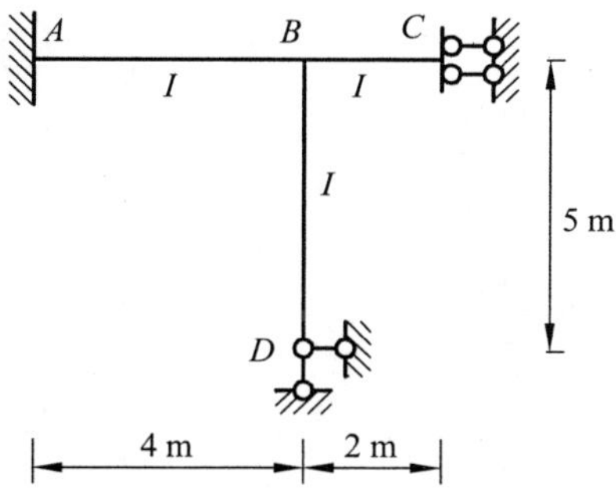

9. 用力矩分配法计算时，放松结点的顺序（　　）。

A. 对计算和计算结果无影响

B. 对计算和计算结果有影响

C. 对计算无影响

D. 对计算有影响，而对计算结果无影响

10. 在力矩分配法中，刚结点处各杆端力矩分配系数与该杆端转动刚度的关系为（　　）。

A. 前者与后者的绝对值有关　　B. 二者无关

C. 成反比　　D. 成正比

三、简答题（10分）

力矩分配法的基本步骤。

四、计算题（共50分）

1. 用力矩分配法计算图示连续梁，并画 M 图。（$M_{AB}=-\frac{1}{8}Fl$，$M_{BA}=\frac{1}{8}Fl$，$M_{BC}=-\frac{1}{8}ql^2$）（12分）

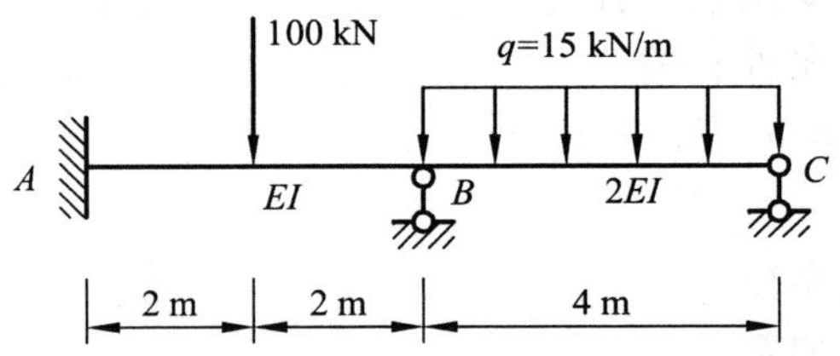

2. 完成该表格，并根据所给结果画弯矩图。(18 分)

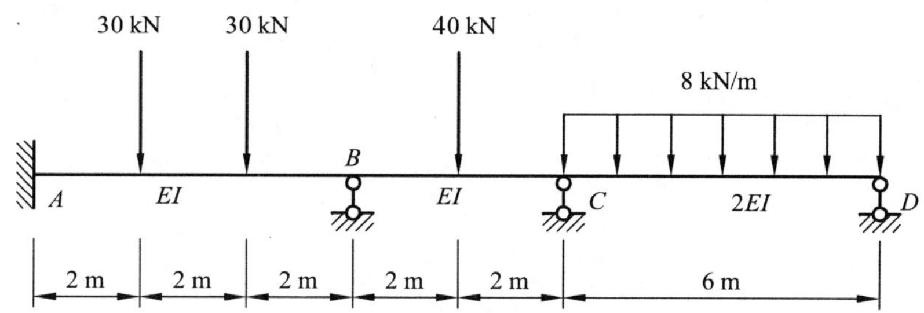

分配系数			0.6	____		____	____	
固端弯矩	−40		____	____		20	−36	0
力矩的分配和传递	____	←	−8	____	→	____		0
				5.5	←	11	____	
	____	←	____	____	→	____		
				____	←	____	____	0
	−0.09	←	____	____	→	____		
						____	0.06	0
最终弯矩	−45.19		29.63	−29.63		24.11	−24.11	0

3. 用力矩分配法计算图示超静定梁，作出弯矩图。（计算三轮）（20 分）

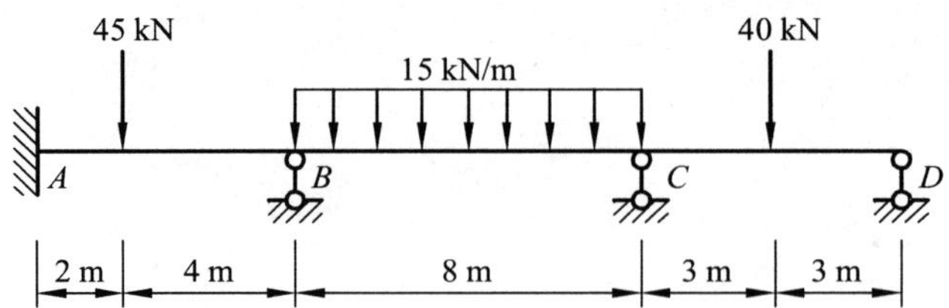

综合测试一

一、填空题（除说明外，每空 1 分，共 20 分）

1. 力是物体间的相互作用，这种作用引起物体的______________发生变化或使物体产生______________。

2. 只受__________个力的作用且处于__________状态的杆件称为二力杆。

3. 轴向拉伸与压缩变形杆件的横截面上正应力的计算公式是______________，其正应力在横截面上______________。

4. 细长压杆的临界力与压杆的____________成正比，与压杆的___________成反比。

5. 超静定结构的几何构造特征是______________且______________。

6. 弹性模量 E 的大小与材料有关，E 越大的材料，________________越小；EA 叫做______________，它反映了材料抵抗拉伸变形的能力，EA 越大，变形越小。

7. 力偶只能和___________平衡，力偶对其作用平面内任一点的矩都等于__________。

8. 在工程实际中，受弯构件常采用工字形、箱形等截面，是为了把大部分材料布置在距离中性轴_________处，且使得抗弯截面系数与截面面积的比值为______________，这样设计截面开关经济合理。

9. 如图所示简支梁，在集中力 $F=4$ kN 的作用下，其 A 支座反力等于___________，B 支座反力等于______________。

10. 如图所示图形对 y 轴的静矩为__________；对 z 轴的惯性矩为______________。

二、单项选择题（每题 2 分，共 20 分）

1. 两个共点力的大小分别为 10 kN 与 20 kN，其合力的大小不可能为（　　）。

A. 5 kN　　B. 10 kN　　C. 25 kN　　D. 30 kN

2. 下列约束中，与固定铰支座的约束性能相同的是（　　）。

A. 可动铰支座　　B. 圆柱铰链　　C. 链杆　　D. 固定端支座

3. 同一平面上的三个力关系如图所示，则下列说法正确的是（　　）。

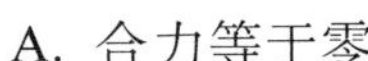

A. 合力等于零　　B. 力系平衡　　C. 主矢等于零　　D. 主矩等于零

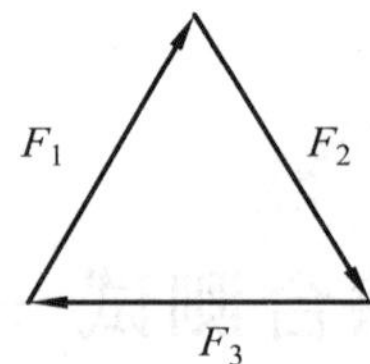

4. 下图柱的变形是由________ 两种变形组合而成。

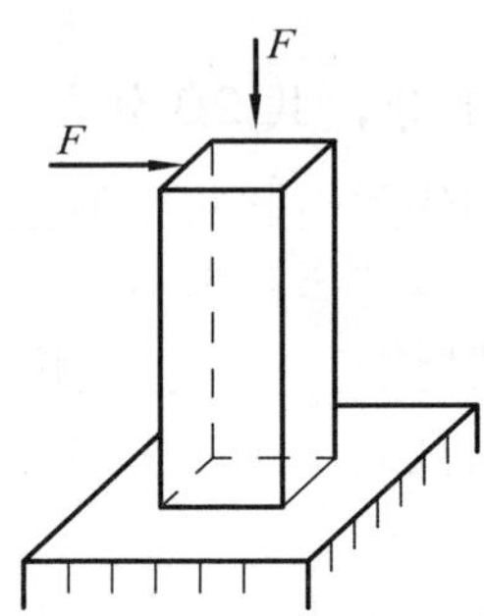

A. 压缩和弯曲　　　　B. 弯曲和拉伸

C. 压缩和扭转　　　　D. 斜弯曲

5. 当杆件（　　）时，轴力取正号。

A. 受拉伸长，轴力指向截面

B. 受拉伸长，轴力背离截面

C. 受压缩短，轴力指向截面

D. 受拉伸长，轴力背离截面

6. 材料相同，截面面积相同的两根杆件，在相同的轴向外力作用下，下列各量中不同的是（　　）。

A. 内力　　B. 应力　　C.　纵向变形　　D. 线应变

7. 如图所示的铆钉连接中，铆钉的直径为 d，钢板的厚度均为 t，则铆钉的计算挤压面面积为（　　）。

A. $\frac{\pi d^2}{4}$　　B. dt　　C. $\frac{\pi dt}{2}$　　D. πd

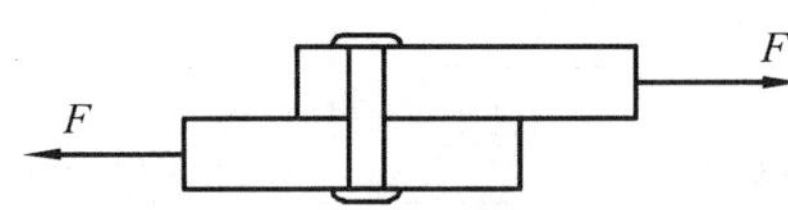

8. 下列超静定结构的次数是（　　）。

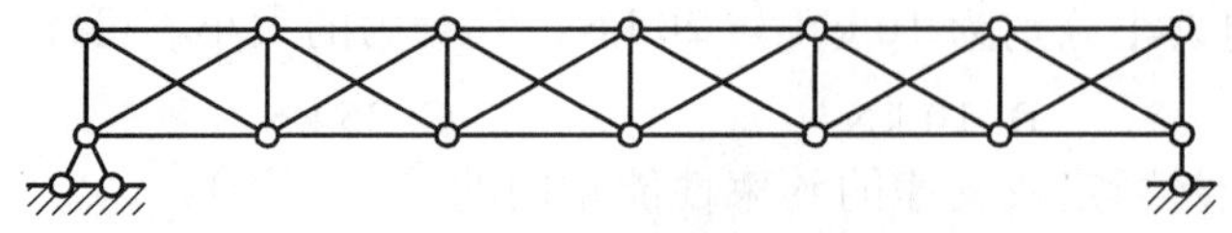

A．三次　　B．二次　　C．六次　　D．八次

9. 下列说法中错误的有（　　）。

A. 压杆从稳定平衡过渡到不稳定平衡时轴向压力的临界值，称为临界力或临界荷载

B. 压杆处于临界平衡状态时横截面上的平均应力称为临界应力

C. 分析压杆稳定性问题的关键是求杆的临界力或临界应力

D. 稳定性问题不仅在压杆中存在，在其他一些构件尤其是一些薄壁构件中也存在

10. 以下说法中错误的是（　　）。

A. 纯弯曲梁段的各横截面上只有正应力

B. 横力弯曲梁段的各横截面上只有切应力

C. 中性轴将梁的横截面分成了两个区域——受压区和受拉区

D. 梁横截面上某点纵向应变的绝对值与该点到中性轴的距离成正比

三、判断题（每小题 1 分，共 10 分）

（　　）1. 物体的平衡状态，就是指物体相对于地球保持静止的状态。

（　　）2. 力的投影是代数量，而力的分力是力沿某方向的分作用，是矢量。

（　　）3. 桁架结构中的零杆是工程中多余无用的杆件。

（　　）4. 两个力偶，如果它们的力偶矩大小相等、转向相同，则这两个力偶等效。

（　　）5. 在强度计算中，若构件的工作应力大于材许用应力，但不超过许用应力的 5%，仍可认为构件满足强度要求。

（　　）6. 两根粗细不同的杆件受相同的外力作用，细的一定比粗的容易拉断。

（　　）7. 所谓受弯杆件的刚度校核，就是指将杆件中最大侧向位移或最大角位移限制在一定的范围内，即满足 $y_{max} \leqslant [f]$ 或 $\Phi_{max} \leqslant [\Phi]$。

（　　）8. 在建筑施工过程中，对于直径较小的钢筋，可用钢筋剪剪断，这就是典型的剪切破坏实例。

（　　）9. 阳台的挑梁可看成悬臂梁，在向下的外力作用下，将产生向下凸弯曲变形，故受力钢筋放在其上部。

（　　）10. 图中链杆 1 和 2 的交点 O 可视为虚铰。

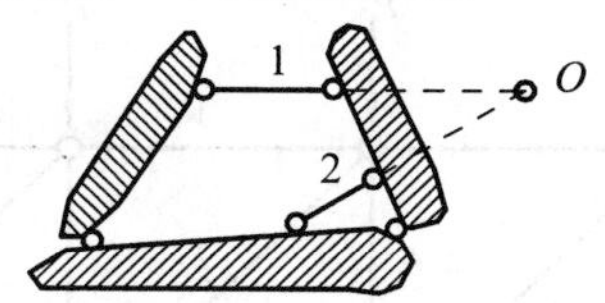

四、作图题（共 20 分）

1. 画出图示中 B 结点的受力图。（4 分）

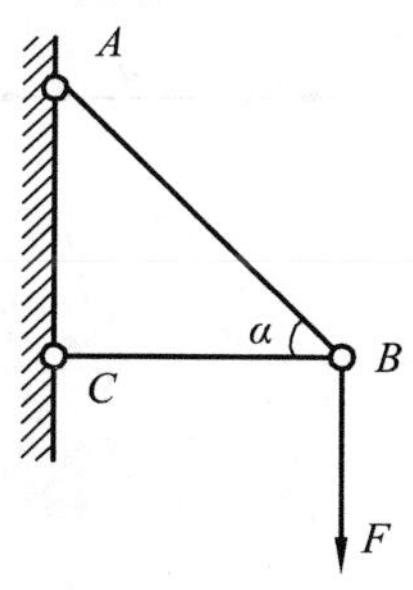

2. 已知 $F=4$ kN，$q=2$ kN/m，试绘制该梁的弯矩图。（6 分）

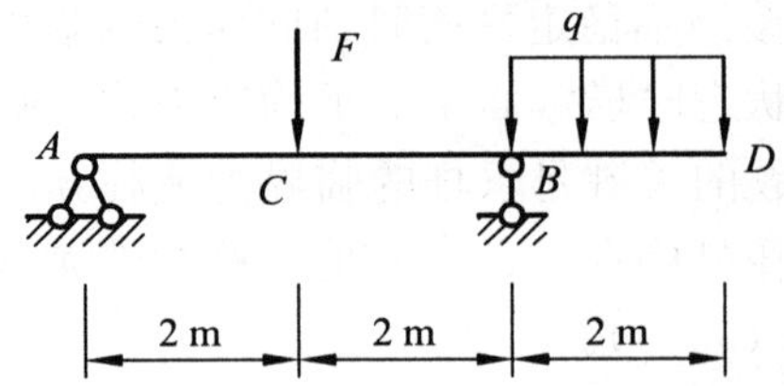

3. 已知在图示荷载作用下，$F_{Ay}=5.5$ kN(↑)，$F_{By}=4.5$ kN(↑)，试画出该梁的剪力图。（6 分）

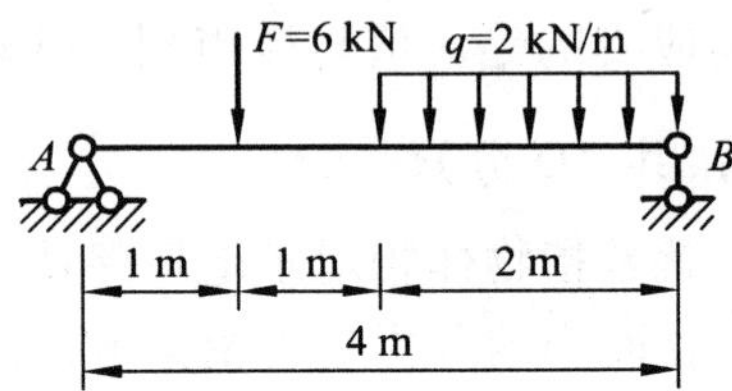

4. 绘制图示杆件的轴力图。（4 分）

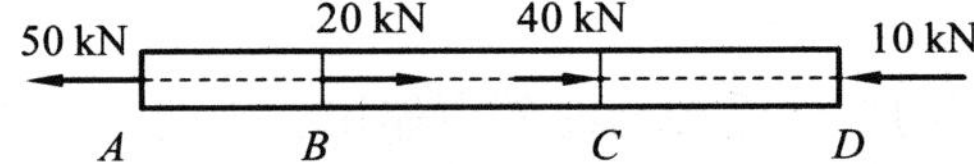

五、计算题（30 分）

1. 计算桁架指定杆的内力。（8 分）

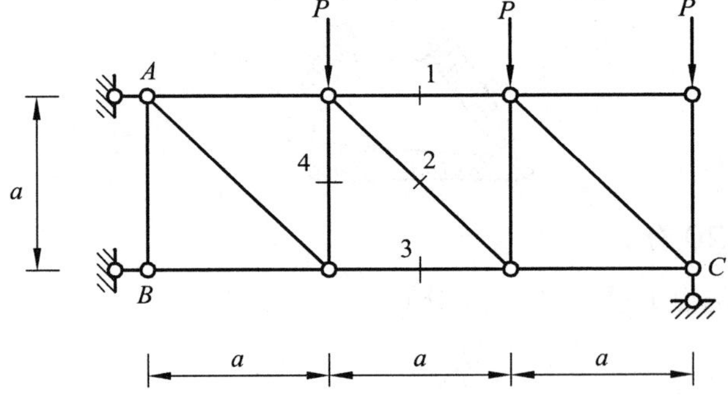

2. 如图所示，某矩形截面尺寸 $b:h=1:2$，受到满跨匀布荷载 $q=10\text{ kN/m}$ 作用，材料的许用应力 $[\sigma]=30\text{ MPa}$，试确定梁的截面尺寸。（8 分）

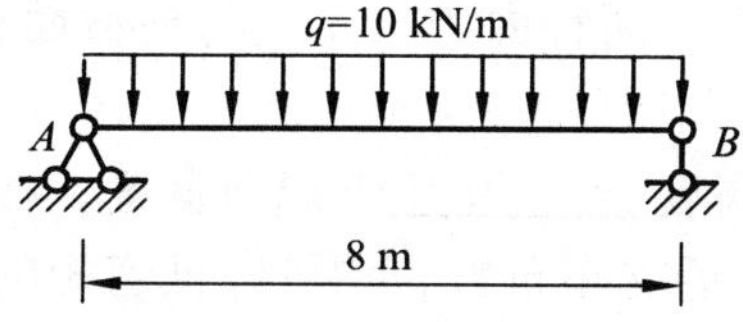

3. 用力矩分配法计算图示连续梁，并画 M 图。（$M_{AB}=-\frac{1}{8}Fl$，$M_{BA}=\frac{1}{8}Fl$，$M_{BC}=-\frac{1}{8}ql^2$）（14 分）

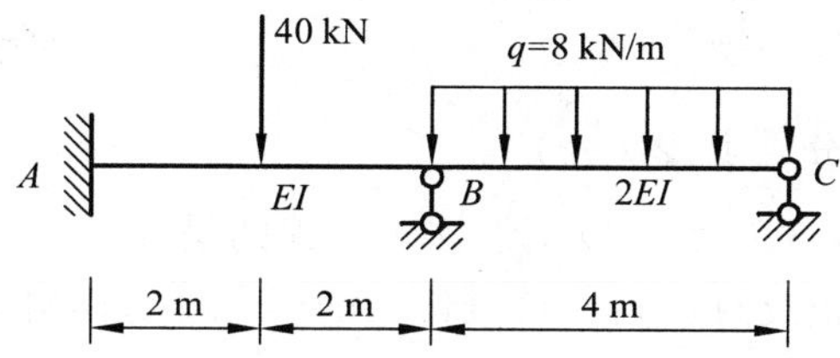

综合测试二

一、填空题（除说明外，每空 1 分，共 20 分）

1. 阻碍非自由体运动的限制物，在力学上称为____________，其反力的方向总是与它所能阻碍的运动方向__________。

2. 力偶对其作用平面内任一点的矩都等于_____________，而与____________无关。

3. 平面一般平衡条件是______________和_______________为零。

4. 任何材料都有一个自己能够承受的最大应力值，称之为极限应力。对塑性材料而言，它等于材料的___________；对脆性材料而言，它等于______________。

5. 梁弯曲变形时，横截面上有两种内力：一是与横截面相切的内力，叫做__________；二是外力作用面内的力偶，其力偶叫做____________。

6. 矩形截面梁通常是截面高度__________于截面宽度，在条件许可时，将集中荷载变成分布荷载或将集中荷载分散并靠近支座布置，均可降低弯矩的_____________。

7. 压杆的柔度又称为_________，它综合反映了压杆的_____________、_________________、和______________________ 对临界应力的影响。（每空 0.5 分）

8. 去掉一根链杆，相当于去掉_____个约束；去除一个固定铰支座，相当去除_____个约束。

9. 图示结构超静定次数为 _________。（2 分）

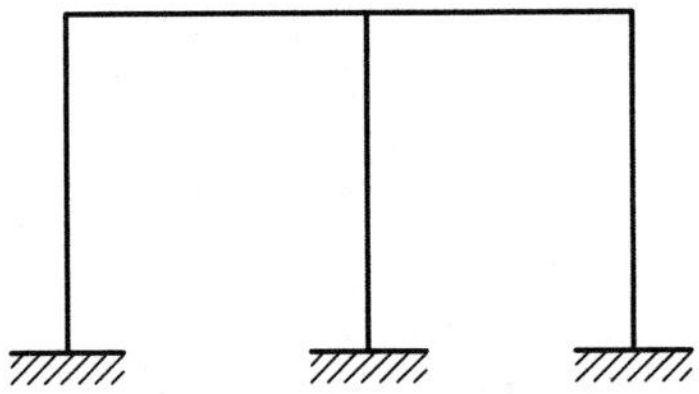

10. 下图所示结构的几何组成是_______________。（2 分）

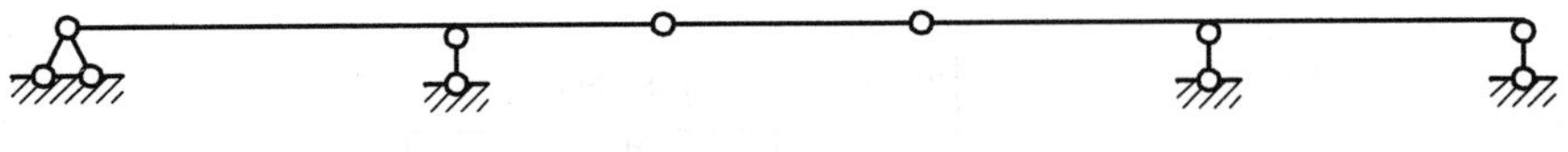

二、选择题（每题 2 分，共 20 分）

1. 物体在外力作用下保持平衡，以下说法中错误的是（　　）。

A. 在大小相等、方向相反且沿同一直线作用的两个外力作用下必平衡

B. 在作用力与反作用力作用下必平衡

C. 在汇交于一点且力三角封闭的三个外力作用下必平衡

D. 物体处于静止状态下必定平衡

2. 跨度$l=4\text{ m}$的悬臂梁，在满跨匀布荷载作用下，其最大弯矩为 10 kN · m，则其截面上最大剪力为（　　）。

A. 4 kN　　B. 10 kN　　C. 16 kN　　D. 20 kN

3. 截面法求杆件截面内力的三个主要步骤顺序为（　　）。

A．列平衡方程、画受力图、取分离体

B．画受力图、列平衡方程、取分离体

C．画受力图、取分离体、列平衡方程

D．取分离体、画受力图、列平衡方程

4. 关于力偶与力偶矩的论述，下列说法正确的是（　　）。

A. 力偶对物体既产生转动效应，又产生移动效应

B. 力偶可以简化为一个力，因此能与一个力等效

C. 力偶对其作用面内任一点的矩，都等于力偶矩

D. 作用一个物体上的两个力大小相等、方向相反、不共线的平行力，称为力偶矩

5. 下图所示体系的几何组成为（　　）。

A. 几何不变有一个多余约束体系　　B. 几何不变有二个多余约束体系

C. 几何不变无多余约束的体系　　D. 可变体系

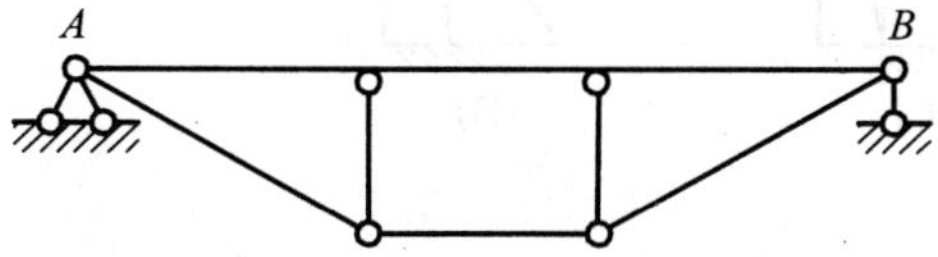

A　B

6. 如图所示，截面图形对（　　）轴的惯性矩最小。

A. z_1　　B. z_2　　C. z_3　　D. z_4

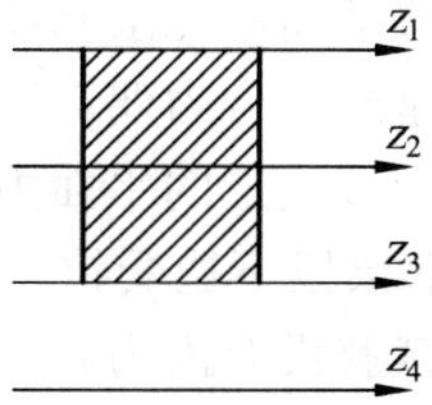

z_1 z_2 z_3 z_4

7. 下列各压杆的面积 A、杆长 l 和弹性模量 E 均相同。________杆最先失稳；________杆的临界力最大。

A. ①，②　　B. ③，④　　C. ①，④　　D. ③，②

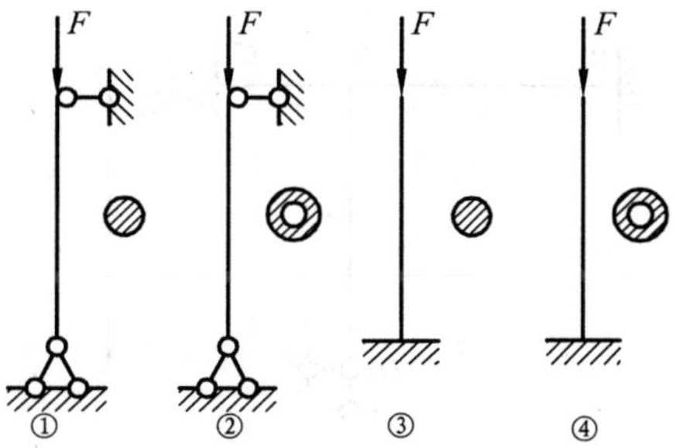

F F F F

①　②　③　④

8. 圆截面梁，当直径增大一倍时，其拉弯能力为原来（　　　）倍。

A. 1　　B. 8　　C. 16　　D. 32

9. 分配弯矩与分配系数、不平衡力矩的关系（　　）。

A. 分配弯矩＝分配系数×不平衡力矩

B. 分配弯矩＝分配系数/不平衡力矩

C. 分配弯矩＝分配系数×反号不平衡力矩

D. 分配弯矩＝不平衡力矩/分配系数

10. 图示刚架 M 图正确的是（　　）。

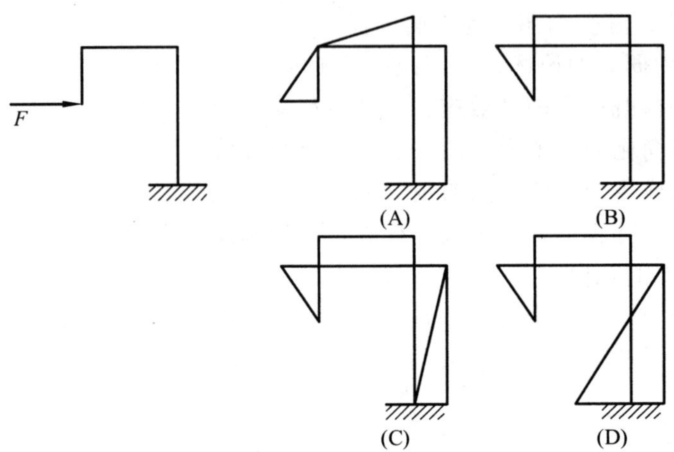

三、判断题（每题 1 分，共 10 分）

（　）1. 力不可能脱离实际物体而单独产生。

（　）2. 荷载是指物体所承受的全部力，包括主动力与约束反力。

（　）3. 圆柱铰链只能限制物体移动而不能限制物体转动。

（　）4. 平面力偶系的合成结果是一个合力偶。

（　）5. 首尾相接构成一封闭的力多边形的平面力系是平衡力系。

（　）6. 当梁截面上的弯矩使所取梁段下边受拉、上边受压时为正弯矩，反之为负弯矩。

（　）7. 对于静定结构，没有荷载就没有内力。

（　）8. 两刚片用三根不全交于一点也不全平行的链杆连接，组成几何不变体系，且无多余约束。

（　）9. 体系几何不变且有 n 个多余约束属于 n 次超静定结构。

（　）10. 图示结构用力矩分配法计算时分配系数 μ_{BC} 为 1/8。

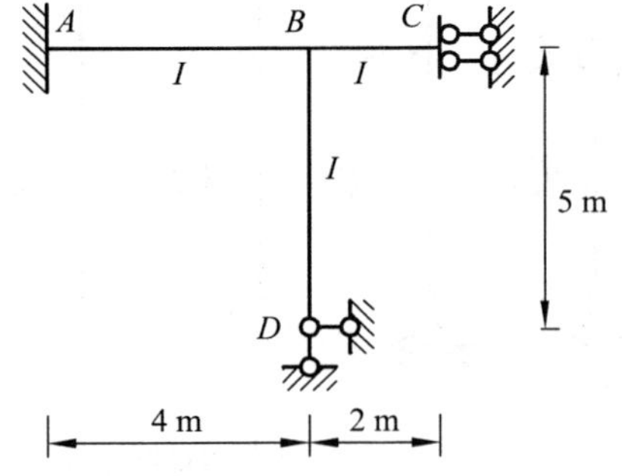

四、名词解释（10 分）

1. 三刚片规则（3 分）

2. 力的平移定理（3 分）

3. 组合变形杆件内任意一点正应力的计算步骤。（4 分）

五、画图题（10 分）

已知 $F = 5$ kN，$q = 10$ kN/m，$a = 2$ m，试绘制此梁的弯矩图、剪力图。

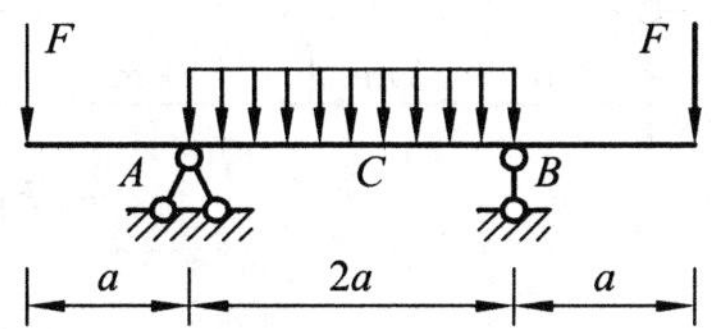

六、计算题（共 30 分）

1. 计算图示梁的支座反力。（6 分）

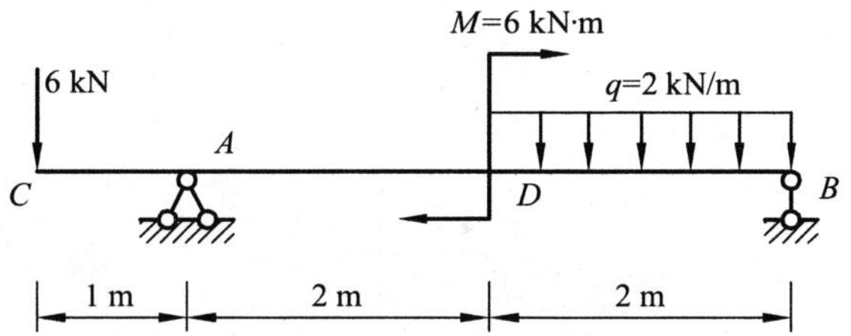

2. 一矩形截面梁，梁上作用匀布荷载，已知：$q=10\ \text{kN/m}$，$b=100\ \text{mm}$，$h=200\ \text{mm}$，$[\sigma]=30\ \text{MPa}$，试求校核梁的正应力强度。（6 分）

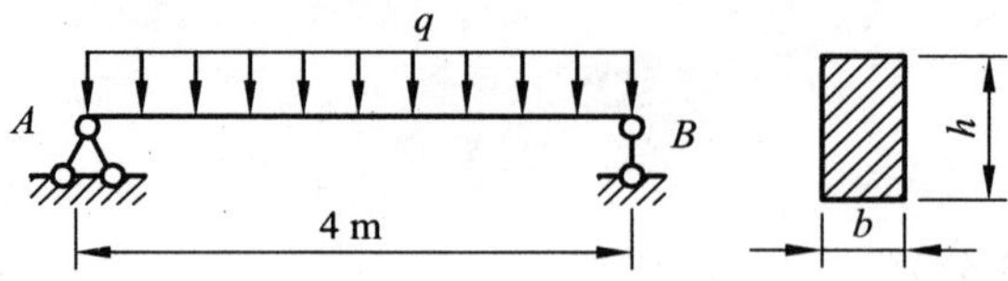

3. 计算 D 截面的内力。（5 分）

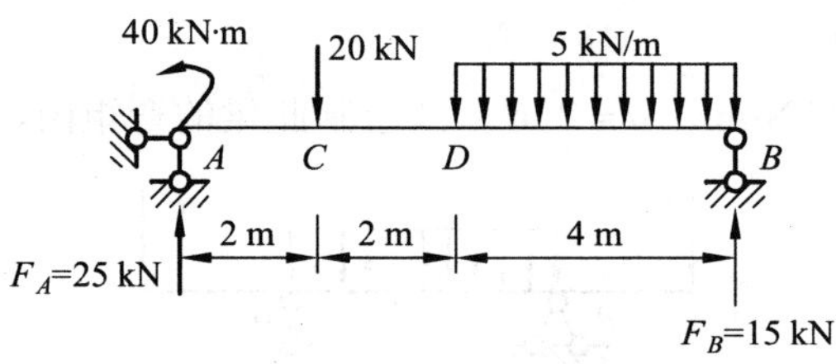

4. 完成图示连续梁的计算表格，并根据计算结果绘制弯矩图。EI=常数。（每空 1 分，M 图 5 分，共 13 分）

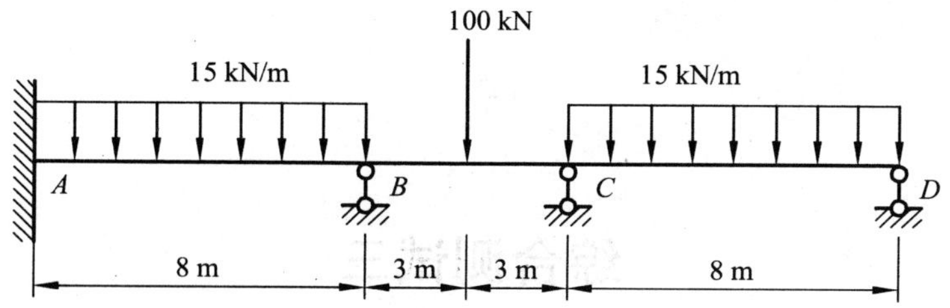

	A		B		C		D
分配系数			0.429	____	____	____	
固端弯矩	-80		____	____	75	-120	0
力矩的分配和传递				14.4 ←	28.8	16.3	
	____	←	____	-11.08 →	____		
				1.78 ←	____	-1.99	0
	____	←	____	____ →	____		
				____ ←		____	0
			-0.08	-0.1			
最终弯矩	-84.54		70.84	-70.84	101.61	-101.61	0

综合测试三

一、填空题（除说明外，每空 1 分，共 20 分）

1. 主动使物体运动或者使产生物体运动趋势的力叫做＿＿＿＿＿＿，它在工程上叫做＿＿＿＿＿。

2. 工程中对于单跨静定梁，按其支座情况分为＿＿＿＿＿梁、＿＿＿＿＿梁和外伸梁等三种形式。

3. 杆件变形的基本形式有＿＿＿＿＿、＿＿＿＿＿、＿＿＿＿＿和＿＿＿＿＿等四种。（每空 0.5 分）

4. 构件的承载能力包括＿＿＿＿＿＿、＿＿＿＿＿＿和＿＿＿＿＿＿等三个方面。

5. 静定结构的几何构造特征是＿＿＿＿＿＿且＿＿＿＿＿＿。

6. 平面杆件结构中，常见的结点形式有＿＿＿＿＿＿和＿＿＿＿＿＿。

7. 求解桁架内力时，一般采用＿＿＿＿＿＿和＿＿＿＿＿＿两种方法。

8. 已知一梁上荷载如图所示，其剪力图如图，试问 $F=$＿＿＿＿，$q=$＿＿＿＿。

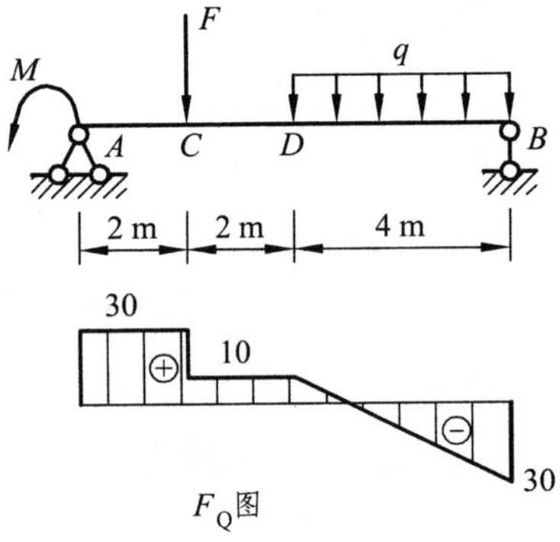

填空题第 8 题图

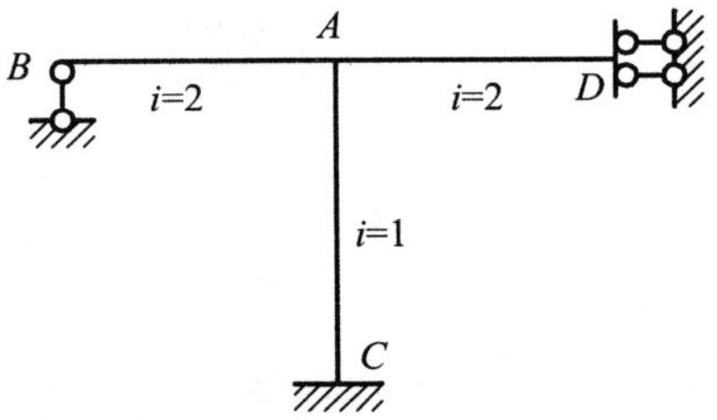

填空题第 9 题图

9. 图示的各杆中，$S_{AB}=$＿＿＿＿，$S_{AD}=$＿＿＿＿，$S_{AC}=$＿＿＿＿，$\mu_{AB}=$＿＿＿＿＿，$\mu_{AD}=$＿＿＿＿＿，$\mu_{AC}=$＿＿＿＿＿，$\mu_{AB}+\mu_{AD}+\mu_{AC}=1$。（每空 0.5 分）

二、选择题（每题 2 分，共 20 分）

1. 下图中零杆的数量为（　　）。

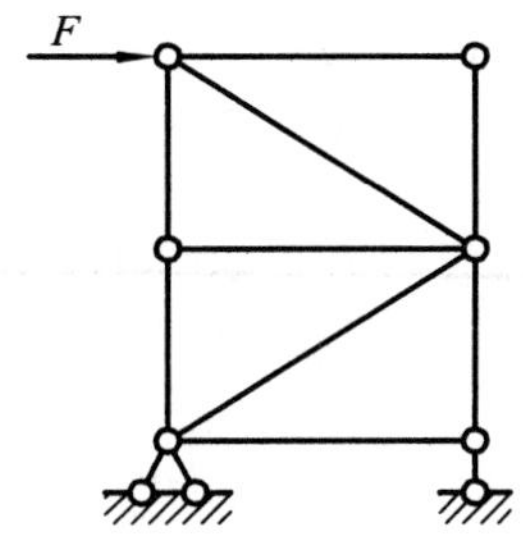

A. 2　　B. 3　　C. 4　　D. 5

2. 关于力在坐标轴上的投影，以下说法正确的是（　　）。

A. 力的投影方向与坐标轴正方向相同时，投影取负号

B. 同一个力在两个互相平行的坐标轴上的投影一定相等

C. 两个力在相互平行的坐标轴上投影相等，则这两个力相等

D. 两个力在同一坐标轴上的投影相等，这两个力一定相等

3. 如图所示，简支梁上作用一对力偶，它对 B 点的矩为（　　）。

A. $2Fa$　　B. $-2Fa$　　C. Fa　　D. $-Fa$

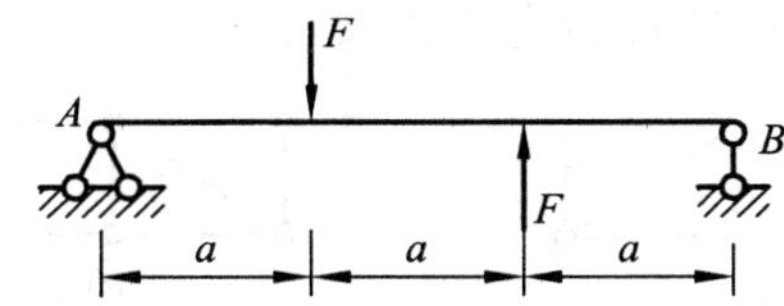

4. 如图所示，梁的最大剪力在（　　）截面处。

A. A 点　　B. B 点　　C. C 点　　D. D 点

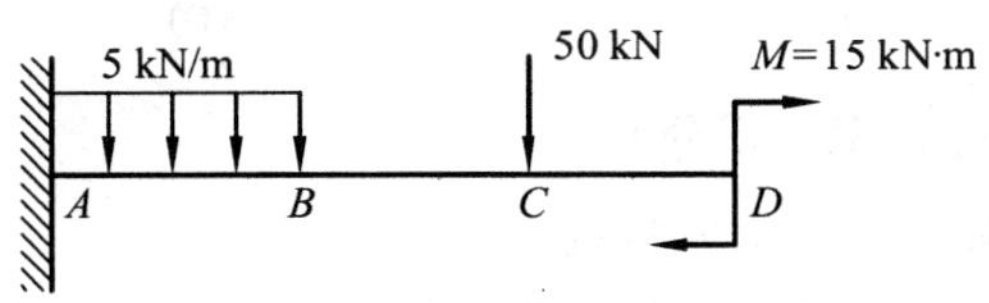

5. 下面哪个弯矩图是正确的（　　）。

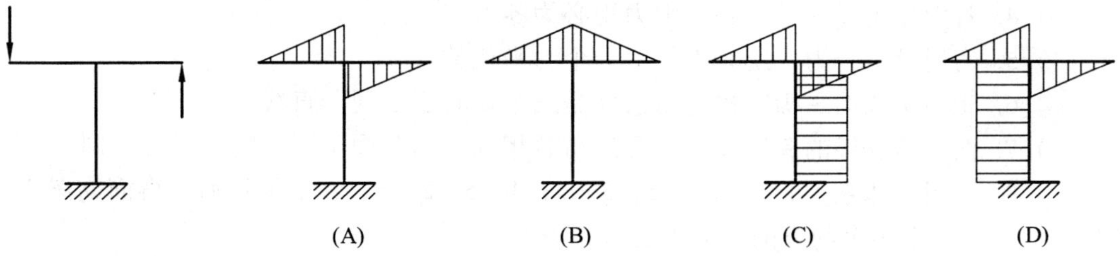

6. 矩形截面梁，其截面上的剪应力分布正确的是（　　）。

A. 均匀分布　　B. 沿截面高度方向成线性分布

C. 沿截面高度成抛物线分布　　D. 复杂分布

7. 某塑性材料制成的简支梁当横截面积一定时，最合理的截面是（　　）。

A. 圆形截面　　B. 矩形截面　　C. 倒 T 形截面　　D. I 字形截面

8. 下图所示结构的超静定次数为（　　）。

A. 一次　　B. 二次　　C. 三次　　D. 四次

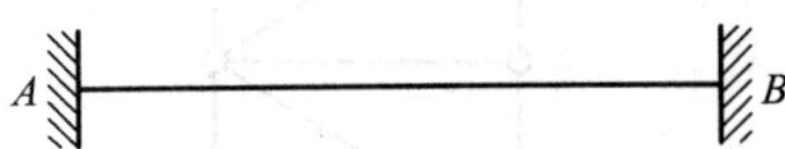

9. 如下图，杆件可绕 O 点在平面内任意转动，现杆件在力 P_1、P_2 作用下处于静止状态，已经 $P_1 = 20$ kN，那么 P_2 应等于（　　）。

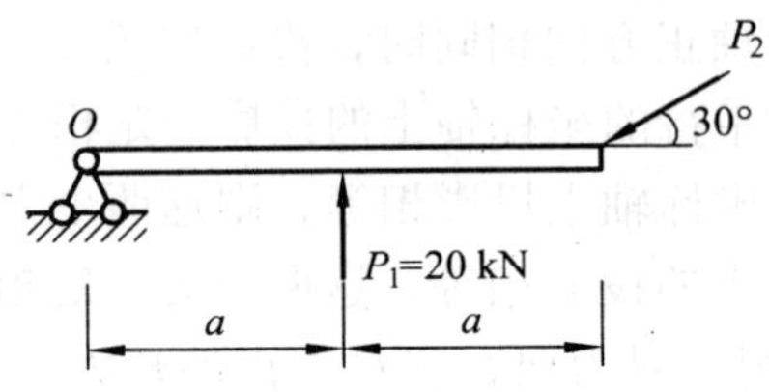

A. 10 kN　　B. 20 kN　　C. 30 kN　　D. 40 kN

10. 图示四种桁架中，其中稳定且静定的桁架是（　　）。

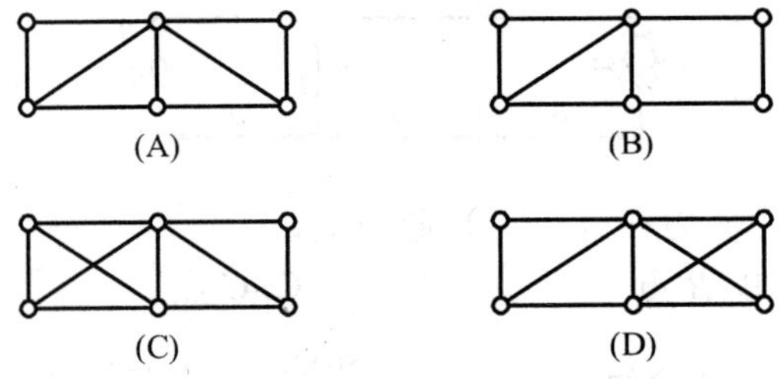

三、判断题（每题 1 分，共 10 分）

（　　）1. 内力大的横截面一定是危险截面。

（　　）2. 弯矩图上的极值就是梁内的最大弯矩。

（　　）3. 梁弯曲时，中性轴处的正应力为零，切应力最大。

（　　）4. 若力作用线通过矩心，则力矩必为零。

（　　）5. 力偶没有合力，所有不能用一个力来代替。

（　　）6. 三力矩式的平衡方程适用条件是三个矩心不在同一直线上。

（　　）7. 两根简支梁的跨度及所承受的荷载相同，横截面不同，则其应力相同。

（　　）8. 在图示体系中，去掉 1—5，3—5，4—5，2—5，四根链杆后，得简支梁 1—2，故该体系为具有四个多余约束的几何不变体系。

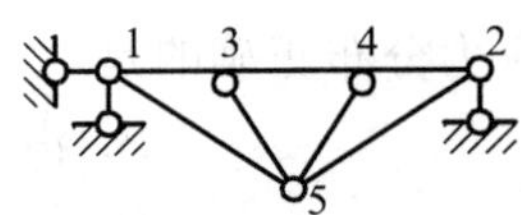

（　　）9. 结点的不平衡力矩总是等于该结点处各杆固端弯矩的代数和。

（　　）10. 力矩分配法适用于连续梁和无结点侧移的超静定结构。

四、画图题（共计 20 分）

1. 作出图示中各杆及整体的受力图。(5 分)

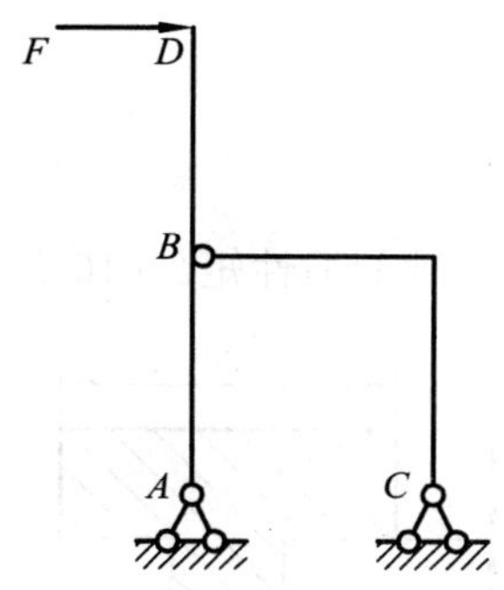

2. 作连续梁的剪力图和弯矩图。(10 分)

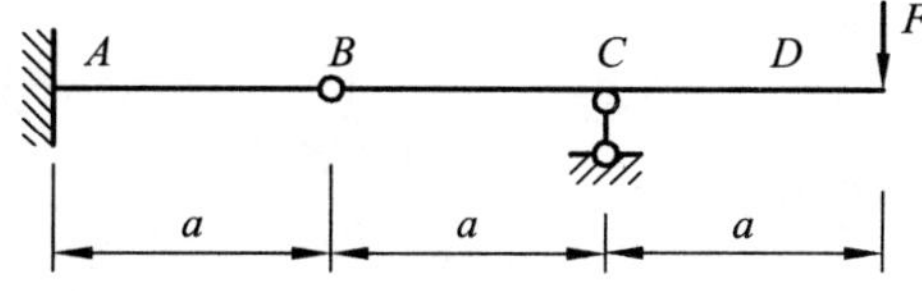

3. 图示刚架的支座反力已知，试作出该刚架的弯矩图。(5 分)

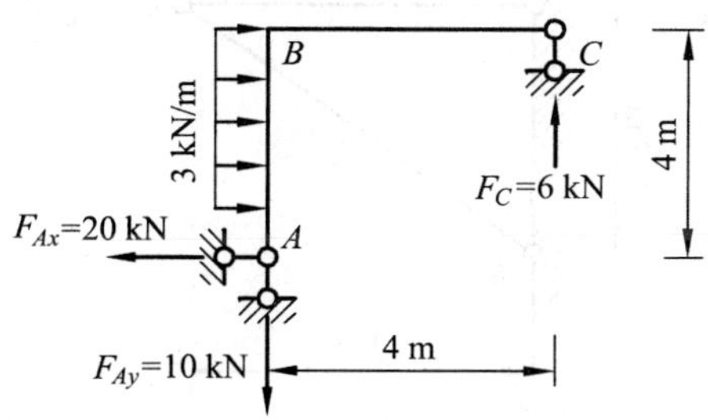

五、计算题（30 分）

1. 计算图示 T 形梁对其形心轴 z 轴的惯性矩。（10 分）

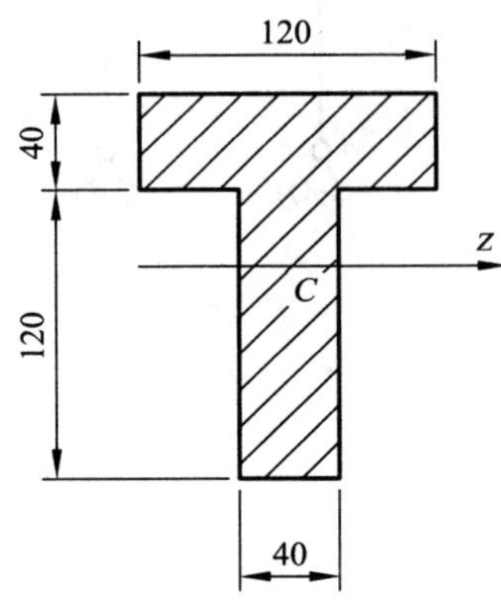

2. 图示三角形托架中 AC 是一根圆钢，撑杆 BC 是一正方形截面木杆，钢材的许用应力 $[\sigma]=170$ MPa，木材的许用压应力是 $[\sigma_C]=12$ MPa，为保证强度，试选择圆钢 AC 和木撑杆 BC 的截面尺寸。（10 分）

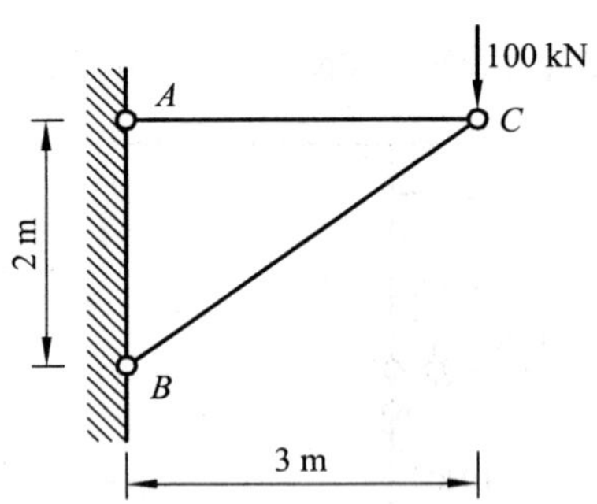

3. 截面为 150 mm×250 mm 的矩形木柱，长 $l=4$ m，两端铰支，若材料的许用应力 $[\sigma]=10$ MPa，试计算当承受轴压力 $F_N=150$ kN 时，柱是否稳定。（10 分）

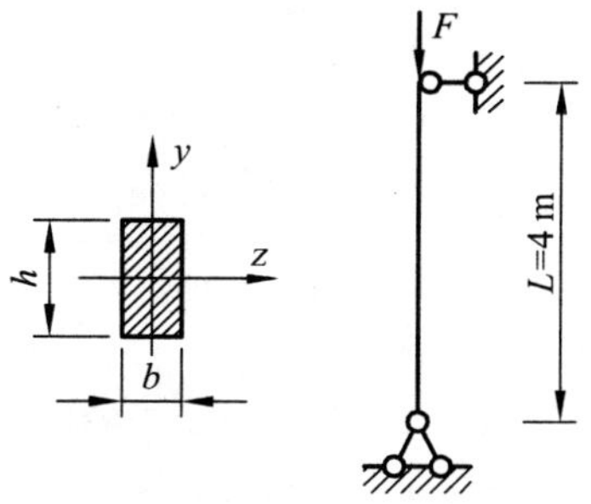